博雅撷英·赵世瑜社会史作品集

小历史与大历史

区域社会史的理念、方法与实践

Small History and Big History:
Idea, Methods and Practice of Regional Social History

赵世瑜 著

图书在版编目(CIP)数据

小历史与大历史:区域社会史的理念、方法与实践/赵世瑜著.—北京:北京大学出版社,2017.11

(博雅撷英)

ISBN 978-7-301-28869-6

Ⅰ.①小… Ⅱ.①赵… Ⅲ.①区域社会学—社会发展史—研究 Ⅳ.①C912.8②K02

中国版本图书馆 CIP 数据核字(2017)第 252649 号

书　　名	小历史与大历史：区域社会史的理念、方法与实践 XIAOLISHI YU DALISHI：QUYUSHEHUISHI DE LINIAN、FANGFA YU SHIJIAN
著作责任者	赵世瑜　著
责任编辑	张　晗
标准书号	ISBN 978-7-301-28869-6
出版发行	北京大学出版社
地　　址	北京市海淀区成府路 205 号　100871
网　　址	http://www. pup. cn　　新浪微博：@北京大学出版社
电子邮箱	编辑部 wsz@pup. cn　　总编室 zpup@pup. cn
电　　话	邮购部 62752015　发行部 62750672　编辑部 62767315
印 刷 者	北京中科印刷有限公司
经 销 者	新华书店
	880 毫米×1230 毫米　A5　14.75 印张　350 千字
	2017 年 11 月第 1 版　2024 年 11 月第 4 次印刷
定　　价	98.00 元

目　录

“国家”所在的地方

小历史与大历史

回顾与反思

叙说：作为方法论的区域社会史研究*

——兼及12世纪以来的华北社会史研究

大约20年前，美国的柯文（Paul Cohen）教授在其《在中国发现历史》一书中，概括20世纪70年代以来美国中国史研究以中国为中心取向的特征，其中之一便是区域研究。按他的理解，之所以这样的"主要依据是因为中国的区域性与地方性的变异幅度很大，要想对整体有一个轮廓更加分明，特点更加突出的了解——而不满足于平淡无味地反映各组成部分间的最小公分母——就必须标出这些变异的内容和程度"①。他既举出施坚雅（William Skinner）的宏观区系理论作为代表，也以一些集中于具体区域的个案研究为例。他认为前者的积极意义在于作者强调区域系统内部各子系统之间的互动，区域历史的作用常常在历史上扮演重要角色；而后者提供了更加多样化的图景，使人们对某些定论产生怀疑。

与此同时，日本中国史研究中的地域社会研究也大张旗鼓地展开。1981年名古屋大学文学部东洋史学研究室编了题为《地域社会的视点：地域社会及其领导层》的报告书，对60年代以来的经

---

* 本文的主要内容发表于《史学月刊》2004年第8期。在这里略有增补，以作为本书的一些说明。

① 〔美〕柯文：《在中国发现历史——中国中心观在美国的兴起》，林同奇译，北京：中华书局，1898年，第142—143页。

济史分析立场和阶级分析视点进行了反思。经过 10 年推进，到 1991 年又在森正夫教授的牵头之下进行了名为“旧中国地域社会的特质”的研究，将“地域社会”作为方法论概念，作为人们的一种生存方式和社会关系网络，试图用地域社会论来超越或整合理解前近代中国社会的几种模式，如宗族论、士绅论、国家论等①。此种研究主张在其他领域也获得响应，比如汲古书院出版的《宋代人的认识》②、山本英史主编的《传统中国的地域形象》（庆应大学出版会）等，都是这一研究兴趣的表现③。

在中国，多年来就已存在区域性的研究，特别是在经济史领域；在社会史的研究中，从 20 世纪 80 年代中后期已有进一步的展开，到 1994 年，召开了“地域社会与传统中国”国际学术会议，若干论文中已表现出中国区域社会史研究的走向，至近年来区域性的研究则几成时尚。但是，究竟如何看待这种历史的或者社会史的区域研究取向？恐怕还是一个需要认真思考的问题。

长期以来，中国就有地方史研究的传统，不仅有旧的地方史志的新编版本，而且有各种以行政区划为空间范围的通史和专史，但它们显然不是我所谓作为方法论意义上的区域社会史。柯文虽然提到施坚雅的主张，即“如果研究的问题是经济问题，我们就不该把诸如省或县这类政治、行政单位作为有关的空间系统”，但他还是注意到“出于习惯与方便”，许多论著还是这样确定其研究的空间范围的④。这无疑会导致我所谓“地方志搬家”的弊病，更为重

---

①〔日〕森正夫：《旧中国における地域社会の特質》（研究成果报告书），名古屋：友人社，1994 年。游彪教授帮助我进行了解读，特此致谢。

②〔日〕宋代史研究会编：《宋代史研究会研究報告集》第 7 集《宋代人の認識》，东京：汲古书院，2001 年。

③ 参见〔日〕长井千秋：《2001 年日本史学界关于五代、宋、元史的研究》，张学锋译，《中国史研究动态》2003 年第 10 期。

④〔美〕柯文：《在中国发现历史》，第 146—147 页。

要的，是如丹麦学者李来福对新编《山东通史》所做批评时指出的，“省通史成书之时便有着成为有地方特色的国家史副本之势，而不是该省的历史”①。当地方史的编写成为既定的国家史，甚至世界史等等宏大叙事的地方版时，无论它是以省为界、以市为界还是以村为界，就都与作为方法论的区域社会史分道扬镳了。

尽管我们进行区域研究的时候确有技术上的考虑，即一个相对有限的空间对于研究者把握起来相对容易，但显然这并非根本目的。如果说中国这样幅员辽阔、空间差异较大的国家需要这样的研究的话，那么那些西欧的国家，从版图和人口来说可能不如中国的省大，似乎就没有必要进行区域研究，只写国族史（history for nation）就可以了。文化人类学是以跨文化比较为己任的，但它往往选择一个“微社会”作为研究对象，似乎就更难解其意了。问题的关键在于——就像美国、日本和中国部分学者所做的——在区域史意义上的历史理解，是否可以与在国家史意义上的历史理解有所不同？

近年来，人们对“华南研究”多所关注，但也许更多地注意到其研究中的技术性环节（如“田野工作”）和基于区域研究所得出的某些独特结论（如宗族的“文化建构”说——不知是否可以这样概括），而对其方法论层面的意义缺乏讨论。在这里对此也无法细评，或可以程美宝论文中的一段感慨为代表——

> 中国地方史的叙述，长期被置于一个以抽象的中国为中心的框架内，也是导致许多具有本土性的知识点点滴滴地流失，或至少被忽略或曲解的原因。18世纪以来广州的历史叙述，最好用来说明这一点。当历史学家以广东为例正面地讨

---

① 〔丹麦〕李来福（Leif Littrup）：《从1994年版〈山东通史·明清卷〉反思地方史编纂》，吴莉苇译，张国刚主编：《中国社会历史评论》第二卷，天津：天津古籍出版社，2000年，第493—499页。

> 论“中西交流”的时候，不会忘记容闳，不会忘记康梁，不会忘记郑观应，更不会忘记孙中山，但他们往往会忘记大批为欧洲人提供服务的普通人，许多中西文化、生活、艺术和技术的交流，是通过这些人物特别是商人和工匠实现的。……要了解像广东这类“边缘”地区近代地方文化的发展，只有跨越地方，跨越国界，跨越以抽象的中国文化为中心的视角，才不致对焦错误。①

这段话的意义在于如何从地方的视角去重新理解中国和世界，而不是像以往或者现在许多论著依然如故的那样恰好倒过来。我们往往是用具体领域的研究去印证或者填塞宏大叙事的框架结构，而不是从具体的领域或空间出发，去质疑或者至少是重新思考这个宏大叙事的结构，当年资本主义萌芽的讨论是如此，今天的许多近现代史研究，无论是以前的侵略与反侵略模式还是现在的现代化模式，仍是如此。当然这两种视角并不是截然对立的，也许可能是互补的，但这种基于区域社会的思考会导致对问题的全新认识。

正是在这个意义上，我们可以把区域社会史研究理解为一种方法论，因为它的目的并不在于区域或者地方，而在于通史——它体现了一种重写通史的努力。

我们还可以以我对华南研究的理解做进一步的引申。比如陈春声关于潮州在倭乱到迁海过程中社会变迁的研究②，相对其他地方色彩浓烈的研究来说，是个比较容易为人理解的例子。第一，以往对倭乱和迁海的研究，大多是把它们视为国家的历史的，这也不错，因为它们是国家政策的产物，受到朝廷的高度关注，影响到大

---

① 程美宝：《地方史、地方性、地方性知识——走出梁启超的新史学片想》，杨念群、黄兴涛、毛丹主编：《新史学——多学科对话的图景》，北京：中国人民大学出版社，2003 年，第 687 页。

② 陈春声：《从“倭乱”到“迁海”——明末清初潮州地方动乱与乡村社会变迁》，朱诚如、王天有主编：《明清论丛》第 2 辑，北京：紫禁城出版社，2001 年。

的政治格局。但是事情的发生，又是与区域社会的具体特点密切相关的，事后对区域社会的影响也是巨大的，倭乱也好，迁海也好，对山东、浙江、福建、广东甚至台湾来说，很可能是不一样的。脱离了区域社会就不能完整理解这个"大历史"。第二，无论是倭乱，还是迁海，无论是日本海盗说，还是中国海商说，基本上都是一个对外的取向，剿灭倭寇、防范郑氏，都是如此。其实这里还有一个对内的取向，是"内外交错"，这也需要对区域社会的了解。第三，从大历史来说，倭乱和迁海是两个各自分离的不相干的事件，一个归明朝管，一个归清朝管，对于我们那些连明史和清史的界线也要划得一清二楚的同行来说，就像当年明朝或清朝的皇帝一样，关心前者就没法关心后者。但它们之间是有历史的连续性的。这个连续性在哪里？就在地方社会。王朝变了，皇帝换了，但这个地方社会没有变，它接二连三地经历这些事件；在考察这个经历的过程中，我们也可以发现国家——在百姓的眼里，无论明清都是一样的——和制度的连续性。

这究竟是地方史还是通史呢？

华北的情况怎样呢？华北的问题在哪里？当人们发现华南、江南的宗族、士绅等研究不断深入的时候，想到的是可以研究北方的类似主题。当弗里德曼把华南的宗族放大之后，杜赞奇提出了华北宗族的不同类型。的确，当我们到华北一些地方考察时，发现一些大族修祠堂、族谱，有家族的墓地，往往是在族中出了大官，成了绅士的时候，一旦子孙不成气候，祠堂之类便不再有人管理，哪怕同族的几百口人还居住在一个村里。这究竟是为什么？杜赞奇没有答案。宋代搞宗族的士大夫有相当一批是北方的，怎么后来在南方繁荣起来，在北方就没落了？原因可能只有一条，就是北方不见得十分需要这样一种建构。要是需要，士绅没有了，商人可以搞，别人也可以搞。但是为什么会如此呢？

山西寿阳清中叶著名官员祁韵士家族的祠堂已经破败，门窗都被后人改造过了

做华北的研究又特别要注意国家的在场。自从“国家与社会”的问题被纳入社会史学者的分析范围之后，即使研究边陲的历史学者或人类学者也都特别注意国家的或者官府的力量投射，政治事件和国家制度以完全不同的身份重新进入“新史学”的眼帘。这对于华北来说，又有不同的意义，因为从金、元以降，政治中心就落在了华北，很多本来很边缘的城市，比如唐宋时期的幽州一带、元明时期的天津一带，都因政治中心而发展起来。这个地区又与周、秦、汉、唐的关中地区不同，当时那里既是政治中心，也是经济、文化中心；到元、明、清时期，畿辅地区基本上就是政治中心，经济、文化中心在江南，因此区域主导因素就不太一样。元朝的控驭总是对华北比较直接，在乡村中遗留的碑刻题名上我们总是可以发现官府的参与；明代封藩对北方的影响要大于南方；在北部边疆，卫所的影响也要大于其他地方，持续时间也更长。我们到泰山去，在路边的崖壁上就可以看到明天启三年冬 10 个大内太监进香的题名刻字；在河北迁西的景忠山上，我们也可以看到清朝顺治皇帝留下的御制墙碑。要理解华北社会，国家的角色是必须考虑的。

（左）唐尧故里与（右）娲皇宫；在山西南部，崇拜尧、舜、禹、汤等远古圣王的寺庙很多

华北的研究往往是长时段研究。华北以及从广义上说的黄河流域，是华夏文明的发源地，这里的历史从先秦以降是连续不断的。伏羲、女娲、黄帝、炎帝、尧、舜、禹，在这块土地上留下许多“遗迹”和传说，区域历史的创造是和这些象征资源密不可分的。在河北，我们无法忽视关于刘秀的诸多传说；在有山西商人的地方，我们也无法忽视关于关羽的故事。华北的历史更明显地体现出“层累地制造”的特点，华北区域史研究既是长时段研究，也是“知识考古学”研究。其实，以断代来研究中国的历史，既是传统政治观念影响的结果，也是传统史学影响的结果。传统史学，主要是官修正史，是为王朝世系服务的，因此特别强调王朝的代嬗。实际上，除了易姓之外，包括制度在内，大多都是保持连续的。我们在山西介休源神庙内，看到那里关于水利的碑刻是从宋代一直到晚清的，这种情况在华北地区是相当普遍的，是历史的真实。因此可以说，政治史更多地让我们看到断裂，而区域社会史更多地让我们看到连续。这也使我们能够在中国本土的意义上更深刻地理解布罗代尔的时段理论。

华北的历史也是族群关系史，在这个意义上，它几乎就是中国史。自从秦汉大一统帝国建立以来，北方游牧民族与农耕民族的

河北蔚县一个乡村小庙中的壁画，反映了北方的族群特点

碰撞、冲突几乎成为中国古代历史上的一条主线，成为历代中原统治者必须面对的重要问题。这并不是说南方不存在族群问题，也不是说那里的族群问题没有深刻影响区域社会的历史，而是说北方族群的碰撞、冲突一方面往往形成大规模的战争，另一方面又往往影响到中国的大历史。我们问华北的问题在哪里，特别是宋代以后，经济文化中心南移，华北的社会发展受到哪些重要因素的影响，我认为族群的因素是必须考虑的。金占领北方之后，相当一部分女真人留在华北，融入当地的人群；元朝统一中国，蒙古人、色目人等也对北方的社会造成很大影响，然后才是明朝汉族正统的重建过程。我们应该在充分考虑这些因素的基础上，去研究明清时期的华北社会。我们今天还可以在中国北方的许多地方，包括河北、河南、山东、山西、陕西，甚至辽宁等地，看到许多穆斯林的聚居区，城市和乡村都有不少，而在长江流域的分布密度就要小些。这应该主要与宋以后的族群历史有关系。

（左）河北定州建于元代的清真寺与（右）寺中保留的元至正八年碑

在这个意义上，我们不仅要关注华北腹地、中原地区的社会历史，还要重新审视长城沿线内外的社会历史，包括东起山海关，经宣化、大同到榆林一带的历史，包括关内各省及关外东北、内蒙古等地区的历史。我们在实地调查中已经发现大量以前从未注意到的材料，比如我们在河北蔚县看到的许多碑刻资料，在迁西县了解到的关于明代后期蓟镇的情况等，都可以在细节上深化和改变我们的传统认识。

（左）河北蔚县北门上的玉皇阁，是明初蔚州卫创修的；（右）河北迁西三屯营保留的明代蓟镇碑刻，据碑文称，该地当年是蓟镇之枢纽

因此，要想真正理解明清以来的华北社会，不了解金元以来的情况是不行的；就像南宋对于江西、福建的历史一样重要。当然明清以来华北社会历史的发展究竟受到哪些主要因素的影响，以上所说还是初步的认识，还是一些假设。我们还需要发掘更多的材料，综合地进行分析，需要做大量区域性的个案，才能理出一个大致的发展脉络。这样，新的中国通史将是建立在"地方性知识"基础上的通史，而不是在一个"宏大叙事"或某种经验指导下形成的"国家历史"的框架内进行剪裁的地方史的总和。

当读者阅读了以上文字之后，对书名中的关键词——小历史与大历史——也许便不至于产生误解。在这里，这一对概念比较类似于雷德菲尔德（Redfiled）的"小传统"与"大传统"，但又不太一样,它并不完全意指民众历史与精英历史,也不仅强调其区别和对立;它们也不完全类似于微观历史与宏观历史(micro- and macro-history),因为后者往往是从研究者主体的角度出发的,是史学家头脑的产物,这里的宏观历史往往就是历史哲学,也可以是历史社会学,比如沃勒斯坦的《现代世界体系》、弗兰克的《白银资本》等等均属此类。它当然更不是上面说到的"宏大叙事"。这里的所谓"小历史",就是那些"局部的"历史:比如个人性的、地方性的历史,也是那些"常态的"历史:日常的、生活经历的历史,喜怒哀乐的历史,社会惯制的历史。这里的所谓大历史,就是那些全局性的历史,比如改朝换代的历史、治乱兴衰的历史,重大事件、重要人物、典章制度的历史等等。

以往我们的传统史学多对后者进行研究,本身没有多大问题,也取得了许多重大成果,但问题出在人们用某种绝对化的、单一化的宏大叙事模式去研究这些问题,抽去了这个"大历史"的生活基础,我们所要做的,就是把这个生活基础还给"大历史",这个生活基础就是我们所谓的"小历史"。这个"归还"的工作一旦结束,大小历史的区分也许就不再需要了,历史本来就是一个,就像生活本来就是一个那样。

本书所收10余篇论文,有长有短,有的侧重议论,有的侧重实证,由于其中大多数文章都是在《狂欢与日常》一书出版以后发表的,所以基本上可以被看作是一些进一步的思考和实践。就我自己的体会来说,首先,在关于社会史研究的理念方面,由于自己有了更多的实践,也由于更多年轻朋友积极投身其中,创作出许多优秀的作品,使我的底气更足了,所以在本书中,我进一步将区域社会史、历史人类学这些近年来屡被大家提起的概念同样当作方法论平台。其次,这几年也是我花大量时间在"田野"中的几年,大江南北几乎都留下了我和我的好朋友们的足迹,借助现代化交通工具，早就超过了古人说的“行万里路”。但更重要的是让我感受到了以前从未深刻感受到的东西，那就是历史的复杂多样、生动鲜活，只有你发现历史不是死的和教条化的之时，你才能够成为历史学家。第三，有了前面的基础，我更多地回头来看“大历史”，而不仅是专注于大众文化和日常生活——因为我已经成为大众文化与日常生活的一部分，于是用我的眼睛来审视明清交替、戊戌变法、辛亥革命……本书之取名大抵出于此种考虑。

2005年深秋，我在山西高平“进村找庙”，当年惨烈的“长平之战”的古战场就在眼前。也许我们无法像太史公那样深切地感受到赵卒被坑杀时的惨状，因为西汉时当地一定还留下许多遗迹，但我们还是可以感觉到那一页历史的沉重。骷髅庙——以及一块块碑石，告诉我们上千年来人们的历史记忆——关于创伤的记忆。清顺治十四年，即发生科场案的那一年，一个姓郭的举人在那骷髅庙里作诗刻石，其中最后两联是：

> 赵亡犹鬼享，秦失有谁怜。
> 往事都归梦，莫将宿恨牵。

作者也许触景生情，将现实经历与近两千年前的历史勾连起来。对我而言，这位作者的心绪和境遇也已是350年前的历史。我面对的不仅是远古的长平“杀谷”，还是层层叠叠的历史记忆，他们对那场灾难的看法，已变成与灾难本身同样重要的历史。

那袅袅香烟，那善男信女的喃喃低吟，是我融入了历史，还是历史融入了我？

学术史 · 理念 · 前瞻

20 世纪中国社会史研究的回顾与思考*

社会史研究也许是20世纪中国史学中最值得讨论的一个领域,因为它的有关理念萌芽发端于该世纪初,在经历了停滞、复兴又发展的曲折历程后,到世纪末,它又成为中国历史学术中最具活力的领域之一。社会史研究也是最难加以评价的一个领域,因为关于"社会史"概念的认识多有歧见,因此把哪些研究成果归入社会史的研究领域并对之进行概括总结,就变得极为棘手。其实从20世纪80年代中后期社会史复兴开始,就一直有部分学者注意对一定时期内的社会史研究进行总结,各种综述性的文章甚至专著都屡见于世①。但作者一般是按照自己对社会史的理解,将历年的

---

* 本文发表于《历史研究》2001年第6期,系与邓庆平合作撰写的。

① 近年来主要的社会史综述文章(不包括各种专题和断代社会史的研究综述以及每年的研究综述)大致有:南开大学历史系中国社会史研究室编:《中国社会史研究综述》(《历史研究》1987年第1期);常建华:《中国社会史研究概况》(《文史知识》1987年第11期)、《中国社会史研究十年》(《历史研究》1997年第1期)、《中国社会史研究的回顾与展望》(《光明日报》2001年3月20日)、《20世纪中国社会史研究》(载周积明、宋德金主编:《中国社会史论》,武汉:湖北教育出版社,2001年);王先明:《近十年中国社会史研究述评》(中国史学会编:《中国史学》第6卷,东京:东京都立大学人文学部史学研究所,1996年12月);郭松义:《中国社会史研究五十年》(《中国史研究》1999年第4期);邓京力:《新时期中国社会史发展趋势研究》(《史学理论研究》2000年第1期)。著作则主要有冯尔康等编著:《中国社会史研究概述》,天津:天津教育出版社,1988年。新近出版的《中国社会史论》(周积明、宋德金主编,武汉:湖北教育出版社,2001年)则是近20年来各种社会史研究成果的一次全面总结,其中常建华对20世纪中国社会史研究的讨论与本文的思路基本一致,王先明对马克思主义社会史理论的讨论也极具启发性。另外,由于信息方面的限制,本文暂不包括中国台湾和香港等地区的社会史研究状况。

研究成果分专题进行评述的,这样的做法较难涵盖根据对社会史的不同理解所做的各种研究尝试,同时也易流于罗列,而没有将其设定为一种学术思想史。本文试图以研究者的自身认同或从其作品中传达出来的研究视野和问题意识,作为梳理百年社会史发展的分类基础①。

为什么我们采用所谓"问题意识"作为本文的分类基础呢?这既是因为人们对社会史的认识不同,也是因为问题意识是社会史研究的重要特征。比如说,20 世纪 30 年代"社会史论战"所讲的社会史与今天许多学者讲的社会史不是一回事,那么我们能不能对它不予置评呢?再比如,50—70 年代讲农民战争,讲阶级关系,按道理也应该属于社会结构的问题,那么它究竟算不算社会史研究、同时要不要也在我们的讨论中给予一定位置呢?我们评价近 20 年的社会史研究状况虽也错综纷纭,但毕竟简单得多,此前学者们研究的许多课题——按照今天许多学者的认识——也与社会史直接相关,那么我们该怎样对待它们呢?我们可不可以按照今天对社会史的不同理解来分类呢?这本来是个好办法。但问题在于,有些提法只限于理论描述,没有大量实证研究做依托;还有些实证研究不太能证明理论,更为可能的是本文如把某些具体研究挂在某种对社会史的认识之下,双方都未必赞同。我们能不能按照某一派的说法(比如按社会结构、社会生活、社会变迁等等)去分类

---

① 在完成本文的初稿之后,读到杨念群为他主编的论文集所写的导论《东西方思想交汇下的中国社会史研究——一个"问题史"的追溯》,其中谈到他"尝试把社会史放在一条问题史的相关脉络里,细究不同类别的社会史框架如何在不同时代的社会语境和思想状况支配下累积起自己的问题意识和表述这种问题的方式"。参见杨念群主编:《空间·记忆·社会转型——"新社会史"研究论文精选集》,上海:上海人民出版社,2001 年,第 1—75 页。尽管该文主要是一种理论阐述,而本文是以此为框架进行较具体的学术回顾,尽管我没有就此与作者进行过具体的交流,而且尚无对 20 世纪 90 年代的社会史研究取向冠以"新社会史"之名的打算,但二者的思想理路是完全一致的。

呢？这可能又会漏掉一些不在其中的成果。还有按古代、近代、现代社会史来划分，按百年社会史研究的几个阶段划分等等，都有其明显的缺点。

本文认为，不同时代的学者即使涉及同一类问题，使用同一个名词术语，其背后的问题意识也往往是不同的，也即其研究的出发点是不同的，因此在一个学术史的历程中，它们都是可以被理解的。更为重要的是，如果我们从这个角度出发，便不会出现严重的厚此薄彼，它们便可以在本文中兼容并蓄。我们也就因此而触及有如此之多对社会史的看法背后之深层原因（即问题意识不同），并给予充分的理解。尽管我们自认为这是一条较好的讨论百年社会史的思路，但其中的疏漏谬误一定不少，恳请学界方家指正。

一、中国新史学与社会史研究的萌发

无论是持社会史研究“范式说”“专史说”还是其他说法的学者，基本上都有一个共识，那就是都承认社会史与传统的精英政治史有着极大的不同，前者是作为后者的替代物而出现的，这样一个共识必然导致我们把中国社会史研究的萌发与 20 世纪初的新史学联系起来。以梁启超为代表的、以传统旧史学的反叛形象出现的新史学提倡打破政治史一统天下的局面，研究全体民众的历史，并在大量引进西方史学理论和社会科学理论的基础上，用多学科的方法研究历史。这种新史学虽未以“社会史”自称，但其核心思想却一以贯之地体现在今日的社会史研究之中。

20 世纪以前的旧史学——我们称之为传统的精英政治史——是特定历史时代及其学术需求的产物。当历史学只是为统治者服务，甚至还需要披上神学的面纱的时候，这种史学就只能是政治史。鲁滨孙概括说：“政治史是最古的，最明显的和最容易写的一种历史。因为君主的政策,他们所发布的法律,和进行的战争,都是最容易叫人记载下来的。国家这样东西,是人类的最伟大的和最重要的社会组织。历史学家一般都认为人们最值得知道的过去事实,都是同国家的历史有着直接或间接的联系。兰克、德罗生、毛兰勃莱克、傅利门等人都把政治史看成真正的历史。"①这种情形体现在具体的史学实践上,就是历史著述的主要内容都是政治史,所依据的材料都是政治方面的文书档案,把政治层面的因素(包括重大政治事件、重要政治人物在历史上的作用)看成是决定历史发展变化的关键力量,同时尽量从政治方面去解释历史。

对这种旧史学的批判既有意识形态方面的背景,也有学术观念更新的原因,具体的体现便是梁启超等人向旧史学的开战,并随着马克思主义历史观的传播而深入。1902 年,梁启超发表《新史学》,批评旧史学有"四弊""二病"。所谓"四弊",即"一曰知有朝廷而不知有国家","二曰知有个人而不知有群体","三曰知有陈迹而不知有今务","四曰知有事实而不知有理想";所谓"二病"即"能铺叙而不能别裁"和"能因袭而不能创作",故大声疾呼"史界革命"②。其批判"四弊"主要是指史学内容和研究目的上的问题,倡导重视国家、社会、现实,倡导不仅要知道"是什么",还要知道"为什么"和"怎么办",即不局限于描述而应加强解释。其批判"二病"主要指方法上的问题,所谓"铺叙"和"别裁"在某种意义上说就是历时性和共时性的区别,前者是强调沿着时间线索,后者则指结构性的分类;而"因袭"与"创作"则不仅指的是突破与创新的问题,还有一个个性和独立性的问题。我们仔细比较一下,所有这

① 〔美〕詹姆斯·哈威·鲁滨孙:《新史学》,齐思和等译,北京:商务印书馆,1989 年,第 33 页。

② 梁启超:《新史学》,《饮冰室合集》第一册《饮冰室文集之九》,影印上海中华书局 1936 年版,北京:中华书局,1989 年,第 3—6 页。

些仍都是今天社会史研究的追求。

梁启超等人所倡新史学的另一个重要方面就是重视“民史”。梁启超以为，中国各代的历史，“不过为一代之主作谱牒”①，旧有的“二十四史，则只能谓之廿四家谱”②。署名“横阳翼天氏”、自命“国史氏”的留日学生曾鲲化，在其《中国历史》首编“总叙”第一章“历史之要质”中指出，中国过去“所谓二十四史、《资治通鉴》等书，皆数千年王家年谱、军人战纪，非我国民全部历代竞争进化之国史也。今欲振发国民精神，必先破坏有史以来之万种腐败范围，别树光华雄美之新历史旗帜，以为我国民族主义之先锋”③。陈黻宸于1902年在《独史》一文中旗帜鲜明地提出，“史者民之史也，而非君与臣与学人词客所能专也”④。邓实则以“民史氏”自居，作《民史总叙》一篇、《民史分叙》十二篇，对“民史”问题做了一番非常系统的探讨，如什么是“历史”、什么是“民史”、“民史”的对象、“民史”与民权的关系等问题⑤。由此我们很难想象，后来以研究普通民众的生活为主要内容之一的社会史，会与这样的学术背景没有直接关系。

稍晚传入中国的马克思主义历史观也在为旧史学敲丧钟。李大钊率先阐明了马克思主义的新史学观。他在1920年指出：“神

---

① 梁启超：《续译列国岁计政要叙》，见《时务报》1897年7月20日，第33册。转引自俞旦初：《20世纪初年中国的新史学思潮初考（续）》，《史学史研究》1982年第4期，第69页。

② 梁启超：《湖南时务学堂初集》，1897年冬刊于长沙。转引自俞旦初：《20世纪初年中国的新史学思潮初考（续）》，第69页。

③ 转引自俞旦初：《20世纪初年中国的新史学思潮初考》，《史学史研究》1982年第3期，第55页。

④ 《新世界学报》，1902年9月16日，第2期，“史学”。转引自俞旦初：《20世纪初年中国的新史学思潮初考（续）》，第70页。

⑤ 可分别见《政艺通报》，1904年10月23日，第17号，“政学文编”；1904年11月7日，第18号；11月21日，第19号。转引自俞旦初：《20世纪初年中国的新史学思潮初考（续）》，第71页。

权的、精神的、个人的、退落的或循环的历史观可称为旧史观，而人生的、物质的、社会的、进步的历史观则可称为新史观。"①在批判旧古史、创建新古史方面，他与梁启超等人开启的新史学思潮既有共性，也有差异。在古代史研究的对象问题上，他批评旧史中"只是些上帝、皇天、圣人、王者，决找不到我们自己"。"中国旧史，其中所载，大抵不外帝王爵贵的起居，一家一姓的谱系；而于社会文化方面，则屏之弗录。"②包括主张进化论的观点、非盲目信古的观点等，在"破"的地方，与梁启超等有相同之处。不同之处在于"立"的地方，在于唯物史观主张历史学"以经济为中心纵着考察社会变革"，可以因此而发现因果律。同时，"一方面把历史与社会打成一气，看作一个整个的；一方面把人类的生活及其产物的文化，亦看作一个整个的；不容以一部分遗其全体或散其全体。与吾人以一个整个的活泼泼的历史的观念"③。这样建立起来的新古史或新史学，是一部具有一根主线贯穿着的整体的历史，是对社会的各方面之变化可以做出根本解释的历史，而不是支离破碎的、停留在复原和描述层次上的历史。

今天的社会史学者对社会史研究的另一个共识，是其研究方法的开放性与多元性，具体来说，就是倡导多学科的方法，以适应上述历史研究范围扩大、着眼点下移等方面的需求。在这方面，20世纪初西方社会科学理论和新史学方法的引进，无疑有利于在新观念指导下的史学实践。比如前面提到过的鲁滨孙《新史学》一书，主张历史研究应该融会人类学、史前考古学、社会心理学、比较宗教学、政治经济学、社会学方面的知识，该书中译本出版后，在中

---

① 李大钊：《史观》，《李大钊史学论集》，石家庄：河北人民出版社，1984年，第70页。

② 李大钊：《史学要论》，《李大钊史学论集》，第200页。

③ 同上书，第201页。

国学界造成了很大的影响。该书的译者何炳松便认为,“研究历史,非有新科学为之基础,则无以说明历史之真相”,“所谓新科学,即人类学、古物学、社会学等是也”①。黄公觉在《新史学概要说》中专拟一编,题为“新史学与社会科学之关系”,其中形象地写道:“旧史学是闭门造车的东西。新史学则是与各种科学——特别是社会科学——结婚的产物。若是历史和社会科学一离婚,它就马上变成旧史学了。”②1920 年前后担任北大史学系主任的朱希祖则据此对该系的课程设置进行了改革,把社会学、社会心理学、人类学、人种学、政治学、经济学等列为史学的基本学科③。

以上所论,是中国的社会史研究萌发之大略。我们以往通常是把梁启超以来的新史学视为整个现代中国史学变化的一个标志,或者说是整个旧的政治史范式被取代的标志,而现在我们则又把它与中国社会史研究的发端联系起来,正如常建华所说:“这种历史研究对象和方法迥异千古的新史学,也正是直到今天社会史研究的基本特征。”④这正好说明社会史自其产生之日起,便是旧史学范式的对立物。它的提出,蕴含着创造新的、科学的和民主的史学研究范式的意义,这就是它的问题意识。

二、“社会变迁”与“眼光向下”:20 世纪 30—40 年代的中国社会史研究

新史学的先驱们大多没有成为社会史研究的具体实践者,但

① 金毓黻:《中国史学史》,北京:商务印书馆,1999 年,第 388 页。

② 黄公觉:《新史学概要说》,北平国立师范大学史学会编:《师大史学丛刊》1931 年第 1 卷第 1 期,第 8 页下栏。

③ 傅振伦:《朱希祖传略》,晋阳学刊编辑部编:《中国现代社会科学家传略》第 5 辑,太原:山西人民出版社,1985 年,第 55 页。

④ 常建华:《20 世纪中国社会史研究》,周积明、宋德金主编:《中国社会史论》(上卷),武汉:湖北教育出版社,2001 年,第 154 页。

是他们的问题意识——可以概括成社会变迁与眼光向下这两个特征——却构成随后的社会史研究实践中的两条主线。这两条主线甚至跨越政治的剧烈变动,一直或隐或显地影响到50—80年代的社会史研究,由此可见研究背后问题意识的重要性。

众所周知,新史学的重要理论背景之一是进化论思想,梁启超一贯主张历史要"叙述人群进化之现象",李大钊则要纵向考察历史上的社会变革,以发现因果律,加之当时的社会变革形势要求人们对中国社会的现状进行历史的诠释,就使社会史在很大程度上被理解为社会发展史。当时论战的积极参与者之一王宜昌的一篇总结性短文集中代表了社会史大论战的目的:"我们研究中国社会史底目的,在一方固然是在于学术真理的探讨,但重要的却是为的认识当前的社会,由理解当前社会底必然法则,从而变革社会。"①"社会史大论战"使"社会史"这一概念在当时的中国学术界颇为流行,就是这个意义上的产物。

中国革命性质与社会性质的论战是在大革命失败后面对中国前途的忧虑背景下产生的。对当时中国社会性质的判断将决定对中国革命性质的判断,并从而决定不同政治力量的战略决策。以陶希圣为代表,以《新生命》杂志为阵地的"新生命派"认为,"中国社会是金融商业资本之下的地主阶级支配的社会,而不是封建制度的社会";以严灵峰、任曙、刘仁静为代表,以《动力》杂志为阵地的"动力派"认为,"中国毫无疑义的是资本主义关系占领导的地位";以王学文、潘东周等为代表,以《新思潮》杂志为阵地的"新思潮派"认为,沿海等少数地方资本主义经济较普遍,而多数地方的封建性较强,基本认同中国社会的半封建半殖民地性质。抛开政治的目的不谈,而从学术的相对合理性说,第三种看法基本承认中

① 王宜昌:《中国社会史短论》,王礼锡、陆晶清编辑:《读书杂志》第1卷4—5期合刊《中国社会史的论战》,上海:神州国光社,1931年,第5页。

国社会多种生产关系并存的复杂性,判断中国社会处在一种新老交替的过渡阶段,最切近实际,因而得到普遍接受;第一种说法也有这样的痕迹,但仍较多强调资本主义的成分;第二种说法则夸大中国资本主义的发展程度,为有识之士所不取。

以上论争的继续深化导致了社会史的大论战。这场论战,围绕着什么是亚细亚生产方式、中国古代是否有奴隶制社会、鸦片战争前中国社会的性质等问题展开;这些问题,表面上是些学术问题,但在当时,则是是否承认马克思主义的普遍指导意义和是否承认中国革命的反帝反封建任务的政治问题。如果站在今天的角度,从学术的立场来讨论,关于第一个问题,郭沫若等认为亚细亚生产方式即是原始共产主义生产方式的说法并非确证无疑,而杜畏之、李季等认为它可能是与奴隶制并存的制度或胡秋原等认为这是指东方专制主义农奴制的说法,也并非一定大谬不然。但归根结底,这是对马克思的某个提法做何理解的问题,并不是一个严格的实证问题。对第二个问题,马克思主义史学家基本都赞同中国奴隶制的存在,只是在具体的分期上有分歧;而陶希圣以及上述诸人都不认同奴隶制的存在。从今天的学术研究积累来看,说中国历史在进入文明时代后确曾存在过奴隶制社会(虽然可能存在奴隶制成分),是缺乏证据的。但这些人对中国文明时代早期的社会也没有做过实证的研究,只凭感觉印象,因此结论光怪陆离。特别是在第三个问题上,把秦以后的中国历史断定为资本主义的时代,更是天方夜谭。倒是其中胡秋原认为中国的氏族社会后直接是封建社会(即周分封制),秦以后是专制主义社会,多少有一点合理的因素。

值得一提的是翦伯赞。尽管他是一位马克思主义史学家,但他并没有直接卷入论争,而是从理论上对这场论战进行评判。他在一系列文章中坚持历史唯物论透过现象看本质的做法,对论战双方“旁征博引马克思、恩格斯、列宁的文句，而忘记去研究具体的中国历史”进行批评，批评他们陷入讨论“亚细亚生产方式”的死公式。尤其重要的是，他认为无论是奴隶制还是封建制，都有复杂多样的形态，并非千篇一律，中国历史也有它独特的“色彩”①，体现了他科学求实的清醒态度②。

以社会史论战为代表的对中国社会长时段变化的理论探讨，虽然更多地与现实政治相关联，对中国社会发展演进的探索更多地专注于其符合世界历史发展趋势的程度，但仍体现出中国史学的革命性转向，一方面突破以往的王朝更替的话语体系，另一方面输入了社会科学的理论和概念作为解释工具，我们从这些特点中可以找到与以后的社会史研究的联系。但这显然不是当时社会史研究的全部。由于 20 世纪初的新史学观念大力倡导打破传统政治史狭窄的研究领域，将更多的目光投向民众的生活史，带动了一场“眼光向下”的学术革命，对民众社会生活的多角度研究，也同样是前者的可贵成果。

在社会史研究这后一条线索中，我们可以顾颉刚为代表。应该说，顾颉刚不仅以其疑古的四个基本结论，即“打破民族出于一元的观念”“打破地域向来一统的观念”“打破古史人化的观念”和

---

① 参见张书学：《中国现代史学思潮研究》，长沙：湖南教育出版社，1998 年，第 436—441 页。

② 这类作品数量很多，无法一一列举，如郭沫若的《中国古代社会研究》（上海：联合书店，1930 年）；吕振羽的《史前期中国社会研究》（北平：人文书店，1934 年）、《殷周时代的中国社会》（上海：不二书店，1936 年）；侯外庐的《中国古典社会史论》（重庆：五十年代出版社，1943 年）、《中国古代社会史》（上海：生活·读书·新知联合发行所，1949 年）；吴泽的《殷代奴隶制社会史》（上海：棠棣出版社，1949 年）等。还有许多通史著作，如吕振羽的《简明中国通史》（北平：生活书店，1945 年 11 月）、范文澜主编的《中国通史简编》（第一分册）（晋中：华北新华书店，1943 年）、邓初民的《中国社会史教程》（桂林：文化供应社，1942 年）等。

"打破古代为黄金世界的观念"①,成为中国现代史学的一方重镇,而且以开创中国现代民间文化研究,为中国社会史研究做出了重大贡献。他从 1919 年开始加入搜集和整理民间歌谣的运动,随后发表了《从〈诗经〉中整理出歌谣的意见》等文章,特别是其《孟姜女故事的转变》一文,引起极大轰动,实际还是证明他"层累地造成中国古史"的观点。一方面,他"从戏剧和歌谣中得到研究古史的方法","用了民俗学的材料去印证古史",由此来"辨证伪古史";另一方面,他又具体地研究民间文化中的神道和社会,"很愿意把各地方的社会的仪式和目的弄明白了,把春秋以来的社祀的历史也弄清楚了,使得二者可以衔接起来","看出民众的信仰的旨趣"②。

属于关注民间生活的研究大致有如下几类:在社会风俗方面,一些学者认为"标志近代学者研究中国社会史的开始"的张亮采作于 1911 年的《中国风俗史》(商务印书馆)是这方面最早的代表作,其他还有主题相近、以史料收集与整理见长的许多成果③。在社会生活方面,研究重点集中在民众的衣食住行、婚姻以及妇女生活等方面。在 1915 年就有王国维的《古胡服考》(上虞罗氏雪堂丛刻本)出版,当时还出现了大批研究古代服饰、发式、饮食的文章。在婚姻研究方面,则有陈顾远的《中国古代婚姻史》(商务印书馆,1925 年),吕思勉的《中国婚姻制度小史》(上海中山书店,1929 年),陶希圣的《婚姻与家族》(商务印书馆,1934 年)等。在社会群体方面,对妇女史的关注在这一时期是非常突出的一个现象,涌现

---

① 顾颉刚:《答刘胡两先生书》,《顾颉刚古史论文集》第一册,北京:中华书局,1988 年,第 126—129 页。

② 顾颉刚:《〈古史辨〉第一册自序》,《顾颉刚古史论文集》第一册,第 64、71、72 页。

③ 如瞿宣颖的《汉代风俗制度史前编》(北平:广业书社,1928 年)、杨树达的《汉代婚丧礼俗考》(上海:商务印书馆,1933 年)、尚秉和的《历代社会风俗事物考》(长沙:商务印书馆,1938 年)等。

出陈东原的《中国妇女生活史》(商务印书馆,1928 年)等一批作品[①]。这个领域中的其他重要著作如李长傅的《南洋华侨史》(暨南大学南洋文化事业部,1929 年)、陶希圣的《辩士与游侠》(商务印书馆,1931 年)、孙曜的《春秋时代之世族》(中华书局,1931 年)、全汉昇的《中国行会制度史》(新生命书局,1934 年)、蒋星煜的《中国隐士与中国文化》(中华书局,1943 年)、谢国桢的《清初流人开发东北史》(开明书店,1948 年)等等,不胜枚举。

在这条线索上特别值得一提的另两个特点,首先是在历史研究方法上的多学科交叉互补,其次是以社会史的视角重新审视政治史、制度史,这使我们更加清楚今日中国之社会史研究具有怎样的学理基础。

就前者而言,一方面是历史学者对社会科学理论与方法的借鉴,如顾颉刚就运用了人类学、民俗学的田野调查方法,在 20 年代对北京的妙峰山香会、东岳庙、福建泉州的铺境、广东东莞的城隍庙等做过初步的研究,以至有人高度评价说,顾颉刚这种"不怕辛苦,亲自到民间去调查"的做法,贡献还在其《古史辨》之上[②]。另一方面是其他社会科学学者对历史的关注,相比之下,后者介入历史的程度要远深于历史学家对其他社会科学的借助,其原因固然与这些各学科的学者同样深感中国历史对现实影响巨大有关,此外这些学者较少传统史学对史学家的那种束缚,也是不可忽视的原因,因此我们至今可以看到非常丰富的、值得认真继承的成果。其中,我们又可发现以文献为主和以田野为主两类。以文献为主

---

① 如谭正璧的《中国女性的文学生活》(上海:光明书局,1931 年)、王书奴的《中国娼妓史》(上海:生活书店,1934 年)、李雪荔的《中国妇女史话》(南京:中国妇女建国学会,1947 年)等。

② 傅彦长:《中华民族有艺术文化的时候》,顾颉刚编著:《妙峰山》,影印 1928 年国立中山大学语言历史学研究所印本,上海:上海文艺出版社,1988 年,第 244 页。

的如比较宗教学研究者江绍原所著《发须爪》(开明书店,1928 年)和《中国古代旅行之研究》(商务印书馆,1935 年),注意分析古代民众的行为观念和精神世界,选题极具开创性;类似的还有许地山的《扶箕迷信底研究》(商务印书馆,1941 年)、人类学家李安宅的《仪礼与礼记之社会学的研究》(商务印书馆,1931 年)、潘光旦的《明清两代嘉兴的望族》(商务印书馆,1947 年)、瞿同祖的《中国法律与中国社会》(商务印书馆,1947 年)等。以田野为主的研究固然不可算为狭义的社会史研究,但研究者在研究中国基层社会时,无法摆脱对历史的探索。此类成果中具有开创性的有杨成志的《云南罗罗族的巫师及其经典》(中山大学文史研究所,1931 年)、吴泽霖等《贵州苗夷社会研究》(文通书局,1942 年)、伍锐麟的《三水疍民调查》(岭南大学西南社会经济研究所,1948 年)等多种。还有费孝通的《开弦弓》、林耀华的《金翼》、许烺光的《祖荫下》、杨懋春的《台头村》等这一时期在国外出版的人类学名著,尽管受当时的结构功能论的影响很大,但仍体现出强烈的历史感。

就后者而言,虽然世界历史学术的趋势还没有从“眼光向下”过渡到“自下而上”看历史,但陈垣和陈寅恪的方法论灼见却值得我们的重视。前者的学术虽出于清代朴学的传统,但又了解朴学的弊病,以至陈寅恪评价说:“清代经学发展过甚,所以转致史学之不振也。近二十年来,国人内感民族文化之衰颓,外受世界学术思潮之激荡,其论史之作,渐能脱除清代经师之旧染,有以合于今日史学之真谛,而新会陈援庵先生之书,尤为中外学人所推服。”①其《元西域人华化考》等文,从民族迁徙的角度探讨了文化传播与碰撞的载体,并把西北史地的研究与民族迁徙、中西交通的研究结合了起来,实际上给考释性的研究赋予了探讨文化传播与整合的宏

---

① 陈寅恪:《陈垣〈元西域人华化考〉序》,《陈寅恪文集》之三《金明馆丛稿二编》,上海:上海古籍出版社,1980 年,第 239 页。

观意义①。另外他大力“提倡有意义之史学”，如其《通鉴胡注表微》远不仅是一部文献学研究，而是对胡三省的思想史和心态史研究，是对“他隐藏在文字里的思想的探索”，所谓“不谙身之身世，不能读身之书也”。在当时的环境下“阅读胡注，体会了他当日的心情，慨叹彼此的遭遇，忍不住流泪，甚至痛哭”②。因此这样的研究是与“同情理解”（sympathetic understanding）的研究相通的。这种托物寓意的“心史”，与傅斯年倡导的纯粹客观不完全一致，而与陈寅恪的研究风格有着很大的相似性。

陈寅恪是最讲“同情理解”的研究方法的：“吾人今日可依据之材料，仅为当时所遗存最小之一部，欲藉此残余断片，以窥测其全部结构，必须备艺术家欣赏古代绘画雕刻之眼光及精神，然后古人立说之用意与对象，始可以真了解。所谓真了解者，必神游冥想，与立说之古人，处于同一境界，而对于其持论所以不得不如是之苦心孤诣，表一种之同情，始能批评其学说之是非得失，而无隔阂肤廓之论。”③他认为清人以经学的方法治史，是“止于解释文句，而不能讨论问题”④，因此他与乾嘉学者乃至新史学的科学实证派不同的是，他的考据与其说是考“实”，不如说是考“意”。也就是说，他不仅注意史实的真伪，更注意史料背后蕴藏着的意义（meaning）。比如他的《读〈莺莺传〉》主要不在考出这是元稹的“自叙之作”，而在考出当时社会的婚姻门第等观念及道德观念；又如他考《琵琶行》中“移船相近邀相见”一事，意在论证唐时礼法观念与宋不同。1932年他在清华开设晋至唐文化史课程，其中讲到研究文化史的

---

① 可参见尚定：《陈垣学术思想及其渊源释论》，《原学》第2辑，北京：中国广播电视出版社，1995年，第340—351页。

② 参见蔡尚思：《陈垣同志的学术贡献》，北京师范大学编：《陈垣校长诞生百年纪念文集》（内部发行），1980年，第22页。

③ 陈寅恪：《冯友兰〈中国哲学史〉上册审查报告》，《金明馆丛稿二编》，第247页。

④ 陈寅恪：《陈垣〈西域人华化考〉序》，《金明馆丛稿二编》，第238—239页。

“旧派”时，认为其材料只采廿二史儒林、文苑等传和各类书，“缺点是只有死材料而没有解释。读后不能使人了解人民精神生活与社会制度的关系”①。他著名的史学著作《隋唐制度渊源略论稿》《唐代政治史述论稿》等好像是政治史、制度史，实际上其中讲民族，讲婚姻，讲社会变动，是典型的被社会史改造了的政治史，因而被誉为“唐代（或中古）社会史研究的典范，堪称经典杰作”②。

除此之外，有关社会史的专题或断代代表性著作还有邓云特的《中国救荒史》（商务印书馆，1937年）、黄现璠的《唐代社会概略》（商务印书馆，1936年）等；在30年代还出现了一批整理出版的社会史史料集，如北平研究院史学研究所集辑的《社会史料丛编》4册（1935年），瞿宣颖编的《中国社会史料丛钞》甲集3册（长沙商务印书馆，1937年）以及萧一山编的《近代秘密社会史料》（北平研究院，1935年）等，共同构成了新史学浪潮推动下的第一次社会史研究热。尽管以上学者对社会史的理解有所不同，做出的具体研究成果和运用的理论、方法也各有差异，但他们有一点是共同的，即都是在试图摆脱传统政治史研究模式的问题意识促动下，一反过去只关注社会精英和政治人物、事件的做法，倡导关注民众和社会的变迁，同时都在尝试着借助各种理论来对中国历史进行解释。虽然不敢说冠之以“社会史”名目的研究在当时占支配地位，但也成为一时的时髦③。甚至，无论从理论还是从实践上说，20世

---

① 蒋天枢：《陈寅恪先生编年事辑（增订本）》，上海：上海古籍出版社，1997年，第221—222页。

② 杜正胜：《中国社会史研究的探索》，中兴大学历史学系主编：《第三届史学史国际研讨会论文集》，台中：青峰出版社，1991年，第34页。

③ 仅以著作为例，可见邓初民的《中国社会史教程》（桂林：文化供应社，1942年）、熊得山的《中国社会史研究》（上海：昆仑书店，1929年）、陶希圣的《中国社会之史的分析》（上海：新生命书局，1929年）、《中国社会史（古代篇）》（重庆：文风书店，1944年）、易君佐的《中国社会史》（上海：世界书局，1934年）以及周谷城、侯外庐、吕振羽的系列著作等多种。

纪后半叶的社会史研究仍基本上是沿着这两条线索前进,仍都在继续回答这个世纪上半叶学者提出的问题。

三、政治史范式下的20世纪50—80年代的社会史研究

1949年后,在社会史论战中成长起来的一批马克思主义史学家成为史学界的领袖人物,因此,他们在社会史理论战中形成的对社会史的理解,即社会史就是社会发展史、社会形态演进史的认识便成为主导性的观念,也因此出现了一批社会发展史著作①。到50年代初,日后与社会史关系密切的社会学、人类学、民俗学等等人文社会科学学科的发展停滞,有的被改造成民族学,再有如人文地理学被简化成只注意生产力布局的经济地理学,等等,在一定程度上影响了社会史发展的丰富性和多元性。因此有的学者干脆越过这一段时间,直接论述80年代以后的社会史"复兴"。然而回避显然不是办法。如果我们退远一点看,距离拉大一点看,会发现在这一个时期的历史研究背后,也有某种问题意识,我们依然可以若隐若现地看到以前的那两条线索。

虽然讨论学术史的专家无一不注意到,这一时期马克思主义理论占据研究主题和解释工具的支配地位,但通常却忽略了马克思主义对中国社会史发展的巨大作用,忽略了马克思本人是个经济学家和社会理论家这样的角色会产生什么样的影响。可以说,如果没有马克思学说的传入,也就没有现代意义上的中国经济史

① 如艾思奇:《历史唯物论社会发展史》,北京:生活·读书·新知三联书店,1951年;华岗:《社会发展史纲》,北京:生活·读书·新知三联书店,1950年;徐仑:《什么是奴隶制社会》,上海:华东人民出版社,1953年;徐仑:《什么是封建社会》,上海:华东人民出版社,1954年等。

和社会史,而所谓社会经济史一直是中国大陆这 40 年间最有成就的研究领域。马克思的社会形态学说的核心是社会变革理论,先讨论清楚某个社会具有怎样的社会性质,确定它的社会形态,才能找到其中的社会变革机制,了解社会该向哪个方向发展。因此我们会发现,学者们的研究主要集中于社会性质、社会关系(当时一般称为阶级关系)和民众反叛(当时一般称为阶级斗争或农民起义)这几方面,直到今天,社会史学者或历史社会学者也一直在这些领域里做文章。

实际上,50 年代以后历史研究界的"五朵金花",即汉民族的形成、中国历史分期、封建土地所有制、农民战争和资本主义萌芽等研究课题,都在上述三个领域之内。以古史分期问题为例,还是围绕中国古代的奴隶制社会终于何时而封建社会始于何时的问题。这次讨论实为当年社会史大论战的继续,但此时已基本无人否认奴隶社会在中国的存在(雷海宗、李鸿哲等曾于 50 年代提出奴隶制非历史必经阶段的观点,但随即遭到批判)。当时,范文澜、翦伯赞和吕振羽倡导西周封建论,在当时占主导地位。郭沫若起初认为秦为封建社会之始,后根据殷周的人殉现象,主张西周仍属奴隶社会。1952 年,他的《奴隶制时代》一书出版,将奴隶社会的下限定在春秋战国之际的公元前 475 年,他一方面提出铁器、牛耕等生产力方面的论据,另一方面认为"初税亩"等改革标志着地主阶级登上历史舞台,是生产关系方面的证据。除以上观点外,李亚农的春秋封建说,黄子通、夏甄陶的秦统一封建说,侯外庐的西汉封建说,周谷城的东汉封建说,以及尚钺、王仲荦、何兹全等的魏晋封建说,都在社会性质与社会形态的研究上做出了成绩。与此相关的,像明清史学界对满族入关前的社会性质问题的讨论、对中国资本主义萌芽的大规模讨论等,实际上也深化了对元明女真社会变迁和明中叶东南沿海地区社会变迁的认识。尽管对后一个主题的讨论仍有简单比附西方资本主义关系产生的痕迹，但由于讨论需要大量实证研究作为基础，所以它还是极大地促进了学术界对社会经济史，特别是区域社会经济史的研究。

关于社会关系的研究主要集中于阶级关系，特别是地主与农民阶级的关系，这当然是与这样的判断有关的，即在长时期的“封建社会”中，这二者的关系构成历史的主要线索，而二者间的斗争又推动这一时期的历史向前发展，因此历代农民战争史的研究不胜枚举。经过一段时间的积累，到80年代有不少出色的农民战争史成果问世，顾诚的《明末农民战争史》（中国社会科学出版社，1984年）就是一例。当然这也并不完全排除部分学者对各种社会集团及其关系进行深入探索，如杨宽在他的《古史新探》（中华书局，1965年）中包含了他关于先秦时期的宗法制度与村社组织方面的论文；唐长孺则在他的《魏晋南北朝史论丛》（生活·读书·新知三联书店，1955年）及其《续编》（生活·读书·新知三联书店，1959年）和《三至六世纪江南大土地所有制的发展》（上海人民出版社，1957年）等书中，涉及了皇族、士庶等关系；傅衣凌则以《明清时代商人及商业资本》（人民出版社，1956年）、《明代江南市民经济试探》（上海人民出版社，1957年）等书，对商人集团和市民阶层做出研究；左云鹏的《祠堂族长族权的形成及其作用试说》（《历史研究》1964年第5—6期）大约是此时期少有的家族制度研究成果。当然，这类作品在研究农民革命及与地主的阶级对立的大潮中，显得很不突出。应该说，对农民战争的研究在50—80年代间一度成为显学，这固然是当时强调阶级斗争理论的产物，研究中存在公式化、简单化的倾向，但就关注下层民众的历史而言，几乎是唯一的一个领域。

从以上这些问题，包括对土地所有制问题的讨论[①]中可以看出，这些研究基本上是对30年代社会史论战的深化和具体化。当时的探讨显然过多从理论出发，而且研究所呈现的面貌也多为理论，这些都需要从学术上加以深入地探讨，才能更有说服力，而50年代的所谓“五朵金花”，也基本上是在30—40年代就已含苞欲放了。

尽管在极“左”思潮的影响下，史学研究日益缺乏多元化，能给予社会史研究以无限活力的多学科、跨学科研究方法在这一时期几乎无人问津，特别重要的是，社会史的重要特征之一——对分析、解释的强调，这时变得极为简单和单一，但这一时期仍然有部分学者关注社会生活史，如董家遵的《中国收继婚姻之史的研究》（岭南大学西南社会经济研究所，1950年）、王瑶的《中古文人生活》（棠棣出版社，1951年）、姚薇元的《北朝胡姓考》（科学出版社，1958年）等。还有一些断代史或通史著作中也涉及不少社会史的内容，如吕思勉的《隋唐五代史》（中华书局，1959年），分上下两册，上册叙述政治史，下册讲述社会史；邓之诚的《中华二千年史》（上册，上海商务印书馆，1934；中册、下册，中华书局，1958年），其中中册和下册叙述了清史和明清两代的社会生活。

必须指出的是，在这一时期，由于中国多民族国家的现实需要，虽然人类学等学科遭到封禁，但民族学却存在下来，而一批人类学家、社会学家以民族学家的身份逐渐培养了一批队伍，通过少

---

① 较大规模的讨论是1959年率先在高校开始的。当时京津史学界的部分学者在南开大学的学术讨论会上对此进行争论，并由《光明日报》（1959年2月1日）和《历史研究》（1960年第1、2期）给予报导。稍后北京大学历史系做出反应，《光明日报》的报导则冠以《中国封建社会土地制度问题争鸣展开》的标题（1959年12月19日）。随后，华山、贺昌群、高敏、田泽滨、谢本书、韩国磐、束世澂、郑昌淦、杨向奎、杨志玖、唐长孺等多人发表意见，其中一部分文章也收入1962年生活·读书·新知三联书店出版的《中国封建社会土地所有制形式问题讨论集》中。

数民族研究把30年代以来以田野调查为特点的基层社会研究不绝如缕地保留了下来。根据苏联的理论体系,当时的学者把民族学重新界定为历史科学,把对少数民族的研究定位在原始社会史上,从50年代中开始,各单位开始组织编写原始社会史教材,准备实施对各民族的调查,写出各民族的简史。从1956年开始制订《社会性质调查参考提纲》,然后组织人员分8个组(后来增加到16个组)分赴各民族地区进行田野调查,后把调查结果汇集成各种少数民族调查资料集。据中国社会科学院民族研究所的统计,当时整理出的调查资料有190余种,共1400多万字,整理完毕尚未付印的有150余种,1500多万字①。此外,还拍摄了云南佤族、四川凉山彝族、海南岛黎族以及东北鄂温克、云南苦聪和西藏藏族等几部纪实性影片,留下一批有价值的影视资料。到50年代末、60年代初,民族社会历史调查基本结束,在此基础上,出现了包括各少数民族简史等在内的"民族问题五种丛书"及大量调查报告②,虽然其中充溢着当时的意识形态色彩,但毕竟使得利用社会科学理论和方法研究中国社会史的传统得以艰难地延续。

从总体来看,此时期本应内容丰富、方法多元的社会史研究较30—40年代的发展趋势受到阻滞,虽然包括社会性质、阶级关系和民众反叛在内的社会发展史研究有了一定的深入,但由于对马克思主义的教条化理解和与西方史学新动向的隔膜,致使相关人文社会科学的理论、方法在中国社会史研究中难得应用。更为重要的是,这一时期与社会史相关的各主题研究的展开,与其批判传统政治史的新史学初衷基本游离开来,甚至回到传统政治史的老路

---

① 这些统计数字还没有包括调查研究的原始资料以及16个调查组在地方上编印和整理的大量资料。参见林耀华:《新中国的民族学研究与展望》,《民族学研究》,北京:中国社会科学出版社,1985年,第82页。

② 详细情况参见王建民、张海洋、胡鸿保:《中国民族学史》(下卷),昆明:云南教育出版社,1998年,第57—215页。

上去,没有把握住马克思开辟的社会经济史的新史学优势,其后遗症至今犹存,这的确是让人引以为憾的事。

四、从“眼光向下”到“自下而上”:80—90年代的中国社会史研究

20世纪80年代是中国思想学术界改革开放、恢复发展的重要时期。在对以往的史学研究进行深刻反思的过程中,有两个重要的突破口:一是重新思考阶级问题,其结果是突破了阶级分析是认识中国古代社会的唯一方法的僵化观念,把认识社会的目光扩大到了多种社会关系、社会群体和社会生活,并开始关注中外历史的比较,这有利于对西方理论如何适应于中国本土历史研究进行思考①。二是对马克思主义史学理论的认识,其结果是学者们一致认为,过去几十年里,史学界对马克思主义理论进行了教条化的理解和诠释,历史研究形成了一套僵化死板的思维模式,研究领域也很狭窄,课题单调。要扭转弊端,必须在新的形势下重新认识马克思主义理论,尤其是重视中间层次的理论建设,扩大历史研究的范围,并且要适应“当今世界人文学和社会科学的互相渗透”这一大趋势,借用社会学、心理学、经济学、政治学、人类学、地理学、语言学等手段来研究历史②。

---

① 1983年和1985年,《历史研究》杂志社和南开大学历史系先后同其他高校、研究所共同召开了两次重要的讨论会:“中国封建地主阶级研究学术讨论会”(可参见宋元强、高世瑜所作会议综述,载于《历史研究》1984年第3期)、“中外封建社会劳动者生产生活状况比较研究讨论会”(会议论文收入南开大学历史系等编:《中外封建社会劳动者状况比较研究论文集》,天津:南开大学出版社,1989年)。

② 这可以一次重要的学术研讨会为代表,即1986年8月在天津师范大学召开的由北京大学历史系、中国人民大学历史系、北京师范大学历史系和史学研究所等单位联合发起的“全国史学理论研讨会”。可参见天津师范大学历史系史学理论与历史比较研究室:《全国史学理论研讨会综述》,《天津师范大学学报》(社会科学版)1986年第6期。

1986年初,冯尔康发表《开展社会史的研究》一文(《百科知识》1986年第1期);同年10月,第一届中国社会史年会召开,这标志着中国的社会史研究走上了复兴之路。说它是“复兴”,原因绝不仅是由于上半叶的社会史研究已有可圈可点的成果,还在于具体的理论、实践与上半叶的社会发展史传统、与“眼光向下”的立场有着千丝万缕的联系。

“眼光向下”

进入80年代以后,社会史学界主要是出于对50年代以来中国史学发展的种种弊端的全面反思,出于拓宽史学研究领域的这种问题意识而进行了一场对史学的结构性调整,主要是大大拓展研究课题,在这一点上,可以说这一时期的社会史研究是对20世纪上半叶那种倡导眼光向下,关注普通民众的研究倾向的一种回归。同时,这在很大程度上也是由于这一时期对社会史认识的主流,认为社会史是历史学的一门分支学科,研究对象应该限定在与其他史学分支学科不同的社会生活、社会结构、社会行为等等方面。

80年代中后期开始复兴的社会史研究与第一次社会史研究高潮比较,最为显著的特征之一就是从事社会史研究的学者都非常积极地、有意识地进行社会史的理论探讨,并且就社会史的定义、学科定位、研究对象、研究方法诸多问题差不多同时提出了各自不同的认识。在80年代中后期,主要的两派观点是专史说和通史说,而大部分学者所持的是专史说①,即认为社会史是历史学的一门分支学科,是专门史,与政治史、经济史、思想史、军事史、外交史

---

① 参见宋德金:《开拓研究领域 促进史学繁荣——中国社会史研讨会述评》,《历史研究》1987年第1期。比较系统的论述见乔志强、陈亚平:《社会史的研究对象、知识体系及其学科地位》及冯尔康:《社会史研究的探索精神与开放的研究领域》,周积明、宋德金主编:《中国社会史论》(上卷),第32—97页。

等专门史并行，又从各自的研究对象出发，将社会史定义为社会生活史①、社会行为史②，由此在政治、经济、思想、文化等史学专门领域之外再拓出一个研究领域。

与专史说相比，少数持“通史说”的学者似乎应以陈旭麓、张静如为代表。其实以往论者把二人的说法归结为“通史说”多少属于误读，因为与其说他们是主张社会史即通史，不如说他们在倡导好的通史应该是社会史，即通史应“反映一个过去了的时代全部面貌”③，应该讨论“社会整体发展的全过程”④。因此前者的《近代中国社会的新陈代谢》（上海人民出版社，1992 年）在纵论中国近代社会的演变过程中，便融进了对社会结构、社会生活和社会意识的说明；后者的《北洋军阀统治时期中国社会之变迁》（中国人民大学出版社，1992 年）一书，则分为经济、政治、教育与文化、社会阶级与阶层、社会组织、家庭、社会习俗、社会意识 8 章。由是可知，他们其实是在讨论通史编纂的问题，而主要不是社会史的概念问题。

为了给社会史这一学科规划出一个明晰的研究范围，从社会生活、社会文化、社会风俗（这也可包括在前两者内）、社会群体、社会问题等较为具体的社会史研究领域到社会结构、社会变迁、社会运行、社会控制、社会功能等更为宏观和抽象的研究范畴，都有不

---

① 冯尔康：《开展社会史研究》，《历史研究》1987 年第 1 期；乔志强：《中国社会史研究的对象和方法》，《光明日报》1986 年 8 月 13 日；王玉波：《为社会史正名》，《光明日报》1986 年 9 月 10 日；陆震：《关于社会史研究的学科对象诸问题》，《历史研究》1987 年第 1 期。另可参见宋德金《开拓研究领域 促进史学繁荣——中国社会史研讨会述评》，《历史研究》1987 年第 1 期；常建华：《中国社会史研究十年》，《历史研究》1997 年第 1 期。

② 彭卫、孟庆顺：《历史学的视野——当代史学方法概述》第 4 章，西安：陕西人民出版社，1987 年；周晓虹：《试论社会史研究的若干理论问题》中也提到社会史研究对象的全面表述是社会结构和社会行为，《历史研究》1997 年第 3 期。

③ 陈旭麓：《略论中国近代社会史研究》，《华东师范大学学报》（哲社版）1989 年第 5 期。

④ 张静如：《以社会史为基础深化党史研究》，《历史研究》1991 年第 1 期，第 90 页。

同学者从不同角度予以支持，由此极大地扩展了史学研究的对象范围，这也是社会史为中国史学界近20年来的发展所做出的最显著贡献。其中通史性著作有龚书铎总主编，曹文柱、朱汉国副总主编的《中国社会通史》8卷（山西教育出版社，1996年），断代通史著作则有李泉、王云、江心力编著的《中国古代社会史通论》（天津人民出版社，1996年）、乔志强的《中国近代社会史》（人民出版社，1992年）、马新的《两汉乡村社会史》（齐鲁书社，1997年）、齐涛的《魏晋隋唐乡村社会研究》（山东人民出版社，1995年）、张研的《清代社会的慢变量》（山西人民出版社，1999年）及陈旭麓、张静如前引书。此外，还有一批相当有水平的断代史或专门史著作，虽未自诩为社会史研究，没有按照某些社会学概念分类，但实际上论及的内容却也与前者异曲同工，如晁福林的《夏商西周的社会变迁》（北京师范大学出版社，1996年）、朱瑞熙的《宋代社会研究》（中州书画社，1983年）、李文海的论文集《世纪之交的晚清社会》（中国人民大学出版社，1995年）等等。从严格的意义上说，这些著作实际上具有重写过去的通史或断代史的意义。

具体的研究真可谓琳琅满目。在社会生活史方面，最有代表性的应是由中国社会科学院历史研究所承担的国家社会科学基金项目《中国古代社会生活史》10卷本丛书（中国社会科学院出版社陆续出版），已经发行4种。刘志远的《四川汉代画像砖与汉代社会生活》（文物出版社，1983年），林剑鸣主编的《秦汉社会文明》（西北大学出版社，1985年），宋德金的《金代的社会生活》（陕西人民出版社，1988年），冯尔康、常建华的《清人社会生活》（天津人民出版社，1990年）等书，也都是这个领域中不可多得的好书。在社会结构研究方面，除冯尔康主编的《中国社会结构的演变》（河南人民出版社，1994年）外，还有大量有关社会群体的研究，涉及性别集团，如妇女史，身份职业集团如士人、乡绅、商人、农民、官员、胥吏、幕僚、游民、移民、艺人等历史，年龄群体如老年人、儿童的历史等。

在社会惯制史方面，研究者最为关注的仍是社会的基本组成细胞——家庭，以及建筑在家庭基础上的家族、宗族制度。通论性的家庭史研究以王玉波的一系列家庭史研究著作为代表①，谢维扬的《周代家庭形态》（中国社会科学出版社，1990 年）、冯尔康的《中国宗族社会》（浙江人民出版社，1994 年）、常建华的《中国文化通志·宗族志》（上海人民出版社，1998 年）、钱杭的《中国宗族制度新探》（香港中华书局，1994 年）、朱凤瀚的《商周家族形态研究》（天津古籍出版社，1990 年）、陈支平的《近 500 年来福建的家族社会与文化》（上海三联书店，1991 年）、郑振满的《明清福建家族组织与社会变迁》（湖南教育出版社，1992 年）等等，可以作为此领域中的代表作。郭松义的《伦理与生活——清代的婚姻关系》（商务印书馆，2000 年）利用大量档案资料和统计数据，对清代婚姻关系做出许多新的判断。风俗也是一种社会惯制，对它的研究也算一个热点。徐华龙的《国风与民俗研究》（中国民间文艺出版社，1998 年）、常金仓的《周代礼俗研究》（台北文津出版社，1993 年）、高国藩的敦煌民俗三部曲（《敦煌民俗学》，上海文艺出版社，1989；《敦煌古俗与民俗流变》，河海大学出版社，1989；《敦煌巫术与巫术流变》，河海大学出版社，1993 年），以及廖奔的《宋元戏曲文物与民俗》（文化艺术出版社，1989 年）等，资料均颇丰富。

我们还可以发现在民间宗教与信仰的研究、在秘密宗教结社和会党的研究、在商业组织的研究等领域，成果迭出。如马西沙、韩秉方的《中国民间宗教史》（上海人民出版社，1992 年）、喻松青的《明清白莲教研究》（四川人民出版社，1987 年），侯旭东的《五、

---

① 王玉波：《中国家长制家庭制度史》，天津：天津社会科学院出版社，1989 年；《中国家庭的起源与演变》，石家庄：河北科技出版社，1992 年；《中国古代的家》，北京：商务印书馆，1995 年。

六世纪北方民众佛教信仰》(中国社会科学出版社,1998 年),蔡少卿的《中国近代会党史研究》(中华书局,1987 年),秦宝琦的《清前期天地会研究》(中国人民大学出版社,1988 年),赫治清的《天地会起源研究》(社会科学文献出版社,1996 年),胡珠生的《清代洪门史》(辽宁人民出版社,1996 年),徐鼎新、钱小明的《上海总商会史(1902—1929)》(上海社会科学院出版社,1991 年),朱英的《传统与近代的二重变奏——晚清苏州商会个案研究》(巴蜀书社,1993 年),王日根的《乡土之链:明清会馆与社会变迁》(天津人民出版社,1996 年)等。这些领域的研究论文更是引人注目。

其实本文并不试图排列许多人名、书名,为学术界提供一个可资利用的参考文献目录,因为这项工作已有多人做过,读者自可参阅。有些影响较大的著作,如葛剑雄等的 6 卷本《中国移民史》(福建人民出版社,1997 年)、葛兆光的《七世纪以前中国的知识、思想与信仰世界》)和《七世纪至十九世纪中国的知识、思想与信仰》(复旦大学出版社,1998 年、2000 年),虽然有其人口史或思想史的独特领域归属,但显然与社会史的写作方式有密切关系,这里也不遑多论。以上所举可谓信手拈来,不免挂一漏万,但目的却是显示自 80 年代以来中国史学家把目光从精英和政治事件转向民众、基层社会和日常生活之后的丰富成果。应该说,这种"眼光向下"的研究倾向是对 20 世纪上半叶新史学研究旨趣的一次间断后的接续,但不管从研究的规模,还是从研究领域拓展的广度以及有意识地运用多学科方法的程度上来说,这一时期的社会史研究都是在一种更高层次上的回归。

但问题并没有完全解决。"自上而下"看历史把目光投放到更为宽阔的领域,使史学研究的内容更加丰富多样,并由此带动了史料来源的扩展和研究方法的更新,但研究者的立场却因缺乏主体的自觉,有可能依然是高高在上的,可能会不自觉地带着某种优越感,“自上而下”地审视芸芸众生及其命运。这就可能带来两个方面的后果:一是所进行的研究带有某种猎奇猎艳的色彩,只是为了满足某种对于我们过去知之甚少的东西进行了解的欲望,而没有真正采取一种同情理解的立场;二是导致忽略对重大历史问题进行反思和解释,似乎持“新史学”立场的人只注意一些鸡毛蒜皮的生活琐事,而不去关注那些令人们印象深刻的宏大历史叙事,以至人们将某些社会史讽刺为“剩余的历史”或者“漏掉了政治的历史”①。这决不是“新史学”的初衷,而是对“自上而下”看历史的视角的扭曲。此外,“自上而下”仍可以被体现为旧史学的某种特征,正如英国史学家霍布斯鲍姆所说,在中华帝国时代,农民起义并不是一种偶然的、反常的现象,因此在以政治决策和事件为主的传统史学中,也会关注普通民众②,但却将其视为犯上的盗贼,在某种意义上说,这恰恰也是一种“自上而下”立场的反映。这些问题在 90 年代以后有所改善,即在“眼光向下”的研究视野之外,一些学者开始体验国外学者所倡导的“自下而上”的社会史研究,这一转变对中国社会史的进一步发展具有非常重要的意义:“自下而上”看历史在中国的实践,是对前者概念体系的重大改进,有可能避免新旧史学之间界限的模糊性。

“自下而上”:国家与社会/区域社会史研究

理论与实践总是在相互促动中进步的。在重新反思 80 年代中后期以来关于社会史的理论探讨的过程中,自 80 年代末 90 年代初以来,一些学者对社会史有了新的认识,出现了仍旧基于学科定

---

① G. 屈维廉语。见〔美〕G. 埃利:《当代西方社会史研究的新趋势》,肖朗译,蔡少卿主编:《再现过去:社会史的理论视野》,杭州:浙江人民出版社,1988 年,第 29 页。

② Eric Hobsbawm,“On History from Below”, *On History*, New York: The New Press, 1997, p. 202.

位考虑的新学科、综合学科说和否认社会史为历史学分支的方法说、范式说。这些说法的出现既可以说是对以前看法的挑战，也可以说是关于社会史理论认识的深化，表明社会史研究界的学术多元化格局。

新学科、综合学科说开始出现于80年代末，如王家范就因为"不赞成目前认为社会史只是传统史学领域的拓宽，是历史学分支的论点"，而提出自己对社会史的理解："说社会史是历史社会学与社会历史学联姻而诞生的婴儿，虽然未必完全贴切，但也不算离谱。依据'总体大于部分之和'的现代思维方式，它只能被确认为一门新学科，而不再归属于历史学或社会学。"①集中反映这一派观点的还有由龚书铎主编，曹文柱、朱汉国副主编的《中国社会通史》这一部通史著作。编者大量借用社会学的理论来研究中国社会史，他们认为"社会史虽然是史学的一个分支学科，但同时又属于历史学与社会学的一个交叉学科"②。显然编者对社会史的认识是在吸收专史说的基础上又有所创新，是在保证社会史的历史分支学科地位的前提下承认社会史兼具交叉学科、综合学科的特点。

新方法、新视野和新研究范式说出现在90年代以后，其中赵世瑜在90年代初就提出，"社会史根本不是历史学中的一个分支，而是一种运用新方法、从新角度加以解释的新面孔史学"③。两年后常宗虎又在全盘否定社会史的学科化努力之后，提出社会史只是一种审视历史的新视角、新态度和新方法，主要是全面审视法、跨学科研究法、结构分析法以及新史料、新手段和技术的运用④。此后，由于坚持"分支说"的学者在许多文章中对"非分支说"的理

---

① 王家范：《中国社会史学科建设刍议》，《历史研究》1989年第4期，第101页。

② 见龚书铎主编，曹文柱、朱汉国副主编：《中国社会通史·总序》（先秦卷），太原：山西教育出版社，1997年，第3页。

③ 赵世瑜：《社会史研究呼唤理论》，《历史研究》1993年第2期，第15页。

④ 常宗虎：《社会史浅论》，《历史研究》1995年第1期。

解有误，赵世瑜便将有关想法系统成文，提出“社会史不仅仅是历史学的一个分支学科，而是一个史学新范式，一个取代传统史学的政治史范式的新范式”①。这种观点将社会史研究提高到取代政治史旧范式的新范式的地位，试图在这个意义上理解社会史在 20 世纪初的起源。持这派观点的学者应打破研究领域的局限，使得任何史学课题在新的研究范式的观照下，都可以被做成社会史研究的作品。

与这种看法合拍的恰恰是“自下而上”看历史，因为正是后者不避讳研究政治、研究事件、研究精英。我们必须感激近年来许多国外汉学著作的翻译出版，感谢主持者的努力和江苏人民出版社、浙江人民出版社、上海古籍出版社、中国社会科学出版社等出版者的支持，使我们可以看到许多被人们视为社会史著作的书，实际上不只是“眼光向下”的（比如杜赞奇的《文化、权力与国家》、孔飞力的《叫魂》、艾尔曼的《经学、政治和宗族》等等）。“自下而上”（bottom up）看历史，更强调一种立场的调整。当然，如果没有“自上而下”，对“下”就没有丝毫了解，因此“自下而上”是建立在“自上而下”的基础上的。按霍布斯鲍姆的说法，“自下而上的历史”（history from below）亦可称之为“草根史学”（grassroots history），但这并不意味着研究停留在对草根社会的关注，而是要从民众的角度和立场来重新审视国家与权力，审视政治、经济和社会体制，审视帝王将相，审视重大的历史事件与现象。如果我们从普通人的角度去观察这样的重大事件和制度，对问题的看法就有可能深化，甚至可能有很大的不同。因此，“自下而上”看历史，是历史编纂学上的一个阶段性的进步，西方史学近年来的所谓“政治史的复兴”

① 赵世瑜：《再论社会史的概念问题》，《历史研究》1999 年第 2 期。

就是明显的表现[①]。

对于这些学者来说，研究的问题意识就改变了，一些理论假设也改变了，比如过去强调下层社会史的时候，背后的理论预设实际是精英/民众、大传统/小传统、国家/社会等鲜明的二元对立，现在则是把握二者的关系，理解二者如何共同建构一个地方社会，如何共享一种文化。因此，在90年代以后的中国社会史研究中，就出现了新的研究取向，即对国家与社会关系问题的探讨和区域社会史研究的开拓。它们不仅是研究课题或对象的问题，而是方法论的问题，都集中反映了“自下而上”的研究视野。同时，正是由于它们体现了人类学、社会学、民俗学、政治学、法学等学科学者理解中国社会—历史的新思路，使社会史开始成为多学科协同用力的领域。

区域社会史的研究是伴随着社会史的复兴而兴起的。80年代以来，思想文化界开始解冻，各省市纷纷成立或重建社会科学院，并成立历史研究所，主要研究本地区的历史，地方史研究开始复兴，新的地方史志的编撰工作也纷纷展开。但正如有的学者指出的，区域史并不等同于分门别类地叙述一地之地理沿革、历史变迁、风土人情的地方史，因为“区域史属社会史的分支”[②]，也就是说，区域史的研究应该具有社会史的研究视野。中国幅员辽阔，地区性差异大，因而把中国的历史变迁置于空间维度下进行考察是最切实可行和可将研究引向深入的方法；同时，整体社会史的研究

---

① 有的学者对此有不同的理解，如冯尔康解释“自下向上看的历史研究法”，“是针对以往英雄史观笼罩下的史学只研究社会上层的政治史而发出的挑战，主张将在历史书上消失的小人物请回来，即把视线移向社会下层民众，以便对历史有个整体的看法”（周积明、宋德金主编：《中国社会史论》[上卷]，第85页）。按照我们的理解，这种看法正好是前一阶段的“眼光向下”的特征。

② 万灵：《中国区域史研究理论和方法散论》，《南京师大学报》（社会科学版）1992年第3期。

最可能的是在特定区域内进行尝试,也就是说,区域社会史把特定地域视为一个整体,全方位地把握它的总体发展,这既是一种整体社会史在特定区域内的研究尝试,又可以在实践中推动整体社会史研究的深入发展。

在 90 年代以前,以傅衣凌教授为代表的一批史学工作者比较关注区域社会经济史的研究,对福建、徽州及江南地区的社会经济史多有探讨,想要解决的问题是中国传统社会结构问题,当时国家制定的“六五”“七五”社会科学规划中,都把开展区域社会经济史研究作为重点方向。但在 90 年代以来,区域社会史的研究开始逐渐取代区域社会经济史研究成为研究的重点,“八五”期间社会科学规划项目中的区域研究已由社会经济史向社会史转移,重要的项目有华北和华南的农村社会研究,社会史的研究取向是明显的。“九五”规划更把区域社会比较作为课题指南的重点,这是典型的区域社会史题目。中国社会史学会 1994 年西安年会和 1996 年重庆年会都将区域社会及其比较研究作为会议主题,1998 年苏州年会的讨论主题也涉及社区问题,这些都可表明社会史学界对区域社会史的关注。

我们认为,90 年代以来区域社会史研究具有两个显著的特点:一是由于研究视野的扩大,研究的地域范围也就不再仅仅局限于商品经济较为发达的个别区域,而是把研究目光投向各级地区,大到包括若干省市的区域、省市,小到一个镇、一个县、一个乡、一个村落,研究范围的扩大极大地有助于我们更加全面地、整体地了解历史上的中国社会;二是注重地域社会的“整体的历史”,即全方位地、立体地考察地域社会,从特定地域的生态环境、文化资源、权力网络、社会生活等等方面,力图展现出这一地区的立体全景,并且在历时性的研究中,加入其他社会科学,如社会学、人类学、地理学等学科的理论与方法,注重结构与功能的共时性分析,这对于向整体社会史方向的迈进有着重要的意义。

在此认识基础上,学术界产生了相当一批区域史研究成果,如乔志强、行龙主编的《近代华北农村社会变迁》(人民出版社,1998年)系统描述了1840年以后的华北乡村社会的主要方面。王振忠的《明清徽商与淮扬社会变迁》(生活·读书·新知三联书店,1996年)研究了明清徽商的土著化过程与盐业城镇的发展,以及与东南文化变迁的关系。魏宏运主编的《二十世纪三四十年代冀东农村社会调查与研究》(天津人民出版社,1996年)、朱德新的《二十世纪三四十年代河南冀东保甲制度研究》(中国社会科学出版社,1994年),则是在试图展现20世纪三四十年代华北尤其是冀东农村社会形态的基本面貌。樊树志的《明清江南市镇探微》(复旦大学出版社,1990年)、陈学文的《明清时期杭嘉湖市镇史研究》(群言出版社,1993年)、罗一星的《明清佛山经济发展与社会变迁》(广东人民出版社,1994年)等,不再局限于传统的重点研究市镇的经济问题的做法,也开始把视野扩展到整体性的探讨。还有一些学者对个别小村落、社区进行了细致的考察,如梁洪生、邵鸿都将中国古代宗族社会的"活化石"——江西乐安县流坑村,尤其是上可追溯到五代时期的千年大族董氏家族作为调查对象,开展了专题探讨;他们关于江西自宋至清地方宗族与区域社会变迁的系列研究,由于把地方文献与田野资料相印证,引起了国内外学者的重视。钱杭、谢维扬对江西泰和县农村的调查,则把研究眼光主要集中在当代大陆农村宗族活动的现状上,他们的研究成果主要反映在《传统与转型:江西泰和农村宗族形态》(上海社会科学院出版社,1995年)中。

区域社会史向整体研究和纵深方向发展,在很大程度上同借鉴国外人文社会科学学科理论、方法以及不同学科学者的合作有一定关系。美国学者施坚雅从德国地理学家克里斯托勒的中心地理论出发,创立了区域系统分析理论,这一理论对中国的社会史学者有较大的影响力,如王笛的《跨出封闭的世界——长江上游区域社会研究(1644—1911)》(中华书局,1993 年),可明显看到这一理论的影响,长期从事中国城乡集市研究的许檀也是想通过自己的研究对施坚雅的区系理论做出修正①。而李伯重的《江南的早期工业化(1550—1850)》(社会科学文献出版社,2000 年)则针对不同经济学的解释模式,对中国江南地区的经济—社会成长水平进行了卓有建树的讨论。

对国家与社会关系的讨论是西方学术界的焦点之一,自启蒙时期的学者按照社会契约论的理解建构了国家与社会之间的关系后,这一问题就成为西方自由主义与保守主义、新自由主义与社群主义等派别论争的主题。与西方的国家与社会逐渐分离甚至二元对立模式不同,传统中国的国家与社会几乎一直处于胶合的状态,表现为一种相当复杂的互动关系。史学界从 80 年代末尤其是 90 年代以来开始大量地以国家与社会的关系作为分析模式,从单纯的基层社会研究转向为以基层社会研究为切入点关注国家与社会之间的复杂关系,这对于中国社会史研究走向更为整体、解释模式日益多元的研究态势意义重大。

这方面研究的突出成果总是与区域社会史研究结合在一起的,这是因为一个区域社会的建构过程可以比较清晰地反映出国家与民间社会之间的关系,反过来说,区域社会的建构过程应该通过对国家与社会关系的梳理而得到理解,然后再进一步理解这一过程在整个国家的整合过程中的作用,由此区域社会史成为中国史研究的一种方法论。在近 10 多年中,华南地区的一些学者将人类学的方法积极运用于社会史研究,把文献资料和田野调查紧密

---

① 许檀:《明清时期农村集市的发展》,《中国经济史研究》1997 年第 2 期;《明清时期城乡市场网络体系的形成及意义》,《中国社会科学》2000 年第 3 期。

结合起来,产生了一批优秀作品。在基层社会制度方面,学者们通过对各种国家行政制度在基层社会的运行、实施情况来探讨国家权力与乡村社会的互动关系。如刘志伟的《在国家与社会之间——明清广东里甲赋役制度研究》(中山大学出版社,1997 年),通过考察明清时期里甲赋役制度在广东地区的实行情况,探讨了代表国家力量的地方政府与基层社会之间的复杂关系及其变动趋势。郑振满在《明后期福建地方行政的演变——兼论明中叶的财政改革》(《中国史研究》1998 年第 1 期)一文中通过考察明后期福建的财政危机,探讨地方政府职能的萎缩与基层社会的自治化进程。王先明在研究保甲制度的文章《晚清保甲制的历史演变与乡村权力结构——国家与社会在乡村社会控制中的关系变化》(《史学月刊》2000 年第 5 期)中通过对清王朝实施乡村社会控制的主要制度——保甲制的研究,考察了晚清以来,国家权力向乡村社会的延伸在乡土社会权力制约下屡受挫折的过程。

从民间信仰和传说的角度探讨国家与社会的关系近年来成为新的热点,正如有的人类学家指出的,从 80 年代以来人类学界表现出对历史的空前重视,而社会史学界也出现了一批对人类学课题深感兴趣的学者,正是这两股潮流的涌现,使中国民间宗教的研究出现了新综合的景象①,这种趋势大大深化了过去对民间宗教的研究。比如陈春声对樟林地区三山国王的系列研究,如《社神崇拜与社区地域关系——樟林三山国王的研究》(《中山大学史学集刊》第二辑,广东人民出版社,1994 年),《三山国王信仰与清代粤人迁台——以乡村与国家的关系为中心》(《地域社会与传统中国》,西北大学出版社,1996 年),刘志伟对珠江三角洲地区的北帝信仰的研究,如《神明的正统性与地方化——关于珠江三角洲地区北帝崇

---

① 王铭铭:《社会人类学与中国研究》,北京:生活·读书·新知三联书店,1997 年,第 170 页。

拜的一个解释》(《中山大学史学集刊》第二辑),他们研究的是华南这一“边陲社会”,因此研究的主要兴趣在于通过考察一些地方性神明为寻求正统性所作出的种种努力,来探讨中国传统国家如何通过文化思想控制来达到国家权力向地处边陲地带的基层社会的渗透。而赵世瑜则关注天子脚下的明清北京城中,非国家正祀的民间信仰为获得国家的认同采取了哪些措施,以此探讨国家权力与民间社会的互惠、互动关系,如他对明清北京的“顶”和东岳庙的个案研究(《国家正祀与民间信仰的互动——以明清京师的“顶”与东岳庙为个案》,《北京师范大学学报》1998 年第 6 期)。

另外一些学者也开始利用人类学的方法,注意将文献文本与口传文本等异文进行比较,以重新阐释这些民间传说的文化意义,如刘志伟的《附会、传说与历史真实——珠江三角洲族谱中宗族历史的叙事结构及其意义》(《中国谱牒研究》,上海古籍出版社,1999 年)等系列论文,对包括脍炙人口的珠玑巷传说等在内的传说加以拆解,解释了宗族构建与国家体制的关系,从一个非常新颖的角度展示了地方社会被国家力量渗透的过程。赵世瑜、张宏艳的《黑山会的故事:明清宦官政治与民间社会》(《历史研究》2000 年第 4 期)通过解构关于大宦官刚铁的神话,探讨了京师地区宦官在宫廷政治与民间生活之间的作用。

还有一些学者积极关注法律制度在基层社会的运作情况或者基层社会自身产生的具有法律约束性的规约的运行状况。这可以两部专著为例:一是朱勇的《清代宗族法研究》(湖南教育出版社,1987 年),作者在书中非常细致地分析了宗族私法的类型、特点和功能,并且探讨了宗族私法与国家的关系;二是梁治平的《清代习惯法:社会与国家》(中国政法大学出版社,1996 年),这是一部非常典型的法律社会史著作,运用了大量法律社会学的理论,重点探讨中国传统社会的习惯法与国家法的关系,以此作为一个切入点试图对中国的国家与社会关系这个问题做出一些有益的尝试性探索。在思想史方面，杨念群的《儒学地域化的近代形态——三大知识群体互动的比较研究》（生活·读书·新知三联书店，1997年）则把知识精英群体置于地域文化的视野中加以考察，以发现他们各自对近代社会变迁反应的异同。

还有不少学者从不同的角度切入来探讨这一问题，比如对地方宗族、乡族的研究，这仍可以华南学者的研究为例，比如郑振满对明清福建乡族势力的研究，就是想探讨地方乡族的自治化与国家权力向下渗透的相互关系，如《明清福建沿海农田水利制度与乡族组织》（《中国社会经济史研究》1987年第4期）、《明清福建的里甲户籍与家族组织》（《中国社会经济史研究》1989年第2期）；刘志伟与英国学者科大卫合作，对华南地区宗族的研究，如《宗族与地方社会的国家认同——明清华南地区宗族发展的意识形态基础》（《历史研究》2000年第3期），这两位学者还从地方礼仪的角度探讨了国家与社会的关系，如《国家与礼仪：宋至清中叶珠江三角洲地方社会的国家认同》（《中山大学学报》1999年第5期），分四个时期，即北宋、南宋、明初、明代嘉靖年间以后来考察珠江三角洲地区礼仪的演变过程，讨论地方社会与国家整合的过程。又如朱英从商会这一课题切入，其著作《转型时期的社会与国家》（华中师范大学出版社，1997年）中便大量运用“市民社会”这一理论，探讨社会与国家的关系。

总之，以国家与社会这一理论作为社会史研究的分析性话语，使得各种选题分散的基层社会研究具有了相对统一的理论指向和更为深刻的问题意识及更加广阔、宏观的研究视野，关注基层社会与国家的互动关系，既是重新和深入认识传统中国的一个重要突破口——而且是过去被忽略的一个突破口——又是中国的社会史研究走向整体史所迈出的重要一步。

社会学、人类学素有重视“民族志”调查的传统，随着解释人类学的兴盛，地方性知识越来越受到关注。而中国的人类学家和社会学家们又充分认识到中国这个有着悠久文化传统的“文明社会”不同于一般人类学所调查的未开化的原始部族，很注重历时性研究与共时性分析的紧密结合，所以他们的研究对从事区域社会史研究的学者有很大的启示作用。如一直强调中国的社会人类学研究必须重视历时性叙述的学者王铭铭对福建溪村的研究《社区的历程：溪村汉人家族的个案研究》（天津人民出版社，1997 年），就以社区的历史叙述框架，描绘了溪村的家族组织与社会变迁的过程；他对福建泉州的研究《逝去的繁荣》（浙江人民出版社，1999 年），则尝试把文献工作与田野调查相结合，把泉州 500 年的变迁史置于人类学的解释系统中。一些区域社会史研究者已经开始借鉴人类学的理论方法、进行社会历史学的田野调查，并且主动与海外学者，尤其是人类学等不同学科的学者积极交流、合作，进行多学科的对话。如上述，研究华南社会史的学者已率先做出一批出色成果，而研究华北的学者也开始进行自己的努力，从而使不同区域间的研究成果得以在中国史研究的前提下进行卓有成效的对话。

区域社会史的新发展，不管是关注区域的整体社会史，还是以区域社会为研究空间探索国家与社会的互动过程，都极大地有利于中国社会史研究向全面、整体、深入的方向发展。这使学者越来越注意将整个中国的广阔地域置于研究的视野之内，注意区域的整体研究，并进而探讨传统中国社会的历史整合过程，为社会史研究提供了新的解释框架，体现了学者们新的问题意识。历史研究从“眼光向下”再“自下而上”，实有助于社会史研究从本质上向整体社会史的目标迈进。

五、思考与展望

在20世纪，中国历史学经历了巨大的变化，完成了从纯粹的传统国学向具有严格学术规范的近代人文社会科学的嬗替，而社会史则走在中国史学变革的最前端，它所倡导的拓宽研究领域、运用多学科的理论方法等研究理念，成为中国史学百年变革的核心内容。因此，我们可以说，社会史的兴起和发展历程在很大程度上也就代表了中国历史学在20世纪的发展演进过程。

正如有的学者指出的，"中国近代人文社会科学的学术规范、问题意识、理论框架甚至叙述话语，基本上是从西方引进的，是西学东渐的结果"①，中国的社会史研究在这一点上体现得最为明显。20世纪初，社会史就是在广泛吸纳西方的新史学和其他社会科学理论方法的基础上兴起的，而80年代以来的社会史的复兴也是在大量引进西方20世纪新史学，尤其是以法国年鉴学派为代表的社会史研究理念和西方各种新兴的社会科学，如社会学、人类学、地理学、经济学等学科理论及研究方法（这些学科在20世纪初也引进到中国，但与80年代以来引入的多有不同，因为西方社会科学在20世纪经过两次大战的洗礼和学者的学术反思，也发生了很大的变化）的背景下完成的。中国社会史的兴衰与吸收国外的新史学及其他人文社会科学的理论方法关系密切。中国的一些学者积极借鉴国外史学、社会科学的理论方法，进行中国社会史的研究，取得了骄人的成绩。但问题也还存在，王先明就曾尖锐地指出："由于学科自身理论建设的不足，在社会史研究发展过程中，人们遂大量地借用社会学理论、概念、范畴、方法，使旧有的史学理论体

---

① 张国刚：《二十世纪隋唐五代史研究的回顾与展望》，《历史研究》2001年第2期，第169页。

系陷入‘失范’状态。”①但是问题的关键应该并不在于引进其他学科理论方法的多少，而在于如何协调好本土化的中国历史研究与主要以西方文明为模式而发展出来的社会科学专业领域的解释系统（如社会学、人类学、政治学、经济学等学科）之间的关系，也就是两个关键问题，即如何将西方的人文社会科学的理论本土化和如何把其他社会科学的理论方法“历史学化”。总而言之，就是如何将多学科的理论方法更好地应用于中国的历史学研究。

除此之外，我们还需要不断梳理关于社会史的理论问题。诚然，对于社会史的认识问题，应该采取一种开放的、兼容并蓄的态度，但对与社会史相关的一些学术发展，比如近几十年历史人类学、历史社会学、民俗史研究等等的理论与实践，社会史研究者还应多加关注。我们不能满足于对相关成果的一知半解甚至茫然无知，需要做一些扎扎实实的基础研究和学术史的清理。

理论的探讨必须付诸实证研究。从 20 世纪的新史学开始直到今天，中国史学的一大发展就是研究领域的极大拓宽，各种新兴课题不断涌现，而这一发展又与社会史的兴盛关系最为密切。20 世纪上半叶，中国史学的最大变革就在于一反中国旧史学那种只关注精英人物和政治事件的学术传统，倡导“眼光向下”，开辟出了普通民众社会生活的广阔研究领域。这种研究理念在 80 年代以后再度兴起，因此我们的社会史研究近 20 年来的最大成绩之一仍然是研究领域的拓展和选题的广泛、新颖，许多过去不被人注意的社会历史现象被越来越多的学者关注，涌现了一批优秀的研究作品。但是我们也发现许多选题的新颖被解释话语、研究方法、叙述框架的陈旧所掩盖，总给人一种穿上新鞋走老路或者“新瓶装旧酒”的感觉。有些题目被重复地研究来研究去，却始终缺乏新意。

---

① 王先明：《中国社会史学的历史命运》，《天津社会科学》1995 年第 5 期，第 64 页。

而有些题目对于理解中国传统社会有重要意义，研究的人却寥寥无几，如对中国传统社会某些弱势群体的研究就非常薄弱，对中国历史上的老年人、儿童的研究，在中国大陆几乎是个空白。由于"自下而上"看历史的视角转换还没有为多数研究者所实践，一些作品还不善于创造和使用丰富而适当的解释工具，对社会史学者认为属于传统的政治史、制度史、事件史和精英人物等，完全不屑一顾，排除在自己的研究范围之外，特别是往往停留在说出"是什么"，而把"为什么"的问题付诸阙如。

与上述相关的，是我们应坚持在两个方面继续做工作。一是社会史资料的搜集、整理和出版，如郑振满、丁荷生所编《福建宗教碑铭汇编（兴化府分册）》（福建人民出版社，1995 年）、王国平、唐力行所编《明清以来苏州社会史碑刻集》（苏州大学出版社，1998 年）等等，此类事辛苦费力，却造福学界，遗泽后世。二是国外社会史或相关著作的翻译出版。尽管近年来的翻译著作中有许多令人遗憾的问题，但不容否认的是它们对国内学术发展的积极影响，特别是在青年学者的成长中，对他们开阔思路和增强问题意识起了很大作用。

展望未来的社会史研究，我们仍不能停留于从"眼光向下"向"自下而上"的立场转换。正如美国物质文化史家卡尔森所说，对那些以往从未在历史研究的舞台中心出现过的普通大众或弱势群体的关注，"根本上并非因为他们的史学家庇护人是一些狂热的平权主义者。对历史研究忽视的大多数的认识必然导致史学家对社会的新强调，即将社会强调为一个正在运行的有机体，一个相互依赖的个人与群体的共同体——因此无论是自上而下还是自下而上，都无关宏旨"①。当然这并不是说"自上而下"与"自下而上"看

---

① Cary Carson, "Doing History with Material Culture", *Material Culture and the Study of American Life*, Winterthur: Winterthur Museum, 1978, p. 48.

历史便失去了它们的方法论意义，而是说这二者追求的最终目的必然是一种整合的、全方位的历史，或者说，年鉴学派的“总体历史”或“全史”的主张的确具有相当的前瞻性。

正如“自下而上”看历史是“自上而下”看历史的发展延伸一样，所谓整合的历史观(integrated historical view)则是“自下而上”看历史的进一步发展，它是观察历史的两种视角的有机综合，但前两者是通向后者的必经之路，并不是可有可无的。整合的历史观时刻要求我们把一个社会看作一个整体，我们所做的一切就是要了解历史上的社会是如何结成一个整体的，这个整体的各个部分之间究竟是什么样的关系，它们是怎样进行着相互间的调适从而使社会能够正常地运行，这个整体的背后究竟有哪些力量或因素在起作用，即或凝聚，或分离，或改造这个整体及其部分，等等。

“自上而下”或者“自下而上”看历史，实际上都暗含了一个“上”与“下”的二元对立关系。这种二元对立关系虽以社会分层为基础，却也是人们对社会文化差异认识深化的结果。但自 20 世纪 70—80 年代以来，这样的立场已经遭到挑战，因为它几乎完全忽视各种各样的统一性，在此基础上，史学家们进而追求认识一个社会在其文化范畴和社会组织中是如何既产生了差异又产生了统一的。换句话说，人们应该去探索这些差异是怎样在特定的时期产生出来并得到利用，被用来创造一个规范实践、构造社会秩序和历史的“整体”的；或者甚至应该抛开统一性与多样性的问题，注重产生统一性与多样性的文化氛围；或者探讨特定历史时期(如明清)不断加强的社会内部互动，从而证明文化共享的机制；或者力图寻找一种起整合作用的共同价值观或者一种共同文化。因此，人们现在应该做的不是继续拘泥于文化的二分法、三分法或强调整体性,而是去寻找导致分化和整合的原动力,并分析这种原动力的复杂性①。

最后,在世纪之初,我们需要自我反思一个看来十分浅显的问题:我们是怎样在写历史的?我们为什么不假思索地选择属于某一个断代的问题来做研究,比如秦的统一、汉武帝"罢黜百家"、两税法、康乾盛世或者洋务运动?是因为这些题目有意义,还是仅因为我们是学秦汉史、隋唐史、明清史或者近代史专业出身?有没有一种可能,即许多人只是因为自己出身于某个具体专业,便终身在这个领域内选择研究题目,而如果由于研究意义所在而跨越专业界限,便可能被视为不可思议?在我们看来,这个问题值得历史学教育的从业者思考。从课题的意义出发,在描述"是什么"的前提下解释"为什么",由此不拘人为设定的时段或学科界限的限制,真正为解释历史而研究问题,这也许是百年社会史发展历程对我们的历史学教育提供的启示,其意义可能已超越了社会史研究本身。

---

① 关于这方面的系统论述,可参见赵世瑜:《"自上而下"、"自下而上"与整合的历史观》,《光明日报》2001年7月31日B3版。

明清史与近代史*

——一个社会史视角的反思

在中国历史学界，中国古代史和近代史研究都是取得了突出成就的领域；而在这两个领域中，明清史又与近代史有着时段上的直接联系，因此在研究主题上，应该具有相当的连贯性。在近年来的研究及与国际学术界的交流、对话中，一些明清史和近代史学者的努力也得到了多方面的关注。在这其中，两个领域中的一部分学者开始进行积极的对话，使长期被人为隔绝甚至对立的两个领域有了沟通。但是就这两个领域中的主流研究来看，自说自话、各有各的话题、各有各的研究模式，还是很普遍的现象①。对这种情形，实在有必要加以探讨和反思，以推进双方的互动和发展。因此，本文是一项学术史意义上的回顾性研究，它侧重的依然是史学研究创新过程中的理论模式与具体实践之间的张力，尽管是有明确指向性的，但却完全无意进行微观层面上的批评指摘。

---

* 本文发表于《学术月刊》2005 年第 12 期。

① 由于明清史一直被中国大陆历史学界置于“古代史”之末，明清时代一直被视为“封建社会”的“晚期”“后期”或者“末世”，是为鸦片战争以后中国落后挨打承担责任的时期，是传统的农业社会，因此与近代中国是两个性质和特征截然不同的两个时期。无论事实如何，明清史学者的研究到 1840 年就戛然而止，而尽管晚清也是清代的一部分，近代史学者的研究也绝不理睬 1840 年以前中国究竟发生了什么事。大学中对学生的培养也是马路警察——各管一段，双方对对方时段中的史实都不甚了了。有意思的是，在最初的一段时期，双方都有学者参加的学术场合，恰恰是社会史的会议。

一、问题(topic)的缘起

“明清史”“近代史”和“社会史”这三个人们耳熟能详的概念,并不完全是传统的甚至本土的概念。

在传统史学中,有“明史”,也可以有“清史”①,但是不会有“明清史”。将明和清并列到一起,不仅表明它们不是“明朝”和“清朝”,而是“明代”和“清代”的合并概念,既淡化其正统的王朝世系因素,强化其时期的因素,又表明人们已把明和清视为具有相同特征的一个历史时段,或即共同代表着王朝史的衰落期——这当然是事后总结出来的看法。“近代史”这个概念是西方的舶来品,在英文中即 modern history 或 history of modern times,传到日本后曾被译为“近世”,这些已被许多学者谈及,不赘述。当然,这个概念在中国学术界使用的时间也许比“明清史”还要早些,在清末民初便并不罕见了。而“社会史”(social history)这个概念当然也是从西方传来的,民国时期便已颇为流行,甚至在那时发生了影响一直延续到今天的“社会史大论战”。这三个概念的共性,就在于它们都是 20 世纪初的产物,都是“新”概念。在当时,这三个概念之间的张力远没有今天这样大,这当然与具体的实践者及其赋予这些概念的内涵有关系。

在今天看来,这三个概念又的确代表着不同的取向。它们曾经历时性地代表着三种不同时代的史学范式:

“明清史”毕竟以客观存在的政权或国号为时间标记,在某种程度上代表着王朝体系史,至少是具有浓重王朝体系史痕迹的写

---

① 清史作为过去了的一段完整的历史进入史学家的视野,是在民国时期;在清朝,它被称为“国史”。但假设清朝并不是最后一个王朝,它几乎肯定会成为“二十四史”之后的第“二十五史”,变成传统史学中的一个断代史概念。

史方式①,此种方式古已有之,且中外皆然,今天我们将其归为断代史。“近代史”则以主观判定的时代为时间标记,代表着一种具有某种科学思维特点的历史认知方式,这是“近代”以后从西方产生的,对中国来说是舶来品。把历史分为“古代”“中世纪”“近(现)代”是比较晚近的事,所以一方面人们是根据自己所处时代向回推,离自己最近的就是 modern,最远的是 ancient,夹在中间的就是 mediaeval 或者 middle ages,另一方面它们之间的分期界线也是根据近代以后产生的认识来划定的,古代与中世纪之间是西罗马帝国的灭亡,中世纪与近(现)代之间是文艺复兴和新航路开辟(也有认为是资产阶级革命与工业革命),这些都是近代思想的成果。特别是由于“近代”被视为人类历史上意义最为重大的转折点——不是“之一”,因此带来一系列对于历史认知和写作产生重大影响和争论的概念:前近(现)代(pre-modernity)、早期近(现)代(early modernity)、后近(现)代(post-modernity)等等,无论前后左右,都是围绕着近代这个概念转的。近代史这个概念及这个领域或学科,也毋庸置疑是近代的产物。与前二者不同,社会史的定语已经不再是一种时间标记,那就是说,它的革命性的或者突破性的意义就在于,它要突破一个被某种意识形态因素限制和困扰着的时间范围,而把表意时间的角色留给“史”去担当,这是我们不能不注意的问题。这三者背后的语境关系如果得到较透彻的理解,我们的研究就会不断呈现“柳暗花明”的前景。

在当下关于中国史的研究中,无论是国内还是国外,在目前冠

---

① 之所以这样说,是因为“明清史”研究者自认为有其自己的研究主题,超出这个主题就不是明清史了,不管你讨论的是否明清时期的问题,使用的是否明清史料。我就曾被一位知名的明史学者指称不再是明清史研究者了,而是社会史研究者。在他们的认识中,明清史与社会史之间的界线是一目了然的。这就意味着,我以社会史的角度讨论的明清历史,并不是明清历史的组成部分。

以这三个名目的领域中,有着最为活跃的研究群体和比较引人注目的研究成果。如果说在日本,研究秦汉、魏晋南北朝和唐宋的学者及其成果,与研究后面历史的一样出色,那么在美国,研究明清以至民国历史的群体则要比研究前面的群体大得多。可能是由于所研究的时段特征和资料的缘故,无论是明清史、近代史还是社会史研究的学者,较多注意理论和方法的思考、范式和概念工具的更新,较多注意与其他相关学科的互动,从社会史(类似地,从新思想史、新文化史、新法制史)的视角观察问题的,亦多为明清史和近代史学者——也许正是"现代化"或"现代性"这个主题,把他们联系在了一起。这使我们的讨论可以建立在能够相互理解和取得共识的基础之上。

如前所述,从所描述的时代看,"明清"和"近代"在时间上是前后接续的,甚至包括了近代中的晚清部分,它们接得如此之紧,以至清史学者难得经常把自己看成与研究商周史者同样的"古代史"研究者。其实在长期的历史研究实践中,先秦史或秦汉史与明清史并存于"中国古代史"中,已成为一种约定俗成的习惯,这并不意味着学者们认为,这些时段之间并不存在差别,或者它们完全同质。如果认真思考一下,如果我们真的认为一前一后两个历史时段具有本质上相同的特征,那等于说中国真的是一个停滞甚至静止的社会。与此同时,说得夸张些,近现代史学者有时会不自觉地将明清史视同于唐宋或许更早,其具体表现在于1840年的"断裂"得到了极大的强调,而明清与唐宋之间的"断裂"——假如确有这个"断裂"的话——显然不可与前者同日而语。这一方面是忽略了明清史与晚清以降的历史之间的连续性,另一方面则是将社会变革的多面性和复杂性简化了,简化为只有与西方资本主义的碰撞——资本主义化或殖民地半殖民地化——才是真正的或唯一的剧烈社会变革。

事实上,我们较少对为什么强调“近代”的划时代或转折点意义进行学术史的反思,而将其作为“应然”接受下来:为什么近代这个转折或断裂比任何其他转折或断裂意义都更重大?是不是真的是因为它创造了超过以往的巨大的生产力?以东南沿海地区为例,我们无可否认近代开埠给这些地区带来的巨大变化,但正如研究珠江三角洲的学者告诉我们的,当他们在20世纪80年代中期从广州去南边的黄埔甚至中山之时,需要花费大半天的时间,路上需要不断地换车和轮渡,而20年之后,只需要1小时左右的车程,眼前的聚落格局和社会生态已根本改观。在最近的20年中发生的变化,可能比此前的一个世纪发生的变化更大,这是否可以说标志着另一个全新的时代的开始?无论如何,因为有了对“近代”的追求,才有了“启蒙时代”,有了“萌芽”等等,它们都是以“近代”为旨归的。这些对历史时段的表达都是掌握了话语霸权的近代人群体所发明的,后者并不考虑在他们之前的那些人如何思考他们自己的时代,因为那些人“俱往矣”,都算不上风流人物。

“明清”和“近代”及其“史”都是标记时间的符号,至于研究“明清”或“近代”的什么“史”,显然在这里没有清晰表述出来。这一表述有赖于不同的时代,中国传统的典章、纪传、风土、五行等等到现在让位给了政治、军事、经济、法律、文化等等,这里面除了“本土话语缺失”的问题以外,本来并无大碍,但现在由于前两个概念的存在且形成根深蒂固的不同“学科”,而在“社会史”前面冠以“明清”或者“近代”的时间标记,问题便凸显出来。

二、问题(problems)的凸显

“近代”是某种历史分期(periodization)的产物,分期就要考虑上下限的问题。几十年来,近代史较多考虑下限的问题,较少考虑

上限的问题,除了意识形态因素外,主要是由于对断裂和连续性的判断——1840 年作为标志,与以前的时代有明显的断裂,而跨越 1911 年,前后的两个时期有明显的连续性,就好像宋与唐的连用比宋元的连用更让人觉得习惯一样[①]。这个断裂体现在哪里呢?那就是帝国主义的入侵及其影响,这个模式的不足在柯文的《在中国发现历史》中已经清楚地得到了讨论,毋庸赘述。问题不在于强调这个断裂是否恰当,而在于在这个前提下讨论“近代”的社会史,或者讨论众说纷纭的“现代化”问题,是否可以和不引入这些概念的传统讨论具有本质的差异呢?一旦前提确定,结论怎么有可能突破呢?无非是解释和评价发生了反转,从单一强调帝国主义侵略变成同时强调西方现代化输入,一切的“社会”历史现象,无非是洋化及其本土反应而已,不同的只是过去讨论战争、机器、制度,现在则加上些衣食住行玩乐罢了。

近代史中聚讼纷纭的“革命”模式和“现代化”模式也是这样,难道近代历史上志士仁人的革命不是为了追求现代化吗?难道追求和建设现代化不是一场革命吗?它们怎么突然变得对立起来了?真正的问题在于,我们对“现代化”和“革命”的理解是否过于狭隘,是否只是把它们视为对西方帝国主义侵略的一种被动的反应,而较少思考中国历史自身的发展脉络,较少思考历史发展的连续性?

---

① 我不清楚为什么人们习惯于“唐宋”连用,而比较少说“宋元”。是不是因为唐宋都是中原汉人建立的王朝,而元是蒙古人建立的王朝?“元明”也是较少连用的概念。其实按陈寅恪先生的说法,唐朝的制度、文化与以前的北方胡人政权有很大的渊源关系,唐与宋之间倒是存在较大的变化。元朝建立后,尽管有许多变化,但无论在中央和地方的行政体制还是在南方社会的层面,与宋有多方面的继承性。只是明朝统治者总是强调元朝的“异族”性质,强调它与唐、宋的制度联系,其实明朝与元朝的制度继承也很明显,只是到明中叶以后有了很大变化。

明清史也存在类似的问题。为什么不说元明史，而偏偏明清连用呢？两个北方族群建立的王朝夹着一个汉人王朝，这其中清人强调“清承明制”，明人特别是朱元璋强调“一反胡元之政”，好像一个更多连续，一个更多断裂。我们需要对这些说法的产生多做一些反思：清人强调“清承明制”，是有他们重建和稳定秩序的考虑的，在相当程度上也的确是事实，但毕竟不是这么简单的，清人也是有许多自己的创造的，如果不是这样，他们就不可能建立一个空前多元的、地域广大的统一帝国。假如我们看看王朝更迭时期的战争，元末汉人自己打比和蒙古人打激烈得多，明朝人把蒙古赶出关外，用了一年左右时间，而清兵入关到统治基本稳定，经历了40年战乱。我们认真思考明朝，特别是明前期和制度的历史，和元朝的渊源关系是非常直接的，比如户籍制度，明朝对元朝的继承关系是很清楚的，而清朝对明朝就改变了。我们不得不去思考我们在何种程度上受到当时的主流文献的误导，我们面对史料的方法，究竟应该是把它当作历史真实的全面反映，不假思索地拿来就用，还是需要对史料的作者、对该作者为何及如何制造该史料进行了解，才能真正地理解史料？

明清史特别是清史的研究者，往往自动放弃了对道光二十年以后历史的探索。究其原因，一方面是近代史已在现行学科体制内被单独划分出去，从教学到研究已成相对独立的单元，他人无从涉足；另一方面是近代史所讨论的主题与明清史完全无关，顶多是在中外关系方面——比如明清之际耶稣会士来华、乾隆年间马戛尔尼使团来华等——为近代史的主题做一些铺垫，相反，倒是论证清统治者恪守传统的“重本抑末”国策、举出乾隆皇帝自称“天朝大国无所不有”那段名言——无论是否符合事实——为近代史定位清朝盲目自大、必然被动挨打提供依据。其结果是，明清史长期以来讨论的问题都是被局限在一个传统社会、“古代史”的框架内，讨论明清社会如何衰落,某些新的因素如何受到制度的阻滞而夭折。于是,这种状况就更强化了近代史的“千古未有之大变局”——中国靠自己已经无法变化,只有凭借外力的推动。

难道明清甚至宋元以来中国社会发展的许多历史线索,到道光二十年以后都不翼而飞了吗?

打破分期的桎梏,实现“瞻前顾后”并非难事。在国内近代史的主流研究中,事件史和制度史一直占据比较主要的位置,而且取得了丰硕的成果,但长期以来无法“瞻前顾后”,无法梳理事件或制度所在的历史脉络,重要的原因在于“近代”的事件和制度已有了明确的时代定位。当着力于在更广泛的领域内探讨制度、文化和社会层面问题的学者试图突破传统近代史研究的时候,他们在“顾后”到民国初年方面比较得心应手,但“瞻前”到明清时代就比较困难。实际上,无论我们是否同意其具体结论,国外一些着眼点实际上在晚清和民国社会变迁的学者,多从16世纪以后来审视这一过程,而我们却多少显得力有不逮。在这种情况下,亦无论现代化是否晚清历史的主线,有关它的论说还是不免落入“冲击—反应论”的窠臼。

最近听到一些研究生介绍其学位论文的构想,反映了这样一种问题定势的困境。一个研究生谈到,在某一地区的乡村,同光时期的碑刻中出现了不少整顿风俗的规约,比如禁止赌博、嫖娼之类,她似乎希望表达,这是晚清以来近代化过程的结果,原有的“近代”城市病随着工业化的扩张而进入乡村。这当然不是一个年轻学生自己独有的看法,因为我们在其他学者的近代社会史著作中也看到过类似的表述。问题在于,这些社会弊病早已出现了不止千年,至少我们在此时期前的乡村中也见到过大量类似的禁约,它怎么能和晚清的所谓近代化或者工业化挂起钩来呢?这当然不是这个学生的问题,甚至主要也不是老师的问题,而是学术界的问题。很多学者真的不太知道以前发生过什么，他们往往会理所当然地认为他们看到的一些事情是新鲜事物，因为按照某种教科书式的“常识”，某些东西“理应”是新的时代的产物。有意思的是，这个主题看起来好像是“社会史”的，但实际上是在一个既定的“政治史”框架中去提出假设或结论。

以政治史或社会史的不同思路去重新阐释明清史或近代史问题，其不同之处也体现在资料的使用以及由此升华出来的方法论上。事件史和制度史成果的取得依赖于近年来一些学者孜孜不倦地爬梳一手档案文献，厘清了许多扑朔迷离或长期被误解的历史定论，使我们的讨论建立在比较坚实的实证基础上，但另一方面，这些档案文献的史料性质及围绕其形成的研究方法，决定了它们在制度史或事件史研究上的重要价值，同时也决定了它们在处理其他许多相关问题，特别是其社会情境和实践层面问题的软弱无力，从而限制了在更深层次问题上的解释力。而当人们试图采用和解读档案文献以外的史料时，又会在方法上束手无策。在这个意义上，柯文的《历史三调》应该是具有启发性的。

最典型的例子之一莫过于明清史研究中的徽州文书，从其规模和资料性质来说，那真是历史研究者的宝库，当然多年来也引起了国内外研究者的重视。但是，由于目前这些民间文书档案的保存状况，使它们可以在制度史研究上显现其巨大价值，比如研究赋役、户籍、诉讼制度，研究宗族制度等，但对了解徽州区域社会来说，这些资料的原有系统都已经被打乱了，这个单位收藏了这部分，那个单位收藏了那部分，原来一家一族一社的东西被拆得七零八落，或者按照某种“科学”分类（比如土地、商业、祭祀、宗族、教化、灾害等等）把原来历史上的资料系统重新编排，这该怎么研究？是放弃，还是借助其他资料的配合及相关方法，把原有的系统尽量恢复起来？要做后面的工作，我们如果素无训练和眼界，是否会觉得心有余而力不足？如果干脆放弃，那么是否会影响到我们目前所做工作的解释力？

其实我们只要认真思考一下关于兰克传统的讨论就好了。兰克史学的特征之一就是大量利用档案文书，认为这些史料最为可靠，同时再辅以严格的对史料的批判性检验，相信可以获得比较客观的历史真实，从而使史学成为一门“不折不扣的科学”。兰克科学实证的方法对史学做出了极大的贡献，使历史研究建立在扎实可靠的经验工作基础上，其成果至今仍有生命力。但为什么自19世纪末、20世纪初开始，人们对兰克传统产生了质疑？为什么以法国年鉴学派为代表的“新史学”得到学术界的普遍重视？是后面这些人完全无视、全盘否定兰克传统的积极意义？还是无事生非，标新立异？如果我们今天所做的工作基本上就是兰克传统的工作，那么怎么可以在方法论上完全忽略20世纪的这段学术史？怎么可以忽略后人对兰克传统的批评而我行我素，“涛声依旧”？

更为重要的还是要回过头来思考这个问题，即时间上连接的明清史与近代史经常在研究主题上无法对接。是明清的问题到1840年以后就戛然而止了吗？是1840年以后出现的都是前所未有的问题？答案显然是否定的。那么为什么我们前面探讨的帝国管理体制、社会经济的运行状态、市场体系、内发的社会危机及其应对等等，到后面就缺失了呢？为什么后面探讨的沿海开埠城市的社会变化、太平天国或者义和团运动，甚至经学、理学等等与前面的历史脉络了无干系呢？也许，社会史可以在这方面做些勾连的工作，因为它本身就是从问题出发、打破主观分期局限的一种探究方式。

三、问题(questions)的探索

打破以重大政治事件为单一标准的分期模式,以问题为中心"瞻前顾后",在一个比较长的时段中理解历史变革,就目前的情况看,这个责任只能由社会史或者社会史视角的历史写作来承担。原因在于,社会史从它产生之日起,就是综合的、整体的、长时段的,它既不是把政治当作一切,也不是依据政治来理解社会,而是从社会去看政治,看其他。

在目前从社会史的角度进行研究的学者中,出自明清史领域的一些人从区域史的角度出发,将传世文献与民间文献的解读相结合,提出了一些新的历史解释思路,试图使社会史研究摆脱"剩余的历史"之讥。其实除了区域史的指向是整体历史或大历史,以及田野实践并不仅是搜集民间文献,还在于理解传世文献等外,很重要的是他们以"问题"设定研究时段、重新审视传统分期,而非在传统分期的既定框架下解释历史的做法。

关注明清史的社会史学者日益发现,他们的问题囿于1368—1644或1644—1840年的时间范围是得不到很好的解决的。他们关注这一时期的历史要素,究竟具有怎样的历史渊源,以前的历史遗产如何成为这一时期的资源;他们也关注这些因素到以后获得怎样的发展变化,才导致了后面的一些事态的结局。

我们日益发现了解明代的卫所及军户制度的重要性,但在这方面做出突出成就的学者不多①,而相比之下这个问题却异常复杂。要想研究明代以后的移民问题,几乎无法离开对卫所、军户制度的了解,而对移民问题的研究——主要不是指迁移过程,而是指

---

① 较早认识到这个问题之重要性的,有吴晗、王毓铨等前辈学者,而在这方面做出扎实而具有突出成绩的研究工作的,则有先师顾诚教授和台湾史语所的于志嘉教授。

迁移的原因和移入后的社会秩序——几乎是了解明清社会不可或缺的。另外有些北方族群的问题，比如所谓中国穆斯林"大分散，小聚居"的问题，在我看来也离不开卫所制度，而卫所制度又与元代的军事制度有直接的关联。我们也会发现，仅把清初江南若干大案放在一个王朝更迭或者族群冲突的框架中去理解，是远远不够的，江南士绅的集体态度、他们的利益和权力、他们与地处北方的朝廷之复杂关系，至少要从元明说起，否则我们对他们和清朝统治者双方的表现，都不会有透彻的认识。

对于1900—1911年的社会—政治变动，给我以真正深刻印象的，并不是我所读到的有关辛亥革命史的著作，而是鲁迅的小说。从那里我才真正知道各色人等是如何经历一场变革，小知识分子、农民、市民、商人、军官……各种不同的心态、经历、际遇、沉浮，在一个个非常生活化的、普通的空间里，被作家塑造和加工了的人物形象是栩栩如生的、可信的，重要的是他们再现了一个时代的情境。在这里，辛亥革命不是一个被神圣化了的事件，而是每一个经历者生活的一部分。在我们的历史写作中，重大事件是被高高地架起来的，是改朝换代和宫廷斗争的工具，它好像不仅与普通人的生活无关，而且与州县、市镇，或者乡村也无关。于是，无论对于理解这些事件，还是对于理解社会的各个层面，历史都变得残缺不全了。这便是我关注浙江湖州双林镇的近代"政治史"的缘由，通过梳理参与其中并发挥作用的各支力量的数百年变迁轨迹，我们便可以知道，社会史是否不"关心政治"，特别是社会史如何"关心政治"，或者，对"政治"的关心是否可以脱离社会史的或长时段的取向，而研究近代的政治史是否一定需要"跨区域"，似乎不必讨论。

近代的历史也并不仅仅是东南沿海和开埠城市的历史，"帝国主义侵略"和"近代化"也不能涵盖中国"近代"的全部主题，甚至也不是近代研究唯一的问题意识。晚清时期大规模铺开的西部移民开发以及所造成的"边村社会"的形成，同样也是这一时期这一广阔地区的剧烈变化。而且，这一变化如果不从明朝，至少是清雍正以后的移民浪潮去把握，我们就看不到从云、贵、川西南地区，渐次而至蒙古、青海、新疆，甚至西藏从"新疆"到"旧疆"的过程①，在19世纪中国史中扮演的重要角色。如果我们以内蒙古的土默特地区为例，如果不是从一个较长时段去提出问题和进行观察，其基层社会的运行和生计方式中的晋北汉人、蒙古人、旗制、喇嘛制度因素也难于理解。

我们发现，当我们习惯于处理近代史上轰轰烈烈的大事件或著名人物之后，当我们转入内地进行观察，我们忽然会觉得如脚踩棉花，软绵绵地无从着力。我们面对的似乎是一个"无事件境"：难道近代中国的变化只有一种面貌吗？难道对近代中国的解释只有一个标准吗？难道那些表面上看来互不相干的事情真的没有联系，而只能被解释为因中国太大而存在的空间差异吗？我们对"变化"采取的是一种线性的、单一的认知，也缺乏一个处理"平安无事"的社会的方法论——我们在中国历史内部造就了一个新的两分，一面是因与西人密切接触而形成的"有历史"社会，另一面则是似乎"静止"的"无历史"社会，就好像当年西人看待东方和非洲一样。

因晏阳初的平民教育运动和诸多学者、国民政府的关注而闻名天下的定县给我以很深刻的印象。我们在当年平民教育试点的那个村的邻村，看到了一个规模很大的庙宇韩祖祠，其中供奉的是明代后期著名的民间宗教领袖飘高老祖，现存多块碑刻说明了当地的信仰系统历经数百年仍具有顽强的生命力。现代平民教育实验和这个信仰体系共处于同一个空间，它们之间究竟存在怎样一

① 参见温春来、黄国信：《改土归流与地方社会权力结构的演变——以贵州西北部地区为例》，《历史语言研究所集刊》第76本第2分，2005年6月。

（上左）河北定州有长期崇奉韩琦和苏轼的传统；（上右）定州文庙；
（下左）祭祀飘高老祖的韩祖祠；（下右）几个小孩在晏阳初塑像前嬉戏

种张力？定县士绅长期以来不断塑造的韩（琦）苏（轼）形象，与现代平民教育运动究竟存在一种什么样的关系？仅从清末改制、新学推广、思想启蒙等因素，是否能全面解释定县平民教育运动的前因后果？我们在这里看到，除了被新型民族—国家树立为楷模之外，新知识分子对这里、对民智的改造基本上是失败的，他们甚至采取了非常粗暴的方法——比如把这里的庙大多拆了，这种做法在此后的50—70年代依然得到延续。但是结果怎么样呢？那个被明清统治者恨之入骨的民间宗教的庙如今又死灰复燃了，相信假以时日，还会有许多庙被重建起来，做这些的人可能是另外一些人，但决不是那些新式教育的精英。

在近代史研究界，试图突破前述束缚的努力在思想史领域已有体现（比如许苏民关于“三大突破”的观点和一些学者的具体研究，如葛兆光的“渐行渐远”等），这固然是因为“思想”的脉络无法与某种分期完全吻合，也是因为思想史和社会史一样，也是从问题出发的方法论视角。但问题在于，我们究竟应该从何处入手，对历史进行多元的、尽可能贴近历史情境的重释？我想首先应该做的，是对以往的学术史进行认真检讨，对目前的“问题意识”从何而来加以反思；其次，加强史料的多元性并从对它们的不同解读入手形成新的方法论；再次，在具体而非抽象的、非来自概念和想象的历史情境中，对问题和史料进行阐释。

就后者而言，从明清史出发的社会史学者倡导“区域社会史”的切入点，尽管有学者将此“区域”误解为具有明确边界的概念，而提出“跨区域研究”的、其实并不冲突的说法（任何一个上一级的“区域”相对下级的“区域”来说都是“跨”的），甚至将“宗族”“庙宇”误解为区域社会史的“核心概念”（也许有些人类学实践是这样表现的），但它毕竟是实践这三条理念的途径之一。比如对清东陵的研究，既无宗族，也无庙宇，依据的材料主要是故宫档案，但它依然可以符合区域社会史的理念，将相关事件、人物、礼仪制度和整个清代历史的变迁及其复杂关系放到一个具体的情境中去理解。当然，我们也可以将爱新觉罗皇族及其陵寝与汉人宗族制度、庙宇的神圣象征意义联系思考。

对于从边缘社会入手的人来说，无论从何处着眼和着手，他们关注的它是何时和如何被整合到主体社会的历史过程中，注重这一过程的多样性；对于从腹心社会入手的人来说，他们关注的是它何时和如何变化,在整合边缘社会的过程中,原有地位强化还是弱化了。简言之,区域社会史的途径是推重问题的,允许跨时段的,其最终目的一定是跨区域的,甚至是整合性的。这样的问题不仅存在于明清时期的中国,也存在于19世纪中叶到20世纪的中国,甚至存在于全球化时代的今天,边缘与中心地区、群体等等不断发生置换,就像当年中国处于核心的领导阶级现在已经角色地位边缘化,20世纪的广东也处在一个从边缘到中心的过程中。如果历史的分期是重要的话,那么这应该是衡量历史分期的重要标志之一。

也许,把近年来明清史、近代史和社会史名目下的研究成果放到一起去比较一番,是一个饶有兴味的课题。它可能让我们搭建一个平台,使明清史学者与近代史学者在其上进行有共同逻辑的对话和讨论。

社会史研究向何处去*

经过20年左右的努力，复兴的社会史研究已在中国史学界大行其道，从边缘日渐走向中心①。其羽毛渐丰，不仅开始与传统史学分庭抗礼，而且成为代表史学前沿的一支重要力量。不仅如此，社会史研究因其学科边界的开放性，还成为社会学、人类学、民俗学、文学、政治学、宗教学、地理学等社会科学知识共享、平等讨论的阵地和平台②。在这一过程中，社会史研究不再作茧自缚，在理论框架（theoretical framework）上的历史人类学、在实践途径（practical approach）上的区域社会史③，都是20世纪90年代以来的亮点。

---

* 本文发表于《河北月刊》2005年第1期。

① 近年来，在国家哲学社会科学基金和各省部级社会科学基金历史学项目指南中，社会史已经成为重要的组成部分；在各高等学校历史学科学位授予点的申请中，社会史也成为热门，如果与10年前相比，或许可以很好地说明这一点。

② 如果从史学方面来说，2002年在北京举办的“中国需要什么样的新史学研讨会”可以是个证明，与会者来自哲学、文学、法学、人类学及史学等学科，具体成果可见杨念群、黄兴涛、毛丹主编：《新史学——多学科对话的图景》，北京：中国人民大学出版社，2003年。同年在大连举办的“历史、史学与性别研讨会”也可以是一个例证，具体成果可见李小江等：《历史、史学与性别》，南京：江苏人民出版社，2002年。如果从非史学方面来说，在北京大学举办的几次人类学高级研讨班上，也可以看到社会史学者的身影。

③ 这里并不意味着历史人类学是社会史研究的理论基础，而是说，当某些社会史学者给自己的某些研究贴上“历史人类学”的标签时，后者的确是一种比较重要的在理论意义上的参照物，或者更准确地说，社会史学者的历史人类学只表明他们研究中的人类学取向。具体讨论详后。

但这并不等于说社会史研究的道路是一片坦途，并不等于说我们在进行扎实的实证研究的同时，不需要对以往的研究实践进行反思。在人们开始对社会史研究产生认同的时候，是否对我们的追求和我们所做的工作有真正的理解和领悟，还是一个较大的问题；在社会史研究从边缘走向中心的时候，它是否有可能也在走向肉体的华丽和精神的死亡，也是一个很大的问题。此外，我们对问题的讨论和把握能否在尽可能地了解国际学术动向的基础上推陈出新，也是需要注意的。

一、探讨社会史问题：社会史研究的开放性

数年前，我发表了一篇关于社会史概念的论文，提出了对作为研究范式的社会史的看法，引起了一些讨论，虽然争论并不激烈，但不等于说不存在不同的声音①。几年后的今天，社会史研究的面貌已经今非昔比，也再次出现了一些相关的讨论。这种理论的探讨极大地推动了社会史研究的实践，与此类似的，还有关于思想史领域的讨论。相形之下，同时起步的文化史研究因为缺乏这种讨论而显得黯然失色。

近10年间，国外社会史研究的讨论也非常热烈，有人把这些讨论归结为以下几类：第一类直接与历史编纂有关，对学科、学科分支或学派的兴起、现状和前景进行讨论，也讨论社会史与传统史学的差异。第二类主要讨论社会史与社会科学，特别是与社会学和人类学的关系，这个问题成为社会史相对传统史学和社会科学

① 譬如有学者依然将社会史与文化史作为历史学之下的分支学科（参见张研：《今思新史学》，杨念群、黄兴涛、毛丹主编：《新史学——多学科对话的图景》，第301—304页），如果在国家学科目录的意义上或现行教育管理体制的意义上理解，它的确是历史学下的分支学科。

时的认同问题。一派强调社会史与社会学、人类学、地理学的亲缘关系,另一派则强调社会科学对历史缺乏解释力。第三类则是批判性的,既有对心态史这类分支领域的批评,也有全局性的批评,如说社会史研究者常常研究琐细的主题,忽视了对普通人影响极大的政治和精英思想。第四类涉及一个基本问题,即对社会史家来说,社会是什么,如何了解它,可以采用什么样的语言来讨论它。或者说,社会史的哪一种取向或路径可以是最好的方式,可以用来考察和讲论作为社会存在的人?具体来说,量化和模型是否展现集体人类行为的恰当设计?社会史用叙事的形式(事件史)写还是用分析的形式(结构史)写更好?社会史家应该研究大规模的结构还是记录地方化的情境?对一个社会来说,文化—思想更重要,还是物质力量或者社会组织或者权力结构更重要?是否语言(话语)形成(建构)了社会?等等。第五类涉及搜集和占有材料的技术问题,从口述材料到统计技术,再到计算机数据库。第六类则涉及社会史的方法论[1]。我们很快就会知道,以下讨论涉及的一些观点虽然与中国社会史研究的具体现状有关,但基本问题却都已经在上述概述中存在了。

问题并不在于我们是否可以讨论别人已经提出并几经讨论的问题,而在于我们的讨论是否可以超越,至少是有别于别人的看法。

杨念群对社会史“范式说”的批评似乎是以黄宗智为对象的[2]。他认为历史学根本就不存在自然科学意义上的“范式转换”的可能性,原因在于,“我们无法满足库恩所规定的那种彻底性要

---

① Miles Fairborn, *Social History: Problems, Strategies and Methods*, New York: St. Martin's Press, 1999, pp. 1-3.

② 参见杨念群:《中层理论——东西方思想会通下的中国史研究》,南昌:江西教育出版社,2001年,第200—211页。

求，即在放弃一个范式之前必得先证明其无效，或者既能解释支持旧范式的论据，又能说明用旧范式无力解释的论据"①。其实在库恩那里，新旧范式的是否有效是相对的，牛顿力学理论只有在外层空间才能被证明失效，而在原有的空间内依然是有效的，但这并不妨碍它在库恩那里被当作为爱因斯坦相对论所取代的旧范式，只是后者的适用范围更大。

首先，就作为范式的政治史和社会史来说，在解释空间上前者无疑是狭小的，在某些领域的解释显然是有很大局限的，但并不意味着它在任何空间内都是无效的。其次，社会史的研究实践证明，它正是不要"另外圈划出自己的研究领域"，而从新的解释角度出发，重新审视政治、经济和文化。同时必须指出，当我们借用库恩这个概念的时候，是从广义上来借鉴的，这些意见，马敏已经大体表达过，我表示赞同②。

不过杨念群似乎是用目前中国社会史研究现状的不足，包括指出黄宗智自己也未能突破所谓"规范认识危机"，来否定社会史的"范式说"的，这似乎是用研究实践中局部的不足或暂时的缺陷来摧毁整体的设计或长期的目标，因此难以估量其说服力。特别是他在一篇关于后现代思潮的宏论中，将柯文《在中国发现历史》的意义标签为揭示"美国中国学内部范式转变"，又指出关于杜赞奇著作的误读——"一些有意运用'象征人类学'方法的史学著作被引入中国学界时，却往往会被误读为与国家—社会二元框架相仿的政治史研究路径"，似乎从他批评社会史"范式说"的立场游离开去③。

---

① 杨念群：《中层理论——东西方思想会通下的中国史研究》，202页。

② 马敏：《商会史研究与新史学的范式转换》，杨念群、黄兴涛、毛丹主编：《新史学——多学科对话的图景》，第487—489页。

③ 杨念群：《"后现代"思潮在中国——兼论其与20世纪90年代各种思潮的复杂关系》，《开放时代》2003年第3期，第21、25页。

但很多人可能并未注意，杨念群同时表示，社会史“也不是一个简单的类分范围的概念，而应是与本土语境相契合的中层理论的建构范畴”，是“与传统研究方法不同的规范性概念和解释思路”，“代表着不与以往框架重复的实际操作涵义”①。这就与社会史学科化的努力区分开来，与我的主张并无二致。因此，我们的分歧并不在于对社会史研究的本质理解，而只不过是对“范式”概念的理解有松紧宽窄之别而已。

最为重要的是，无论我们把社会史研究理解为取代政治史范式的新范式，还是将其理解为一种不同的解释模式，由于摒弃了画地为牢的企图，就使它具有了空前的开放性。我们已经看到艾尔曼把思想史、黄宗智把法制史研究与社会史融合的努力，也看到国内学者近年来对社会—文化史或经济—社会史的倡导，尽管后者还缺乏实践上的证明，但都可以说明社会史研究的开放性。

当然这种开放性并不意味着社会史脱离历史学。已有一些卓有成就的青年学者批评我们固守狭隘的学科本位观②，他们认为“应当是在承认学科分化的前提下，彻底打破学科界限，实现各不同学科的平等交流，而不是以某一学科为本位来吸收、借鉴其他学科的研究成果”③。这种理想实际上是否能够实现，可能还存在疑问：首先，是否不同学科出身的学者提出的都是完全没有学科痕迹的问题？其次，对这些问题的解答是否可以完全没有独特的学科贡献？再次，学科消解后的一体化学科的知识从哪里来？是否还会出现不同知识体系（如果不用学科这个词）之间的互动？比如

---

① 杨念群：《导论：东西方思想交汇下的中国社会史研究——一个“问题史”的追溯》，杨念群主编：《空间·记忆·社会转型——“新社会史”研究论文精选》，上海：上海人民出版社，2001年，第55、56页。

② 参见张佩国：《近代江南乡村地权的历史人类学研究》，上海：上海人民出版社，2002年，第41—62页。

③ 同上书，第48页。

"历史人类学"这个概念还是否可能产生？其实即使在他们的著作中也还是出现这样的话："历史学首先要面对的是人类从哪里来，经过哪里以及走向何处的问题。"①显然，历史学的本位还是存在的。从本质上说，历史学是一种方法论，学科只是它的外在表现形式。

无论是新史学还是作为其重要代表的社会史，其本身也是在不断发展和变化的，国内外一些学者最近提出"新新史学"和"新社会史"的说法②。这样的概括或许说明他们认为，这些发展变化并未从根本特征上超越20世纪上半叶的新史学和社会史，只是随着学术界的整体发展包含了对一些新问题的应答；或许这也说明他们虽然感受到其间的变化，但是还没有从理论和方法论上对其加以定义，或者还没有大批实证性的成果对其加以支撑，否则他们不应该采取如此无奈的名称。因为如果以后再出现什么新的进展，再在前面加个"新"字，那就会令人发噱了。其实，无论是在理念上还是在具体实践上，多数人都能意识到今天中国的社会史研究者中间存在差别，比如孙江指出的，有人强调社会科学化，有人反对，更强调人文性。但这的确如杨念群所说，"不是一个范式转换的概念"，因此不是"新"与"旧"之间的差别，只好把它设定为"新"与"更新"的差别，其必要性如何，尚可讨论。不过需要提醒的是，"新社会史"这个词早已出现过了，如果仔细看看《在中国发现历史》第4章以及注释，知道这是指20世纪60年代以后社会科学的影响，它针对的是屈威廉时代以来的社会史而言，甚至在劳伦斯·斯通那里，指的是人类学对社会史研究的影响③。这样的"新社会史"

---

① 张佩国：《近代江南乡村地权的历史人类学研究》，第50—51页。

② 参见孙江主编：《事件·记忆·叙述》，杭州：浙江人民出版社，2004年，第9—26页。

③ 〔美〕柯文：《在中国发现历史——中国中心观在美国的兴起》，林同奇译，北京：中华书局，1898年，第159页以后，及第217页注释54。

如今似乎已被摘去了"新"的帽子,混称为"社会史"了①。

此外,把整体史追求与更为微观的地方性研究对立起来似乎也是对整体史的误解,因为整体史不一定单纯地意指布罗代尔社会科学化的结构史,勒华拉杜里的《蒙塔尤》同样可以被理解为整体史的杰作,同时区域史意义上的整体史也并不一定意味着追求普遍性。孙江倡导新社会史应关注的那些"边缘性问题"——民族、少数集团、性、阶级和年龄等,不仅已为"旧"社会史所关注,而且早已成为他所力斥的美国知识界,特别是自由派知识分子的"主导叙事"。至少,在《新社会史》系列的第一辑中,那些题目非常吸引人的个案所研究的甚至所介绍的日本学者的有关研究,多半并不是这些"边缘性问题"。尽管如此,我还是非常赞同他对社会史品格的概括,即"不断地自我更新和逸出常规"②,只是到了一定的程度,它依然有可能被新的历史认识范式所取代。

一种研究取向是否有生命力,除了一些基本的要求外,一方面在于它是否在不断对本领域的学术史进行反思,另一方面在于它是否能在此基础上不断更新自己的问题意识,这也就是我们常说的"八字箴言":敬畏之心,开放心态。社会史研究发展到了今天,我们是否应该思考其现存的问题呢?或者,把思考现存问题当作未来发展的起点?

---

① 在1999年出版的一本书中,这个概念还是指社会科学的影响,但其中既包括孙江批评的社会科学化趋势,如计量史学、经济史等,也包括格尔茨解释人类学的影响,以及孙江认为无法回避的后现代主义、语言学转向的影响。因此,国内学者如果是在国外社会史研究学术脉络中讨论这个问题,恐怕要对这几十年有关社会史的讨论仔细加以梳理。参见:Peter N. Stearns, ed., *Expanding the Past: A Reader in Social History*, New York: New York University Press, 1988, pp. 6-7; Larry J. Criffin and Marcel van der Linden, eds., *New Methods for Social History*, New York: the Press Syndicate of University of Cambridge, 1999。

② 孙江:《阅读沉默:后现代主义、新史学与中国语境》,孙江主编:《事件·记忆·叙述》,第22页。

二、与传统史学对话：社会史研究问题之一

传统史学是个不断发展变化的范畴，但是我还是愿意把它放在一个时间期和在范式的意义上加以讨论。即便如此，我们也不能把所谓某一时间期内或属某一范式的史学成就看成铁板一块。就中国史学的实践来说，传统史学主要指的是范式意义上的政治史，或者是属于正史系统的资鉴史学。在进入20世纪之后，这样一个史学传统还有很大影响，但并不等于说，20世纪，特别是20世纪上半叶的中国史学全都是传统的政治史。不仅陈寅恪、陈垣、顾颉刚的研究方法和史观已属于现代史学，马克思主义的社会经济史研究也是现代史学，无论是以史料为中心的研究（往往被称为"史料派"），还是以理论为中心的研究（往往被称为"史观派"），都与传统史学有很大不同。我们不能因为20世纪的大部分时间里充斥着资鉴史学的影响，就看不到这其中的新史学意义。

传统史学的影响是巨大的，也是多方面的。比如马克思主义史学强调对人民群众作用的重视，但即使在20世纪50年代到80年代期间，对人民群众研究的重视程度仍然不如对帝王将相、国家制度、精英人物和重大事件的研究。这时最集中体现重视人民群众的研究领域是农民战争，但显然很少有人把它和更长时段的社会情势、人民的生活状况联系起来，像经典作家在《法兰西内战》《英国工人阶级状况》中所做的那样，把它置于社会结构的复杂关系和矛盾冲突中去讨论，而是集中注意它在帝国的改朝换代中的作用。因此，当我们给予它积极评价的时候，往往是说它导致了新朝统治者的"让步政策"，实行了"轻徭薄赋"，最后还是与帝王将相重新挂起钩来。显然，从理念上说，目前社会史研究中对乡村史的研究更有助于理解民众反叛运动这一中国传统社会的重要现象，

但中国社会史学者至今在这方面做得还很不够,而美国学者如韩书瑞、柯文等学者却有颇具启发性的成果①。

再如,尽管梁启超在一个世纪前就提出过激烈的批评,但我们至今还没有完全摆脱王朝体系的编史观。其问题不在于研究对象是否集中于某一朝代,因为朝代毕竟是历史的实际存在;但由于我们的研究体制数十年来按照朝代划分,学生按照朝代培养,逐渐陷入某种政治分期的认识框架中去思考问题,而不能从问题出发,从研究对象的实际出发去思考和解释问题。如果是这样,无论我们研究什么,都与王朝的治乱兴衰联系起来,都在思考王朝如何兴起,如何灭亡,这与资鉴史学没有太大区别。而陈寅恪跨越朝代思考制度的文化与族群渊源、马克思主义的社会经济史,以及现在的社会史研究,都试图从问题的脉络出发,注重长时段的发展演变。从社会史或社会经济史的本质来说,不太应该出现"明代社会史"或者"清代社会史"或者"近代社会史"这样的概念,因为前者要求以朝代的生灭为标准、后者要求以西方列强的武装侵略为标准来解释问题,这等于事先有了一个理论前提或预设,即我们试图分析的问题是与某个政权的建立或者某个重大事件的发生直接联系的,这就可能极大地限制了我们对研究对象的历史脉络的把握。

但以上所论并不等于对传统史学的全面否定。在编史学的长河中,它们只是对历史的不同认知方式的体现;代表新史学的社会史研究与传统史学也并非全面彻底的替代关系。且不论传统史学的许多编史原则、对史料的态度与方法等等依然得到社会史研究者的尊重,就是传统史学提出的许多问题、它关注的许多对象,也

① 如韩书瑞关于1813年的八卦教起义的研究(*Millenarian Rebellion in China: The Eight Trigrams Uprising of 1813*, New Haven: Yale University Press, 1976)、关于1774年王伦起义的研究(*Shantung Rebellion: The Wang Lun Uprising of 1774*, New Haven: Yale University Press, 1981)等,以及柯文的《历史三调——作为事件、经历和神话的义和团》(杜继东译,南京:江苏人民出版社,2000年),当然这方面的成果还有很多。

都是值得重视的研究领域。

比如说对王朝兴衰更替的问题，传统史学始终不停地探讨。什么马上得天下不能马上治之，水能载舟亦能覆舟，直到讲五德终始，从具体分析到深层探究，并且影响到新政权的政治实践。这个问题并不是个小问题，也不是伪问题。毛泽东在进北京之前，也表示决不做李自成。我们后来讨论发展动力问题、历史创造者问题、农民战争问题等等，与这个问题也是息息相关的。这个问题不仅对统治者来说是个现实问题，也同样是个历史问题，西方学者远如吉本也讨论罗马帝国的衰亡①，近如保罗·肯尼迪也讨论大国的兴衰②，但目前国内社会史研究似乎对此关注甚少。是社会史研究对此毫无兴趣，还是对此束手无策？无论如何，王朝的兴衰更替是剧烈的社会变动的产物，不仅是王侯将相，而且每一个经历这一切的人，都会对此有切身的感受，都会以不同的身份、在不同的程度上参与这场变动，也会影响变动的进程，岸本美绪对崇祯十七年江南信息传播的研究就颇能说明这样的视角③。甚至就各个不同区域来说，全国性的社会变动对它们会具有并非相同的意义；影响全国或者是跨区域的事件在各个地方的展演是不同的，反过来说，这种地方性的展演对于大历史的影响也是不同的。况且，我们对那些似乎已经耳熟能详的事情也并非知之甚多。在晋东南的阳城，我们看到那里的城堡居然是用千万只废弃的坩埚垒成，以此来抵御明末自陕西而来的义军。在这样一个以铁制品闻名的地方，商人、手工业者和士绅一起，组织民众抵御“流寇”的袭击，后来同样抵御

---

① 参见〔英〕爱德华·吉本：《罗马帝国的衰亡》（D. M. 洛节编本），黄宜思、黄雨石译，北京：商务印书馆，1997年。

② 参见〔美〕保罗·肯尼迪：《大国的兴衰》，蒋葆英等译，北京：中国经济出版社，1989年。

③ 参见〔日〕岸本美绪：《崇祯十七年的江南社会与关于北京的信息》，底艳译，赵世瑜审校，《清史研究》1999年第2期。

南下的清军。在区域社会史的研究者看来,每一个不同地方都有自己的历史发展脉络,而改朝换代对大部分地方来说是一种外来的东西,是"强加"给它们的,因此对它们的意义与对当事者是非常不同的。我们距离揭示出王朝更替对不同人与物的不同意义,恐怕还差得很远,传统史学也很难对此给出完美的答案。

再如人物评价问题。臧否人物是传统史学的重要内容,无论正史还是野史,人物总占据着最大的篇幅,居于中心的地位。传统史学也总结出许多评价人物的原则,如英雄与时世的关系、道德评价与历史评价的关系等等。新史学曾经把着眼点放在结构变迁之上,放在需要长时段考量的趋势上,由此遭到了"无人"之讥。后来的社会史研究者虽受到人类学的影响,更多地注意了细节的深描,但由于他们更多地关注小人物和芸芸众生,又因材料缺乏的关系,人物研究显然不是他们的强项。人是历史的主体,没有人的活动,便只剩下了自然史,社会史研究不应该放弃这个责任。否则,社会史研究者就有可能失去讨论秦始皇、张居正、康有为的发言权。其实,社会史研究对士绅的注意已有一些不错的成果,比如清末山西太原晋祠的乡绅刘大鹏由于留下大批记述个人生活史和基层社会史的资料,已成为社会史研究者注意的热门人物,史景迁也早有经典的《王氏之死》对普通人加以关注(金兹堡的《奶酪与蛆虫》也是这方面的经典)①,但总的来说,对那些小人物,特别是那些重要角色的研究显然不足。我想,孔飞力的《叫魂》对乾隆皇帝的涉及是一种做法,罗友枝对宫廷史的研究也可能是一种做法(把宫廷人物放到宫廷史的脉络),罗威廉对陈宏谋的研究以《救世》为题,把人

---

① J. Spence, *The Death of Woman Wang*, Penguin Books, New York: The Viking Press, 1978. Carlo Ginzburg, John Tedeschi, Anne Tedeschi, *The Cheese and the Worms: A Cosmos of A 16th-Century Miller*, Baltimore: Johns Hopkins University Press, 1980.

物与社会勾连在一起，都是有益的尝试①。总之，由于社会史要求把各种情形放到具体的历史脉络中去理解，那么无论是事件、制度还是人物，都可以在“问题—情境”中加以重新理解。所谓“问题”，就是指社会史意义上的问题，比如在剖析沈万三现象的意义上理解朱元璋，在重新诠释南巡意义的同时重新诠释康熙和乾隆，等等；而情境则是指不同人的看法或不同的情况，在具体的情境下，一个人物会呈现出很不同的意义，我们以往只是在比较单一的宫廷的或国家的情境下讨论最高统治者，但还存在各种不同的情境，比如朱棣还有真武信仰的情境。

传统史学还向我们提出许多问题：社会史研究如何对待事件？社会史研究是否需要做制度的考索？社会史如何对待传统的文献学方法？……如果我们无法另辟蹊径，从不同的问题意识或方法论出发，去探索和回答传统史学所重视的问题，就无法在与传统史学的对话中前进，也无法使传统史学心服口服地接受社会史研究的取向和成果。如果是那样的话，社会史研究的意义将是有限的。

三、反思政治史：社会史研究问题之二

与传统史学同社会史的关系直接相关的是，政治史与社会史的关系也必须加以重视。当社会史作为范式意义上的政治史的对立物出现的时候，“政治”便似乎被从社会史研究中排除出去了，尽管少数社会史研究者在他们的研究中非常重视国家制度、权力关

---

① 〔美〕孔飞力：《叫魂——1768年中国妖术大恐慌》，陈兼、刘昶译，上海：上海三联书店，1999年；Evelyn S. Rawski, *The Last Emperors: A Social History of Qing Imperial Institutions*, Berkeley: University of California Press, 1998. William T. Rowe, *Saving the World: Chen Hongmou and Elite Consciousness in 18th Century China*, Stanford: Sanford University Press, 2001。

系,甚至是政策和政治性事件①,但人们往往对此并不加注意,似乎认为社会史研究是“不讲政治”的,其认识基础在于他们把社会史研究视为历史学分支学科,强调与其他分支学科的分工,怀疑方法论意义上的社会史研究进行整体研究的可能性。

最近,杨念群有感于政治史的“消失”,倡导政治史的复兴。他认为,必须在与其他研究取向,特别是与社会史研究的不断对话中寻求灵感,这种复兴才有可能实现。他特别强调了近代以来政治在中国人的生活中日益加强的支配力,为此,要特别注意近现代大规模的社会动员和意识形态过程,因为它们与政治具有极为紧密的联系。与此同时,他也提出了社会史,特别是专注于“地方性”的区域社会史研究,在解决这类跨地区政治力量的问题时的局限性②。显然,他并不认为社会史研究在面对政治时完全无所作为,只是认为政治史在社会史这里被碎化为地方文化实践的表达形式,而实际上,政治具有跨地区意义上的整合作用,因此必须要将其作为一种相对独立的运转机制加以再研究。他注意到了这种“跨地区意义上的整合作用”之格外凸显,是因近代以来国家力量以前所未有的程度介入了人们的生活,因此,重提政治史对近代社会的研究尤为必要。

根据本文开始时的介绍,我们知道,杨念群的问题及其观点早已被国外学者提出并讨论过了,但放在国内的社会史研究情境下,

---

① 比如,刘志伟曾探讨明代的里甲制度和户籍制度(参见刘志伟:《国家与社会之间——明清广东里甲赋役制度研究》,广州:中山大学出版社,1997年),陈春声曾研究明清之际东南沿海的重大事件(参见陈春声:《从倭乱到迁海——明末清初潮州地方动乱与乡村社会变迁》,朱诚如、王天有主编:《明清论丛》第2辑,北京:紫禁城出版社,2001年),我也有关于明清宦官、明清易代,以及江南市镇权力关系的若干论文(参见赵世瑜:《狂欢与日常——明清以来的庙会与民间社会》;及赵世瑜、孙冰:《市镇权力关系与江南社会变迁——以近世浙江湖州双林镇为例》,《近代史研究》2003年第2期)。

② 杨念群:《为什么要重提“政治史”研究》,《理论与方法——历史学与社会科学的关系及其他》,《历史研究》2004年第4期,第10—13页。

我们还是可以对其进一步展开论说。显然,无论对“政治”和“政治史”做何理解,它们都是历史研究的重要组成部分,社会史研究,包括经济史研究,显然不能忽视它们。问题在于,社会史应该如何“介入政治”? 区域社会史是否在理解具有跨地区整合作用的政治力量上无能为力? 甚至,对于不同的时代、不同的地域来说,“政治”是什么? 它——即使我们同意说它具有上述整合作用——是通过什么,是如何表现出来的?

杨念群重提政治史显然并不是要回到以往占据支配地位的作为范式的政治史,恰恰相反,他试图关注近代政治的强烈渗透性对中国民众生活的意味何在。在我看来,这种问题意识与其说是政治史的,不如说是社会史的,至少,它体现了被社会史取向改造了的政治史。但是,早在20世纪的70年代初,勒高夫就已发现,政治史借助非常社会科学化的方法、精神和理论探索逐渐恢复生机,其中,把“权力”确立为政治史的核心概念,超越了以“国家”(state)和“国族”(nation)为核心概念的研究,是特别值得注意的。作为欧洲中世纪史专家的勒高夫特别以中世纪史的研究为例,提及施拉姆(P. E. Schramm)的《政权标志与国家象征》(*Herrschaftzeichen und Staatssymbolik*),后者认为,作为中世纪权力拥有者独特标志的那些东西——王冠、王位、象征王位的十字架球、王杖等等,需要在它们各得其所的态度和仪式的情境中加以重现,需要从可以抽取出其真实意义的政治象征的视角加以审视。

勒高夫发挥道:“这象征深深扎根于一种宗教符号学,后者使政治变成宗教的一部分。在所有的标志图徽中,其中一种适宜扩展延伸,既涉及政治—宗教象征,又有关象征历史地体现于其中的体制。一方面与古代世袭王权相关、另一方面与一直延续到近代的君主制遗存有关的中世纪政治的全部图景,就是从王冠那里发散出来的。”他还强调了人类学的影响,举出了对中世纪教育、艺术等方面研究的例子,证明一种不同的政治史如何在不同的层次上发挥作用。“我将其称为一种新政治史,不同于旧的——致力于结构、社会分析、符号学和权力研究”,尽管当时他认为这与其说是现实还不如说是梦想。他承认,“政治史的叙述方式现在是,将来也还总是有用和必要的,我们不能没有政治事件的编年史和伟大人物的传记。尽管有民主的进步,但政治史总是伟大人物的历史。现在,非常感谢政治学和社会学,我们比以前更清楚什么是事件,什么构成了伟大人物的条件”。他最后总结说:“在从解剖学时代走到原子能时代以后,政治史不再是史学的支柱,而是史学的核心。”①

显然,社会史并不因“政治”在近代以后使我们更深切地感受到它的力量而需要对它特别关注,政治始终应该成为社会史力图说明和解释的对象,关键在于这说明和解释如何超越传统的政治史。勒高夫在30多年前提出的“权力”概念并不是一个简单的名词,这几十年来,社会学、政治学、人类学、经济学等等已经围绕它形成了各种话语体系②。这甚至说明了“政治”这个词的重新定义。“社会史家认为,政治本身现在必须被重新定义,以包括那些直接与行政管理(government)相关的因素之外的权力关系。这样,社会性别关系、运作中的等级结构、加强社会控制的闲暇和情感的作用,都符合一种重新定义的政治史,而这与社会史也就没有什么区别了。……当然,这种重新整合包括这样的认识,即某些重要的政治过程具有政治的原因,就好像公共卫生实践的重要发展在狭

---

① Jacques le Goff, “Is Politics Still the Backbone of History?” in Felix Gilbert and Stephen Graubard eds., *Historical Studies Today*, New York: the American Academy of Arts and Sciences, 1971, pp. 337-355.

② 在从米歇尔·福柯到克利福德·格尔兹、安东尼·吉登斯等的作品里,“权力”或者“霸权”都是被集中关注的对象。

义上说并不具有政治的原因一样。"①

的确，政治显然不能只被狭隘地理解为与行政管理相关的方方面面，特别是不能局限于国家的暴力工具意义，它还包括政治意识、大众政治行为等等方面，而这些都可以，也必须在具体的社会情境和变迁过程中加以理解。杜赞奇的《文化、权力与国家》描述的是晚清至民国国家力量不断扩展的过程，并且将其置于华北的区域社会情境中去加以理解②。尽管我们可以批评说，他尚未在一个特定空间历史脉络的详细把握基础上展开他的工作，但他毕竟力图指出这样一个"跨区域的"的政治扩张如何进行、又如何在复杂的区域权力网络中遭遇困境，他讨论的正是杨念群非常关注的现代化进程中的"国家政权建设"问题。问题恰恰在于，就拿这个"跨区域的"问题来说，它所遭遇的地方权力网络会相当不同，以我们了解的情况来说，国家政权建设也采取了相应的、有差异的策略，"国家"和"地方"形成了互动，最后的结果往往就是二者的妥协或者是一方的绝对胜利。

杨念群提到的《叫魂》也恰好提供了一个从社会史介入政治史的不错范例，因为作者孔飞力从分析一种集体巫术的心理和行为出发，最后讨论的是帝国官僚体制的运行。但孔飞力的创新也就到此为止，因为他就帝国官僚体制、就乾隆皇帝与大小臣工的关系所做的讨论，并没有提供给我们更多新鲜的东西。其重要原因之一在于，他考察的巫术骚动基本发生在江浙（山东的情形也多由江南传来，见其所引乾隆上谕），而从康熙到乾隆，统治者对江南地区

① P. N. Stearns, "Introduction: Social History and Its Evolution", in Peter N. Stearns, ed., *Expanding the Past: A Reader in Social History*, New York: New York University Press, 1988, p. 11.

② 〔美〕杜赞奇：《文化、权力与国家——1900—1942 年的华北农村》，王福明译，南京：江苏人民出版社，1994 年。

的态势异乎寻常地重视,孔飞力无疑也注意到了这一点,否则就无法解释乾隆的小题大做。但他显然对江南地区的问题并未投入足够的笔墨,没有把皇帝和地方大员的所作所为放在帝国中心与江南的错综复杂的权力关系中去理解。反过来说,如果作者的出发点是西藏、蒙古或者云贵的某个重大事件,那么乾隆皇帝是否会做出同样的反应?他与地方官员的行为互动,以及他们的这些行为与刚性的或惯性的制度之间的互动是否与“叫魂案”所引发的相同?在社会史这里,或者说与传统的政治史不同的是,“政治”不再是一个孤立的、脱离具体历史情境和社会变迁的宏大叙事框架,而是立足于具体的时空坐标点上的一个个“叫魂案”。

当人们倡导“从‘整体上’理解中国政治”,而这个“整体”又不仅限于空间的含义的时候,就与我对社会史的理解并无二致了。在这个意义上,从“整体上”和从“地方上”理解政治并不是对立的,如果研究者“误认为乡村社会的传统一定是和上层社会的价值处于一种截然对立的状态,代表乡村的‘地方性知识’变成了和代表精英上层的‘普遍性知识’相对抗的一种反控制资源”,那就的确是一种误解。正如杨念群接下来所主张的:“对‘区域社会史’的理解也应更多地关注‘政治’作为一种强有力的空间表现形式,是如何与‘地方性知识’达成了某种张力关系的。”这样,区域社会史研究就在关注“跨区域”的政治力量的前提下,成为解读政治历史的一种新视角,而这正是我们实际上正在努力做的工作①。

的确,社会史需要通过自己的独特努力,对以往的许多政治史研究的概念工具进行反思,比如如何评价“阶级斗争理论”的有效性,如何认识“专制集权”,如何理解“革命”和“改良”,等等。社会史与政治史关系的把握,也直接影响到社会史与法制史的关系、经

① 参见赵世瑜:《作为方法论的区域社会史——兼及12世纪以来的华北社会史研究》,《明清时期中国区域社会变迁笔谈》,《史学月刊》2004年第8期。

济史与政治史的关系等等。前者需要我们以更广阔的视野去重新分析那些脍炙人口的事件和制度,比如从生态的、工商业的、族群的甚至文化传统的因素考察动荡或承平时期的民众运动;后者则需要我们摆脱单一决定论的思维定式,以问题而非学科分支的人为限定为思考的起点,权力、公正、公平、正义、公与私或者传统概念中的礼、法、俗、教化等等,就会成为我们共同的关注点。

四、方法与表达:社会史研究问题之三

中国社会史研究群体内部,对把社会史视为一种研究范式或视角或方法论一直有不同的看法,这当然不完全是杞人忧天。由于它的这种立场,使它涉及了以往历史学内部不同分支领域的不同主题,而不仅局限于狭隘的社会生活史研究。针对各种各样的新问题的提出,针对社会史对政治、经济、文化等方面内容的"全面出击",作为范式的社会史或许成为一种虽然正确但有可能流于空泛的说法,人们对于把散碎的画片镶拼成完整历史图景的要求显然是可以理解的,这就需要某种得到广泛接受的、适用范围较宽的方法论框架。

关于这一点,群体内部显然有着不同的看法,这一方面是因为产生出社会史单一方法论的条件可能并不成熟,另一方面则是因为对社会史是否需要产生出一般的理论公式还存在疑问。尽管如此,可能我们自己并没有清楚地认识到,也可能是出自其他的现实考虑,有些概念的提出,并且得到不少人的使用,比如"历史人类学",实际上恰恰表明了对一种整合理念或方法论的需求,这也显然不是可以轻松回避的问题。

就历史人类学而言，我曾在一篇短文中列举了一些学者的看法①，除了明确表示历史人类学是人类学内部自我反思之结果的观点外，其他人大多小心谨慎地避免把历史人类学收于某一学科的麾下。尽管如此，他们似乎还是认为历史人类学的方法和问题意识应该是人类学的。之所以如此，是因为人类学家因对学科进行自我反思而提出历史人类学，学术自觉的程度较高，问题意识更明确，而历史学家——在中国主要是社会史家——在认同这一概念时则相对随意，感性的程度高于理性。但是，这无疑体现了社会史研究者对某种研究领域认同理念的渴望。如果说"历史人类学"这个词只是表明历史学与人类学的对话，尽管并不错，但却因过于含混而不能令人满意，不能明确体现它对历史学或者社会史的意义。

国外的社会史学者同样认识到这样的问题，但他们也并不试图制造某种"学科"理论，而是试图在杨念群所谓"中层理论"的意义上寻找一个共同的、对各个研究主题具有整合作用的平台。比如现代化理论，"在集中注意各种社会变化是如何发生相互关联的问题上，具有相关的用途，而且在更为复杂前沿的表述方面，至少在西方史上，现代化模式具有真实的用途"。这就是说，当社会史学者们认同现代化是历史发展的真实过程时，无论他们讨论的是这一过程中的哪一个侧面，他们讨论的各种变化以及所做概括，都围绕着现代化理论这个中心。但他们也知道，"在关于是什么整合了过去的问题上存在争议，而这又是由分析的最佳基本单元是物质结构还是文化上的不同意见所引发的"②。也就是说，当人们在认识历史应采用什么核心概念的问题上存在分歧的时候，寻找和

① 赵世瑜：《历史人类学：在学科与非学科之间》，《理论与方法：历史学与社会科学的关系及其他》，《历史研究》2004年第4期，第22—24页。

② P. N. Stearns, "Introduction: Social History and Its Evolution", in Peter N. Stearns, ed., *Expanding the Past: A Reader in Social History*, p. 10.

确定整合性的框架是相当困难的。无论如何,“现代化”还是一个相对综合性的概念工具。前述杨念群关于政治史的讨论基本上可以在这样的平台或问题意识基础上展开,但对于整个史学或社会史来说,显然这种历史理论意义上的概念工具存在局限。

我们能否在方法论意义上搭建这样一个具有整合意义的平台呢?历史人类学是一种可能性。在这里要解决以下这些问题:一是“历史民族志”(historical ethnography),即将人类学的民族志方法引入对历史的考量,强调对历史时期的“地方性知识”的理解;二是“文献人类学”(anthropology of documents),即对广义上的历史文献加以人类学视角的解读,强调历史话语与人类学话语的对话,比如“礼俗”与“礼仪”,以及对其他制度、事件的分析;三是关于历史的人类学(anthropology of history),即注意考察后人如何想象、创造他们的历史,实际上是一种民众或族群作史的研究。“要紧的是,我们得认识到此处人类学的关怀,不只是为历史而历史。人们对于其过去的说法和评价,是他们现在回顾之后的产品。再者,那些说法往往由一代到另一代不断改变。因而,对于人类学理解一个民族及其社会文化脉络中的变迁,人们自身的说法是重要的。”①相对前两者,后者更侧重人类学的视角,但历史学家仍然可以把它与对作史之史的研究联系起来。这样,我们就在历史认识、历史资料和研究的切入点这三个方面有了相对一致的方法论平台。

其实,在这三个方面,我们还可以有,实际上现在我们也经常在使用另一个概念,那就是区域社会史。如果对我在前面提到的一篇文章中所表述的观点再加以概括的话,“区域”这个概念不仅是在吸收地理学方法的意义上,也不仅是在吸收民族志方法的意义上使用的,甚至有时不一定是指“空间的”(spatial)或“地方的”

① 西佛曼、格里福主编:《走进历史田野——历史人类学的爱尔兰史个案研究》,贾士蘅译,台北:麦田出版公司,1999年,第28页。

(local)含义,它针对的是忽略具体的历史情境和历史发展脉络的宏大叙事框架。它在材料上虽注意地方文献和口述材料,却同样重视传统的官方文献和文人著述;它在研究对象上虽重视民众生活或基层社会,却同样重视重大事件、国家政策与制度和精英人物。与以往的史学史不同,它更注意地方历史和国家(帝国)历史是如何建构的,特别注意这二者建构过程的互动。在这样的方法论意义上,我个人以为,在目前的研究阶段,历史人类学和区域社会史是可以互换的概念工具。

与此相关的是,正如社会史处在与传统史学及与社会科学化史学互动的过程中一样,它的表达方式也值得关注。传统史学以事件和人物为依托,历史表达以叙事为主;当社会科学对历史学产生巨大影响时,社会史研究的许多成果虽然依然描述一个历史的场景,但展现方式变得更为结构性,而非历时性,相应地,叙事变为分析和解释。这种情况突出地表现在 20 世纪下半叶的经济史和社会史研究中,前者运用了经济学的理论和概念,采用了计量的方法,后者在诸如家庭史、人口史、性别关系史等作品中,结构—功能的分析方法也是很常见的。年鉴学派的代表人物布洛赫、布罗代尔的主要作品也具有这样的特色。

20 世纪 70 年代末,劳伦斯·斯通发表《叙事的复兴——对一种新的旧史学的反思》一文①,认为史学界出现了由科学主义史学向叙事史的转变,这是由于历史的科学追求已经破灭的结果:“新的历史学家转向叙事标志着一个时代的终结:一种对昔日的变化做出井井有序的科学解释的企图的终结。”对此,霍布斯鲍姆表示

① Lawrence Stone, “The Revival of Narrative: Reflections on a New Old History”, in his *Past and Present*, Boston: Routledge & K. Paul, 1981, pp. 3-24.

了不同意见，他在次年发表了《关于叙事的复兴》一文①，认为社会史的兴起引起研究领域的巨大扩展，这就给历史书写带来许多技术上的困难，因此采取描述还是分析—综合的办法，完全是作者根据研究需要所做的选择。此外，选择个案进行细节的复杂说明，只是作者的研究起点，“重要的是，更多的史学家发现，显微镜在今天作用极大，但并这不一定意味着他们把望远镜当作过时的玩意丢掉”。伊格斯的评论相对公允，他既认为斯通对于这种转变或决裂的判断过于绝对，也认为他所说的变化的确存在，“新史学”“已有迹象表明变成了一种幻想不作价值判断的科学、一种新的教条主义和一种新的经院哲学”。而现在的社会史学者“讲述一个人、一次审判或一个戏剧性事件的历史并非为了其本身的缘故，而是为了阐明昔日的文化和社会的内部活动”。“历史学家们再度转向叙事，但很少人企图回到强调事件的年代顺序、并集中于显要人物的传统叙事。……叙述在其被运用之处，构成了解释的一种形式。”②

显然，表达的问题不仅在于对读者阅读感受的关注，而且在于社会史对待社会科学方法的态度，在于人们如何理解和写作社会史。国内已有学者讨论“说故事”的历史学③，注意到“说故事”与“讲道理”之间的理念差异，注意到这差异背后实际上隐藏着社会史人文化和科学化的张力。当后现代主义试图解构历史学的科学逻辑、抹杀历史与虚构之间的差别的时候，“前现代”的或传统史学的叙事风格在表面上看来又死灰复燃，也许二者间本来就具有一种链条，但不同的是，讲故事在历史叙事中的重要性不仅在于“故

① Eric Hobsbawm, “On the Revival of Narrative”, in his *On History*, New York: New Press, 1997, pp. 186-191.

② 〔美〕格奥尔格·伊格斯：《欧洲史学新方向》，赵世玲、赵世瑜译，北京：华夏出版社，1989年，第203—204、205、227页。

③ 冯尔康：《“说故事”的历史学和历史知识大众文化化》，《河北学刊》2004年第1期。

事”及其情节本身，而且在于“讲”，即社会史家如何通过选择故事、叙述情节、建立故事与其背后的社会—文化体制的关联，来构造一条叙事逻辑。当我们着眼于具体的历史情境，以图把握某种历史发展的内在脉络的时候，“讲故事”就是不可避免的了，我们也可以寻找到这样做的一些可供分析的文本，但对社会史写作和表达方式的讨论显然不够深入和充分，它还没有成为我们关注的中心①。

总之，社会史研究面临着各种新旧因素的张力：新史学/传统史学、社会史/政治史、科学化/人文化、现代/后现代、叙事/论理、整体/地方，等等。但我始终认为这些看起来是二元对立的方面有时是人为地强化的，它们之间本身也存在关联，需要沟通和对话。从对社会史的理解到社会史的表达方式，不大可能出现完全一致的认同，但我们需要积极努力地营造，搭建起沟通和对话的平台，使社会史成为一种反思的历史学，一种永远具有新鲜活力的历史学。

---

① 应该说，从书名和“代序”中可以看出，孙江主编的《事件·记忆·叙述》一书是注意到这个问题的重要性的，但书中所收的文章，大约除杨念群、上田信外，大多短于叙事，长于概念分析和概括，体现了社会科学的强烈影响，因此并未完全体现主编者的理想追求。

传说与区域历史

传说·历史·历史记忆[*]

——从20世纪的新史学到后现代史学

20世纪的中国史学经历了许多曲折,到世纪末开始汇入世界学术的潮流。社会史特别是区域社会史的大行其道、改写思想史的努力、对中层理论的倡导,等等,都可以被视为新鲜气象,逐渐蔓延进新的世纪。同时,后现代史学的挑战、问题意识的逻辑联系、新史料的开掘、理论预设与史实的关系等等,也都是新世纪史学家需要不断通过具体的研究实践加以回答的问题。无论研究成果的面貌多么五光十色,对某个个体来说,问题的关键在于研究者在学术思想史中是否把握了问题意识的序列,或者自己的研究背后的问题意识是否具有逻辑上的连续性。

传说、历史、历史记忆,这三个概念在表面上是由一系列个案构成的知识组合,而在这背后,历史学、民俗学、人类学的知识、方法、概念和理论,后现代的思考,都可合而为一。在这个层面上,这些东西变成了不可能不涉及的因素。因为无论是历史还是传说,它们的本质都是历史记忆,哪些历史记忆被固化为历史,又有哪些成为百姓口耳相传的故事,还有哪些被一度遗忘,都使我们把关注点从客体转移到主体,转移到认识论的问题上,这也就不可避免地牵扯到后现代的问题。因为在现代性的语境或科学主义的话语

* 本文发表于《中国社会科学》2003年第2期。

中，传说与历史之间的区别就是虚构与事实之间的差别；而在后现代的语境中，虚构与事实之间的边界本身可能就是一种"虚构"。

正像我论及"自上而下""自下而上"与整合的历史一样[1]，民众生活史向区域社会史、再向思想史或向制度史的发展，是我个人体会到的两个自然的问题意识序列，前者的意义偏重认识论，后者的意义偏重本体论，其中的关联似乎相当明确。

一、科学实证的视角

论及传说（legend），有狭义、广义之分。就狭义而言，民俗学者将其与神话、故事、笑话等一同归类于民间口头散文叙事文学，包括人物传说、地方传说、史事传说、风物传说等[2]，但无论如何，讲述的都是已经过去了的事情。从广义来说，传说即指传述者自己并未亲历而仅为耳闻的故事，以此与口述史相区别（口述史一般是指讲述者对自己亲历的事情的回忆）；同时它又与口述史资料有其共性，即同为口头叙事（oral narrative），因此可与文献相对应。如果我们考察历史上的传说，而不是我们在现实生活中还能从人们口中听到的传说，那么当然这些传说也往往是被记载在文献上的，否则便大多无传。在这种情况下，它们往往被包括在稗官野史、笔记小说之中，而与"正史"相对应。当然在所谓"正史"之中，也经常包括我们今天看来是传说的内容，但一般而论，当时的作者应该是将其作为可信的历史采择到正史之中的。总的说来，传说时而可与文献相对应，时而可与正史相对应，是由于在人们的观念中，其共性

---

① 参见《光明日报》2001年7月31日B3版。

② 钟敬文主编：《民俗学概论》，上海：上海文艺出版社，1998年，第241、245—246页。

是它们传递的往往是不确定的、可疑的，甚至是虚假的历史信息①。

历史(history)是一个更为复杂的概念，因为它可指“过去”，也即多数历史学者所研究的那个对象，可指史书等历史文献，也可指通过多种史料重新构建起来的那个历史，即历史学。我们姑且不去讨论与认识论有关的问题，而就人们的一般观念而言，历史是指经过证实的、可信的关于过去的事实。其实从我们已经认识到的问题和本文即将讨论的问题来看，传说和历史本来就是纠缠在一起的，比如我们依据来重现西汉及其以前历史的《史记》便使用了许多传说。这里与传说相对的历史，既指那个过去的存在(past being)，亦指被文字记载和重构的历史。历史记忆(historical memory or memory for the past)则指个人或集体对过去的记忆，当然关于历史记忆本身、关于历史记忆与历史重构的关系，也是一个极复杂的问题②，而本文把它们并列在一起讨论，是试图在一个现代学术史的框架内探讨传说和历史之间的关系，或者反过来说，是通过探讨这二者的关系，反思现代历史学术进程中的认识论层面。而历史记忆实际上是二者之间的一座桥梁，或者说是二者背后的共同本质。

刘勰在《文心雕龙·史传》中讨论“信史”问题，有一段话似乎涉及传说与历史的关系：

> 若夫追述远代，代远多伪，公羊高云传闻异词，荀况称录远略近，盖文疑则阙，贵信史也。然俗皆爱奇，莫顾实理。传闻而欲伟其事，录远而欲详其迹，于是弃同即异，穿凿傍说，旧

① 就此概念的梳理，承蒙王和先生的提示和讨论，特此致谢。

② 参见〔美〕康纳顿：《社会如何记忆》，纳日碧力戈译，上海：上海人民出版社，2000年。

史所无，我书则传，此讹滥之本源，而述远之巨蠹也。[①]

这话的本意是主张宁缺毋滥，强调信史，但却坚决抨击了因为追求新奇而采用传闻的行为。到刘知几的《史通·采撰》中，则更明确表示史学家应“恶道听途说之违理，街谈巷议之损实”[②]，基本上否定了传说在历史撰述中的意义。但二人的批判也恰恰说明了传说与历史在中国传统历史编纂史上的复杂关系。

千百年来，中国历史学术之主流大多把传说视为随意性、杜撰、人云亦云以及不可信的同义语，把传说与“信史”对立起来。即使是在史料的层面上，人们在文献之外宁可相信金石等实物，对口传的东西多取怀疑态度。许多学者虽然发现“文疑则阙”不如记录传闻以备考，因此出现许多野史笔记，但都采取了谨慎、保守的态度。纪昀曾专门说明，“以多得诸传闻也，遂采庄子之语，名曰《姑妄听之》”，“小说稗官，知无关于著述；街谈巷议，或有益于劝惩”[③]，意义无非如此。

100年前，梁启超发表了著名的《新史学》，其中主要抨击了以往的帝王将相史，倡导进化论思想，主张发现历史规律，但对与史料问题有关的历史认识问题几乎没有涉及。约略同时稍晚，美国历史学家鲁滨孙(James Robinson)却已在他的《新史学》一书中怀疑历史学可否成为同自然科学一样的科学，反对历史学科画地为牢，主张“把那些许多不见于书本或碑文记载的材料认为是史料”，并说“假使历史学家只是局限于史料上所叙述的确切可靠的事件，

---

① (南朝梁)刘勰著，黄叔琳注，李详补注，杨明照校注拾遗：《增订〈文心雕龙〉校注》卷四《史传》，北京：中华书局，2000年，第207页。

② (唐)刘知几撰，(清)浦起龙释：《史通通释·内篇·采撰》，影印商务印书馆1937年版，上海：上海书店，1988年，第76页。

③ (清)纪昀：《阅微草堂笔记》，天津：天津古籍出版社，1994年，第356、1页。

那么他的著作往往就会缺少生动活泼、真正可信的情节”①。

如果说梁启超新史学的意义主要在于史观，那么技术操作方面的变化则体现在胡适、傅斯年、顾颉刚等人的身上。这些人反对清代学者以儒家经史为中心或即类似诠释《圣经》的做法，主张扩大史料的范围，比如顾颉刚接触歌谣之后，便很快把注意的范围扩大到方言、谚语、谜语、唱本、风俗、宗教等②，他的孟姜女故事研究也成为他“层累地造成古史”理论的有力佐证。当然他们“上穷碧落下黄泉，动手动脚找东西”的目的还是为了追求一种更为科学的历史③。

这时候，人们开始把研究传说也当作一种学问，也开始探索传说与历史的关系。在民俗学领域，钟敬文教授曾认为，“传说大都跟神话和民间故事一样，是一种虚构性的作品，并不是一种真实的历史事实。它跟那些史书上记载的事件，是有显然的区别的”。他举了一个张良的传说做例子，讲的是张良出外多年，回到家乡以后，见到一个女子在种田，他不知道这个女子就是他的亲生女儿，于是便向她唱起了情歌，结果挨了他女儿的辛辣嘲讽。这种传说在叙事上以历史上真有其事的一个人物作为背景，但情节却是虚构的。

钟敬文同时也强调了传说的历史意义，以为传说的产生都有一定的历史事实为依据。他举了一个《搜神记》中宫人草的传说为例：在楚地有一种植物，叫作宫人草，生长得非常茂盛，花色是红艳艳的。据说在楚灵王的时代，宫女数千，多愁旷，死后被埋葬，坟上

---

① 〔美〕詹姆斯·哈威·鲁滨孙：《新史学》，齐思和等译，北京：商务印书馆，1989年，第60、39页。

② 顾颉刚：《〈古史辨〉第一册自序》，《顾颉刚古史论文集》第一册，北京：中华书局，1988年，第38页。

③ 参见王汎森：《什么可以成为历史证据——近代中国新旧史料观点的冲突》，《新史学》（台北）第8卷第2期（1997年），第93—132页。

都生长出这样一种草。钟敬文认为，这个传说虽然没有很明白地指出，但是却暗示了这种宫人草是当时楚宫怨女的精神变成的。这样一个故事虽然同样是虚构的，但是它的背后还是有一个历史的真实作为基础的。宫人草本身比喻的意义不是历史的真实，但它所阐述的帝王宫中存在怨女这个现实却不是捏造的①。

在另外一些文章中，钟敬文还论及传说与历史事实的问题。如他在讨论刘三姐传说之文末，认为传说有三类，一是幻想成分占压倒优势，二是现实成分较多，幻想限于局部，三是基本依据真人真事而作。但即使是第三类传说，人们在转述过程中也会与原有故事之人物、事件出现差异。但他补充了一句非常重要的话，即"现在吾人所知悉之某些人物、事件，在社会流传中所起种种变异事实，亦大足供参证也"②，在这个意义上，历史也不能例外。其实早在 1931 年，钟敬文就认为传说"不但是民众的历史、科学和工艺，同时，也含有他们极重要的宗教信仰"。那时他不仅指出传说与历史之间的差别，而且对那些针对传说进行辨伪的工作不以为然，"辨了'原有的伪'，却反而自造了一个'新的谎'去代替它"。他举了顾炎武辨奈何桥传说的例子，顾炎武认为那本是泰安州城西边的一条河，叫作渿河，上面有座桥。"世传人死，魂不得过，而曰奈何。"钟敬文认为即使事实真如顾炎武所考，那么"人死魂不得过"这种观念本身也是学术上值得注意的③，这实际上指出了思想史意义上的真实问题。

在历史学领域，学者历来以研究客观的真实为对象，而传说却

---

① 钟敬文:《传说的历史性》(1958 年),《民间文艺谈薮》,长沙:湖南人民出版社,1981 年,第 194—196 页。

② 钟敬文:《刘三姐传说试论》(1981 年),《钟敬文民间文学论集》(上),上海:上海文艺出版社,1982 年,第 119—120 页。

③ 钟敬文:《中国的地方传说》(1931 年),《钟敬文民间文学论集》(下),上海:上海文艺出版社,1985 年,第 98 页。

是一种虚构成分很大的东西,历史学家会怎样对待传说呢?顾诚教授曾写过一篇文章叫作《沈万三及其家族考》,不仅是由于关于沈万三的传说异常丰富,而且因为它们被记入《明史》和《辞海》《辞源》等权威工具书,变成了历史事实,所以顾诚在文章的开篇就写下一句话:“沈万三的确是一个值得研究的人物。”但他的研究结果却让笃信此说的人颇感意外。他认为,传说也好、正史也好、文献也好,都说沈万三与明初的政治史密切结合,实际上沈万三这个人在明朝建立之前就已经死掉了。所以这些传说都是人们后来虚构的,有关他在明初的事迹纯属讹传。当然文章也证明了沈万三的后人在洪武年间被牵连到“蓝玉党案”中,应该也是沈家与明初政治关系的蛛丝马迹①。

的确,关于沈万三的许多传说不仅被采择在文献当中,也被广大民众长期口耳相传。一般是说沈万三是江南的一个富户,他在明朝初年被朱元璋所迫,找他要钱修城,所以传说南京城就是用他的钱建起来的。但是,沈万三交了钱以后没有捞到什么好处,最后还要被发配。这样一个传说在明代就已经流传了,而且流传得非常广,甚至成为一个历史事实。甚至在关于北京建城的传说中,沈万三也是主角——这当然是从他与南京建城的故事那里延伸而来的,只不过在这里他是个叫花子。永乐皇帝听了刘基的建议,抓住沈万三,从地下挖出来许多金银,充作修北京城的经费,后人还将此与什刹海的来历传说联系起来。为什么关于沈万三的传说传播得这么广、时间这么长呢?为什么人们在讲故事的时候总把他和明初修建城墙联系起来呢?虽然我们目前还不能断定,是不是因为沈家人卷入“蓝党”才导致这个传说的创作和传播,但即便如此,即便关于沈万三和明朝政治史事的关系有很多虚构的成分,这个

---

① 顾诚:《沈万三及其家族事迹考》,《历史研究》1999年第1期。

传说产生和流传的过程本身恰恰是一个历史真实。人们为什么去创作这个东西,究竟是什么人创造出来的,传说是怎么样出笼并且流传至今的——也就是说,人们为什么把一个和朱元璋和朱棣都不相干的人硬与他们绑在一起?这样我们所关心的问题就变成了这件事反映出来的社会舆论、造成这种社会舆论的历史动因,以及后人对此的历史记忆。

说到北京建城的传说,我们应该提到另一位历史学者陈学霖教授的研究①。他在研究北京建城传说中发现了一个细节——这个细节在我研究的洪洞移民传说中也经常出现——即以"一箭之地"来确定地点位置,他从这里找到了北方民族,特别是蒙古人"箭程划地界"的习俗。在关于元大都建造传说的研究中,他把传说中哪吒形象的核心位置与重视都城水源的问题联系起来。而在关于刘伯温传说的研究中,他又揭示了刘伯温被作为"反清复明"之神奇象征的塑造过程②。

与前者不同的是,陈学霖专门讨论了"传说解释的理论架构"。他认为,民间传说中鲜明地体现出人类学家雷德菲尔德(Redfield)所谓中国传统社会里大传统(great tradition)与小传统(little tradition)的互动关系,他所指出的就是北京建城的传说里面有大量知识精英思想的沉淀。恰恰从20世纪50年代以后,我们对所谓的统治阶级的意识形态采取一种批判态度的时候,却把民间传说作为广大劳动人民群众的一种创造而加以保留、加以提倡。但是从对这些传说的内容、文本的分析来看,它体现的很多精英伦理的思想、天人感应的思想、帝王的思想,却在当时特殊的背景之下,被作

① 参见陈学霖:《刘伯温与哪吒城——北京建城的传说》,台北:东大图书公司,1996年;《史林漫识》,北京:中国友谊出版公司,2001年。

② 参见陈学霖:《蒙古"箭程划地界"习俗考察》《"一箭之遥"证史》《元大都城建造传说探源》《关于刘伯温传说之研究》诸文,皆收入《史林漫识》。

为人民大众的一种所谓小传统而加以保留,甚至加以提倡。这的确是一个很有意思的现象。我们或可假设,前述沈万三的传说是与当时明朝的一些知识精英对朱元璋的不满、对明朝初年统治者的不满有直接关联的,有可能是由他们创造出来,然后采用老百姓非常容易把握的形式加以流传,在流传过程中老百姓又从自己的情感出发,加入了很多自己的成分。这就同时会使我们对通常所谓精英文化和民间文化的截然二元对立产生疑问。因为我们通常在讲民间传说的时候是指老百姓对民间传统的口头传承,但是我们对具体的传说进行探讨的时候,就会发现知识精英和普通民众的思想之间有一个互动。因此,历史学家通常首先是去考察传说与历史相较有哪些虚构的地方,而历史的真实究竟是在哪里,再进一步也许会探讨传说制造与传播的真实社会背景。这里还没有涉及思想的真实的问题。

顾颉刚既是历史学家,也是民俗学家。众所周知,顾颉刚是20世纪古史辨派的一位领军人物。如果用一句话概括,古史辨派就是用疑古的方法说明古史是一个层累地制造的结果。这样一个假说对于当时古史研究界的震撼是非常大的,从方法论上来讲根本动摇和震撼了以往传统的一些研究方法。

顾颉刚在构造他的庞大工程的时候,也做了一件被中国民俗学界视为里程碑的事情,即他对孟姜女传说的研究。孟姜女传说是中国四大民间传说之一,大约是讲孟姜女的丈夫万喜良被抓去修长城,她千里寻夫,却无法找到,于是号啕大哭,哭倒了长城的一个角,或者是说哭倒了一片长城,露出了她丈夫的尸骨。顾颉刚通过这样一个传说,为他的层累造成古史的说法提供了非常有力的证据。经过考察,他发现在春秋时期,孟姜女的原型叫杞梁妻,或者杞良妻,即杞良的妻子。杞良本来是杞国的战将,后来在跟莒国作战的时候战死了,国君在野外准备向杞良妻表示哀悼之意,杞良妻拒绝了。因为按照礼仪,不应该在野外悼念,而应该到她家里面去悼念。这个故事在一开始并不是一个民众的故事,而是一个贵族的故事,是一个关于礼制、礼仪问题的故事。后来到了战国时期,由于齐国是鱼盐之地,商业比较发达,这往往也导致休闲文化发展起来,人们开始编故事、编歌、编音乐。杞良妻的这个故事就开始进入歌和音乐,由于要传唱,传着传着就变成了杞良妻会唱歌,而且在哭她丈夫的时候的调就是歌的调,她的哭腔都有韵律。到了汉代,由于天人感应学说的盛行,故事就发展成为杞良妻能哭,感动了天地,之后连城垣都能够因之而崩塌。城中最大的就是长城,到了南北朝时期,特别是北齐,正好赶上大兴土木修长城,人们就把杞良妻哭得倒塌的城说成长城了。到了唐朝,人们就开始联想,长城始建于秦始皇,于是这个故事就跟秦始皇挂上钩了。杞良妻的名字正式命名为孟姜女,实际上"孟姜"在春秋时期是一个美女的代称,不是特定的人的名字①。

顾颉刚的分析使我们看到,后来的孟姜女哭长城、秦始皇暴政等等情节是怎么一步步地叠加在最原始的信息上面,从而为他的假说提供证据。一个事情就是通过流传——不管是在口头上,还是在文献上——一层层地加上了很多后人和他们当时的情境结合起来的人为的东西。如果我们想找到一个"真实",就要一层层地剥离历代黏附粘连在上面的东西。但同时更为重要的是,他也指出,传说本身也是一个历史的过程。这个一层层叠加、黏附的过程本身也非常值得重视。因此早在 20 世纪 20 年代,也就是在 80 多年前,不仅仅作为一位历史学家,而且作为现代民俗学的早期创建人之一,顾颉刚的这种方法已经为我们今天做研究提供了一个坚实的基础;而在承继的过程当中,时代的发展、史学的变化又为我

① 顾颉刚:《我在民间文艺的园地里》,钟敬文主编:《中国民间文艺学的新时代》,兰州:敦煌文艺出版社,1991 年,第 180—181 页。

们提出了新的挑战,这新的挑战就来自后现代历史学。

二、后现代主义视角

传说与历史之间是否有一条不可逾越的鸿沟?现代科学史观与后现代史学观在这个问题上的回答是有很大差别的。

在学者们对后现代话语进行追根溯源时,都会发现"后现代"这个词早在19世纪末、20世纪初便已萌芽,但直到20世纪70年代以后,它才频繁出现在文化和社会理论中,用来表现一个与现代性不同的新的历史时期。在80年代,产生了同现代性、现代主义及现代理论决裂的论战,并贯穿了对理性主义、科学主义和启蒙理论的激烈攻击①。但是,尽管后现代理论在很多方面涉及历史观,历史学界对它的反应却比哲学、文学等领域迟缓,如詹明信(F. Jameson)早在20世纪80年代中期便来中国讲演,并出版了中文的讲演录②,但中国史学家至今对后现代主义也无广泛讨论。

王晴佳在一篇有关文章中,认为后现代主义对史学的影响主要体现在以下方面:在历史本体论方面反对历史进步论和所谓"大叙事",在历史认识论方面否定历史学的客观性,在研究对象方面表现为日常生活史、微观史、新文化史等③。正如伊格尔斯所概括的:"如果一个人希望使那些无名氏免于湮没无闻,就需要一种从概念上和方法论上对历史的新探究,以便不再把历史视为一个统一的过程、一个许多个人都湮没不彰的宏大叙事,而将其视为一个

---

① 参见〔美〕贝斯特、〔美〕凯尔纳:《后现代理论——批判性的质疑》第一章,张志斌译,北京:中央编译出版社,1999年。

② 参见詹明信:《后现代主义与文化理论——弗·杰姆逊教授讲演录》第五章,唐小兵译,西安:陕西师范大学出版社,1987年。

③ 王晴佳:《如何看待后现代主义对史学的挑战?》,《新史学》(台北)第10卷第2期(1999年),第107—143页。

伴随着许多个人中心的多侧面的流动。现在所关注的不是一个历史(history),而是多个历史(histories),或者多个故事(stories)则更好。"[①]但是他们和其他人都意识到,后现代史学理论的基础是否定历史写作与历史真实有关,这背后存在一个"语言学的转向"(linguistic turn),而这个本质性的问题又直接关涉我们所讨论的传说与历史的关系问题。

20世纪初结构主义语言学家索绪尔在《一般语言学教程》中陈述了他的两个基本观点:语言构成了一个封闭的、具有语法结构的自组织系统;语言不是连接意义的手段和意义的单元,相反,意义是语言的功能。或者说,人无法用语言来传达他的思想,而是语言决定了人之所想。到20世纪50—60年代,这种观念在文学理论中扮演了重要角色,美国的"新批评"和法国的罗兰·巴尔特都参与到讨论中,并导致了德里达的解构主义方法。从此角度出发,文本与外部的真实没有关系,而是包含在它自身之中,所以巴尔特认为,由于文本并无涉真实,所以真实与虚构之间就没有差别。此外,文本看起来不仅独立于外部世界,而且独立于它的作者。

把语言学的后现代认识与历史学联系起来的工作,除了福柯等人以外,主要是由海登·怀特做的。他在其著作《后设历史学》(也译为《元历史学》)中[②],分析了18—19世纪的4位历史学家(米什莱、托克维尔、兰克、布克哈特)和4位历史哲学家(黑格尔、马克思、尼采、克罗齐)的作品,认为从内在的叙事结构来说,这8个人的作品是没有差别的,因此历史和历史哲学的写作并没有本质的不同,在历史叙事中也没有关于真理的标准,这个一致性甚至

① G. G. Iggers, *Historiography in Twentieth Century: From Scientific Objectivity to the Postmodern Challenge*, Hanover, NH: Wesleyan University Press, 1997, p. 103.

② Hayden White, *Metahistory: The Historical Imagination in the Nineteenth Century in Europe*, Baltimore: Hopkins University Press, 1973.

和文学作品最深层的一致性一样。

怀特认为,历史学家面对的过去不可能是客观真实,而只是各种形式的文本,即我们通常所说的史料,他们若要把这些文本变成历史,首先就要把它们组合成一部编年史,然后再把这个编年史转化为一种叙事,叙事的过程包括了论证、编织情节和进行解释。他认为历史的写作经历了三个过程:第一个过程是原始的素材、碎片或者资料;第二个过程是——他以欧洲的史学史为例——编年史,编年史没有逻辑的起点和终点,就是说编年史的编写者从哪儿开始写,那么历史就从哪儿开始;他在哪儿搁笔,什么时候搁笔,那么历史就在哪个地方结束。他说的虽然有些极端,但是也的确提出了一些值得思考的问题。比如孔子作《春秋》,司马光写《资治通鉴》都是编年史,他们所选择的开始的年份只是他们心目当中的历史的开端,而结束的时候则是他们心目当中历史的终结。然后,按怀特的说法,人们在这个基础之上进入第三个过程,叫作“带故事性的历史”。他这里所说的故事性不是指我们今天所理解的故事,而是指今天的历史学家在经过原始材料、编年史之后,在写历史的时候开始给它加上头、加上尾、加上结构、加上逻辑,我们现在就是把过去的那些没有逻辑的历史起点和终点的事加上逻辑的开端和终点,这实际上像编故事一样①。

因此,怀特认为,运用史料的语言学立场可以发现事实,但在此之外构建一个历史陈述的任何步骤都是由美学的和伦理的考虑而非科学的考虑所决定的。他说,在历史写作中,形式和内容是无法分离的,历史学家具有一部分可以任意支配的修辞可能性,它们事先决定了形式并在某种程度上也事先决定了他们的陈述,因此历史叙事是词语的构造,其内容既可以说是发现的(found),也可以

---

① 参见凯斯·詹京斯:《后现代历史学——从卡耳和艾尔顿到罗逊与怀特》,江政宽译,台北:麦田出版社,2000年,第245—285页。

说是创作的(invented),而其形式与其说是与科学的共性多,不如说是与文学的共性多①。他的这样一种对历史写作过程的剖析,就瓦解了原来历史编纂学的理念和程序。

后现代历史观对于许多历史学家来说都是难以接受的,后者不愿意承认他们的工作在相当程度上是文学虚构。但是巴尔特、德里达、利奥塔以及怀特等人的语言学反思对历史写作提出的挑战又无法不引起历史学家的严肃对待。他们提出历史的所有观念都通过语言构建、所有文本由于并非表达了完全清楚的意图而可以通过不同方式加以解读和理解,以及福柯、德里达等认为语言中包含了政治意图和权力的等级关系等观点,都大抵不错。因此历史学家被迫需要解构不同文本,使其中的各种主、客体影响暴露出来。但是正如伊格尔斯所观察到的,并没有许多人认同福柯"真实并不存在,存在只是语言"的极端说法,多数人还是同意说,"语言的差异构成了社会,同时社会的差异也构成了语言"②。

受后现代主义影响的历史学作品出现在不同方面,王晴佳将其分为两类,一类是无意的沟通,一类是有意的运用。他认为像萨义德的《东方学》、弗兰克的《白银资本》等反西方中心的后殖民作品、从女性的或多元的视角出发的女性主义作品、受人类学家格尔兹"厚描述"理论影响的微观史研究(如金兹堡的《奶酪与蛆虫》、丹顿的《屠猫记》等)都属此类③。伊格尔斯还指出了一些社会史和文化史作品,将语言或话语置于关键的位置,但并不是将其作为社会真实的替代品,而是作为了解社会真实的指南,比如研究政治史(如法国大革命)中象征和社会语言的作用等④。王晴佳、杨念

---

① 参见 G. G. Iggers, *Historiography in Twentieth Century*, p. 119。

② 同上书, p. 133。

③ 参见王晴佳:《如何看待后现代主义对史学的挑战?》。

④ 参见 G. G. Iggers, *Historiography in Twentieth Century*, pp. 126-131。

群也把何伟亚的《怀柔远人》、柯文的《历史三调》等视为受后现代影响的作品①。

在回过头来审视传说、历史和历史记忆的问题时,方慧容的西村研究是一个很值得分析的案例②,从这里我们可以比较容易理解后现代史学的质疑与本文主题的关系。方慧容的研究是对一个村庄的土改运动所做的口述史,她把调查所得口述资料与一本1975年编的《硬杆子之乡斗争史》相比较。按她对这件文本所做的分析,该书把村落的历史变成国家历史的缩影,等于是用一个地方史隐喻一个跨地方的历史进程。因此,此书首先设定了一个叙事结构,那就是面对"三座大山"的压迫一直到1949年解放,里面具有明确叙事时间的都是全国性的或者区域性的事件,构成了一个清晰的时间线索,符合一般的历史叙事习惯,但同时却把调查获得的没有明确时间标志的村落事件插到这个宏大叙事的时间序列之中,以致有些民众记忆有明确时间标志的村落事件,如1922年奉军过境、1933年宋哲元部过境,因无法纳入那个宏大叙事的时间序列而被舍弃不提。这样,此书的作者按照意识形态的需要或者按照他们所接受的历史编纂方法,"制造了一种西村向某一个必然的历史结局发展的线性历史的文本效果,同时也制造了一种村史和国家史吻合的文本效果"。

与此相对照,方慧容创造了"似事件"和"无事件境"两个概念,来概括村民的历史记忆特征。按我的理解,"似事件"实际上就是事件,但在村民的记忆里经常缺乏详细的情节过程,因此"类似"我

① 参见王晴佳:《如何看待后现代主义对史学的挑战?》,杨念群主编:《空间·记忆·社会转型——"新社会史"研究论文精选集》,上海:上海人民出版社,2001年。

② 方慧容:《"无事件境"与生活世界中的"真实"——西村农民土地改革时期社会生活的记忆》,杨念群主编:《空间·记忆·社会转型》,第467—586页。下面的叙述既有对作者观点的引用,也有我对这些观点的概括性理解,是否符合作者的原意,请读者参阅原文。

们所说的事件。其中一类是重复性的，如婚丧嫁娶、打工、分家等；一类是稀少性的，比如春旱了，却获得丰收等；一类是“历史的入侵”，即外部的、大范围的事件影响到本村。“无事件境”意指村民对事件的某种记忆特征，在我们看来，不同事件被他们混在了一起，事件间的边界被他们模糊了或取消了，如对日常的农业劳动、家庭琐事、民间娱乐等事件的记忆，都容易具有“无事件境”的特点。方慧容认为，当“似事件”转化为“无事件境”时，村民的个人记忆变成了集体记忆，这才更具生命力。这样的叙事转化过程如，当调查者询问村民是否记得每年的某个庙会活动时，答案都是肯定的；但具体问到细节时，他们又都会说没有什么好讲的，他们把叙事的权力交给某个特别能讲的人，也就是民俗学中的“民间故事家”(story teller)。“村民所记住的已经不是发生的事件‘本身’，而是叙事者在重复的讲述中所制造出来的事件。在这种集体记忆的生产中，事件的亲历者并没有权威性，而只有有能力发布有趣的叙述的叙述者才具有权威性。”在这种情况下，同样针对西村的历史，学者和村民制造出来的历史文本可能迥然不同。

尽管方慧容并没有告诉我们，在面对具有不同原则和特征的历史记忆时，究竟应该采取何种态度、如何做出选择性的处理，但是我们毕竟了解到历史文本与传说之间的共性。这个共性不仅在于它们都是在某种叙事逻辑和结构支配下的产物，而且在于它们都是一种历史记忆。只不过有些人认为历史是这样记忆下来的，带有如此这般的特点，因此它可以被称之为学，可以被称为历史学，然后它经过千锤百炼，在知识精英取得基本共识的前提下，有了很多种研究方法。

在科学主义思潮的影响下，人们认为可以像自然科学那样，通过对史料的严格检验获得真正的历史。但是实际上我们所有的史料、我们重构历史所依据的唯一中介都是人们对历史的记忆，而传说,特别是历史传说,也是一种对历史的记忆,只不过它是在某种历史情况下,由于我们迄今为止有的弄得清楚,有的弄不清楚的原因,变得和我们的科学主义或者是现代主义科学史观支配之下的观念不同或者对立了。在这种情况下,历史是科学,而传说是虚构(fiction)。在传说中,有些成分可以被我们认为是虚构的,但在很多情况下,是因为我们所恪守的科学观念、方法论立场等等从一开始就是与传说对立的,就像"无事件境"记忆所表现出来的那种情况一样。所以一直存在着这样一种可能性,即我们主观上认为这个东西是虚构的,同时即使在"事实"的意义上某些传说是虚构的,但在"思想"的意义上它们仍是"事实"。所以,我们要判断传说作为一种历史记忆是不是虚构,哪些成分是虚构的,在什么意义上说是虚构的,需要首先对自己的认识论立场、方法论立场进行反思,这就是福柯进行"知识考古"的含义。后现代主义认为,19 世纪工业革命所带来的科学主义认知方式并不是阐述真理的唯一方式,传说和小写的历史是用不同方式表达的历史记忆。

关于历史记忆的研究,无论是记忆理论还是个案分析,国内史学界的研究还不多。依我粗浅之见,人们对于过去的一切总要进行选择性的记忆,人们选择一些东西,把它记忆下来,如果记下来的东西历经劫难,没有被摧毁或者在动乱当中损失掉,这种记忆的东西就变成了我们今天依据来重构历史的史料。但人们究竟是怎么进行选择的?历史记忆的选择机制是怎样的?我们很少去探讨。从记忆的角度来讲,史学家们留下长短、规模大小不同的历史学著作,其他人出于别的目的留下了日记、回忆录、书信、墓志、碑记,我们知道他们把哪些东西记住了、留下来了,但却不知道他们把哪些给遗忘了、放弃了。或许可以肯定地说,他们把对他们来讲是重要的东西留住了,而把那些他们认为不重要的东西给放弃了。这就像我们今天用电脑一样,由于硬盘空间的限制,我们把认为重要的数据保存下来，而把自认为不重要的东西删除了。首先我们不可能认为所有的东西都重要，其次我们不可能没有选择地进行记忆或者保存，那么，今天的历史学家们是怎么来判断前人删除的东西是不重要的，而留下来的东西就一定重要呢？如果我们这样去怀疑、去认识的话，历史学就必然会把传说放在一个非常重要的位置。

由此，概括而论，历史记忆具有以下几个特点：第一，历史是一种集体记忆。按照社会心理学家的看法，一般的社会心理学家都认为记忆是一个个人的内心活动，但是当代社会心理学家却把记忆的形成和维持都看作具有社会的性质，不能完全脱离周围的环境而完全是个人的活动。任何个人对历史事件的记忆都具有社会性，某个群体当中对某一事件的记忆大体上是相同的。第二，记忆具有传承性和延续性。历史记忆这个词不仅包括它记忆的对象是历史事件，同时记忆本身也是一个历史，是一个不断传承、延续的过程，这个过程本身也构成历史。不同的人、不同的时代对事件的记忆或者遗忘或者重构都要经历一个过程。第三，那些具有所谓负面影响的历史事件，或者是由于政府的禁止或由于让人难堪而不便被公开的记忆，或者是人们强迫自己去遗忘或不去思考的记忆。但对于某些事件来说，人们强迫遗忘的企图往往是不成功的，一旦人们被告知不要去谈论某件事情的时候，这些事情却反而被记忆下来①。

康纳顿认为，应该把社会记忆与历史重构（historical reconstruc-

① 参见 Dario Paez, etc., “Social Processes and Collective Memory: a Cross-cultural Approach to Remembering Political Events”; James W. Pennebaker, Becky L. Banasik, “On the Creation and Maintenance of Collective Memories, History as Social Psychology”. James W. Pennebaker, Dario Paez, Bernard Rime ed., Mahwah, N.J.: *Collective Memory of Political Events, Social Psychological Perspectives*. Lawrence Eribaum Associates Publishers, New Jersy, 1997, pp. 3, 4, 10, 150.

tion)相区分,“即便历史学家不能根据连贯的传说,从见证人那里得到有关一个事件或者习俗的陈述,他们依然能重新发现完全被遗忘的东西”,但同时他也声称历史重构可以与社会记忆产生互动,比如在国家机器强制性地消除或过滤历史写作时,社会记忆有可能有助于不同的历史重构。“历史重构活动无论遭到系统压制,还是到处开花,它都会导致产生正式的成文历史。……事实证明,或多或少属于非正式的口述史,是描述人类行为的基本活动。这是所有社群记忆的特征。”①

总之,当我们借鉴这样的视角去考虑问题时,传说对历史学家来说就同样也是有意义的,它可以和历史放在同等的价值层次上,也即在历史记忆的意义上,传说与正史文献传达的历史在价值上是平等的,而不应以截然的二元对立的态度来对待它们。

三、若干案例

从梁启超倡导新史学的时代,到后现代史学提出挑战的时代,中间已经经历了几番“新史学”的浪潮:梁启超时代的“新史学”是在进化论指导下的;而到年鉴学派的“新史学”,解释模式就已经不是单一的了,但基本上可以归为“科学史学”一脉,只不过后者的多学科特点更明显一些。前者虽然倡导打破帝王世系的历史,讲述国族的历史,但主流上还是政治史的模式;后者则以“社会科学史学”为特色,经济史、社会史等日渐成为主角。但是就在这样一个过程中,认识论上的质疑已经开始,后现代对历史客观性的否定从20世纪初就已略露端倪,所以相应地在年鉴学派第三代人物的作品中,心态史、历史人类学等等视角便已充斥其间,在美国,也就有

① 〔美〕康纳顿:《社会如何记忆》,第9—13页。

了“新文化史”“新社会史”等提法。在短短的20年间，中国史学家一下面对国际史学界在一个世纪中经历的这些变化，不同阶段的东西混杂在一起涌入脑际；在史学的职业训练中，又缺乏对学术史的清晰梳理，因此容易产生风云变幻、不着边际的感觉，使研究呈现出多元的，同时职业群体间难以在研究范式、视角和方法等方面求得认同的特点。但是这也许正好为我们提供了一个机会，使我们同时去思考和体会不同阶段的历史学家头脑中的问题意识和方法论，可以有选择地接受他们各自的思想遗产，锤炼自己的解释工具。

如前所述，20世纪的史学家已从不同的角度涉及传说、历史与历史记忆的问题，我们今天需要做的，就是在一个多学科的背景下重新思考不同的资料，对其加以不同的解释，使过去人们的思想重新浮现出来，告诉人们更多、更新的关于过去的故事。下面一些粗浅的个案，就是个人在以上思想的支配下所做的尝试。

在包括江苏、浙江、福建、广东、台湾在内的东南沿海的一些地方，从清朝初期一直到现在，都传说每年旧历的三月十九是太阳生日。民间传说是明亡以后，崇祯皇帝的女儿流落民间，为了寄托对故国的怀念，就利用“明”和“朱”的字意，把三月十九这个崇祯自尽的日子编造为太阳生日。到清末及民国初年，地方文献上也有关于这个岁时习俗的记载，在上海、江苏等地还有朱天庙，里面朱天大帝的塑像脸是红的，手持乾坤圈和绸带，傅筑夫和梁容若还为此请教过鲁迅。早在清代，人们就觉得奇怪，按照过去的历法，一般说太阳的生日是在旧历的十一月，也就是冬月，但那些地方的老百姓总是在三月去做仪式，在台湾，20世纪60年代的地方志还记载了这种习俗。

这个岁时习俗究竟是怎么来的呢？关于这个习俗与明亡关系的传说是否虚构呢？最后还是清朝嘉道年间的一个士大夫揭开了

谜底。他在自己的文集中收录了一篇文章，讲到顺康间绍兴地区的一帮遗民为了怀念明朝，又怕清朝人镇压，于是把三月十九编造为太阳生日，传向民间。至此我们就发现一个非常有意思的故事，讲的是三月十九那天李自成攻进北京，明朝的末代皇帝朱由检自缢煤山。到南明政权建立、清军定鼎中原以后，这一天便逐渐被看成是国家灭亡的一个时间记号，人们不管历史事实是农民军造成崇祯皇帝自杀，还是清军造成他自杀的，这个时间就有了特殊的意义，需要人们通过某种形式把它记忆下来。但是，要在清朝，特别是在清初公开记忆这件事是非常困难的，因为这是犯忌的事情，所以一帮士大夫就想了一个办法，把这一天定为太阳的生日。太阳是红的，所以和朱姓联系在一起；太阳又是光明的象征，可以与明朝联系在一起，采取了一种隐喻的方式。

不过这个岁时习俗只是在东南沿海一带流行，始作俑者也是宁波一带的士绅，在别的地方未见踪迹。这显然是与特定的地方历史记忆联系在一起的。因为清初鲁王的抗清活动是以这里为中心的，在这一带战争异常惨烈，清朝军队把这地方的人杀得尸横遍野。到清初以后很长一段时间里，很多人还到当时埋尸骨的地方进行悼念，感情都非常沉痛。浙东地区又是一个文化比较发达的地区，是晚明儒学一个重要学派的所在地，像刘宗周、黄宗羲等都是这个学派的代表，所以这里有一个区域社会史的背景。这些地方的士大夫想纪念这件事，要把它与明朝的灭亡联系起来，因为正是明朝灭亡使得他们遭到如此的毁家亡国的切肤之痛，但又不能公开地进行活动，就创造了这个故事，把它变成习俗，传到老百姓当中去，留下了很多唱腔和文本，以此保存和流传这段记忆。从表面上看，传说中的崇祯公主显然是虚构的，但她是明遗民的象征，在这个意义上她又是真实的①。

这里牵连出来的问题是，人们如何或者说采取什么方式，来保留要被迫遗忘但是又不能遗忘的历史记忆？由于我们看到的是一个岁时习俗，是一个由士绅创造出来却由民众传承下去的民间文化，那么我们究竟应该如何理解民间文化、如何理解精英文化与民间文化之间的关系？从方法上说，当我们从一个不同的角度切入类似改朝换代这样的政治史事件时，是否可以跳出战争之外，去关注和重新体会在某一个地方、某一个时期、某一个特定的文化氛围之下，王朝更替会带来怎样的特殊后果？在这里，我们看到了一个凝聚在习俗和传说中或者说转化为习俗和传说的历史记忆，它反映了一种与征服者的历史记忆不同的状态，也反映了一种凝聚了特殊经历的地方性色彩。

下面的故事可以把我们从较近的历史带到较远的历史。中华人民共和国成立之初，中央政府考虑如何安葬和纪念在革命战争时期故世的英烈，由周恩来委托当时的北京市政府领导去寻找一个山清水秀、离市区不近又不远的地方。北京市领导找来找去，找到八宝山，山木葱茏，符合要求。那个地方有个褒忠护国寺，规模不小，我们今天还可以看出当年的规模。里面原来供的是明初的宦官刚铁，后来一直是明清两朝宦官养老的地方，经过民国直到当时，还有 100 多名清宫太监住在这里，这时当然就被遣散了。宦官是中国政治史上很有特色的一个群体，以往的研究者对于宦官干政非常注意；同时宦官对于京畿地区的地方社会又有比较特殊的意义，因为其他地方不可能有多少宦官活动。但过去我们所利用的关于宦官的历史记忆大多是正史上的，也就是说反映的基本上是一种声音，即士大夫的意识形态，而宦官自己的历史记忆被有意

① 参见赵世瑜、杜正贞：《太阳生日：东南沿海地区对崇祯之死的历史记忆》，《北京师范大学学报》（社会科学版）1999 年第 6 期。

无意地排除了,这样就无法得到比较真实的历史,或者说至少无法给出更全面的、清楚的解释。

在八宝山的祠庙中,保存着将近30通碑,描述一个叫刚铁的明初宦官的事迹,但更多地是反映立碑的后代宦官的境遇。本来人们都相信刚铁此人是真有其人的,但经过考证,基本上可以确定此人是个乌有先生,是明前期的宦官自己创造出来的,他的所有英雄史迹都无法得到确证,因此可以说是一篇神话,一个传说。但为什么宦官创造了这个人物及其事迹?从这里就可以了解宦官自己的历史记忆,了解他们自己的意识形态。大家知道,尽管明朝的宦官干政非常严重,清朝时宦官权力受到较大限制,但总的来说这个群体还是有着很大的一致性,他们基本上还是属于弱势群体,即使在明代,掌权的宦官还是少数,还是有不少人不得志。在八宝山这个地方立碑或修庙的宦官大多来自司礼监,但我们很难看到那些在明史上赫赫有名的大太监,到这里来的多是那些不得志的人。正是这些政治上不得志的人在给刚铁树碑立传,塑造刚铁这个形象是在抒发他们自己的情绪,是在向社会表明他们自己的态度。到清朝,一个数量很大的宦官群体更被排除在政治权力中心之外,所以他们就把这个祖师爷的形象继承下来,成为一个群体认同的象征①。

从这里我们可以看到明代政治史的另一个侧面。我们以前总讲汉代、唐代、明代的宦官专权,用道德评判的标准来讲,他们都非常坏,在政治、经济、军事上专权跋扈,把皇帝玩弄于股掌之中,操控皇位的废立,等等。但实际上我们可以发现,宦官们在每一块重修碑上不断充实内容的时候,都是在讲述自己的悲哀。当我们把立碑的时间、立碑人的政治实践和生活实践查找出来,一一加以对

① 参见赵世瑜、张宏艳:《黑山会的故事:明清宦官政治与民间社会》,《历史研究》2000年第4期。

照分析的时候,就会发现他们这时候非常失落,他们在权力角逐中失败了;他们与地方民众发生着密切的关系;他们由于特殊的生理困境而采取了其他的避免成为孤魂野鬼的办法;等等。而这些我们都可以通过大量的碑刻、墓志发现。由此我们就更加清楚地认识到文本的局限性,因为它只是记录者自己的历史记忆。按照过去的史官和知识精英的看法,宦官并不是值得赞赏或推崇的正面人物,因此对他们的历史记忆就更多地保存着负面的东西。撰写历史的文化霸权既然掌握在精英的手中,他们就必然要用这种霸权来传播他们的观点,而把其他方面的记忆删除了。有意思的是,明代许多高官名流都给宦官写过墓志,但他们自己或后人在编文集的时候,都把这些给删去了,这就是他们有意忘却一些历史的证据。有很多东西我们今天是无法知道了,但近年来的城市改造又把宦官的墓挖出来了,另类历史记忆就又浮出水面。所以,破解关于刚铁的神话传说使我们能够捕捉宦官自己的某些历史记忆,至少让我们了解他们怎样按照自己的逻辑来编制另一套故事——与士大夫所讲的不同的故事。

前面两个例子都涉及以往历史写作中的大叙事,只不过我们是从小处去说明它或者颠覆它,那些传说也都是社会的上层编造出来的。而下面的例子则是直接关涉民众的,涉及华北移民的传说。学术界对这个主题已有较多研究,近年来的许多著作,如曹树基的《中国移民史》第5卷、安介生的《山西移民史》、濑川昌久的《族谱:华南汉族的宗族、风水、移居》、牧野巽的《中国移民传说》等等,都有所涉及①。但是对我的想法具有直接启发的,是刘志伟在

---

① 曹树基:《中国移民史》第五卷,福州:福建人民出版社,1997年;安介生:《山西移民史》,太原:山西人民出版社,1999年;〔日〕濑川昌久:《族谱:华南汉族的宗族·风水·移居》,钱杭译,上海:上海书店出版社,1999年;〔日〕牧野巽:《中国の移住伝说》,〔日〕市古宙三编:《牧野巽著作集》第5卷,东京:御茶の水书房,1985年。

对宗族历史进行研究时对南雄珠玑巷传说的解释。这个传说在广东流传很广,说的是南宋时宫中的一个妃子得罪了皇帝,从皇宫逃到南雄珠玑巷。后来风声走漏,朝廷派兵剿灭,这里的人害怕牵连,连夜扶老携幼往南迁移,于是广东很多地方都认为自己是从南雄珠玑巷迁移过来的①。刘志伟认为,如果把这个传说认定为史实是不可靠的,但这里包含了其他的历史成分。他考证发现,这与明朝初年广东人的入籍问题有关。当地的土著、贱民为了取得合法身份,千方百计地希望政府把他们纳入户籍当中,为了与已经在籍的那些人保持一致,便都采取了南雄珠玑巷迁来的说法。这个传说的普遍化是在面临入籍困境的情况下发生的,是与明朝初年广东特殊的社会环境有关的②。

比南雄珠玑巷移民传说影响更大的是山西洪洞大槐树的移民传说,这个传说波及全国十几个省,说自己祖籍来自山西洪洞大槐树的人数以千万计。歌谣"问我老家在何处,山西洪洞大槐树"等等几乎是有口皆碑。碑刻、家谱都有记载,史家也言之凿凿。很多文章都是讲明朝初年战乱,土地荒芜,明朝政府搞了大量的移民,在山西洪洞大槐树这个地方搞了个中转站,从这个地点把人们转移到其他地方,把人口从稠密的地区迁移到荒芜的地区。传说中洪洞移民的体质特征是小脚趾复形,原因是一家人被分别移往各处,为了以后容易相认,便用石块砸成或用斧头劈成这个样子;还说人们喜欢背着手走路,或者称大小便为"解手",就是因为强迫移民时被押送的官军捆绑着手臂,长期形成习惯,中途内急,需要把手臂松绑,这些都强化了传说的影响力。

---

① 据我了解,在青海的汉族和藏族中有从南京珠玑巷迁来的传说,这是把明初卫所设置造成的移民与此混淆起来了,那是另外值得研究的问题,但也可见传说影响之大。

② 刘志伟:《附会、传说与历史真实——珠江三角洲族谱中宗族历史的叙事结构及其意义》,上海图书馆编:《中国谱牒研究——全国谱牒开发与利用学术研讨会论文集》,上海:上海古籍出版社,1999 年。

但是,当我们仔细查考从明代到民国时期 7 种版本的《洪洞县志》以后,发现除了民国六年的那个版本中讲到了大槐树和大移民的关系以外,以前的那几种版本都对此只字未提。为什么这样大规模的移民活动不见于本地的地方志呢?再仔细查考其他文献,大槐树肯定是后来移植的,原来那个唐寺也早就坍塌了,很多提到洪洞大槐树的族谱、碑刻都是比较晚近的,我们还不敢确定它们对明初史事的记录是不是附会。我们发现最早把移民与洪洞大槐树联系起来的是清嘉道时期的祁韵士、祁寯藻父子①,因此较早明确地讲到这个事是在清代的中晚期,然后就到了民国。在大量有关民间传说中,山西、山东、河北的传说把它与元末明初的战乱联系起来,而河南的一些传说则把它与明末清初的战乱联系起来,可见传说是很有地方性的,最后都归结到洪洞大槐树②,实际上所反映的移民活动并不见得是同一次,实际上自宋代以来与山西有关的移民浪潮是非常频繁的。

在山西的一些传说中,往往以明初大将常遇春或胡大海为主角,说他们是人兽婚的产物(人兽婚是世界性的传说故事母题之一),由于小时受到当地人欺负,得志后便大肆杀人报复,导致了后来的移民。这个看似虚构的传说使我隐约感觉到族群关系与大槐树传说的联系。在南宋时期,中国北方被女真人占领,金被元所灭后,只有很少一部分人迁回东北黑山白水之间,大多数人留在了华北,定居下来。在元朝时期,蒙古人又进入中原,北方经历了一次比较长时间、大规模的民族融合。到明朝时开始重塑汉族正统,人

---

① 实际上根据祁氏的家谱和田野调查发现的碑刻,其祖先自洪洞迁到寿阳的时间是在元代,与明初史事亦无关系。

② 我始终怀疑人们之所以塑造一个大槐树的象征是上古社树崇拜的遗留。其实在北方和南方,大树一直都是聚落的象征。在北方,大柳树的说法也很流行,甚至有的传说就说洪洞大柳树。我在北京通州做调查的时候,发现那里的运河遗址旁也有一棵标明是明永乐年间的大槐树,被特别保护起来,并有专门的文字说明。

们要想办法证明自己的族源，但实际上已经不能说得很清楚了。因此到这个时候人们就需要塑造一个祖先的来历，甚至是一个祖先来历的象征。现在我们已经知道，常遇春和胡大海确实是汉人与色目人的后代①，所以人兽婚的传说并不完全是荒诞无稽的，只不过今天讲故事的人已经无法知道这样说的依据了。后来到了清代，族群关系又经历了一个紧张的过程，汉族正统观念始终处在压抑之中，直到晚清民国初，在新的历史背景下民族主义得到强化，就又有地方上的知识精英旧话重提，并赋予它全新的意义，虽然还是一个重塑汉族正统的民间做法，但却体现了一种把区域历史纳入整个国家现代化浪潮的努力。因此，我们从一个传说可以看到从金元时期经明清一直到民国时期的区域历史的变迁过程。

洪洞大槐树传说的另一个特点，就是其中的历史线索交代得异常清晰，这让我们更有理由怀疑知识精英在其中所起的作用。但是无论如何，对这个事件的剖析既使我们认识到文献是如何把保存历史记忆与现实考虑相结合的，也使我们认识到传说在保存民众历史记忆中的特点和重要性，它使我们坚信，把历史与传说截然对立绝不是一种可取的立场；它还使我们悟出，思考历史记忆问题会有助于开发出更丰富的重写历史的资源。

如果从关于传说、历史、历史记忆的论说回到从新史学到后现代史学的学术史线索中，或许可以提及伊万斯的说法，他在一部批评后现代史学的著作中同时指出："就其更为建构性的模式来说，后现代主义鼓励历史学家更仔细地审视文献，更认真地去掉其表面上的铜锈，以新的方式思考文本和叙事。它有助于开拓新的研究课题和领域，把许多以前认为已经做不下去了的课题重新放回到了研究日程上。它鼓励历史学家以前所未有的方式审视他们自

① 白寿彝主编《回族人物志》（明代）已将二人收入，但未介绍其族源及先祖的历史。白寿彝主编：《回族人物志》（明代）卷十五、十六，银川：宁夏人民出版社，1988年。

己的方法和程序，使他们处在一个更具自我批评性的过程中。"①我们发现，从乾嘉时期的历史考据，到顾颉刚、傅斯年、陈寅恪的实证史学，再到后现代史学观念，关注的核心一直是史料，因为他们知道，史料是史家了解过去的唯一桥梁，只不过他们在如何了解真实的过去方面有着不同的看法。但这并不仅仅表明学术史的断裂，同时也显示了一条连续的、一以贯之的思想链。本文关于传说、历史及历史记忆的讨论，当是建立在这样的一个思想链的基础上的。

① Richard J. Evans, *In Defence of History*, London: Granta Books, 1997, p. 248.

祖先记忆、家园象征与族群历史*

——山西洪洞大槐树传说解析

关于明初山西洪洞移民的问题，由于北京、河北、山东、江苏、陕西、河南、安徽、东北各地以及山西本省的许多地方长期广为流传山西洪洞大槐树的传说，并大量载之家谱、墓志和地方志，因此多年来为学术界关注①。据目前的文献资料，在一个相当长的历史时期内，涉及山西的移民活动事属无疑，但根据谱牒统计，祖先来自此处的移民迁至11个省的227个县，人口达到百万以上，也引起众多学者的怀疑，但终无合理的解释。如果我们追寻有关此事的传说和历史，以其中所反映的人口迁移过程中的共同心态、移民有关祖先与家园的集体记忆和历史记忆作为研究对象，探讨大槐树或老鸹（鹳）窝被塑造成为一种神圣象征的过程，对此类话语背后的意义进行福柯（M. Foucault）所谓“知识考古学”的探究，或可发现这些话语和象征是如何被创造出来的；或者也可以通过研究这

---

* 本文发表于《历史研究》2006年第1期。

① 国内如1933年马长寿的《洪洞迁民的社会学研究》（《社会学刊》第3卷第4期，1933年）、郭豫才的《洪洞移民传说之考实》（《禹贡》第7卷第10期，1937年）等，一直到近年来曹树基《中国移民史》第5卷（福州：福建人民出版社，1997年）、安介生《山西移民史》（太原：山西人民出版社，1999年）、黄泽岭《移民大迁徙》（北京：当代中国出版社，2001年）等多书及多篇论文都涉及这个问题；国外如日本濑川昌久《族谱：华南汉族的宗族·风水·移居》（钱杭译，上海：上海书店出版社，1999年）、牧野巽《中国の移住伝说》（《牧野巽著作集》第5卷，东京：御茶の水书房，1985年）等书都有论及。

些传说的不同类型和传承特点，发现其背后的社会文化氛围（socio-cultural context）。

关于明初山西洪洞移民的传说故事，包括迁民缘起的传说，大槐树地点的传说，官府强迫或欺骗迁民的传说，脚指甲复形、背手、解手的传说，“打锅牛”分家的传说，迁民定居过程的传说等若干类，每类下又有不同版本的异文。我们似乎从中可以发现，尽管这些传说的产生很难定时（timing），但其基本母题和主要情节是在两个特定历史时期，即金元北方民族大融合以后的明清汉族族群意识重塑时期和清末民初民族主义意识构造时期集中产生的，探讨诸如这样的一些历史过程，也许可以被视为采用历史人类学视角的思想史。

一、集体记忆之一：大槐树传说故事诸文本

“若问老家在何处，山西洪洞大槐树；祖先故居叫什么，大槐树下老鸹窝。”[①]关于大槐树和老鸹窝（其实文献中多写作老鹳窝），即使地方文献也有不同的理解，如署光绪十年的河南焦作阎河村《始祖刘旺登墓碑》记：“刘氏相传本山西洪洞县大槐树村人也。”署光绪十三年的山东菏泽粪堆王《王氏谱序》说：“始祖原籍山西洪洞县老鹳窝木查村。”曹县大马王《王氏合谱》说：“始祖原系山西平阳府洪洞县老鹳窝之民。”民权县的《段氏历代世系姓考》说：“洪武三年，奉令由山西洪洞老鹳窝卢家村……迁移冀、鲁、豫三省交疆之

① 首句也有“问我祖先来何处”“要问老家哪里住”“问我老家在何处”等等大同小异的异文，末句“老鸹窝”亦多写为“老鹳窝”，一些文人的诗歌中也有“窝称老鹳曾迁客”“窝名老鹳相传久”之句。“老鸹”即指乌鸦，较好理解；而“鹳”为水鸟，也常夜栖于高树。据说这些鹳鸟生活于附近的汾河，1991年清明节期间还大批飞来，落于第三代大槐树上。见黄有泉、高胜恩、楚刃：《洪洞大槐树移民》，太原：山西古籍出版社，1993年，第92页。承蒙山西大学行龙教授惠赠此书，特致感谢。

地。"这都是把它们传为地名的。另外也有署康熙六十年的河南内黄邢固《王氏祖碑》称"山西洪洞县枣林村，乃余家祖居也"①，而众所周知，枣林村或枣林庄是山东移民通常传说是自己祖籍的地方。还有山东滕县的黄氏族谱称祖先来自洪洞的喜鹊村，江苏沛县孙氏家谱称来自洪洞喜鹊窝，这应该是因"老鸹"即乌鸦通常被视为不祥之物，而故意改为表示吉利的喜鹊，"鸹"写作"鸛"或亦因此故。因此，应把大槐树和老鸹(鸛)窝视为民众便于传承历史记忆的符号，而不必与历史真实联系起来。

山西洪洞县城内"古大槐树处"及第三代大槐树

本文所关心的，主要是围绕着这首脍炙人口的民谣形成的诸多关于洪洞大槐树与明初移民的传说故事及其背后隐藏着的某种历史记忆。

首先是关于迁民缘起的故事。关于从洪洞迁民的缘起，山东、河南、河北等地普遍流传着《胡大海复仇》《燕王扫碑》和《三洗怀

① 以上参见张青、林中园编：《洪洞古大槐树志》，太原：山西人民出版社，1988 年，第 95、73、81、66、92 页。承蒙山西大学行龙教授惠赠此书，特致感谢。

庆府》等传说故事。

《胡大海复仇》说的是元朝末年胡大海在河南要饭，遭到当地人的侮辱。胡大海深感这个地方人情太坏，立誓要报此奇耻大辱。后来胡大海投到朱元璋的军队中，屡建奇功。朱元璋即位后大赏功臣，唯独胡大海不接受赏赐。朱元璋觉得很奇怪，问胡大海要什么，胡大海将在河南讨饭时的遭遇讲了一遍，请求朱元璋允许他去河南报仇雪恨。朱元璋踌躇再三，答应他在一箭之地内报仇。胡大海刚到河南地界，恰逢一行鸿雁飞来，胡大海飞箭离弦，正中最后一只雁的后尾，那雁带箭向前飞去，胡大海也统兵向前杀去，那雁飞过河南，又飞向山东，造成了河南、山东尸积如山。朱元璋后来只好下令从山西洪洞大槐树下往没人的地方迁民。

《燕王扫碑》说的是明朝河北、河南、山东广大地区闹“红虫”，把人吃光了，才从洪洞大槐树处往这儿迁民。这个故事与“燕王扫碑”造成人烟稀少有关。碑实际上就是南京城的功德碑，即明皇族的祖宗碑。朱棣起兵靖难，造成中原、江北地区“千里无人烟”的局面。燕王的军队都头戴红巾，所以百姓们称之为“红虫”。“红虫”含有瘟疫的意思，所以民间有“红虫”吃人的传说。不久朱棣又把都城迁到北京，并下令从洪洞大槐树下移民到山东河北、河南、浙江一带开荒种田发展农业生产。

《三洗怀庆府》说的是今天的河南修武和武陟以西、黄河以北地区，明朝时为怀庆府管辖。元末天下大乱，朱元璋的军队与元军在这里展开了拉锯战，双方都要求百姓在门面挂上拥护他们的牌子，老百姓苦于应付，叫苦连天。这时有一个年轻人想了一个既省事又方便的办法，在牌子的正面写上拥护农民军，反面写上拥护元军，这样不论何方攻过来，只要一翻牌子就可以了。有一次农民军攻来，有一块牌子从门上掉下来，恰巧落在常遇春马前，被常遇春识破了机关，便把此事报告了朱元璋，朱元璋正因战事毫无进展独生闷气，一闻此事更是火上加油，立即下令常遇春把怀庆府地区的百姓斩尽杀绝。怀庆地区百姓都被杀光了，朱元璋继位以后便下令从人口密集的洪洞县往怀庆府移民。

与这个传说类似的是《大槐树下迁民的故事》，说的是建文与朱棣争夺皇位，百姓对双方都不敢得罪，便在门前挂的牌子正反面各写一方的名号，被建文帝方面发现，杀得黄河地区百姓所剩无几①。

其次是关于移民过程的传说。官府强迫或欺骗迁民的传说较早见之于世，如署道光癸卯十一月的河南偃师《滑氏溯源》中记："或有问未迁之先，祖居山西何地，故乡尚有何人？熙曰无据。老人相传，自洪洞大槐树下迁来。一说山西迁民不迁洪洞，故人多逃聚此邑，骤然行文，独迁洪洞，所以传至今日，凡属迁徙者，各族皆有此说。"②由此说敷衍成的传说即所谓《迁徙记》。

该故事说明初由于灾荒和战乱，黄河流域居民大为减少。统治者便从人口稠密的山西往这儿迁民，洪洞县大槐树处就是明政府办理迁民手续的地方。附近各县的百姓，都聚集在大槐树下，往别处迁发。山西境内有个凤凰窝村，村内有许多人在朝里做事。此处人有一个明显的特征，所有人的脚小拇指甲分为两半。朝里有人好办事，皇上下令凤凰窝的人不迁，别地的百姓都要迁，于是人们都纷纷逃往凤凰窝投亲靠友、安家落户，并且人越来越多。这样一来，朝廷着了急，又发布圣旨说："凡是凤凰窝的人必须外迁，不然灭族。"聚居在凤凰窝的百姓都傻了眼，没有办法，被官兵押解着办理了迁民手续，奔向黄河流域的各个角落③。

---

① 李汉英讲述，王春亮搜集整理。临汾地区民间文学集成编委会编：《尧都故事》第1集，临汾：临汾日报印刷厂印，1989年4月，第243页。

② 张玉吉、林中园、张青编：《洪洞古大槐树志》，第58页。

③ 同上书，第138—139页。

对此,河南安阳的传说是,当时负责选民的后军都督佥事李恪采用多种方法,诱迁不愿离开故土的农民。有次扬言:凡自愿迁籍的农民可到广济寺内办理手续,凡不愿迁籍者可到寺左侧的大槐树下等候裁定。此言一经传开,应迁农户多数挤至大槐树下。结果,凡到树下的农户,全部被迁徙。据说,当时大槐树上有个鸦巢,被迁农民望着鸦巢,触景生情,纷纷说:老鸦尚有个窝,咱到啥时才有安居之日啊! 由此,广济寺侧的大槐树,便成了先人忍别故里的标志。

山西沁水的传说是:沁水县瑶沟村的人都姓王。听上辈人传说,在几百年前这个村的老百姓不姓王,而姓丁。大约在四五百年前,家乡遭了大旱灾,不多长时间,全村尸骨蒙野,鸡犬未留。唯有一户姓丁的财主,带妻室儿女逃往外乡。几年后,家乡土地荒芜,房屋坍塌,一片荒凉。当地的官府就把这件事上奏朝廷。朝廷立即张贴告示:凡愿到山西沁水瑶沟种田者,三年不纳皇粮。但没人愿意远离故乡。后来朝廷就到处张贴告示:在十天内,各地百姓必须全部聚集到山西洪洞大槐树下,后到者为迁往沁水瑶沟之人。老百姓都怕迁往沁水瑶沟,于是都按照指定时间,纷纷聚集到洪洞大槐树底下。这时朝廷派那个献策的大臣到洪洞大槐树下办理此事,当众宣布圣旨。结果就把那个最后到的姓王的百姓强迫迁到沁水县瑶沟村。从那以后,瑶沟村的百姓就全都姓王了。

河南林县的传说包含了前面两个方面的内容以及“打锅牛”分家的传说,如《胡大海血洗林县的传说》说:元末有个姓胡的举子上京赶考。走到一座山下,一只母猩猩扑来,把吓昏的举子背到洞里。日子长了,猩猩生下一子,起名叫胡大海。胡大海长大了,力大非凡,举子就把自己的身世告诉了儿子。一天,趁母猩猩出洞捕食,胡大海掀开洞口巨石,父子俩跑了出来。胡大海走村串户,乞讨为生。当时这一带叫林州,属河西北路彰德府管辖。胡大海丑得可怕，林州一带的人们见了他都是躲着走，称他为“毛老虎”。后来，胡大海成了大明朝的开国元勋，启奏皇上要到林县雪耻报仇。朱元璋念他开国有功，准他杀一箭之地。部将王虎一箭射在老雕身上，老雕带着箭飞遍全县，王虎带兵也杀遍全县，造成尸骨遍野、血流成河的惨景。事后，皇上下旨将泽州、潞州一带居民迁往林县。山西居民不愿背井离乡向河南迁移，官府便下令：“凡不愿迁移者，限三天内集合到洪洞县老槐树下。”人们齐往老槐树下跑，很快就集合了很多人。这时，官兵围住，给这些人加上违背圣旨的罪名，强令迁移。其中姓牛的一家弟兄五个，就有四个跑到了老槐树下，临别时，兄弟五个依依不舍，打破了一口铁锅，分为五块，各执一块，作为后代认亲标志，称为“打锅牛”。林县民间有“洪洞老槐树下是咱老家”的传说，其实这与胡大海血洗林县是有直接关系的①。

另一个类似的故事把发生地放到了河北邯郸的鼓山，而把胡大海的父亲编为山下胡庄的一个樵夫，叫胡樵，其他情节基本相同。只是增加了胡大海杀人一直杀到洪洞，因地名与洪武年号相重，这才住手②。

在各地流传最广的还有脚趾甲复形、背手、解手的传说。官兵强迫聚集在大槐树下的人们登记，每登记一个，就让被迁的人脱掉鞋，用刀子在每只脚小趾上砍一刀作为记号，以防逃跑。至今，移民后裔的脚小趾甲复形，据说就是砍了一刀的缘故。官兵强迫百姓登记后，为防止逃跑，把他们反绑起来，然后用一根绳联结起来，押解着移民上路。由于移民的手臂长时间捆着，胳膊逐渐麻木，不

---

① 50岁农民张金生讲述，牛安民搜集整理，潘玉修、郑玉琢编著：《根在洪洞》，北京：中国档案出版社，1998年，第228—231页。

② 申榜讲述，新文搜集整理，郑一民、安勇编：《燕王扫北》，北京：中国民间文艺出版社，1989年，第329—333页。

久也就习惯了,以后迁民们大多喜欢背着手走路,其后裔也沿袭了这种习惯。在押解过程中,由于长途跋涉中经常有人要小便,只好向官兵报告:“老爷,请解手,我要小便。”次数多了,这种口头的请求也趋于简单化,只要说声“老爷,我解手”,就都明白是要小便,此后,“解手”便成了小便的代名词①。

在前述河南安阳的传说中,被迁农民多把自己初生子女的双脚小趾咬裂,以示纪念,这是一种主动的说法。另一个《小脚趾的传说》是说洪洞大槐树的迁民中有刘姓三兄弟,为了解救三姐妹,杀了官差,只好分道逃走,临别之前为了以后辨认方便,用石头在脚趾上砸下印记,日后分别落户到河北的安次、通州和武清②。另一个故事《双趾甲》则说这是轩辕黄帝子孙的特征,而黄帝是洪洞县孙堡人③。

此外,关于迁民定居的传说也不少,如《“一家庄”的来历》等④。

以上传说,在各地流传甚广,它们与地方风物及历史相联系,数量以千百计,但版本大致相同。此外其共同点是:一是粘连着许多后代文人学者的观念和意识;二是除了脚指甲复形、背手、解手的传说等外,与洪洞大槐树移民本身的关系非常勉强。而恰恰是这些传说,构成了“洪洞移民”后代的祖先故事⑤。

由于传说世代传承的特性,决定了它的非个人性或群体性,而移民传说的内容本身亦加强了这一特点。在这里,我们当然可以发现传说如何通过传奇性的故事成为集体记忆的重要渠道;也可以发现集体的历史记忆,尽管记忆的历史并不见得一定是传说中

① 张玉吉、林中园、张青编:《洪洞古大槐树志》,第137—138页。

② 张林讲述,刘潮林搜集整理。郑一民、安勇编:《燕王扫北》,第280—284页。

③ 杨鹤高讲述,张俊青搜集整理。郑一民、安勇编:《燕王扫北》,第276—279页。

④ 见张玉吉、林中园、张青编:《洪洞古大槐树志》,第140—142页。

⑤ 当我进入大槐树网(http://htdhs.com.cn)时,阅读了来自各省移民后代的来信,其中透露出的信息基本一致,传说故事也雷同。

的主要情节或母题，但却会发现其他重要的历史侧面，从而证明保罗·康纳顿(Paul Connerton)关于“历史重构不依赖社会记忆”论断的片面①；更为重要的是，还可以发现正如哈尔布瓦赫(Maurice Halbwachs)所说，记忆是由社会所建构的，个体记忆依赖于集体记忆的框架②，另一方面也看到了集体记忆影响，甚至取代个体记忆的过程——当然，或许还可以看到在这个影响、取代的过程中个体记忆的残留物。

二、集体记忆之二：大槐树移民之族谱记录

在中国社会史特别是宗族历史的研究中，族谱是一种非常重要的资料，但近年来的研究也证明，它同时也是需要慎重对待的一种资料，因为它在不断的续修、重修过程中，成为重构宗族历史或社区历史的重要工具。在关于洪洞大槐树移民的论著中，族谱成为最重要的文字记录或史料依据，民国时便有人感叹其“但不见诸史，惟详于谱牒”③。相对于传说，族谱似乎是更为可信的史料，又由于许多族谱系根据家族墓地所立碑记整理而得，因此洪洞大槐树移民一事，似乎便成为一桩铁案。

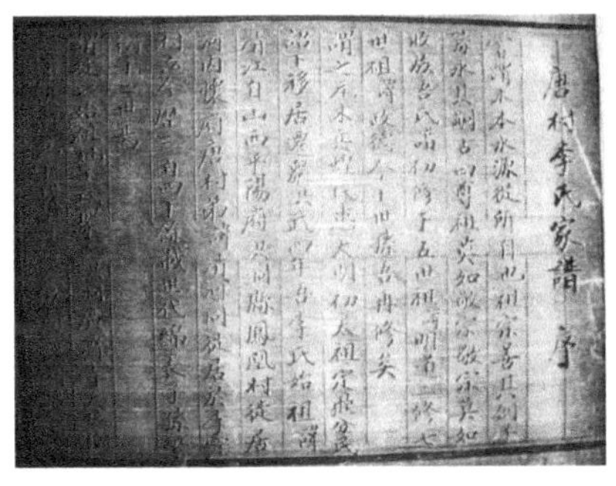
唐村李氏家谱序

河南博爱唐村《李氏家谱》

① 〔美〕康纳顿：《社会如何记忆》，纳日碧力戈译，上海：上海人民出版社，2000年，第10页。

② 〔法〕哈尔布瓦赫：《论集体记忆》，毕然、郭金华译，上海：上海人民出版社，2002年，第71、292页。

③ 赵戴文：《洪洞古大槐树志序》，柴汝桢辑：《增广山西洪洞古大槐树志》卷末《叙录》，山西洪洞积祥斋石印局，1931年，叶32b。

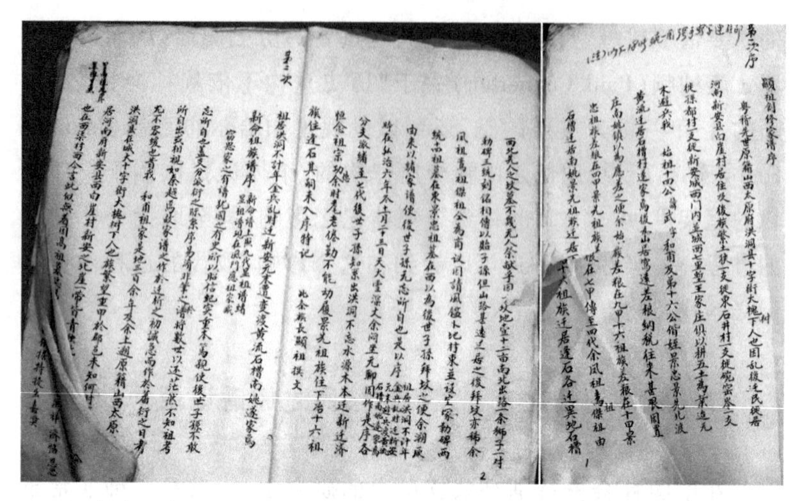

河南济源南姚的一份家谱抄明弘治谱序称：该族不知何时居于洪洞，金时迁河南新安，元末迁南姚等地

在今河北、河南、山东等省存留的族谱中，记载其祖先迁自山西洪洞的的确不计其数。据署明嘉靖七年修的河南长垣县西了墙村《王氏家谱》中说："讳实，晋之洪洞县大王庄人也。洪武定鼎之初，迁居长垣县合阳里西了墙村。我二世伯祖讳刚，怜弟幼弱，因从迁焉。刚祖于洪武十八年投荥阳侯杨大人帐下效用，因屡战有功，封世袭德（疑缺字——引者）将军，锦衣正千户。"①而在河南洛阳市棘针庄《王氏墓碑》中，有署顺治九年三月一位"明末进士"的碑文，也说"洛东西凹王氏乃三槐之裔派也，本出自山西洪洞大王庄之支。先祖讳槐阁，字多阙，行三"②，都出自同一村庄。尽管我们还不能确认洪洞有"大王庄"这个地名，碑文和族谱中也还有许多疑点，但可以肯定自明代就有了洪洞移民的说法，"槐树"的痕迹

① 黄泽岭编著：《移民大迁徙》，北京：当代中国出版社，2001 年，第 165 页。以下所引族谱资料皆见该书。

② 同上书，第 168 页。

也出现了。

值得注意的是,在大多数提到其祖先来自山西洪洞的族谱和墓碑中,后面的具体地名都被省略或者磨损了。如署清乾隆十九年的河南内黄马固村《明故王公神道碑》:“始迁祖山西平阳府洪洞县(后缺字——引者)人也。”①署清咸丰七年的河南内黄尼化村《王氏祠堂碑》:“始祖原籍山西平阳府洪洞县(后缺字——引者),自明永乐二年迁住于此。”②这让我们有理由怀疑他们并不知道祖先的具体家乡,说山西洪洞不过是人云亦云。

这样的怀疑也得到了部分资料的支持。在河南济源南水屯村的张家祠堂③,正中所供香案上的牌位上写着:“始祖威卿于明洪武三年由山西省洪洞县迁至济源南水屯,迄今已六百二十九年。”在西墙上悬挂的《张家祠简介》除了讲述同样的话外,接下去说:“长子思义是吏员,次子思徽于洪武丙子年举茂才,任湖广荆州府通判,承直九年考满,于永乐年间升户部员外郎。洪熙元年为祭奠父母,撰文刻碑。清乾隆四十二年重刻此碑,保存至今。”我们也在祠堂院内见到了这块碑,由于刻写年代距离传说中的移民时间很近,应该比较可信。该碑碑额为“户部员外郎张秉先考处士张公墓志”。我们知道,墓志往往刻写在方型墓盖之上,但我们所见到的,却是清乾隆年间将墓志移刻而成、立在那里的一块碑石。我们先不去思考这也许反映了一个从墓祭到祠祭以至墓志变成石碑的过程,仔细观察其中文字,曰:“公讳威卿,乃济源之世家也。其所居县曰沁阳,里曰堽头,村曰南水屯,是其先祖之发庐。□厥先祖其便,□以居焉。”十分清楚的是,这块撰于洪熙元年二月、距离所述

---

① 黄泽岭编著:《移民大迁徙》,第175页。

② 同上。

③ 该村现属济源市亚桥乡。我们在张家祠堂所见明洪熙元年墓志,应该是相关实物中年代较早的资料之一,其他资料多经后来转抄,说服力有限。

事件仅 20 多年的墓志,不仅没有提到这位始祖从山西洪洞移民的经历,反而写明他是这里的土著①。

到了清代中叶,传说中的那些地名也开始在族谱和墓志中出现。如署清康熙六十年的河南内黄刑固村《王氏祖碑》:“山西洪洞县枣林村,乃余家祖居也。”②署清乾隆五十八年的河南太康县潭岗西村《赵氏墓碑》:“始祖讳太,始居山右,原籍洪洞县老鹳巷。”③署清道光二十三年的河南孟州市冶墙村《孟氏墓碑》:“相传洪武二年携弟原清从山西洪洞县广济寺奉诏迁于此。”④署康熙之河南清丰县巩营翟堤口的《新建翟公墓志》中说:“遐想山西洪洞县野鹊窝乃吾始祖大老故里也。其先茔故址原有存者,后被迁自洪武年间,择居于清丰之东号南山者。”⑤而根据内容判断为康熙末年所写的河南洛阳西山岭头《李氏家谱序》,也已有了“后人欲知木本与水源,山西平阳洪洞县。大槐树镇户千家,洪武诏下迁。山西洪洞县内迁万户,李氏族中八百三”⑥这样的说法。无论其说法是否属实,前述传说的流传也已有了大约 300 年的历史。

但是,族谱在不断的重修中逐渐变化或丰富,其中的原因可能是非常复杂的。如河南濮阳市胡村有一明弘治十五年三月的《细城岗任氏先陇记》,其中说“仆家世大同,因兵燹后徙居今郡治之东南细城村”,濮阳县习城乡也有同样的碑记。但到后世所修的濮阳市西郭寨《任氏族谱序》中,内容就变成:“明洪武年间,因兵乱,吾先祖仲康、仲熙、仲和三兄弟自山西大同、平阳,经洪洞(后缺字——引者)东迁……至今六百余年,现有五世祖孟旸于弘治十五

---

① 在 1999 年重修的《张氏家谱》序中,仍然说始祖于洪武三年由山西洪洞迁来。

② 黄泽岭编著:《移民大迁徙》,第 174 页。

③ 同上书,第 162 页。

④ 同上书,第 163 页。

⑤ 同上书,第 87 页。

⑥ 同上书,第 132 页。

图为河南济源南水屯村的张家祠堂；祠中香案上的始祖神主牌前之牌及墙上所挂说明都称其祖先是洪武三年由山西洪洞迁来，但洪熙元年墓志上却说这位“始迁祖”是本地“世家”

年给始祖立石为证。”①弘治十五年碑文中既无时间，又未提到洪洞，怎么能为这些新增的内容作证呢？

族谱编修因为各种原因中断，导致早期的族谱丢失，后人无法忠实于最初的记载，应该是其中重要原因之一。前举河南洛阳西山岭头康熙修《李氏家谱序》中，虽明确指出其先祖于洪武二年来自洪洞，但也提到这中间已间隔了 14 世，“至明末年闯贼寇境，玉

---

① 黄泽岭编著：《移民大迁徙》，第 84 页。

石俱焚,家谱遂不复为所有”①。同样,河南濮阳县谢家店康熙三十七年修《谢氏创修家谱序》中也明确记载其祖先原籍洪洞,在明初奉旨带着家谱迁徙到这里。但“洪洞载来之谱已于明季乱离之际,遭兵火为灰烬矣”②。这样的说法在族谱中非常常见,使我们有可能质疑清人重修族谱时对祖先来历的说法是否失实。

有一些族谱的内容,似乎告诉我们一些关于后人如何撰写家族历史的信息。河南新郑大司村清嘉庆年间的《司氏墓碑》开始即宣告:“我司氏自山右迁豫也,数百年于兹矣!”然后碑文叙述说,其始祖在明代永乐年间以廪贡担任直隶沙河知县,致仕后“永籍郑州”,并未提到有山西之事。在明末动乱时,家族的墓碑全部损毁。后来听到“巩邑王氏话及洪武七年秋,自洪洞断桥河迁民。全册其家世世藏之,即令余族侄名权及乔年者,遂往抄册。云钦命侯监理都察院大学士率迁民三千七百四十丁,牌二十有四,至巩之背阴,分业务农。吾祖季昆三人,牌分第十七,迁郑遂定焉”③。也就是说司氏在一个姓王的家里看到当年洪洞迁民的花名册,而他祖先的姓名就在上面,才知道自己是从洪洞迁来。我们不敢确定当年是否存在这样一份花名册,因为其中的说法过于离奇,但至少可以知道司氏祖先来历的确定,是从不相干的王氏那里得来的,而且由此便与王氏产生了祖先来历的认同。

河南偃师游店村清道光年间《滑氏族谱》的写序者对这样的祖先溯源持谨慎的态度,但又不愿意对众口一词的说法予以否定。他用“相传”这样的词,记载他的始祖母于明洪武年间率三子从洪洞迁到此地。然后自问道:“或问迁民之说端何时?”他用《明史》上

① 黄泽岭编著:《移民大迁徙》,第131—132页。

② 同上书,第136页。

③ 同上书,第161页。

关于迁西泽、潞民于河北的说法为自己的问题找到答案："其在明初无疑也。"接下来他又自问："未迁之先，祖居山西何地，故乡尚有何人？熙曰无据。老人相传，自洪洞大槐树下迁来。一说山西迁民不迁洪洞，故人多逃聚此邑，骤然行文，独迁洪洞，所以传至今日，凡属迁徙者各族，皆有此说。"①基本上采取从众的态度。类似的还有山东蒙阴县北楼村民国三年续修的《赵氏家谱》，说明初的确曾迁山西民到山东，"吾赵氏祖创居蒙之北楼村，适于其时。意者来之洪洞之说，理或然欤"②。因为祖先始迁的时间与这一事件相合，便说其祖先来自洪洞似乎应该符合逻辑。

又民国时有河南扶沟李氏一族为修族谱，专门就自己祖先来历向洪洞写信询问："如我李氏鼻祖，传闻自山西洪洞迁豫，即故诸旧家谱，亦多云然。虽然独有说焉，有云迁自洪洞大槐树下者，有云迁自洪洞李太村者。解者谓元季有李太，官至吏部尚书，村以人重，故相传称其村曰李太村，纷纶不一……伏望阁下费神掌故，格外垂青，请将李太村在城某方，相距若干里，古槐尚存与否……愿乞勿惜金玉，复示颠末。"结果获得了肯定的答复，说"古槐在城北五里之遥，原属大槐树保，名(?)管辖村庄很多，而李太村与焉"③。可见时人并不相信大槐树是祖先生活的地方，而希望找到具体地点，实际上这个李太村也并不见于地方文献，被载录在《李氏探源书》中的这次书信往还还是有颇多疑点。

由此感到，族谱中虽大量提及洪洞迁民之事，而且言之凿凿，但其中疑点很多，很难被视为有力的证据。特别是在这些族谱中，还将我们前面曾举到的某些传说故事写入，作为家族历史留传，族谱这样的书面文本又成为口述传说的载体，共同夯实和传递关于

---

① 黄泽岭编著:《移民大迁徙》,第189页。

② 同上书,第381页。

③ 同上书,第110—111页。

祖先的历史记忆。

如河南偃师缑氏镇崔河的《崔氏家谱》中提到洪武年间，河南“遭受红雨，人畜伤亡，人烟稀少”①，于是从山西长子县迁民来此。这实际上是与关于“红虫”的传说相同的隐喻。关于官府把百姓骗到洪洞集合，然后强迫迁移的说法在族谱里也很常见。

有相当多族谱记录了与“打锅牛”传说类似的故事。如密县平陌乡牛岭村的《李氏家谱》说，其始祖兄弟三人定居后“依菜园、花牛、大锅三物分为三家”②，其始祖分得大锅，被称为“大锅李”。濮阳县郎中乡梁大郭的钱氏、李氏、祝氏等家谱中，说是他们定居后“大锅同餐，垦荒造田”，所以称为“大锅村”，后来再改为大郭村③。河南温县招贤村《牛氏家谱》只是说祖先以“打锅为计”，自洪洞迁至河南怀庆④，而到山东无棣永湾乡《牛氏家谱》中，就记载其祖先是在洪洞大槐树下分路而迁时砸破大锅，每人拿一块碎铁为纪念，“人称打锅牛”⑤。这样的说法还在其他姓氏的家谱中出现，如山东郓城杨河口村的《杨氏家谱》说，“来时始祖兄弟二人，后以对认锅铁为记”；河北涉县段曲村的民国《申氏墓碑》记载，“当分离之时，以铁锅粉碎为标记”⑥。

其实越是晚近修的族谱，吸收传说的内容越多，而且明确写祖先来自洪洞大槐树、老鹳窝的也越多。最早有这类记载的家谱是署明万历十四年的江苏丰县刘家营村《刘氏族谱》，说“吾家世居山西洪洞县野鹳窝，世远代更，未易追数”。但此谱并非明代原本，传

① 黄泽岭编著：《移民大迁徙》，第125页。
② 同上书，第266页。
③ 同上书，第280—281页。
④ 同上书，第189页。
⑤ 同上书，第386页。
⑥ 同上书，第389、458页。

抄过程中增改的痕迹很多,此句也有后世增添的可能①。传说进入族谱,便成为可信的史料,族谱所说再被采择进入正史或者学术性著作,历史就这样被亦真亦幻地建构起来了。

但是,这并不等于说所有记载其祖先来自山西洪洞的族谱在这一点上都是虚构的,也还有很多族谱记载其祖先来自山西其他地方或者其他省份。在历史上的许多时期,人口迁移是很频繁的,山西也是如此,甚至政府有组织的移民行为也是确定的事实,为什么就不能有洪洞来的移民呢?署清乾隆五十年的山东郓城黄安乡冯屯《冯氏族谱》虽然也在开始说"予家系出晋洪洞县老鹊窝民籍",但后面又谈到"吾族自前明洪武九年,以山西洪洞县城南羊獬,迁濮州城东金堤居焉"②,羊獬村确在洪洞县南,可见他们知道祖先确实来自何处,只是为了从众而提到并不存在的"老鹊窝"。署乾隆三十六年的河北赞皇县寺峪村《王氏功德碑》谨慎地说,"闻故老传言,系山西洪洞县柳子沟民籍"③,而洪洞也确有名为柳沟和柳沟里的村落。问题在于这些在族谱中自称是洪洞移民的数量太大了,对此,已有学者表示怀疑,并认可洪洞作为移民中转站的说法,但并无可信的史料依据④。大槐树、老鹳窝这些虚构的象征性地名又至迟在清代前期已经出现,流传极广。究竟是什么原因让社会这样记忆他们的历史,并导致历史的重构呢?

---

① 黄泽岭编著:《移民大迁徙》,第588页。如文中有"万历十三年清明节"的提法,而当时只作"清明",不会有"节"字。另此刘氏后人近年曾持族谱赴洪洞与当地的刘氏家谱比对,发现无法将两谱的世系对上,又因其始祖妣姓尹,怀疑其来自洪洞苏堡镇的尹壁。而当地的说法是,此地在清康熙年间曾修建水利工程,引水逼河改道,将原来的师村改为引逼村。再后来因尹氏人多势大,才改称尹壁,那已是其祖先迁移以后很久的事了。关于此大槐树寻根的例子,中央电视台有过专题报导。

② 同上书,第370—371页。

③ 同上书,第457页。

④ 见安介生:《山西移民史》,太原:山西人民出版社,1999年,第312—317页。

三、记忆的缺失：对地方史乘的考察

让我们暂时脱离传说与族谱，对时间定位比较明确的地方文献做一点考察。

目前国内现存最早的《洪洞县志》是明朝万历年间修的，由于大部分传说和族谱都把洪洞移民事定位在明洪武或永乐时期（也有少部分定位在明中叶和清初），应该说这个版本距离这个时段还不太久远，但全书竟没有任何地方提到移民的事情，更没有提到过大槐树和老鸹（鹳）窝。

有几个相关的问题可以一提。

第一，据该书记载："相传旧无城，至明正统十有四年，始奉文创筑土城。"据说新修的这座城还非常简陋。如果是这样的话，在传说发生迁民的明初，这里还是个四周没有城墙的地方，只是到了发生"土木之变"那一年，才开始修筑简易的城墙。我们很难想象明政府如何在这里设立什么机构，或者派驻军队来实施有组织的移民活动①。

第二，该书说，"宋元以来，都图因时更易，国初洪洞都里旧四坊，统八图（在城内），遵教厢（在城外北关），四乡统十都，十都统九十八图"，然后具体记载了各都所统各图的名称②。在所发现的墓志、碑刻、家谱中，自称祖先来自洪洞某某具体地方的，都很难与这些记载的地名对上号。

第三，按该书的统计，洪武二十四年（1391），洪洞有 11990 户，92872 口；永乐十年（1412），有 11592 户，87775 口；成化八年

---

① （明）乔因羽修，晋朝臣纂：万历《洪洞县志》卷一《舆地志 · 城池》，明万历十九年（1591）刻本，叶 11b。

② 万历《洪洞县志》卷一《舆地志 · 都镇》，叶 17a—18b。

(1472),有 11448 户,98240 口①。如果这些数字可以信赖的话,那么永乐年间比洪武年间少了 300 多户、近 5000 口;成化年间也是许多地方记载从洪洞向外移民的一个时期,这时户比永乐时少了 140 多,但人口增加了 1 万多。我们不能断定少的这些人户就是移民走了,就算是的话,这样的规模究竟是否能造成那么大的影响,也还是个问题。

但上面说的都还是关于洪洞移民的问题,而与我们的主题直接相关的是本书关于广济寺的记载。在较晚近的记载和传说中,广济寺就是大槐树的所在地。"广济寺,在城北永安里,唐贞观二年建,节年被汾水侵塌,今改徙贾村北,官路西,寺名仍旧",只字未提大槐树事②。顺治《洪洞县续志》(赵三长修,晋承柱纂,1656 年)与康熙《洪洞县续志》(邵琳修,王泽溥纂,1673 年)也没有任何记载大槐树、老鸹窝以及洪洞移民的资料。而雍正《洪洞县志》记载广济寺条与万历志基本相同,唯后加一句小字:"即今北桥寺旧址。"③说明广济寺至迟已在晚明以前迁到另外一个地方。如果以前(明初)在广济寺曾有过大槐树的话,这棵树一般是不会与寺一起迁到后来的这个地方的;如果大槐树是在后来的这个地方的话,那么它必不会与明初的广济寺有什么关系。唯一的可能,是以前的广济寺那里有棵大槐树,曾与移民史事有关;至迁寺之后,则在某个时期根据以前的说法在这里再造一棵大槐树。

直到民国六年(1917)的《洪洞县志》中,大槐树移民才有了痕迹。在其卷七《舆地志·古迹》中,"大槐树"等条记为"新增",即:"大槐树在城北广济寺左。按《文献通考》,明洪武、永乐间屡移山

① 万历《洪洞县志》卷二《田赋志·户口》,叶 1a—2a。

② 万历《洪洞县志》卷八《杂撰志·寺观》,叶 57b。

③ (清)余世堂修,蔡行仁纂:雍正《洪洞县志》卷八《杂撰志·寺观》,清雍正九年(1731)刻本,叶 17b。

西民于北平、山东、河南等处。树下为集会之所。传闻广济寺设局驻员,发给凭照川资,因历年久远,槐树无存,寺亦毁于兵燹。民国二年邑人景大启等募赀竖碑,以志遗迹。"①同时,该书卷一七《艺文志下》还记载了清人祁宿藻的《洪洞感旧》等诗:

> 予家老籍洪洞,已数百年于此矣,今日重至故里,殆天缘也,感而赋诗,时主玉峰书院讲席。
>
> 吾家迁居旧槐里,五百年来还过此。男儿有志在四方,况此他乡是故乡。入乡不识乡间路,父老当年钓游处。一经莲桥花满城,问津疑是桃源渡。②

又有其《玉峰书院杂咏四律》,一首为:

> 相逢父老话因缘,故里重寻竟失传。世代难稽新谱系,钓游仍是旧山川。更无乔木枌榆社,剩有唐风蟋蟀篇。城郭依然人事异,那堪丁鹤去家年。③

其中已经提到"旧槐里"一词,大槐树在此时已为迁民故里的象征无疑。据同书卷一八《杂记志》:"邑山长祁宿藻,字幼章,寿阳人,由翰林检讨官至江宁布政,相国文端公同母弟也。道光年尝主玉峰书院讲席。文端曾寄以诗云:莲花好城郭,槐树旧村墟。至今人犹传诵之,盖以邑为莲花城,并大槐树古迹而言也。山长自署老籍亦洪洞。"④这与目前所见较早明确提到大槐树的族谱或碑文年代左近。其实清朝乾嘉时期著名的史地专家、祁宿藻之父、山西寿阳

---

① 孙奂仑修,韩垧等纂:民国《洪洞县志》卷七《舆地志·古迹》,《中国方志丛书·华北地方》第79号,影印民国铅印本,台北:成文出版社,1968年,第401页。

② (清)祁宿藻:《洪洞感旧》,民国《洪洞县志》卷一七《艺文志下》,第1701—1702页。

③ (清)祁宿藻:《玉峰书院杂咏四律》,民国《洪洞县志》卷一七《艺文志下》,第1702页。

④ 民国《洪洞县志》卷一八《杂记志·志余》,第1765页。文端公即祁寯藻,谥文端。

人祁韵士的《万里行程记》记载："余始祖河东公本此邑大槐里人，明初迁居寿阳。"①实际上，在乾隆时重修的《祁氏宗谱》中，还记载"始祖祁旺，元末由洪洞县(后缺字——引者)迁来寿阳平舒村"，我们在实地考察时所见碑文也大体如此，但到祁韵士那里，就变成了明初，又出现了大槐树。这些内容直到民国初年才见诸地方史乘，而在移民活动大规模频繁发生的时候却丝毫不见踪影，是史乘的作者觉得这些事并不重要，不值得记载，还是他们觉得这里有什么蹊跷，因而有意回避，或是此事的确不过是耳食之论，不能作为信史记载下来？

到目前为止，我们还不能明确判断这些象征出现的具体时段，更无法解释它们为什么在这样一个时段出现。更重要的问题是，大槐树甚至老鸹窝究竟是在什么时间、为什么开始被知识精英所重视？这些可能以前被视为鄙俚不经的说法在什么时候、为什么被堂而皇之地刊布在地方史乘之中？

当我们把口述文本与地方史乘对照起来时，总体印象是，首先，关于大槐树移民之事大量存在于民间传说与族谱之中，而在民国或晚清以前的地方史乘中比较少见。那么，究竟是因为那以前的文献记录者认为这些传说荒诞不经而不加采录，还是由于那以后的知识精英因某种原因刻意弘扬这些象征(包括在文献中对其加以记录)，而造就了这些传说呢？其次，无论是地方志、碑刻还是谱牒，文献中对洪洞移民、大槐树等象征的记载都是比较简单的，而民间传说中的情节总是比较丰富的。从我们对这些传说即将做出的分析来看，它的情节是随着时间的流逝不断丰富添加起来的，许多内容是不断黏附上去的，那么，这个丰富、添加、黏附的过程究竟是在知识精英的弘扬之前发生的，还是在其后？

---

① (清)祁韵士著，李广洁整理：《万里行程记》(外五种)，太原：山西人民出版社，1992年，第5页。

总之，在民国之前，对于洪洞移民和大槐树，地方志的编者是不会不知道的，但却似乎是有意把它们忘却了。关于它们的记忆似乎只在洪洞以外的地区通过传说、族谱留存着，直到民国六年为止。难道本地人对此事全不介意，或者竟有什么难言之隐？

四、人们如何记忆历史？

传说显然是民众记忆历史的工具之一，对于那些没有通过文字记忆历史的能力和权力的人来说，就更是如此。但由于传说往往经历了许多世代，因此不断叠加了不同时代讲述者记忆的历史，它也就成为一种“长时段”的历史文本。

前文所举的大槐树迁民起源的传说，其主要内容是讲胡大海复仇的故事。胡大海、常遇春，甚至明成祖朱棣，都是历史上的真实人物，他们的生平事迹也都与华北有直接的联系，但传说所借用的历史也就到此为止了，剩下的情节虽然主要围绕他们展开，但都不是为了讲山西移民的问题。故事大都以“复仇”为母题，有的故事带上一个大雁带箭远飞，使朱元璋的限制失效的情节；有的故事带上“聪明反被聪明误”的教训性情节；有的故事带上人兽婚的情节，由此出发，自然引出复仇的主要情节。这些成分都带有鲜明的民间性和虚构性，就一般情况来说，传说到此已经具备了相当的完整性，没有必要与大槐树移民发生直接联系。

在以明初为背景的传说中，《刘伯温建北京城》的故事里有这样的情节：为了选择北京城址，刘伯温请徐达向北射上一箭，箭落在哪儿，就在哪儿修建京城。徐达在南京殿外向北方射了一箭，一直射到北京的南苑，这里的八家财主害怕自己的土地、房产被占，又转手向北射去，射到后来的后门桥，于是便以此为中心建造北京城①。另一个故事叫《长陵一花枪》，说朱棣奉命北征，当时的幽燕之地为北方民族占据，朱棣便向对手要一箭之地，作为交战的地盘，对方首领以为一箭之地不会有多远，便点头答应。不料朱棣拿出刘伯温送他的一支箭，射出去后连影儿都看不见了，吓得对方连忙退兵②。这些以射箭为巧诈，扩大自己的目的范围的情节，与前者是基本一致的③。

《燕王扫碑》的传说则是以"靖难之役"为背景的，故事中把"碑"解释为南京明朝的祖宗碑，但何为"扫碑"却语焉不详，只能解释为朱棣取得了明朝的继承权。在许多传说中，故事又常写作"扫北"，这当然是有朱棣镇守北平期间北征蒙古残元势力的历史基础的，但这些军事行动又不可能发生在河北、河南、山东境内。有人在河北部分地区搜集整理了与"燕王扫北"有关的传说故事 103 则，编成《燕王扫北》一书，其中绝大多数都是讲与元兵作战，只有少数与大槐树移民有关的故事是把背景放在靖难之役的。在这些故事中，刘伯温、胡大海、常遇春、徐达等都是协助其"扫北"的主要人物，这或许反映了他们在北方民众历史记忆中的重要位置，或许反映了《大明英烈传》在民间的流传及对民间传说故事的渗透。在山西、河北一带流传甚广的另一类历史故事即杨家将故事，与此颇为类似，那就是这里是有关史事的发生地，同时也是小说、戏曲和

---

① 中国民间文艺研究会北京分会编：《北京风物传说》，北京：中国民间文艺出版社，1983 年，第 1—7 页。

② 谢明江搜集整理：《十三陵的传说》，北京：中国民间文艺出版社，1984 年，第 16—21 页。

③ 陈学霖教授认为，这反映了蒙古人"箭程划地界"的习俗。参见陈学霖：《刘伯温建北京城传说探赜——箭程划地界故事考索》，《明代人物与传说》，香港：香港中文大学出版社，1997 年，第 65—86 页。

曲艺表演中杨家将故事传播的结果①。

有意思的是这里面的“红虫吃人”的情节，被解释为朱棣的靖难军头裹红巾，这显然是与元末史事相混淆。其实早在明朝就有这样的传说：“世祖问刘秉忠：‘自古无不败之家，不亡之国，朕之天下当谁得之？’秉忠对曰：‘西方之人得之。’后命刘筑京城，掘基得一巨穴，有红头虫数万。世祖问此何祥，秉忠曰：‘异日亡天下者乃此物也。’及元为我明所灭，刘言悉验。”②因此这个传说可能是篡改了“徐达扫北”的故事原型。此外，它应与山东等地移民中流传的“红蝇赶散”传说有直接的关系。

关于胡大海与人兽婚的故事，在山西许多地方还有同一母题的、附会在常遇春身上的版本，只不过后者是为了说明端午节的起源。即说常遇春父子逃过大河之后，其人熊母亲见无法追及，跳河自尽。后来常遇春为了纪念母亲，便在每年这个日子，将母亲最爱吃的黄黏米投进河中，为了不被河水冲散，便用叶子包好，就是粽子的来历③。类似的故事如《常遇春三摊娄烦县》，故事说常遇春的故乡在娄烦的常家坡村，其父在长白山采人参时被人熊抓去，逃

---

① 山西大同一带流传一个歇后语，叫“六郎的箭——干摇不掉”。说的就是杨六郎与辽国钦差谈判，达成让“一箭之地”的协议，六郎便在雁门关向北射箭，一箭射到大青山，匈奴只好撤到大青山以北。实际上是六郎派孟良、焦赞扛着一只大箭插在大青山上的。匈奴人觉得上当，想把箭拔起来，但箭只是晃动，就是拔不起来。这个传说与前面所举如出一辙。如果陈学霖教授的假设属实，那么这个传说就显然是后起的；或者便是证明“箭程划地界”习俗是比蒙古人更早的北方游牧民族的传统。《杨六郎的箭》，张氏讲述，齐开有搜集整理，大同市十大文艺集成办公室编：《大同民间故事集成》，太原：山西人民出版社，1989 年，第 133 页。

② （明）蒋一葵：《长安客话》卷一《皇都杂记·北平》，北京：北京古籍出版社，1982 年，第 2 页。

③ 《端阳节的传说》，李海存口述，张泽良整理。定襄县民间文学编委会编：《定襄县民间故事集成》，太原：太原机械学院印刷厂，1987 年，第 32—35 页。

回后在娄烦乞讨时被人欺负,得势后三次下令惩罚娄烦①;再如《五月端午祭江的又一说法》,也是说在无名山有个常猎户云云②。两个故事的相同之处在于,故事的主角都是明初的大将,意思是暗指他们的勇猛(甚至嗜杀)与他们不同寻常的出身有关,反映了河北、山西民众对他们的特殊看法,但是这些故事都没有与洪洞移民联系起来。几乎可以肯定,明初战事对北方的破坏巨大,影响极深,"燕王扫北"传说背后的历史真实仅此而已,山西移民是否真与此有关,与"燕王扫北"有关还是与"靖难之役"有关,其实都是次要的。

不过,以上传说还是向我们透露出某些有价值的信息,那就是这里面都隐含着关于北方少数民族的看法。对此我们会在以后进行分析。

也有一些传说并不把山西大槐树移民与明初史事联系起来。有一则《南召人老家在大槐树下》的故事:"据老年人说,李闯王造反时大本营就驻扎在洛南山区。经过连年战乱,八百里伏牛山被糟蹋得路断人稀,路上扔钱也没人拾。到了清朝初期,官府就决定从山西洪洞线一带往伏牛山区移民,均一均人口。"③另一则《大槐树底下的人》也说:"闯王打不胜,又走了。满清兵在这一带见人就杀,弄得路断人稀。后来满清人坐了朝,天下太平了。听说南阳的地恁好没人种,怪可惜,朝廷就下了道圣旨,叫山西洪洞县的人往

---

① 李国成搜集整理。太原市民间文学集成编委会编:《太原民间故事》,太原:山西省阳曲县印刷厂,1990 年,第 309—310 页。

② 梁鸿义讲述,许世礼搜集整理。应县民间文学集成编委会编:《应县民间故事、谚语、歌谣集成》,应县印刷厂,1990 年。

③ 高天顺讲述,洪金璞采录整理。南召县民间文学集成编委会编:《中国民间故事集成·河南南召县卷》,南召县印刷厂,1987 年,第 195—196 页。

河南迁，推的推，躲的躲，官家干气没有门儿。"[①]这表明不同地区的人民结合本地印象最为深刻的历史记忆，为同一传说创造历史背景。河北、晋北、豫北受明初战乱影响大，就把这个背景落在"燕王扫北"上；豫南受明末清初战乱影响大，就把背景放在这个时期。同时，这也与历史上并非一次从山西移民有关。

族谱是另一种历史记忆的工具，它本身就是一部家族史。我们注意到，在许多族谱之类记载中，其祖先往往有明代卫所的背景。

1994年河南濮阳西李庄《王氏祖碑》序："始祖讳义，王氏本籍系江南凤阳府，鼻祖从明太祖北定中原时，以功封山东兖州府东平州，世袭锦衣千户，指挥使，家住岔道口。永乐初，苦军徭大马之役，始祖遂迁于开州。"

河南浚县善堂乡徐家村《徐氏墓碑》："余家始祖原居上海县，明朝洪武时北定中原时随军人在此落户，繁衍后代。"

康熙河南洛阳西山岭头《李氏家谱》："我始祖出于山西平阳府洪洞县，世以武功显。自明初洪武二载始迁洛阳，迄今十有四世，已几百余年。"

2000年濮阳县城御井街《平氏创修家谱》序："考我平氏之本原，始祖平安公系大明天启年间北平都指挥使。因明末战乱频频，灾疫连绵，始祖弃官归田，迁居开州井店镇。"

康熙三十年河南巩义芝田镇益家窝村《赵氏家谱》："惟吾始祖讳信忠，卜居巩县，从征有功，授总旗职，诰封指挥锦衣指挥将军。二世仁祖，指挥将军；义祖袭总旗职，屡有奇功。明末子孙在京，尚有千户，赵永康也，今不可考矣。"

乾隆三十一年河南巩义回郭镇《赵氏家谱》："始祖赵成，授阶

---

① 周同议讲述，周同礼记录。社旗县民间文学集成编委会编：《中国民间故事集成·河南社旗县卷》，社旗县印刷厂，1987年，第346—347页。

明威将军，于洪武初年自山西洪洞县（后缺字——引者）迁巩县，二世祖福、真、英、忠，福任南京孝陵卫千户，已传二十三世。”

乾隆元年山西平定县上庄《陆氏家谱》：“吾陆氏，原系浙江嘉兴府平湖县人……明代时，陆荀随父陆震赴四川泸州牧……荀立有军功，授为千户所总旗，又赠修职郎，由蜀至蒲，由蒲至洪洞，由洪洞（后缺字——引者）又迁居平定。”

内蒙古兴和县高庙《高氏口碑》：“始祖原籍山西洪洞县（后缺字——引者），于洪武年间迁山东，后又由山东随官兵来此屯居。”

湖北随县汪店村《汪氏族谱》：“吾祖汪世华，字霖雨，明朝洪武二年军职，到汪店后死去，子女在此落户。”①

在明初移民的浪潮中，军户的迁移占有相当大的比重，这在安介生的《山西移民史》中已得到注意。但是，如果自称来自洪洞的移民并不可能全部是那里的土著，我们也没有可靠的证据证明朝廷在洪洞设立了各地移民的中转站，但又必须对这种说法给出解释的话，我认为这可能与明初对军户的安置有关系，而洪洞则在卫所军户分遣四方，特别是在北部边防地区实行屯垦的过程中扮演过重要角色。

不过，我们还是不能理解人们为什么对大槐树或者老鹳窝这些虚构的地名情有独钟。按照历史人类学家的看法，历史人类学中有两大类别，一是历史民族志，即利用档案资料和当地的口述史资料，研究过去如何导致现在，或进行对过去的历时性和共时性研究；二是所谓对历史的人类学研究（anthropology of history），即集中注意特定族群“藉以拟想、创造和再造他们的过去，以至把过去和他们身处的现在联接在一起的各种方法和文化理路”，其中既研究过去的建构如何用来解释现在，也研究过去是如何在现在被创造

① 以上各段材料分别见于黄泽岭编著：《移民大迁徙》，第81、107、131、191、684、713、739页。

出来的。“这样的人类学几乎没有制造‘客观’历史的企图，相反地，它感兴趣的是人们对过去知道和记得些什么，如何记得，又为什么要记得，以及人们如何解释过去并和现在联接在一起。”①

就本文而言，基本上是沿着后者的路向，因为本文并不试图再进一步证明许多自称来自洪洞的移民，其实是本地的土著或来自其他地方，也不试图纠缠于考证是否在历史上的某个时期，是否有大批移民从洪洞或经由洪洞去往各地②，而是试图通过分析大槐树、老鸹(鹳)窝之类象征的创造过程，去理解这些北方移民是如何建构自己的历史的。它的指向的确不在于移民史的真相，而在于移民心态史的真相。在这个意义上说，本文是历史学研究；而心态的建构本身又是文化的建构，文化把一个族群的历史与现实勾连起来，同时也把族群建构起来，因此本文又有人类学的意义。说得通俗一点，“人类学者一向比社会学者和历史学者对于历史意义的重要性更为敏感。和‘什么事实际上发生过’同样重要的，是‘人们以为发生过什么样的事’，以及他们视它有多么重要的”③。

让我们回到对大槐树的讨论上来。

民国之初，曾在清末任山东观城、茌平等县典史的洪洞贾村人景大启卸任回乡做幕，向一些商人、士绅募得白银390多两，在所谓古大槐树处树碑建坊。据他自己说是由于树和寺均已不存，“第恐年代愈远，稽考无从，亟思所以表彰之”④。但据同时人的记载，

---

① 玛丽莲·西佛曼、P. H. 格里福：《历史人类学和民族志的传统——个人、历史和知识性的考量》，西佛曼、格里福主编：《走进历史田野——历史人类学的爱尔兰史个案研究》，贾士蘅译，台北：麦田出版公司，1999年，第25—31页，引文见第28页。

② 可参见曹树基在《中国移民史》第5卷（福州：福建人民出版社，1997年）中的研究。

③ 撒穆尔·克拉克：《历史人类学、历史社会学与近代欧洲的形成》，西佛曼、格里福主编：《走进历史田野——历史人类学的爱尔兰史个案研究》，第386页。

④ 景大启：《重修大槐树古迹碑记》，柴汝桢辑：《增广洪洞古大槐树志》上卷，叶3a。

似乎直接的原因是辛亥革命时“卢协统督师南下”,军队到洪洞时,因为这里相传是自己的祖籍,因此“城郭安堵”,“于是洪人感大槐荫庇无穷,乃醵资建设牌坊、亭榭于其侧”①。这种做法本来极类似于对地方神灵庇佑百姓的一种报答,或者就是塑造神灵权威的一种做法,但是当时人却把它与民族—国家(nation-state)的现代构建联系起来。民国六年《洪洞县志》中有一篇贺柏寿撰写的《重修古大槐树处记》,其中说到:

> 自来名胜古迹,率以帝王将相所发祥,高人逸士所隐迹,遗后人勒石记载……然此为续文献之征,而非民族之系也。方今民国肇造,社会主义播腾寰区,凡有关民族发达之原者,允宜及时表章,藉识人群进化之由,俾免数典忘祖之诮。然则吾邑古大槐树处之待于揭橥者,故不重哉!……盖尔时洪地殷繁,每有迁移,其民必与,而实以大槐树处为会萃之所,宜乎生齿蕃盛,流泽孔长,后世子孙,闻其地而眷怀乡井者,种族之念为之也。②

类似的表述如贺椿寿《古碑保障说》曰:“余窃叹槐树之古迹,其关乎民族纪念,以保障我邑人者,甚重且钜。”柳容《增广山右洪洞大槐树志序》感叹:“于戏!现值大同世界,一本散为万殊,四海皆是同胞。民族合群,共同奋斗,异族罔敢侵略,同种日跻富强。遐迩交称曰:古大槐树关系种族,杨国争光,晋乘生色。”大槐树已经不再只是山西移民的家园象征,而成为在现代化进程中凝聚整个中华民族的象征,它的意义被提升到团结民族、抵御外侮的高度,成为现代民族主义话语(nationalist discourse)中的一个组成部分。

---

① 贺椿寿:《古碑保障说》、陈凤标:《槐址碑记》,柴汝桢辑:《增广洪洞古大槐树志》上卷,叶7b、4b。

② 贺柏寿:《重修古大槐树处记》,民国《洪洞县志》卷一六《艺文志中》,第1488—1489页。

对此,当时已有人指出:

> 何今之族姓,其上世可考者,尚有千百户之裔;其不可考者,每曰迁自洪洞,绝少称旧日土著及明初军士。推原其故,盖自魏晋以来,取士竞尚门户,谱牒繁兴,不惜互相攀附,故虽徙居南方,其风未泯。而中原大地,则以异类逼处,华族衰微,中更元明末世,播窜流离,族谱俱附兵燹。直至清代中叶,户口渐繁,人始讲敬宗收族之谊,而传世已远,祖宗渊源名字多已湮没,独有洪洞迁民之说,尚熟于人口,遂致上世莫考者,无论为土著,为军籍,概曰迁自洪洞焉。①

尽管曹树基已对这种比附是否可以存在于土著多或土客参半的地方提出有力的质疑,但是这里还是可能有比较复杂的因素,比如"上世莫考"是一个动态的过程,即使在土著或从他地来的移民之中,经历时间等等变化,本来可考的家世也可能变得不可考了,这就有了一个选择祖先故乡的问题,所以我们见到说自己祖先来自洪洞的家谱、碑记等等并非同一个时期的。再如,即使以县为单位,土著或从他地来的移民占到一半或以上,但如果来自洪洞或自认为来自洪洞的移民在一个村、社、屯、里之中占了绝大多数,其影响会很大,是会超过他们所居住的那个空间界限的。还存在的假设就是我们所论及的洪洞大槐树等传说的力量,这个家园象征可以使人数不占优势的族群具有极大的精神优势。

另外有个说法也引起我的极大兴趣。在今天东北的许多地方,凡晚清、民国时自山东迁来的移民,即"闯关东"的山东人,都自称祖籍"小云南"或"山东小云南",甚至在某些族谱中记为"山东小云南大榆树",小脚趾也是复形。据学者考证,明初傅友德、沐英

---

① 邹古愚纂修:民国《获嘉县志》卷八《氏族》,《中国方志丛书·华北地方》第474号,影印民国铅印本,台北:成文出版社有限公司,1976年,第379页。

率军征云南,后其中本来来自全国各地的许多军户转驻山东各卫所,主要是驻云南乌撒卫屯田的军户,随徐辉祖迁至山东鳌山卫,一次即达7万人。这些人往往在云南娶妻生子,故以云南为祖籍。在今山东即墨的多数家谱中,多提祖籍为“云南乌沙卫大槐树”或“槐树沟”“大槐树里头”等①。显然,山东、小云南、大槐树等地名是在移民的不同时期叠加进来的,是民众历史记忆的典型表现。因此,大槐树已经成为许多祖籍不同的移民的共同象征,而不为山西洪洞移民所特有;同时,这个象征可能的确与前面所说的卫所军户移民有很大关系。对于闯关东的山东人来说,不存在特别严重的移民与土著的紧张关系,因此并不需要强调来自山西洪洞,只用大槐树作为祖籍象征就够了。

另外使我感兴趣的是这段话里提到中原大地“异类逼处,华族衰微”,这使我想到女真人和蒙古人在淮河以北的生活,金、元对于北方人来说,又是像魏晋南北朝那样的一个族群混杂的时代。我们在金、元时期北方的文集、墓志等资料中,看到大量女真人、色目人、蒙古人与汉人通婚的记载;我们也知道明朝在重新确立汉族正统的过程中,对蒙古等北方少数民族采取了鄙夷甚至压制的态度,特别是在有明一代,国家一直对蒙古人十分警惕和防范,这就更加剧了族群之间的紧张关系。因此这里的所谓“土著”中,不清楚自己有没有一个真正汉族祖先的族系恐怕不在少数。我们几乎没有在族谱中见到说自己有女真或者蒙古人祖先的记录②。因此对于那些无根的族群来说,就必然产生一种寻根的需求。在我看来,“背手”和脚指甲等体质特征传说,与其说是一个“有根”族群自我

---

① 参见谭雨明:《小云南与明清移民》,《寻根》2003年第5期。

② 在这方面也并非全无踪迹可寻。如河南南阳唐河的仝姓家族自称来自山西洪洞,但据山西原安邑县房子村的《仝氏家谱》,称其先祖出自大金夹谷氏,元灭后改称今姓。见《山西地方志通讯》。转引自林中元编著:《迁民后裔话迁民》,临汾:临汾印业有限责任公司,2002年,第197页。

认同的限制,不如说是其他"无根"族群试图扩大认同的一种创造,因为有许多北方少数民族,甚至韩国人都有这样的体质特征,背手就更不必说。用这样普遍的体质特征做认同标志,目的显然是扩大认同的范围。他们首先需要忘却历史,然后再重构历史,来弥补记忆的空白①。

于是我们在有关洪洞大槐树迁民的传说故事中发现了两条族群认同的轨迹。一条轨迹是以上面所说的宋代以后北方族群混居的历史为背景的,这种情况又因元代汉族族群的受压抑而得到强化。看看前面举出的那些传说,箭程定地界、燕王扫北,都与对蒙古人的历史记忆有关;特别是关于常遇春、胡大海的传说,把这两位色目人的后裔说成了人兽婚的产物!如果去追寻大槐树传说的人口迁移背景的话,我们是去探索移民史意义上的真实;如果去追寻该传说产生和流传背景的话,我们就是去探索心态史意义上的真实。很显然,族谱和地方文献中记述洪洞移民之事,可以早至宋元时期②,但强调大槐树的记载则多在明清,特别是清代中晚期之后,几乎所有的传说故事也都把其历史背景设定在明清两朝,特别是明初和清初。除了此时期确有规模较大的移民活动之外,我们无法不考虑这两个时期也都确实存在着族群间高度的紧张关系,存在着加强族群认同的较大需求。其实移民史与心态史本身是有内在联系的,因为明初或清初的人口迁移必然引起原有族群关系

---

① 这个假设已有人提出来过。1983年华东师范大学李毓珍教授曾在一封信中写道:"我有一个设想,我认为凡是自称由大槐树迁出的人,都是蒙古族。元朝败退时可能有一些在内地过惯定居生活的人,不想走了。但汉人要'杀鞑子',怎么办?于是想一个借口,说是由大槐树移民站迁来的(大槐树移民站的确有过),随便张、王、李、赵取一个汉姓,换一个地方定居下来。所以都说不来自己的'原籍',也说不来自己的父祖,都是自己立祖。"但没有说出这种设想的根据。见林中元编:《迁民后裔话迁民》,第56—58页。

② 参见高胜恩、楚刃:《关于明初洪洞大槐树迁民的几个问题》,《晋阳学刊》1993年第4期。

格局的变动,因此我们不能简单地把大槐树传说中流露出的移民的痛苦,视为“故土难移”,即对地理上或空间上变化的反映,而也应视为对族群关系变化的反映。传说中解手、背手、脚趾甲、人兽婚、燕王扫北、红虫、箭程划地界等等,都传递着许多与族群关系相关的隐喻性信息。

另一条轨迹则是在清末民初开始出现的,这时,一方面,初步丧失了可以同化一切异族优越感的中国有了亡国灭种的威胁,另一方面,西方达尔文的单线进化论和近代民族国家概念也开始传入中国,影响到许多知识精英的思想。对于那些地方的知识精英来说,他们便开始利用自己手中的文化权力,对传统的资源加以改造,希望把大槐树从一个老家的或中原汉族的象征,改造成为一个国族的(national)象征。本来任凭树倒寺塌,人们并没有对这些象征多加关注,本地的文献对此也只字不提,但自此时起,他们开始重新发掘这些象征的意义,重建那些有象征意义的实物,在地方文献上记录有关史实,然后再通过碑记或者志书点明其意义所在。甚至有个民间传说把自己说成是轩辕黄帝的后代,而黄帝也是洪洞某地的人。应该说,在我们所举的那些传说中,其内容看不出与后面这条轨迹有多大的联系,特别是许多传说的主体部分也与洪洞大槐树关系不很直接,因此,我个人不主张说,这些传说是在这时大批制造出来的(但我想也不会早于清代中叶),但是这些传说的广泛传布,一定与这个时期、与知识精英的推波助澜有关。

前面已经说过,这些传说的文本并不是在一个时间里形成的,它们经历了一个丰富、添加、黏附的过程。多数故事是在讲移民的原因、背景和后果,它们和移民是两个完全可以不相干的独立部分,胡大海复仇、燕王扫北,或者那个天鹅处女型故事完全可以到此为止。但是它们被嫁接在一起,因此传说就可以被概括为史实加故事这样一个简单的公式。而嫁接的目的就是使传说因为增加了史实而显得更为可信，又使传说因为黏着了故事而显得更为生动，从而便于记忆和传承。就故事和史实这两个部分而言，故事是比较纯粹的老百姓的创造，史实则多是文人的传输；老百姓为传说提供了幻想的情节，曲折反映他们的某种经历和心态，文人则为百姓提供了某种历史的背景知识，使后者在创造传说时有了依据。通过这些传说，百姓要告诉后代的，是关于社会剧烈动荡的记忆，是关于族群艰难分合的故事，但是这些传说也一定反映了知识精英的某种努力，他们在努力创造一些新的东西，来帮助这些传说进一步地传承和扩散。今天洪洞大槐树等网站的建立以及上面的所有内容，正是在新的民族主义意识形态氛围内精英参与创造和普及传说的现代体现。

由于洪洞大槐树的传说具备这样的因素，使它在影响力方面超过了其他关于移民祖籍的说法，在一个相当大的范围内形成了关于族群认同的话语霸权，而造就这些因素的背景，又正是上述两条先后出现的族群认同的历史轨迹。由此我们也可以知道，人们对于自身历史的记忆不仅是一种社会的建构，而且是出于他们面临具体的生活境遇时的需求。当这种历史记忆成为一种社会记忆的时候，他们必须为此创造出可以共享的资源，获得形成社会记忆的契机。

分水之争：公共资源与乡土社会的权力和象征*

——以明清山西汾水流域的若干案例为中心

通过区域研究实现对中国历史的重新认识，近年来大体已成学界的共识。借多学科的助力，区域社会史有了更丰富有效的分析工具，产生了具有方法论意义的问题平台。通过对某一区域的突出问题进行长时段的、综合的解剖，勾连在此区域起不同作用的各种历时性和共时性因素，勾勒出区域发展的总体脉络，是目前区域社会史研究者的着力点所在。本文所讨论的明清时期山西汾水流域的分水问题，就是这样的区域性问题的一个方面。

关于山西汾水流域的水利与社会，近年来得到中外不同学科学者的极大关注，已经出版了一批相当有分量的成果①。这些研究

---

* 本文发表于《中国社会科学》2005年第2期。

① 如山西大学行龙的《明清以来山西水资源匮乏及水案初步研究》、张俊峰的《明清以来洪洞水案与乡村社会》(均收于行龙主编:《近代山西社会研究——走向田野与社会》，北京:中国社会科学出版社，2002年)；沈艾娣(Henrietta Harrison)的《道德、权力与晋水水利系统》(《历史人类学学刊》第1卷第1期，2003年4月，第153—165页)；段有文的《平水神祠碑刻及其水利习俗考述》(《民俗研究》2001年第1期，第97—113页)；以及日本学者好并隆司的研究(《近代山西分水之争》，李大雾译，《山西水利》[水利史志专辑]1987年第3期，第43—56页)等。值得注意的是法国远东学院与国内学者合作出版的《陕山地区水资源与民间社会调查资料集》共4册(北京:中华书局，2003年)，

或从生态环境的视角出发，或从水权争夺入手，或关注水利系统中反映出来的道德价值观念，或讨论水利问题在日常生活中的作用，已为进一步研究奠定了很好的基础。本文试图围绕汾河流域的几个“分水”的案例，在一个区域性的、超地方的空间里，沿着地方传说故事的脉络，揭示人们在利用公共资源的过程中各种权力和象征的作用，从而加深对其社会历史情境的理解；同时也涉及对传统基层社会运作机制的评价。

一、分水故事

汾水出于山西西北的宁武、岢岚，一路南下，经太原、汾州、平阳，至河津汇入黄河，把晋中—晋南地区与滹沱、桑干流域的晋北地区，沁水、漳水的晋东南地区相互区别开来。最近学者们研究较多的基本上就是这个区域，无论当地的水源是何泉何水，它们或最终汇入汾水，或本身即其支流。

晋水亦为汾水支流，源头在晋祠的善利、难老、鱼沼等泉，流经30多个村落，“溉田千顷”[①]。其一源分为二渎，北渎一派，南渎三派，共为四河。在难老泉水初出之处，“中横一石堰，凿圆孔十，为东西分水之限。……北七孔，分水七分，所谓北渎是也；东流名北河，

搜集、整理了山西和陕西部分地区的水利史资料，并各有研究性的导言，为研究者提供了许多资料上的便利，也提出了一些问题和初步的解释。但我并不赞成其中个别册名为某地“水利碑刻辑录”，就好像另一部非常重要但取名为“戏曲碑刻”的书一样，因为这些碑刻牵扯的问题很多，并不局限于水利或戏曲；同样，另一些与其密切相关的碑刻，因为表面上似乎与水利或戏曲并无直接联系，而未收入其中，影响了对研究对象的全面把握。此外，刘大鹏《晋祠志》（慕湘、吕文幸点校，太原：山西人民出版社，2003年）、《晋中碑刻选粹》（张晋平编著，太原：山西古籍出版社，2001年）等许多相关资料的出版，也为深入研究这一问题提供了条件。

① （清）朱彝尊：《曝书亭集》卷六七《记三·晋祠游记》，《景印文渊阁四库全书》第1318册，台北：台湾商务印书馆，1986年，第400页下栏。

南三孔，分水三分，所谓南渎是也”①。

对于三七分水的来历，晚清时本地的一位士绅刘大鹏记载说：“俗传塘中分水塔底，葬甃塘时争水人骸骨。谓当日分水南北相争，设鼎镬于塘边，以赴入者为胜。北河人赴之，遂分十之七，葬塔底以旌其功。说涉荒唐，不可信也。然迄今北河都渠长、花塔村张姓每岁清明节，在塘东祭奠，言是祀其当年争水之先人。询之父老，众口一词，不知其所以然，亦惟以讹传讹而已。”②对此，沈艾娣的解释只是说这表明水利制度的确立基于村落间的竞争。

大约60年后，散文作家吴伯箫在其《难老泉》一文中记录了一个类似的民间口述文本。说几百年前，南北两渠的农民受到地主土豪的挑唆，经常为水争斗，天越旱，斗得越厉害。后来官府设下毒计，以调解纠纷为由，在潭边支起一口滚沸的油锅，放入十枚铜钱，根据双方从锅中取出铜钱的数量，确定所分水量。于是北渠一个青年从油锅中取出七枚铜钱，使北渠人获得七分水量，但此人因烫伤过重而死。为了纪念这个来自花塔村的张郎，村民将其尸骨埋在了“中流砥柱”之下③。对这个故事，沈艾娣则指出，这表达了村民对英雄的景仰和对官府干预水利制度的抗争情绪。

晋祠水母楼前分水塔（张郎塔）

① （清）刘大鹏著，慕湘、吕文幸点校：《晋祠志》卷三〇《河例一·石塘》，太原：山西人民出版社，2003年，第570页。

② （清）刘大鹏：《晋祠志》卷四《山水·石塘》，第97页。

③ 吴伯箫：《难老泉》，崔凡芝主编：《颂晋文选》，太原：山西古籍出版社，2002年，第55页。

汾水经太原南行，过清源、文水至介休。介休有洪山泉，又称鸑鷟泉、源神泉，是本地主要的灌溉用水，明清时可以灌溉土地约3万亩，向西汇入汾水。洪山泉的上游为洪山河（狐村河），灌溉洪山、狐村二村，据说北宋文彦博因下游各村争水，自此以下分为东、中、西三河，并在石屯村“立铁孔，分四六”，中河用水四分，西河用水六分。明万历知县王一魁重新制订分水规则，以三分归中河，七分归西河；后任知县史记事根据“照地定水”的原则，又恢复四六相分的制度。在上游的洪山河，亦定洪山村用水六分，狐村用水四分①。

在洪山源神庙后的山顶上有座五人合葬墓，本地传说是因为村落之间因争水械斗，不得已想了个办法，同样在一口盛满滚油的大锅中撒进铜钱，让各村好汉去捞，谁捞得多，谁分的水就多。结果洪山的五条好汉捞出了钱，也因此送了性命，死后被葬在源神庙后的山顶上。又有一个传说，讲三月三祭祀源神时，灌溉流域的48村在各村水老人带领下前来献祭，其中张良村要额外加一只草鸡，原因是明朝时为了平息争水纠纷，在源神庙设口油锅，扔进48枚铜钱，由各村好汉去捞。其中洪山的好汉捞了6枚，其他村的人也捞了一些，只有张良村的人被吓跑了，众人皆喊：“张良家草鸡了！”于是议定该村除少用水外，每年祭祀源神时还要多献一只草鸡，以示惩罚。据说这条规矩到1949年后才取消②。

像晋水北渠的故事一样，这里也在讲源神庙所在的洪山村用水六分的合法性与神圣性。

---

① （清）徐品山修、陆元鏸纂：嘉庆《介休县志》卷二《山川·水利（附）》，《中国方志丛书·华北地方》第434号，影印清嘉庆刻本，台北：成文出版社，1976年，第152页。

② 《介休民间文学集成》编委会：《介休民间故事集成》，太原：山西人民出版社，1991年，第59、104—105页。故事讲述者均为洪山村一带农民，故事采集时间为1987年，但至2002年笔者去当地考察时还有人能够讲述。关于源神泉和其他泉水、关于洪山村与张良村的关系，还有其他传说。

汾水继续南流，经灵石、霍州，就到了洪洞。今天的洪洞由明、清、民国时期的洪洞和赵城两县合并而成，境内除汾水外，泉水资源也十分丰富，其中以霍泉水量最大。据说在唐贞观年间分为南、北霍渠，共灌溉土地5万多亩。其中北渠得水七分，主要灌溉赵城的24个村；南渠得水三分，主要灌溉赵城的4村和洪洞的9村，“三七分水，其来久矣”[①]。

洪洞（赵城）霍泉分水亭

同样，在洪洞，分水故事也比较普遍，母题也相同，传说下广胜寺外分水亭旁的好汉庙，就是为纪念当初跳油锅捞铜钱而死的争水者而建[②]。在赵城以北（在今天是洪洞以北）的霍州，人们也说，

① （清）刘登庸：《霍渠创立铁栅详文》，孙奂仑修，韩垧等纂：民国《洪洞县志》卷一六《艺文志中》，《中国方志丛书·华北地方》第79号，影印民国铅印本，台北：成文出版社，1968年，第1520页。

② 现在在那里有个新的“好汉宫”，看起来只像一个普通人家的小院。院里有一块新刻的碑，碑文如下：“唐贞（观）年间，灌溉麦田，洪赵两县人民在土豪劣神（绅）的挑拨下发生斗欧（殴），由洪洞知县与赵城知县出面调解，在水神庙前置一口油锅，烧的（得）通红，里面放铜钱十枚，一枚钱表示一份水，两县各派一名代表下油锅捞钱，捞得一分，就表示一份水。水神庙前人山人海，双方擂鼓助威，人们的喊叫声、吆喝声，加油锅里散发的油味，和（合）成一片。只听一声令下，赵城一名青年在熟涌的油锅里捞钱七枚，便成了定局。赵城分水七份，洪洞分水三份，并立碑为证，建了分水亭。赵城人夸油锅捞钱的英雄，脱口而出：余水灌洪。洪洞人不服，又打起架来，也脱口而出：碑前打死碑后埋！打死人不偿命，做一条好汉。就这样，在水神庙旁建了好汉庙。相传有一段，洪洞郭知县与赵城谷知县，还有掌列（掌管水的人）议事，二知县话不投机，打起架来，一人拿的切面刀，一人拿的杆（擀）面杖，掌列中间拉架，三人同时命归。为纪念三人，设立好汉庙，并立生死词：三人同时命归，有谁光明磊落？人们不明真相，神是灵的，三份渠水位低，水流急；七份渠水位高，水流慢，七份水与三份水并不多，人就这么争，神是灵的，不论怎么分，还是老样子不变，三七开。神已定局三七分水，两县人民的水终究是

"老大一个是势力大,一个是打人打死的过多。再有一个水,是怎么来的呢?就和广胜寺那流传的一样,就是广胜寺那水,三、七分渠,油锅里捞小钱,你捞的多了,你就多,过去就凭这种形式"。或说是"在油锅里放了十个铜钱,两家捞。洪洞一把捞下去七个,赵城捞了三个,所以水从此就三七分开了。……洪洞主要是地平,人家水源比较充足。郭庄泉的水,渠首在霍州,水流到洪洞,人家浇了地"①。但这里把三七分水的情况正好说倒了,似乎在强调洪洞的强势地位和地处上游的劣势。

关于分水的故事,根据不同的生活环境,还有许多不同的母题。比如霍州四社五村的人讲女儿出嫁,因婆家无水而不愿去,于是从娘家带去一个水分,相当于嫁妆。如说义旺村嫁女到孔涧村,带去了"三枪水"。由于后者有了水,所以原来的四社四村就变成了四社五村了。然后又说孔涧村嫁女到刘家庄,又把这里的水带去"一日",叫作"老丈人水"。也有孔涧村人说给刘家庄的水是县官判给的②。

与上述相比,晋水、介休源神泉和洪洞霍泉的分水故事,表现得更像一个区域性的大历史。晋水故事表现的是其南河与北河村落集团之间的关系,源神泉故事表现的是其中河与西河村落集团之

平等的。洪赵争水,大动干戈,曾至不通婚嫁。为纪念争水斗欧(殴)而致死的人,北霍渠在关胜桥旁建有好汉庙,现已毁迹。1931年,北霍渠一名叫猪娃的副掌列巡水,因堵塞南渠斗口,而南霍渠民越过北渠关圣桥,截住归路而被打死。南渠下游向北渠人赔了命钱,北渠人为纪念死者,建立了此庙,名为猪娃墺,亦称好汉庙。好汉宫起建碑,1990年辛未月。"碑文中错字较多,从语气上看,有的部分是录自口述传说,有的语句则是记录者添加的。

① 参见董晓萍、〔法〕蓝克利:《不灌而治——山西四社五村水利文献与民俗》,北京:中华书局,2003年,第155、160页。前者的讲述者曾是一社的副社首,后者是霍州水利局的副局长。

② 同上书,第162—165页。

间的关系，霍泉故事表现的是其南渠和北渠村落集团的关系，甚至是洪洞与赵城两县之间的关系。我们还并不十分清楚，这些分水故事究竟是产生在正式的分水制度之前，还是之后？也就是说，分水的原则来源于习惯法，还是来源于官府的制度，或是某种“合力”的结果？无论在故事中还是在制度上，三七分水的比例都是普遍存在的，我们甚至在这三个地方的分水处，都看到保存至今的分水口。尽管它并无法实现真正的用水公平，但这个“三七开”究竟是经过认真测算的，还是某种古老传统的延续？

这个分水问题牵连到区域地理、社会制度与国家制度、社群关系等等，但目前我们对此还所知甚少。

二、分水制度

晋水用于农田灌溉，至迟不晚于隋唐，亦有说始自于汉。其南北两渎，北渎即战国时的智伯渠。南北两河之分，至少在南北朝时期就已形成。在北宋庆历新政和王安石变法兴农田水利的大背景下，嘉祐五年陈知白将泉水分割为北河七分、南河三分；熙宁八年史守一修晋祠水利，溉田600余顷，被认为是晋水水利史上的重要一页。

根据郦道元《水经注》，那时“沼水分为二派”，宋人说实际上一开始就分为三派，北派（智伯渠）和东派，即郦道元所谓“二派”，现在的南派是隋文帝开皇四年所开的。宋仁宗嘉祐年间的太谷知县公乘良弼作《重广水利记》一文，说，“难老泉源晋祠下，支行股引，东走平陆，十分之南三北七以溉民土”。具体的过程是当时的太原知县陈知白准备兴修水利，但百姓害怕因此增加赋税，不愿意进行水利建设，后经陈知白反复动员，“民始释然从事惟君命。于是浚其源为十分,穴庙垣以出其七分,循石弦而南行一分半,面奉圣院折而微东,以入于郭村;又一分凑石桥下,以入于晋祠村;又支者为半分,东南以入于陆堡河;其正东以入于贤辅等乡者,特七分之四,其三分循石弦而北通圣母池,转驿厅左,以入于太原故城,由故城至郭村"。对于这种划分方法,公乘认为,"凡水之所行二乡五村,民悉附水为沟,激而引之,漫然于塍陇间,各有先后,无不周者"①。

从这个记载来看,晋水的三七分配并不像是由于民间对用水量的争夺,因为当时的问题是百姓害怕兴修水利之后会增派赋税,"虽田被其流,悉不肯疏为之用,止旧溉田一百余夫而已"。即使在分水之后,由于当时的聚落规模不大,涉及村落只是"二乡五村",溉田规模只扩大到 334 夫②,与后代以基本相同的水量灌溉土地的规模相比,不应该达到因争水而导致三七分水的程度。就目前所依据的材料来看,这也许是官府的技术性行为。但是,在宋人的记载中,并没有关于为何三七分水且北七南三的说明。

按清末本地人刘大鹏的说法,"夫北渎之水,虽云七分,而地势轩昂,其实不过南渎之三分。南渎虽云三分,而地势洼下,且有伏泉,其实足抗北渎之七分,称物平施,分水之意也"。他又说:"晋水分为二渎,北七南三。原酌地势而分之,非厚于北而薄于南也。北渎地势昂,水因逆流,而七孔之外无水可添,水虽七分,常苦不足。南渎地势低,水皆就下,而三孔之外伏泉尤多,水虽三分,绰然有余。"③由于"水往低处流"的自然态势,水量的分配当然要有所区

① (清)刘大鹏:《晋祠志》卷三〇《河例一·石塘》,第 570 页。

② 同上。"夫"据说是"以稻数计之"的稻田单位。如按古井田"百亩为夫"的说法,一夫即为一顷。

③ (清)刘大鹏:《晋祠志》卷三一《河例二·四河分水》,第 586 页;卷三一《河例二·陆堡河半分》,第 599 页。

别。从清末的灌溉流域来看，北河灌溉 19 村，南河灌溉 18 村；北河灌溉 170 多顷，南河灌溉 140 多顷。具体到水源所在的地方，清雍正年间设立总河，这里的霸权地位在于它的田亩于两渎四河中分用，它浇足之后，才把水放入四河，同时管理四河事务。总河三村，其中晋祠镇 1470 亩土地归南河灌溉，纸房村和赤桥村共 1400 亩土地归北河灌溉。可见基本上是按土地多少平均分配水额的。

从以上看，三七分水的比例不像是个引起冲突的问题，至于它是否冲突之后的平衡结果，目前并无材料说明。到明代，虽然增加了就藩太原的晋王和宁化王府租田的用水体制，所谓“军三民三”，即王府地与民地各用水灌溉三天，六天一个轮次，但并没有影响到三七分水的传统比例。“其中、南、陆堡三渠用水不远，又系长流，多不启闭，素少争竞。及王府用水，该府自有号令，俱且不论。”只是到弘治年间，北渠渠长将民间夜水献给晋府，引起争端，又由此引发卖水买水之弊，也与三七分水的传统关系不大①。不过从宋到明，从明到清，村落肯定是增加了，它同时说明了人口和耕地的增加，人均水资源的减少也是确定无疑的。

介休源神泉或洪山泉之用于生产，至迟应不晚于唐代。据唐贞元十一年（795）的《法兴寺碑》称，该寺寺产包括“源神后水磨一分、堡和沟水磨一分……”等。该碑于 1983 年发现于洪山该寺的遗址处，此“源神”应即指源神泉或源神庙，即用泉水推动的水磨②。

---

① 嘉靖《申明水利禁例公移碑记》（《晋祠志》卷三〇《河例一》，第 578—580 页）。表面上看，王府用水分去了民地用水的一半，实际上，王府地基本上就是原来的民地，只是把原有民地上的租赋转交到王府，土地就变成王府地，农民就从国家编户变为王府佃户了。因此，前后灌溉的土地面积大体上是没有变化的。到清代“更名田”之后，宁化王府地即古城营，晋王府地即小站营、五府营，分别是由北河灌溉的村子。

② 现碑在介休后土庙，即介休博物馆。亦可见张晋平编著：《晋中碑刻选粹》，第 45—46 页。

一般后世记载都说是北宋文彦博开始分水。明万历十六年《介休县水利条规碑》中写道,“查得本县东南离城二十里,有狐岐山源泉。自宋文潞公开为东、西、中三河,自南而北流出”①。文彦博虽是介休人,但他是否到过介休,如果到过,他是否主持过或以什么身份主持了分水工程,当时并没有留下的记录②。据北宋大中祥符元年(1008 年,文彦博生于 1006 年)《源神碑记》,说至道三年(997)“重建造神堂”,所以碑文中有“遂得先人立庙,今古相传”之句。碑文中又有“疑此山藏卞玉,水隐骊珠,沃万户以滋荣,灌一川之秀丽”“泛淘一洞,分流万派;浩辟沧江,滋浓汾介”等语,虽文学色彩浓重,但还是可以看出,至少在北宋之初,此泉已用于农业灌溉,不仅灌溉范围很广,而且隐含着分水的信息③。

无论分河之事是否与文彦博有关,明代以前这里显然已分为三河。明万历二十六年大旱,“西河之民聚讼盈庭,知县史记事询,分水之初有石夹口、木闸板,三分归中河,七分归西河。今木朽石埋,三七莫辨,但地数既有多寡,应照地定水。中河地近四十顷,水四分,西河地近六十顷,水六分。乃筑石夹口,铸铁水平,上盖砖窑,下立石栏,一孔四尺归中河,一孔六尺归西河,门锁付水老人掌

① 碑在源神庙,即洪山水利博物馆。碑阳文字亦可见张晋平编著:《晋中碑刻选粹》,第 212 页。

② 嘉庆《介休县志》卷二中也说“水利所在,民讼罔休,宋文潞公始立石孔,分为三河”。但在其卷九《人物》的文彦博传中,并未提到他来过介休或主持过分水工程;在“艺文”的诗歌中,无论是文某人自己写的,还是别人写的,都未提到他是否来过介休,是否做过此事。文彦博之曾祖坟在介休,父母坟已在洛阳,庆历年间立四世家庙也在洛阳,说明他这一支迁洛已久,以洛阳为故乡了。因此无论是守制还是致仕,他都不大可能回到介休。因此确信文献中关于他始分三河的传说,并因此下结论说这意味着有官背景的权威介入等等,尚可斟酌(参见《洪洞介休水利碑刻辑录》,“导言”,第 38 页)。

③ 碑在源神庙,即洪山水利博物馆。碑文亦可见黄竹三、冯俊杰等编著:《洪洞介休水利碑刻辑录》,北京:中华书局,2003 年,第 142—144 页。

之，无故擅启者以盗论”①。

按清人的追述，“东河据上流而独行，尚无争扰，而中西两河同源分派，弊有不可胜言者”②。从这里的自然地貌看，情况与晋祠分水不同。这里地势为南高北低，诸泉自南而下，向北汇入汾河。三河自东而西，都是自上而下，因此无所谓按地势高低分水。只是洪山泉发源后自东向西横流，先至三河分水处，东河在此北下；再经洪山村，由洪山河向下灌溉狐村、大许；继续西流至石屯，为中河、西河分水处。在这种情况下，引起纠纷的原因就是最后的这一股水被分成了两股，即三河在上游分水后，中、西两河一同向西横流，至石屯分水向下走时再分的缘故。其间的纠纷最初是因为西河人嫌中河多稻田、油磨，对分水比例有意见，后来的纠纷则多与上游占据分水位置的石屯与下游中、西河各村之间的矛盾有关，与分水无关了。

这里的另一个涉及分水的地方是洪山河（与狐村河一河两名）。“胡（应为“狐”——引者）村与洪山同用一河，有南北古石堰一条，以致通流至洪山村心，分为两河，四、六水平。洪山本村分水六分，狐村分水四分，溉地至大许村十五里。狐村河共水地四顷七十二亩三分四厘，共水粮三十八石二斗五升九合五勺四抄，共水程一十七程六时。”③此处不记洪山河灌溉土地数量，按清嘉庆年间的情况，洪山河灌溉水地16顷多，狐村河20顷多，还要继续灌溉大许、张良等村地。史载：“洪山河用水自上而下，狐村河用水由下而

① 嘉庆《介休县志》卷二《山川·水利（附）》，第149页。

② 康熙《复鸑鷟泉水利记》，碑在源神庙。碑文亦可见《洪洞介休水利碑刻辑录》，第206—207页。

③ 万历《源泉诗四首有小序》碑阴，碑在源神庙。碑文亦可见《洪洞介休水利碑刻辑录》，第185页。

上，周而复始，此水势使然也。”①似乎这里四六分水的原则是地势的高低，但洪山河的水源也来自更上游，这里为什么可以占据较大的用水比例？联系到后来洪山村与三河的纠纷，恐怕也与它所处的占据分水处的霸权地位有关。

最后看看霍泉的情形。霍泉南北二渠，三七分水。据后人的说法，“唐贞观间，分南北二渠，赵城十之七，洪洞十之三，因分水不均，屡争屡讼”②。或曰“洪与赵分霍山泉水，洪三分，赵七分。分水处立壁水石，两渠各铺边底石，历唐、宋成规，不紊古碑”③。有学者认为，霍泉至赵城地势平缓，洪洞所浇地势较陡，地势陡的一方用水量要少，即与晋祠分水道理相同④。

据金人引宋碑，说庆历五年“有两县人户争霍泉河灌溉水田，分数不均，是时责有司推勘。据两县分折到霍泉河水等共浇灌一百三十村庄，计一千七百四十七户，计水田九百六十四顷一十七亩八分，动水□磨四十五轮。赵城县人户合得水七分，洪洞县人户合得水三分，两词自此而定”⑤。虽然该碑最后说“使两县溉田人户得水平一”，但并未分别记录两县各灌溉土地的数量。再据清人所记，北霍渠“得水七分，溉赵城县永乐等二十四村庄，共田三百八十五顷有奇”；南霍渠“得水三分，溉赵城县道觉等四村，南溉洪洞县

---

① 嘉庆《介休县志》卷二《山川·水利(附)》，第152页。

② 雍正《建霍泉分水铁栅记》，碑在分水亭南侧碑亭。碑文亦可见《洪洞介休水利碑刻辑录》，第94页。

③ 隆庆《察院定北霍渠水利碑记》，碑在水神庙。碑文亦可见《洪洞介休水利碑刻辑录》，第40页。

④ 黄竹三、冯俊杰等编著：《洪洞介休水利碑刻辑录》，“导言”，第34页。

⑤ 天眷《都总管镇国定两县水碑》，碑在水神庙。碑文亦可见《洪洞介休水利碑刻辑录》，第4页。这里的村庄、人户及土地数字应该包括了霍渠各支渠的灌溉范围，是比较广义的。

曹生等九村，共田六十九顷有奇。三七分水，其来久矣”①。由此，南渠灌溉村庄数约为北渠的一半，灌溉土地数不及北渠的18%，三七分水恐怕就不完全是因为地势高低的缘故。这一点，是与本文前面对晋祠分水的分析一致的。

在霍泉这里，三七分水的原则似乎最初出自民间：“南北二渠，七之而三，土人相传，此例比定，尝经朝廷争理数年而后已。见有丰碑在县可考。”②在晋水和源神泉那里，虽史无明载，或含糊其辞，或托诸名宦，以常理推，民间用水灌溉应该早于官府的介入；但在这三个个案中，其分水之事都发生在唐宋时期政府在全国大修水利工程的背景下，水利工程的兴修至少把如何处理公共资源的问题明确地摆在了大家面前，特别是水利工程兴修之后，还涉及赋役的征派，这个分水原则就必须确定。无论百姓还是官府，从结果看，分水的根据既有地势的因素，也有灌溉面积的因素，更有源泉所在地的控制权的因素，经过较长期的实践，诸多因素造成了一个民间的认同，最后得到官府的许可和认定而成为官民共谋的准则，一个相对的公平就这样产生出来。

就霍泉水神庙碑刻中所反映的纠纷来看，自金、元、明、清以来，南北二渠并未对三七分水比例有何争议，而主要是因为某些人为动作破坏了这个既有的成规，导致某一时期某一方面的实际用

① 雍正《建霍泉分水铁栅详》，碑在分水亭北侧碑亭。碑文亦可见《洪洞介休水利碑刻辑录》，第101页。民国《洪洞县志》记当时南渠灌溉各村土地139顷多，不知所据（卷八《舆地志·沟渠》，第488页）。如按此数，南渠灌溉土地数约为北渠的36%。又据道光《赵城县志》，北渠灌溉土地347顷多，南渠灌溉赵城县内5村土地49顷。（道光《赵城县志》卷一一《水利》，叶2b）这个数字得到乾隆《治水均平序》碑文的印证：“北霍渠……水田有三万四千八百之余。”由此，民国《洪洞县志》所记南渠灌溉土地数字应是比较准确的。碑在水神庙，碑文亦可见黄竹三、冯俊杰等：《洪洞介休水利碑刻辑录》，第113页。

② 延祐《重修明应王殿之碑》，碑在水神庙。碑文亦可见《洪洞介休水利碑刻辑录》，第15页。

水达不到这个比例。明朝有人说得好:“及审两渠渠长,近来屡屡相争谓何?各称原无争阔狭浅深,只因不遵禁例,每私行开淘,故纷纷告扰,看来若无私行开淘之事,则旧规一定,决无相争。”①这最后一句说得有些绝对,但与其说这是分水之争,不如说是用水之争更为恰当。

三、故事和制度背后的权力与象征

尽管如此,本文一开始提到的那些分水故事也并非空穴来风。

晋水油锅捞钱故事中最引人注目的,其实是北河花塔村张姓的地位。在明清时期,北河共设 6 位渠长,其中花塔村的渠长称为都渠长,为北河之首,由张姓轮流充任,管理整个北河的事务。晋水的分水石塔在民间又称“张郎塔”,其支配地位的取得,在故事中就归因于那个下油锅捞钱而献身的张姓青年。

张姓地位的获得,应该与其宗族的政治势力崛起有关,在明清时期,这里的张家出过许多文官武举、贡监生员。花塔村紧邻晋祠镇之北,南关厢、西关厢,以及西镇、南城角、沟里、壑里、杨家北头、罗城、董茹等村都是花塔的属村,北河七分水灌溉村落,花塔为一股,明代属于两个王府的古城营及小站、五府两营分别为一股,鼎足而三,各溉田 50 多顷。在明代“军三民三”的时期,花塔这一股代表着“民三”,更有分庭抗礼之势;到清代王府地转为民地,花塔的地位自然更加不得动摇。在用水的过程中,北河由该张姓排定用水程期,发单于各村;清明前决水挑河时,由张姓选择时期,约集各村渠甲,到某处祭祀后土之神,然后在清明当日集于晋祠决水;在三月一日起程放水时,又由张姓率各村渠甲赴晋祠祭祀晋水源

① 隆庆《察院定北霍渠水利碑记》,碑在水神庙。碑文亦可见《洪洞介休水利碑刻辑录》,第 40—41 页。

神，次日在家设宴宴请各渠长，后者各带礼物前来拜贺；其他如六月初八、初九、初十在晋祠演戏酬神，也由张姓通知收费并主持，其他如河工等项事务等，也是其职责所在。可见，世代担任北河都渠长的张姓，实际是这里重要的地方权威。

这种权威地位相沿已久，很少受到挑战，张姓在当地的地位已得到了传统的认可，这个角色恐怕不是凭借武力那么简单。这是否与油锅捞钱的故事有关，也未可知，因为这种垄断地位又非花塔张氏一姓所独有，如中河渠长一名，由“长巷村张氏轮流充应，他姓不得干涉，中河全河事务归其节制”；陆堡河渠长 2 名，由北大寺村武氏轮流充应，统辖全河事务①。

从明清的地方历史来看，花塔张氏确系地方一霸。明弘治间北渠渠长张宏秀“将民三日夜水献与晋府，民间只得昼水，其夜水全无”。由于水资源紧张，北渠中部分水甲将余水卖给另一部分地方的水甲，以此牟利。“彼方恃家族强梁，徒党众盛，思与争讼。”于是嘉靖间官府将渠长张镇拘到衙门，勒令他率 22 名水甲改过从新。但直到万历年间，“其民间三日夜水，仍浇晋府田地，相延日久”，说明问题根本没有得到解决，民地用水少了将近一半，对于民地中距离最远的金胜、董茹等村而言，在天旱之时就顿感缺水，于是金胜村民柳某上诉官府请求重新划分水程。无论柳某提出的解决方式是否合理，他指出的问题无疑是存在的，但官府却不敢得罪王府和官绅，说柳某“妄称”渠长张弘秀因有人命案，将三日夜水投献与晋府使用；认为“在官张相故祖张弘秀原无投献情由”，以张家献夜水等事间隔已久，已成惯例，不好再改。本来柳某的建议违反了旧例，应该判罪，考虑到他也是为了生计，只是从轻罚款了事②，

---

① （清）刘大鹏：《晋祠志》卷三一《河例二》，第 596—596 页。

② 万历十七年《水利禁令移文碑》，碑在晋祠圣母殿侧，碑文亦可见晋祠博物馆选注：《晋祠碑碣》，太原：山西人民出版社，2001 年，第 148—150 页。

表现出官府虽知理在何方，却无法公断的尴尬处境。

有意思的是，花塔张氏油锅捞钱的故事并不见得让所有人心服口服，因为另外一个关于晋祠圣母的故事同样脍炙人口，即"柳氏坐瓮"的故事①。

晋祠圣母殿殿前为鱼沼，北口水入北河，南口水即玉带河之源；后者西南流抵难老泉水口，然后一直向南汇入南河。它原名女郎祠，建于北宋天圣年间，熙宁时赐号显灵昭济圣母，与晋祠水利的兴修及分水制度的确立同时，成为国家兴修水利的象征。明洪武间改为晋源神祠，从国家礼制上继续肯定其作为水神的身份②。明嘉靖年间，事情突然发生了变化：圣母不再是水神或晋水源神，变成了唐叔虞之母邑姜③！而在难老泉上出现了一座水母楼，水母又被塑造成为水神或晋水源神④。难道这只是一个明代儒家礼制化、传达孝道的改造行为吗？尽管圣母在士绅这里变成了邑姜，但在民间传说中她还是柳氏，而且这个柳氏正是告状柳某所在的金胜村人！柳某在告状中也提出了"晋祠圣母柳氏原头金胜村娘家回马水"的传说依据，向花塔张氏利用油锅捞钱故事垄断霸权地位

---

① 这个故事是说，金胜村妇女柳氏出外打水归来，遇到一人向她讨水饮马。尽管这里水源紧张，取水艰难，婆婆又特别厉害，她还是把水都饮了马。那人临行时把马鞭给了她，让她把马鞭放在屋里的水缸之下，需要时用鞭一抽，水就会流出。结果柳氏回娘家时，她的婆婆抽鞭导致大水奔流，柳氏无奈之下，往水缸上一坐，水流就停止了。由于她挽救了村人的生命财产，又带来了水源，便被尊为圣母。沈艾娣在她的文章中提到了这两个传说，但只是把它作为官方道德与地方文化内涵差别的体现。见沈艾娣：《道德、权力与晋水水利系统》，第156—157页。

② 参见晋祠中的明洪武二年《加封诏书碑》、洪武七年《谒晋祠碑》，直至成化二十年《御制祭文碑》。

③ 据晋祠中嘉靖二十六年的《重修唐叔虞祠记》，对唐叔虞的祭祀在洪武初年也已列入正祀，但香火远远不如圣母，以至于当时的官员感叹："顾寂寞水滨，不知为正神。"在200多年后才进行了再次修葺。他们希望能"克正祀典"，不要只注意比较功利的水神祭祀。到清代以后，整修唐叔虞祠的活动变得更加频繁。

④ 据晋祠中隆庆元年的《重修晋祠庙碑记》，嘉靖四十二年乡民王文泰等与杨廷才等人募捐，"建重楼于难老泉之上，俗名梳洗楼"。

挑战。它虽被官府断为“捏称”，却不仅反映出传说故事的权力资源象征之意义，而且可能隐含着一个区域历史的重要转折。

这个转折就是，在明代中期以后，随着原来的晋水源神圣母被日益改造为一个符合道德教化，但区域性整合功能大为削弱的偶像，晋祠镇及其北邻花塔村、南邻王郭村等势力获得较大发展，控制了晋水两河，在其源头难老泉上，就修建了新的象征水母楼。而在圣母殿前的鱼沼，尽管也分别汇入北河和南河，但由于“鱼沼之水，三十年旺，三十年衰”①，作用无法与难老泉比，祭祀水母的人群开始与祭祀圣母的那批人分庭抗礼，难老泉—水母楼成为具有竞争实力的神圣象征②，具有后代性质的油锅捞钱故事的影响也就超越了较有原始意味的柳氏坐瓮传说。

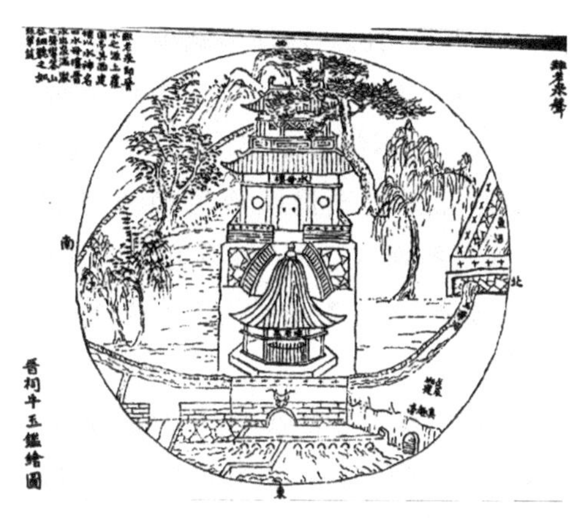

刘大鹏《晋祠志》中的水母楼与分水塔

此后牵扯花塔张氏的纠纷还很多，清乾隆年间金胜与花塔之间还有过一次大的争执，也有花塔与总河联手欺负弱小村落的例

①　(清)刘大鹏：《晋祠志》卷三〇《河例一・玉带河》，第577页。

②　据晋祠中道光二十四年的《合河重修晋祠水母楼及亭榭池梁碑记》：“其正祠、牌楼、亭庭、歌台及各座庙祠，镇人修；其水母楼、难老泉亭、板桥、金人桥，四渠人修，以其均沾水利也；其善利泉亭、八角池、白鹤亭、泰山桥，则北渠人修，以其独沾水利也。”

子,这里暂不赘述①。相比之下,介休源神泉的问题并没有那么复杂。据说自宋到明,“数百年来时异势殊,利弊相寻”,但明万历十六年的争水事件主要是由于论者所谓水资源的所有权与使用权分离,以至有“卖地不卖水,卖水不卖地之夙弊”。于是地方官府在张居正清丈全国土地的大背景下,查明水地水粮,分定水程,轮流浇灌②。值得注意的是,在万历十九年当地人为知县王一魁所作的《介邑王侯均水碑记》后,列名的除东、西、中三河的水老人外,还有洪山河与胡村河的水老人,可见在三河以外,后者的地位也比较重要。

万历二十六年,中、西河又因分水问题产生纠纷,原来二者三七分水的标志损坏,知县史记事确定“照地定水”的原则,重新将中、西河定为四六分水的比例。西河因减少了一分水而不服,提出中河多稻田、油磨,对水有害。史记事认为稻田属碱地,“无藉此水”;油磨是利益所在,也不能禁止,只是不可一家数盘油磨,夺西河之水为中河牟利③。从此至清顺治间,为争水又“屡兴讼端”。康熙二十九年,中、西两河人攻石屯,石屯攻西河改变水程旧例。知县王埴重新均定水程,平息纠纷④。其实这场矛盾,与石屯所在的地理位置密切相关。

石屯村的特殊地位在于它地处中、西两河分水处的上游。中、西两河自东而来,先经过石屯,再由分水处向下分别灌溉各村落,因此中、西两河都要灌溉石屯。在石屯亦有源神庙,这是洪山村以

① 以上所论在较大的程度上还是假设,还需要对那里的村落、族姓等关系做进一步的考察才能做出符合逻辑的判断。

② 万历《介休县水利条规碑》,碑在源神庙。碑文亦可见《洪洞介休水利碑刻辑录》,第163—166页。

③ 嘉庆《介休县志》卷二《山川·水利(附)》,第150页。其碑不见存于源神庙。

④ 康熙《复鸑鷟泉水利记》,碑在源神庙。碑文亦可见《洪洞介休水利碑刻辑录》,第206—207页。

外其他各村不能享有的象征资源，也是两河分水处在其控制之下的结果。该庙“重修源神行祠碑”中有“于明正德五年重修”之句，正殿主梁上有“清康熙四十年四月初十日午时上梁大吉”字样，可见年代也较久远。据说洪山、石屯和平遥辛村三个源神爷是兄弟，石屯这个是老三。以前三月三庙会的时候，石屯源神庙会以神轿仪仗去洪山和平遥请大、二两位老爷，石屯源神庙被称为“行祠”也证实了这一点①。

山西介休石屯村口的环翠楼

正因如此，康熙二十九年，“中、西两河之民谓石屯人以圪塔水相混，有使中霸西、使西霸中之弊；石屯村谓西河人以五分作一刻，紊乱旧规，互相攻讦”②。乾隆时石屯人又因造纸污染下游水源，产生纠纷，后“经八村民等拆去伊等掩造物具，永行禁止”。但到嘉庆年间，石屯村人及真武庙主持仍以石灰为添加成分造纸，被中河八

① 石屯源神庙规模很大，对面的戏台有“惊梦醒”巨匾，周围彩绘木雕极为复杂精致。西门外有建于明嘉靖的玉皇桥，又称环翠桥。2002年6月，我和研究生郭向光等在当地考察时发现桥边有一残碑，上书“新建三官庙碑记”，时间为明崇祯五年。据嘉庆县志，村中还有建于金大定的太虚观，清康熙间重修。由这些建筑来看，石屯当年应是一个规模较大的聚落。遗憾的是，因为时间的关系，我们未能做进一步深入的调查，而黄竹三、冯俊杰等的《洪洞介休水利碑刻辑录》也未对此地的资料有任何涉及。

② 康熙《复鹫鹜泉水利记》，碑在源神庙。碑文亦可见《洪洞介休水利碑刻辑录》，第206—207页。

村人告上官府[1]。本来石屯与八村同为中河九村,但就因它"虎踞中河上流",占据有利地位,才造成这种内部的争斗。

油锅捞钱故事的主角洪山村的情形与此非常类似。尽管它自己并不使用源神泉三河之水,而使用上游的架岭水(到此称洪山河),但三河分水处在这里,源神庙也在这里,地缘优势极为明显,因此这个故事无非是在强化洪山村在整个流域内部的特殊地位。

就架岭水(洪山河、狐村河)灌溉区域内部而言,洪山村首先要确立其权威。有一个传说,说狐岐山有一石洞,里面有个狐狸精,经常祸害人畜,正巧西汉谋士张良路经此地,便使法术把狐岐山烧成一片火海,狐狸精被烧死了,山也被烧红了。那里的村落因此被称为红山,久之改为洪山;而这里的村民为纪念张良,就把原名宁心寨改为张良村。这个故事显然有奚落洪山村甚至狐村的含义,而洪山村也不甘心,编出个"草鸡"的故事来羞辱张良村。此外,这里还有天神看到洪山村民勤奋,便把原来准备给别村的泉水给了洪山村的源神泉水来历的传说,有南蛮子企图盗走泉水,被洪山村放羊的二小发现而破了法术的传说,有民国时源神泉水涸,洪山村民阴长理坚持挖了四年,最终感动了天神,泉水复涌的故事等等,都是为了维护本村拥有源神泉水并可以保持它的合法性[2]。

根据地方志的简略记载,我们可以清晰地看到洪山村利用其特殊地位,不断挑战区域社会秩序的行为:"铁孔设于崇正年间,因三河民与洪山争讼,知县李若星定之也。于洪山分水处改石平为铁平,康熙二十二年知县李应龙易之也。乾隆三十三年,洪山村垄

① 嘉庆《中河碑记》,碑在源神庙。碑文亦可见《洪洞介休水利碑刻辑录》,第233—234页。

② 《介休民间故事集成》,第55、57、61页;《介休文史资料》第3辑,第79—80页,1991年。

断上流，既满铁孔，余水不放，复有私卖私买之弊，致水泽不均。东河渠长张汉耀等合控，知县陈曾公禁止之。又乾隆三十年，郭拔等于洪山渠上立一水磨，初若无碍，至三十三年，新渠决口，沙泥冲入，东河水不得行，东河各村莫资灌溉，遂起讼端，知县王谋文莅任即亲诣渠上，拆磨杜弊。”①实际上架岭水到源神庙前，与源神泉汇合，之所以明崇祯时在这里设铁孔，意在以铁孔水满为标志，多余之水退入三河，以防拥有地理优势的洪山村额外多占。这样，洪山村之所为就不仅与共享一水的狐村、张良、大许有密切关系，也与三河各村的利益有直接关联。

乾隆八年时，“在源神池以下、两河水平以上擅建水磨者，地势狭隘，有妨灌溉，万民病焉”。后被官府禁止，碑由洪山、狐村河水老人、有水土众渠长、民人等公立②。从位置来看，建磨者显然是洪山村人，影响了洪山、狐村两河民众的用水。根据前引地方志，乾隆三十年时又故态复萌，官府再次干预。直到光绪末的1900年，“洪山村民未会众村，兴修池泉。违言既启，讼端斯开。村近源泉，民众而俗悍，少年狂狡，乘隙恣横，毁碑败匾，殴伤三河渠长某等。事遂上闻，委员会鞫，未克允服”。最后官府介入，主持修池、“擅兴工作”的洪山渠长田宝和被勒令捐银200两；被毁碑匾由洪山村照旧赔修；池泉分流按过去的制度，以水上铁板为度；修理大池必须会同公商；等等③。洪山村敢冒下游三河48村之大不韪，公然破坏旧有规章，可见势力极大。

这种势力的取得，也与他们控制了源神庙这个象征资源有关。虽然该庙与整个流域各村都有关系，但洪山村的地位还是十分特

① 嘉庆《介休县志》卷二《山川·水利(附)》，第152—153页。

② 乾隆《皇清诰授中宪大夫今管汾州府清军分宪事加三级魏公讳乾斆号玉庵万民感戴碑》，碑在源神庙。碑文亦可见《洪洞介休水利碑刻辑录》，第215—216页。

③ 光绪《源泉平讼记》，碑在源神庙。碑文亦可见《洪洞介休水利碑刻辑录》，第257—258页。

殊。顺治末、康熙初重修源神庙，就是洪山村的张姓首先提出，并起了重要作用[①]；康熙八年为修庙费用号召捐钱买地作为庙产，也是本村人为主、狐村人为辅分别捐钱的[②]；在同年的《重修源神庙碑》和康熙四十九年的《重修源神庙记》中，前者领衔题名的还是本村河纠首生员张某等，后者中说“洪山村诸村人慨兴焉渐废，敦请本村纠首、他村纠首董其事”，并专门注明“洪山村系附近之地，特有纠首诸人”[③]。在其后乾隆二十七年的《重修源神庙碑记》、道光八年的《重修源神庙乐楼记》、光绪三十一年《重修源神庙碑记》等中，洪山村人都扮演了首要的角色[④]。甚至有个当地的传说：源神庙上面一里多远本有一座“上寺庙”，但因那里的和尚无恶不作，被洪山村民放火烧掉，后来村民又在源神庙之下修了个“下寺庙”[⑤]。我怀疑这个传说也反映了洪山村垄断象征资源的意图。

现在轮到霍泉。如前述，这里的三七分水故事讲的是两县的关系，但霍泉分水处的广胜寺却是在赵城境内东南角的地方。估计应是泉水按照地势，向南自然汇入汾河的支流涧水，再流入洪洞县境，否则唐初南北分渠，为什么要引入洪洞，引起两县的分水之争？

在水神庙中的现存碑刻，几乎全部是北霍渠所立，记录的基本上是北霍渠的事务。在一块碑上的《北霍渠禁约》中还有这样的条文：“下寺之设，原为看守霍泉、应承庙祀往来人等，往常科敛无数，

---

① 康熙《重修源神庙碑记》，碑在源神庙。碑文亦可见《洪洞介休水利碑刻辑录》，第191—192页。

② 康熙《源神庙置地碑记》碑在源神庙。碑文亦可见《洪洞介休水利碑刻辑录》，第197—198页。

③ 碑文参见《洪洞介休水利碑刻辑录》，第201—202、210—211页。

④ 同上书，第220—222、237—238、261—262页。

⑤ 《火烧上寺庙》，《介休民间故事集成》，第70—71页。这个故事就在洪山一带流传。

今已酌定住歇公费，住持僧再不许在各里绰收秋夏。”①下寺即下广胜寺，水神庙即在其右侧，霍泉这个重要的自然资源由它负责管理，而后者这样一个象征资源又由北霍渠加以控制，南北霍渠三七分水，不仅考虑到地势和浇灌面积的因素，与赵城占据这样一个有利位置不会没有直接的联系。因此北渠人非常得意，认为霍泉“流分两地而邻县沾泽，渠得七分而赵邑承恩。苟非董事有德，曷能着绩？”②

洪洞广胜下寺水神庙

但赵城人由于霍泉在本县境内，对这种现状仍不满足。“宋开宝年间，因南渠地势洼下，水流湍急，北渠地势平坦，水流纡徐，分水之数不确，两邑因起争端，哄斗不已。于是当事者立限水石一块，即今俗传门限石是也”③。庆历五年时又“有两县人户争霍泉河灌溉水田分数不均”。金天会年间赵城人告洪洞人偷水，天眷年间赵城人再告官员处理不公。官府重新派人查验裁定后，洪洞人又出来鸣冤，认为新的处理不当，于是风波迭起④。到明隆庆二年，洪洞人告赵城人破坏逼水石，将渠淘深，以至“水流赵八分有余，洪

① 万历《水神庙祭典文碑》，碑在水神庙。碑文亦可见《洪洞介休水利碑刻辑录》，第 52 页。

② 康熙《北霍渠治水功竣碑记》，碑在水神庙。碑文亦可见《洪洞介休水利碑刻辑录》，第 90 页。

③ 雍正《建霍泉分水铁栅详》，碑在分水亭北侧碑亭。碑文亦可见《洪洞介休水利碑刻辑录》，第 101 页。

④ 天眷《都总管镇国定两县水碑》，碑在水神庙。碑文亦可见《洪洞介休水利碑刻辑录》，第 4—5 页。

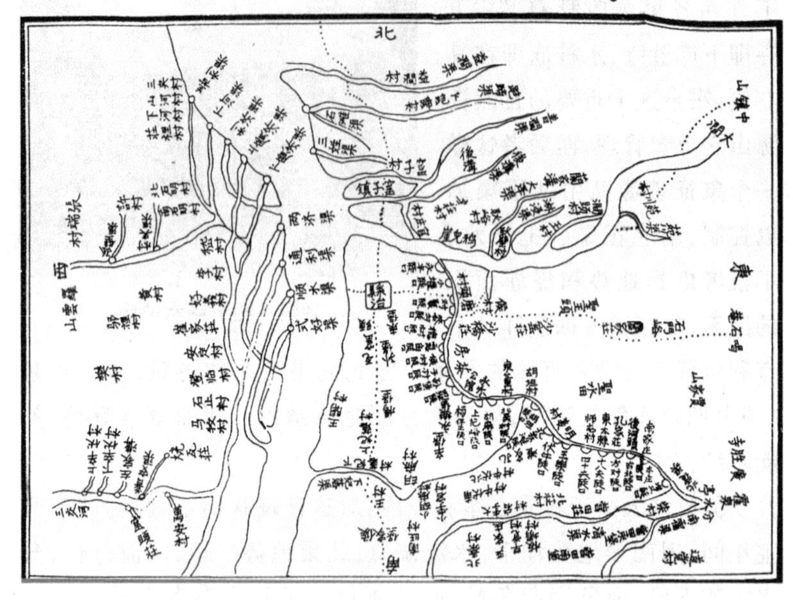

民国时绘《赵城县全境渠道总图》

二分不足”。官府重新立石后，双方仍有争执，于是将南渠之限水石与北渠之逼水石同时去掉①。但“因渠无一定，分水不均”，清雍正初两县民再起争斗。地方官无奈，重立两石，但立即被洪、赵两县人分别将限水和拦（逼）水石击碎。平阳知府刘登庸决定用连体铁柱 11 根，分为 10 洞，照旧北七南三分水，并加造铁栅，上下控制水的流量，彻底取代容易毁坏磨损的两石，于是风波渐息。但直到民国年间，两县争水纠纷仍时有发生。

霍泉的情形与前面的晋水和源神泉颇有不同，其关键在于地方对水资源的所有权做何判断。对于晋祠的难老泉来说，任何一

---

① 隆庆《察院定北霍渠水利碑记》，碑在水神庙。碑文亦可见《洪洞介休水利碑刻辑录》，第 40—41 页。

方都无法说那是他们所有的资源；早在这些人的祖先在这里定居之前，难老泉就已经在滋润着这块土地了。甚至早在他们的祖先在这里定居之前，这里就已处在晋祠之内，是神圣之所的一部分。他们只能通过间接的手段构建他们与水资源所有权的关系。较早期的居民金胜村柳氏通过“柳氏坐瓮”的传说，建构了他们与晋祠昭济圣母的关系；较晚期的花塔张氏则凭借类似黑社会手段的“油锅捞钱”故事，毫不掩饰其暴力倾向地重构了一个晋祠水利的传统。晋祠水母楼，以及在此进行的种种仪式，都不过是这一重构过程的组成部分。

（左）山西介休源神庙中的王一魁像和（右）大禹像

对于介休的源神泉来说也同样如此，包括洪山村在内，都不能公开而直接地声明上古的鸑鷟泉归自己所有，洪山村也只能通过传说故事来表达这种欲望。但它的不同之处在于，第一，这股泉水没有与神秘的象征物直接挂钩，这里的源神不是柳氏圣母，也不是水母娘娘，而是尧、舜、禹这三位圣王，后者只是与治水、求雨有关，后来还把明代知县王一魁塑像配祀，他们都与水源的产生无关；第二，源泉和源神庙的所在地是一个具体的聚落，晋祠村或晋祠镇因晋祠而发展壮大，但源神庙却是建在一个已有规模的村中。因此洪山村对于其他村落而言,具有无法比拟的优势地位,这种优势地位甚至远超晋祠北渠之于晋祠。这种优势的来源在于洪山村虽然没有泉水的所有权,但却实际上掌控着,至少是威胁着水的使用权;它虽然没有对源神庙的所有权,但实际上控制着其管理权。

无论如何,油锅捞钱、三七分水的故事对他们还是有用的,但对霍泉南北的人们来说,它又有什么意义呢?在这里,行政区划的界限变得重要起来,因为霍泉和水神庙在赵城,不在洪洞,所有权的归属上升到县的级别。复杂的是,除五代纷乱以外,洪洞自唐至清都属于平阳郡或府(临汾),而赵城在唐属平阳,在宋则因其"姓赵"而升县为军(庆祚军);到金时先属平阳,后属霍州,元代仍之。明朝时属平阳,清乾隆时再属霍州(直隶州)。于是所有权的归属又再上升到府的层次,南北渠之间的官司就不是村民之间或两县之间所能解决的,往往要打到省里。这样不断加深的政区差异,使洪洞根本没有争夺霍泉归属权的资格。赵城拥有霍泉是理所当然的事,他们似乎没有必要发明和传播油锅捞钱的故事;这个故事对于他们对水源的控制权来说不过是锦上添花,对洪洞人来说倒是十分必要,却又与他们分水比例的现实不相符合。在这里,同样是自然资源的源泉,由于有国家设置的行政界限,对归属权的判断变得容易多了,地方性知识则变得有些苍白无力。

四、公共资源利用的困境

无论如何,所有这些霸权地位都无法改变泉水是公共资源的性质,况且,与土地、森林、矿山等其他资源不同的是,水资源与空气等一样,属于公共资源中的"公共物品"(public goods),在产权划分上是非常特殊和困难的[①]，几乎可以说，在所有权的意义上，它不可能私有化，产权的界定只能是在使用权的意义上实现，即使如此，由于水资源的公共物品性质——不可分割性，其使用权的界定也困难重重，只能保持相对的稳定性，会不断因为新的情况发生而遭遇挑战，而且大多也只能界定在村落这样相对较小的公共空间层次。

作为泉水的神圣象征，神庙同样也是公共资源。自宋至明中叶，晋祠的修葺多由官府投资，或由住持僧道募化，这间接地说明，由于较大规模的水利工程起初大都由国家组织兴修，相关寺庙列入国家祀典，公共资源的国家影响还比较明显。随着私有化趋势的加强，民间社会的力量增大，至明嘉靖间，庙宇的修葺开始更多地由当地士绅和民众承担。清嘉庆时重修晋祠各庙，"若莲池、水榭、板桥，凡有关于水利者，皆计亩出钱，司河者董其事，镇人无与焉"[②]，共同享受水利之惠的人们有共同维护神圣象征的责任，表明了使用权的相对划定。同时具体到某一渠段之水专为某一区域的人享用，后者承担相应的责任，则表明此水即为这一区域内的公共

---

① 讨论历史上山西水利纠纷或水案的学者通常都笼统使用"水权"的概念。在20世纪50年代以来水资源所有权归属国家后，水权则可确指由前者派生出来的水资源使用权和相应的收益权。在传统中国，虽有"溥天之下，莫非王土"的说法，土地、森林、矿山等也都曾明确归国家所有过，水却没有为国家明确声称所有过，也没有像土地那样通过赋税表明国家对它的权利，虽有禁止私人占据水资源的律条，但也可以理解为是对侵犯公共资源的处罚。同时，也没有任何群体和个人能够宣称对水资源的所有权，我们看到许多碑文中官府禁止水的买卖，即表明了它的公共所有属性。在这种情况下，直接隶属于所有权的分配权或处分权就不得不属于公共所有，决定分配或处分水资源的方案就可能由多种因素决定。因此，尽管在实际生活中，由于所有权不清而与经营权、使用权分离，后者甚至成为一种"永久"使用的权利（类似于永佃权），使我们面对的大多只是用水权问题，但并不等于说对水权概念的具体讨论没有意义。因为一方面我们可以因此看到国家、地方、官绅、民众以及许多非人因素的参与和影响，本文讨论的三七分水就是此种格局的结果；另一方面水利纠纷总是因派水"不均"而起，恰好是出于人们对水资源所有的公共性的理解，并以此来对抗各种私有化的企图。

② 嘉庆《补修晋祠庙记》，《晋祠碑碣》，第102页。

资源。如晋水北河双桥之东有水亭，年久失修，乾隆四十三年北河渠甲张曰信进行了补修，道光二年值年都渠长张曦又召集全河渠甲商量重修，理由是“北河十数村均沾水利，其忍斯亭之废坠乎”①。这说明公共资源在不断地被“单位化”，即水权主体的不断明确。但这并未改变水资源的公共物品性质，并未像土地那样以契约的方式被认定归属于私人。正因此，洪洞人才有享用和争取霍泉使用权的理由，晋水流域内的其他人才有到晋祠参与祭祀的资格。

在所有故事当中，油锅捞钱、三七分水是一个以某种巨大代价建立相对公平使用公共资源秩序的事件；但在实际上，三七分水本身是一个相对公平使用公共资源的既定制度，其后的一切纠纷都是因试图改变这种相对公平的状态而产生的，所以我们看到的许多碑记及其记载的内容，多是在从不同角度维护这个相对公平的既成事实，对那些挑战此既成事实的行为——尽管可能是合理的——也不予理睬②。前曾举出过的晋祠碑文说：“其正祠、牌楼、亭庭、歌台及各座庙祠，镇人修；其水母楼、难老泉亭、板桥、金人桥，四渠人修，以其均沾水利也；其善利泉亭、八角池、白鹤亭、泰山桥，则北渠人修，以其独沾水利也。可谓条分缕析矣！其出资也，四渠照三七分之规，北渠照三分用水之程，以水利故，莫不踊跃输将。”③如果把水资源与其神圣象征寺庙对应起来看，某些资源的公共使用权是在较大范围内享有的，而另一些则是在较小范围内

① 道光《补修水亭碑》，《晋祠碑碣》，第107页。

② 如前面提到的晋祠金胜柳氏的诉讼。

③ 道光《合河重修晋祠水母楼及亭榭池梁碑记》，《晋祠碑碣》，第110页。碑文最后记录的摊钱情况是：北海清河以十之七出钱897千492文、南鸿雁河以十之一分五厘出钱173千87文、南鸳鸯河以十之一出钱128千213文、南陆堡河以十之五厘出钱64钱106文、晋祠帮认鸿雁河钱19千232文。此外，北河独工费钱2310千208文，等等。

享有的。

因此，尽管三七分水制度有可能是拥有霸权地位的一方用来加固、强化这一地位合法性的工具，但它却不失为有用的工具；而其之所以有用，就在于它在无法确定所有权归属的情况下，确定了使用权的归属，在于当公共资源一直处在被觊觎、被瓜分或独霸为私有财产的过程中时，可以限制进一步的公共资源私有化，限制对相对合理的使用权界定的不断否定。这时，故事与现实之间的反差就反映了某种变化：从建立公平到破坏公平，再到维持相对的公平；而神庙的功能也从保障公平变为保障霸权，再变为限制霸权更迭、保持力量的相对均等。在我看来，这些传说故事的产生本身就标志着相对公平地利用公共资源状态的打破，否则就根本用不着它们，至多是在它们产生出来之后就成为一曲无可奈何的挽歌，更何况它们实际上成为占据优势地位的一方重申霸权的论据。

事实上，水资源的公共所有性质在实际的资源开发和利用时必然遭到挑战，它的使用权是否仍然可以公有？在我们看到的这三个地方，水主要是用来灌溉土地的，兼有用于磨坊和纸坊，但后者却都是私有的。三七分水只是照顾到较大的地区性平衡，其后还要不断向村户析分，也就有了分定水程的做法。明王一魁在源神泉做的改革，就是“欲将查出有地无水、原系水地而从来不得使水者，悉均与水程；有水无地，或原系平坡碱地窜改水程，或无地可浇甚而卖水者，尽为改正厘革，惟以勘明地粮为则”①，即把水的使用与水地的有无、多少直接挂钩。这样，没有水地或其他用水产业的村或人，就无法享有分得水程的权力，水资源的产权就在与土地等捆绑的情况下得到界定，同时其使用权就不可避免地出现了某种意义上的私有化。于是，在水资源的公有性质与使用权的私有

① 万历《介休县水利条规碑》，碑在源神庙。碑文亦可见《洪洞介休水利碑刻辑录》，第163页。

化之间就出现了矛盾，我们看到的许多纠纷皆由此而起。

山西介休洪山泉蓄水池

许多论者皆将这些地区水利纠纷或者水案的频繁归于明清人口增加、资源紧张、生态环境恶化等原因，简单说，即归结为资源短缺。实际上，虽然这些因素十分重要，但却并非问题的关键。以介休洪山泉为例，20 世纪 50 年代以后灌溉流域内的人口远超 15—19 世纪，同时水流量却比以前逐年减少，但在 20 世纪中叶以后依然保持着相当强的灌溉能力①。洪洞霍泉灌溉流域在 1953 年的人口达 63345 人，96 个自然村，浇灌面积 847 顷②，人口资源比也超过以往，按此推理，则水利纠纷该大幅增加。因此，问题还在于水资源的公共物品特性以及由之而来的产权界定困难。这个问题不解决，即使不存在资源短缺的问题，水利纠纷依然会层出不穷。即使像土地这样的产权容易界定的资源，还会成为地方豪强巧取豪夺的对象，又何况水这种公共的或可谓“无主”的资源呢！

根据上述区域历史，在前现代中国，国家并未明确强调对水资源的所有权。因其公共物品的特性，国家原则上只是支持传统的

① 参见高云福等编：《山西省介休市水资源管理研究报告》，北京：中国地质大学出版社，1992 年。

② 山西省晋南专区霍泉渠灌区《灌溉管理总结报告》（1954 年 11 月 10 日）。

民间习惯法,对破坏民间确立的公平原则的行为进行处罚,或在情况发生变化时做一些符合原有制度的技术性改造。因此总体来说或相对来说,它只是居高临下、互不偏袒地处理纠纷。这也许并不能说明国家在处理一切基层事务上都是软弱无力的,而恰恰是因为水资源的公共属性使其分配或处分要更多地依据公共确立的传统规则。在我们分析的几个案例中,无论是当地的水利组织建设——包括渠长、水甲或水老人等等的选任,还是分定水程的水册、渠册的编制,官府并不参与,都是民间自己解决。但在实际上,无论从兴修水利工程的初衷还是处理用水矛盾的原则来看,它必须要考虑收取赋税,要考虑国家利益,从而在加大水资源公共物品特性与使用权私有的矛盾中扮演了重要角色。因此,官府处理的所有纠纷都只是在短期内保持了平衡,没过多久又烽烟再起,原因就在于对这种公共资源的产权界定问题一直没有很好的解决办法。在水资源问题日益重要的时代和地方,随着时间的流逝,物去人非,环境因素改变,制度过于刚性,影响地方权力结构的因素等等一旦变化,关于水、水神、水神故事等等功能性或象征性的公共资源的使用现状也就可能改变。

这显然把我们带入了饶有兴味的历史情境,因为围绕着这个至今未能很好解决的问题,我们看到了历史上乡土社会各种权力的实际运作过程,明争暗斗不断发生,官绅士庶介入其中,特别是通过各种方式创造了“三七分水”这样的界定水资源使用权的模式。这些方式包括建立民间的管水组织和相应制度、使用水册、碑刻等文字规约、赋予官府监督和最终裁决的职能、确立神圣象征的权威、创造传说、故事的口头传统,以及发明铁、石等各种材料制作的水栅、水闸等等分水设施和技术,在某种意义上说,这些地区的生活故事就围绕这些展开。而当我们从历史的情境回到现实中时,发现 1949 年以来的水资源产权公有制度,到 20 世纪 80 年代以后发生了新的变化,随着土地的家庭承包制度,水资源产权回到了以前的不清晰状态。有学者建议通过组建各种形式的水利合作组织(如水利合作社和用水户协会等),来解决产权界定不清、所有者缺位的问题①,而这类组织却已在中国的乡土社会中存在发展了一千多年,问题仍复不少。于是,关于油锅捞钱之类分水故事就作为与现实息息相关的历史记忆流传至今。

① 参见薛莉等:《农用水集体供应机制中“公地悲剧”问题分析》,《山东社会科学》2004年第9期,第22—25页。1949年后,特别是农业集体化之后,水资源产权问题确定下来,所谓“水归公有,水尽其用”,水利纠纷大减。同时废除了旧水规,在霍泉流域采取了村级的包浇组和村以上的斗渠委员会等基层组织,前者是一种互助轮浇的组织形式,组长与村民签订包浇合同;后者也是群众民主推选的,负责统一规划,全面安排。据说主要的变化是“由不固定水程,把它固定下来;按日轮水,逐渐由长日程,缩为短日程;……继续将按日轮浇,改革为灵活适时配水”。但由于当时还不是全体农民进入了集体化,因此既存在偷水、争水以及上游“三不浇”等传统问题,也开始出现浪费水的情况。参见霍泉灌渠增产检查队:《包浇典型报告》(1954年)、省专霍泉灌区增产检查队:《关于基层组织形式的调查报告》(1954年6月8日),及山西省晋南专区霍泉渠灌区《灌溉管理总结报告》(1954年11月10日)。从这里可以看出,一方面产权问题得到解决,另一方面基层组织与以前的渠甲系统也还是有一定渊源。以后集体化程度高了,“大锅饭”和资源浪费的情况就更加严重,这时,资源短缺的问题才更突出。

识宝传说：一个关于本土与异域的华北民间历史隐喻

识宝传说是中国口述传统中延续时间最长的民间传说之一，不仅被历史上的许多文献所记载，而且至今在许多地方口耳相传。它经历了从古代的“识宝”主题到明清以来“盗宝”主题的变化，反映了许多有意思的社会史变迁轨迹，因而为学者们所注意①。但长期以来，民间文学研究界因难以突破前人的研究成果，对此丰富的内容未有进一步的探索，而史学界则缺乏对口述传统的方法论兴趣，对这类问题也较少问津。本文试图从区域社会史的视角，将此类传说仍置于历史记忆的轨道，作为构建历史之一“调”②。

---

① 程蔷的《中国识宝传说研究》（上海：上海文艺出版社，1986 年）是这个研究领域中最出色和较全面的研究，她在《识宝传说与文化冲突——识宝传说文化涵义的再探索》一文（《民间文学论坛》1993 年第 2 期）中进一步指出，该传说反映了传统农耕文化与商业文化之间的对立，反映了本地人与外来者的利益冲突，但对该传说明显表现出来的地方性特点未做特别强调。本文系近年来我从社会史的角度对华北民间传说进行的研究之一，以表达对业师钟敬文先生培养之恩的怀念。

② 这里借用的是柯文《历史三调》的用法。“调”的英文原文为 key，一词多义，用“调”来翻译是很巧妙的，因为西洋音乐中的“复调”用来形容历史过程也很恰当，本来历史就不是由官方文献或精英反应某一种“论调”所能全面反映的。但同时 key 又有“解答”“答案”的意思，因此对作者来说，既是“三调”，也是“三解”，一词之中，体现了主客观的互动。所以作者似乎更巧妙，而中译却多少有些捉襟见肘了。

一、胡人识宝:“异域”的凸显与本土问题的转换

据程蔷研究,识宝传说萌芽于先秦,见于隋侯之珠、和氏之璧等故事中。其宝物的特点在于其价值连城,但基本上是罕见的珠玉之类,并不是匪夷所思的东西,即《淮南子·览冥训》所谓“隋侯之珠、和氏之璧,得之而富,失之而贫”。卞和识玉与伯乐相马一样,更多地体现为一种可以理解的经验行为,并不带有神奇的、巫术的色彩。但尤其值得注意的是,这里还没有显示出“本土的”宝物与“异域的”识宝者之间的张力。

汉魏时的文献记录了许多名人识宝的故事,比如东方朔、张华等,也开始产生了至隋唐以降蔚为大观的西域胡人识宝传说的萌芽。如果说以前只是表现人们对宝物的追求,或为名人身上增添神秘光环,到这时就不仅有了商业的因素,也有了异域的因素。有时这二者是相互联系的,有时又是相互分离的。因为故事的主角变成了“胡人”,而这个“胡人”在当时的主要来源一是北方民族,二是藉丝绸之路来华的西域人。之所以发生主角的变化,是人们把神秘的东西、不理解的东西,与他们所不了解的世界等同起来。比如汉代所谓“汗血宝马”,所谓西域的“夜光杯”,本来并无太多奇特、神奥之处,但因人们,特别是后人不了解其中奥妙,又来自很难到达的远方,所以常被传得神乎其神。

这里比较早期的例子是石崇“魏末于胡中得之”的爱婢翔风,据说她能“妙别玉声,巧观金色”①;还有南朝宋刘敬叔《异苑》记载的两个寄宿的胡人求买井边洗石的故事;到唐代则各形各类的胡人识宝故事蔚然大观。

---

① (晋)王嘉撰,(梁)萧绮录,齐治平校注:《拾遗记》卷九,“晋时事”条,北京:中华书局,1981年,第214页。

据程蔷的概括，唐人的胡人识宝传说大体上有三种情节类型。一是某人得宝而不知其价值，胡人识之而出高价购得，然后向卖主说明其价值，后者亦获巨资而归；二是某人有恩于胡人，胡人为感恩而赠宝，但最后该人还是将宝物归还原主或其子孙；三是某人得宝而不知其价值，胡人识之而欲购，某人一再提高价格而胡人均答应，但在取钱过程中该人无意中损坏了宝性，胡人遗憾地告诉他价值所在，该人懊恼不已。据程蔷的统计，前两种类型大约占到总数的95%左右，因此从主流上来说表现了交易的成功。

这里同样引起我们注意的还有宝物本身。张读《宣室志》中记载了一则故事，说一个来自“西国”的胡人在一个中国人那里发现了一颗宝珠，称为“清水珠”，本是该国的至宝，不知何时遗失，其国水源于是变得十分污浊，饮之则病。这时终于寻得，便斥巨资购回①。这一方面将宝物与对人民生命十分重要的自然资源联系起来，另一方面说明宝物本来是人家的故物，这时只是物归原主而已。薛用弱《集异记》中记录了一则华人帮助病重胡商，胡商临死前将“传国宝珠”相赠，而华人又将此珠归还其子的感人故事，虽然故事中并未提及宝珠的用途，但却说明此珠原是他国之物，不知为何遗失到了中国，也是来此的胡人找到②。这个细节说明，故事的讲述者并不将宝物（具有重大价值之物）归为本土所有，无论胡人采取什么手段、通过什么方式获得此物，都不过是物归原主，并无心理障碍。

当然也有如《广异记》中记载的“破山剑”故事，将宝物归为本土所有，胡人欲买来破山获取宝藏，但被主人无意中砍了一下石

① （唐）张读撰，张永钦、侯志明点校：《宣室志》卷六，“清水珠”条，北京：中华书局，1983年，第78—79页。

② （唐）薛用弱撰，王达津等点校：《集异记》补编，“李勉”条，北京：中华书局，1980年，第62页。

头，只能使用一次的宝物便失去了价值。据程蔷的统计，此类本土所产宝物的故事占较大比例，但宝物产自胡地以及虚无缥缈的神仙世界者仍有相当的数量。

在这些传说故事中，胡人往往是泛指，稍微具体一点的是波斯胡，身份上以胡商及胡僧为主。故事发生的地点往往在长安、广州、扬州、洪州、泉州等地，主要是当时的商业中心和外商云集之地，在西部、中部和东南沿海都有，基本上反映的是一种中外贸易的关系。在这些故事中，对识宝的胡人并无微词，中国人往往是书生或官员等相对见多识广、博闻强记之人，也没有因其不如胡人识宝能力强而遭耻笑，大体上是双赢的结果。有的故事虽以宝物归胡人，但却表现了华人的高尚情操。另外在故事中许多宝物就是原属胡人的，后来流失到中国，依一般的原则，应无偿归还才是，胡人以高价购回，当然卖者也很满足。或在故事中华人不知而胡人了解该宝物的价值，重金相购，华人知道内情后也不觉如何，因为如果没有胡人，那宝物就可能成为废物，自己也得不到巨额钱财。这些都反映了一种平和的心态，并没有十分凸显出本地人与外人之间的紧张关系。

到明代以后，故事主人公的称呼从“胡人”“贾胡”之类变成了“回回”。其原因在于元代的色目人主要信仰伊斯兰教，他们又往往被泛称为“回回”，多以经商为业，在人们的印象中就如同波斯、阿拉伯人在唐代人的眼里一样。这应该说与唐代故事有承袭性，都把走南闯北、见多识广的商人与识宝能力联系起来。但不一样的是，异域与本土之间的紧张关系被普遍凸显出来，以下故事便颇具典型性：

> 弘治中有回回入贡，道山西某地，经行山下，见居民男女，竞汲山下一池。回回往行，谓伴者：“吾欲买此泉，可往与居人商评。”往者漫往语，民言：“焉有此！买水何用？且何以携

> 去?”回回言:“汝毋计我事,第请言价。”民笑,漫言须千金。回回曰:“诺。”即与之。民曰:“戏耳,焉有卖理?”回回怒,将相击。民惧,乃闻于县。县令亦绐之曰:“是须三千金。”回回曰:“诺。”即益之。令又反复言之,以至五千。回回亦益之。令亦惧,以白于府守。守、令语之曰:“此直戏耳!”回回大怒,言:“此岂戏事!汝官府皆许我,我以此逗留数日。今悉以贡物充价,汝尚拒我。我当与决战。”即挺兵相向,守不得已许之。回回即取斧凿,循泉破山入深冗,得泉源,乃天生一石,池水从中出。即舁出将去,守、令问:“事即成,无番变。试问此何物耶?”回回言:“若等知天下宝有几?”众曰:“不知。”回回曰:“今具珠玉万宝皆虚,天下惟二宝耳,水火是也。假令无二宝,人能活耶?二宝自有之,火宝犹易,惟水宝不可得,此是也。凡用汲者,竭而复盈,虽三军万众,城邑国都,只用以给,终无竭时。”语毕,欣持以往。①

宝物居然是山西的泉水之源!而自金元以降,山西因争水发生的争斗屡见不鲜,可以说水是引发地方历史中诸多重要问题的关键之一②。在故事中,为了此事,牵涉到民众和官府,甚至差点发生暴力冲突,而故事的传布则将本地的资源紧张归结为外人“攫取”了宝物,本来实际生活中的社会内部冲突被外化为本土与异域的冲突,这是不是消解本土社会内部紧张关系的一种方式呢?我们看到,在这个故事中,从官员到百姓都试图在交易中要赖,而在实际的山西水案中,由于公共资源的所有权问题,官府和百姓的各种努力往往都无法解决最后的问题,使纠纷一直延续到相当晚近。但

---

① (明)陈洪谟撰,盛冬铃点校:《治世余闻》下篇卷之二,北京:中华书局,1985年,第50页。

② 参见拙文《分水之争:公共资源与乡土社会的权力和象征——以明清山西汾水流域的若干案例为中心》,《中国社会科学》2005年第2期。

在故事中,民众对官府和制度的不满、对自身协调机制的无奈,被轻易地转换为本土与异域之间的冲突,这种转移矛盾的做法是知识精英的设计,还是多方面的一个共谋呢?

二、南蛮盗宝:北方民众的"南人观"及自我认识

在我们进一步讲述北方的故事之前,可以先讲一则广州的故事。清人檀萃的《粤囊》一书记载了五仙人骑五羊、手中持穗,后来羊化为石的故事。据说,"羊石为贾胡所窃,道士以常石补之。祠前高阙上悬大钟,钮之为藤,亦为贾胡潜易,而钟遂哑"①。另一个类似的故事记载于光绪《广州府志》卷一六三,说西樵山有宝林洞,洞前有天池,雨后"气成五色"。明朝弘治时有个外国人望气而来,请当地百姓抽干池水,允以酬金五万,抽干池水后外国人抓到一只赤蟾。表达的已不是一种平等交易的心态,而是对外人巧取豪夺的不满。由于广州长期以来一直是中国的外贸港口,清代本地商业比较发达,因此人们面对的是外商的问题,但对于北方人来说,情况就有较大不同。

与本文开始时所引故事相同,明清同类故事的主角还是有一些被称为胡人或回回,但南方人、南蛮子或者江西人甚至徽州商人却成为多数故事的主角,这与明清时期的南北方地位的差距,特别是不同的区域商业发展状况有一定的联系。实际上,南方人到北方去做生意的确较早,如新安大族汪氏的祖先就曾"聚三月粮,客燕代,遂起盐筴,客东海诸郡中"②;又如嘉、万间客商程德容"挟其

---

① (清)檀萃著,杨伟群校点:《楚庭稗珠录》卷二《粤囊上》,"越城"条,广州:广东人民出版社,1982年,第45页。

② (明)汪道昆著,胡益民、余国庆点校:《太函集》卷四三《行状·先大夫状》,合肥:黄山书社,2004年,第919页。

遗以游江淮，北溯燕代，十余年成中贾，又二十余年成大贾”[①]，江苏、江西、湖广商人在北方活动的事迹也广为《明实录》、私人文献和“二拍”之类小说所记载。

显然，对于北方人来说，南方人已成为精明的甚至狡诈的商人的代名词，取代了外国商人在他们心中的地位；同时，北方人的传统农业生活日益萧条，与这些南方人的商业活动有关，此类心态一直保持到现代，并大多保存在地方传说之中。

河北抚宁有许多这类故事。有一则关于抚宁八景之一“金马遗踪”的传说，说当地的兔耳山有个金马驹，使当地风调雨顺，有一天来了个南蛮子，找到金马驹，用法铲砍掉了它的一条腿，结果金马驹摔在了石头上，至今留下痕迹。还有一则说当地王家沟乡郭家场有块大石头，形状如鸡，故称金鸡石。本来这里有只金鸡，是个宝物，结果有个憋宝的南蛮子路过此地，设计用箭将它射死，但金鸡化为石头，南蛮子未得到宝物，被活活气死。另一则故事讲抚宁县城关有个望儿庄，这里有母子两人，家里长了个葫芦。有一天来了个讨水喝的南蛮子，发现了这个葫芦，表示不惜任何代价要买，但必须等到一百天上由他自己来摘。结果老太太在九十九天上耐不住好奇，把它摘下来藏了起来，第二天南蛮子来了，老太太骗他说葫芦被偷，南蛮子非常失望，告诉她那是开宝库的钥匙。老太太的儿子拿葫芦去开宝库，结果被关在里面出不来了。老太太想儿子，就向南边的山望去，由此得名[②]。

---

① （明）王世贞：《弇州山人四部稿》卷九五《文部·明故征仕郎仁斋程君墓表》，《明代论著丛刊》影印历史语言研究所藏明刻本，台北：伟文图书出版社有限公司，1976年，第4486页。

② 秦皇岛市抚宁县三套集成办公室编：《中国民间文学集成·抚宁民间故事卷》第1卷，1987年。“金马遗踪的来历”，第156—157页；“金鸡石的传说”，第189—190页；“望儿庄”，第243—245页。

与后一个故事类似的是河北满城的八宝嘴的故事。说的是一个背着葫芦的南方人在一个叫猫儿嘴的地方看到两棵芦苇,让一个要饭的看它一百天,答应事成后给他一匹金马驹,结果要饭的自己想得宝物,在九十九天上把芦苇拔了一棵下来,用它作钥匙,把猫儿嘴一开,里面全是宝物,要饭的进去,门就关上打不开了,后来此地便改名八宝嘴①。

像上面的第一和第二则传说明显带有对南方人的敌意。山西代县的传说是,有个妇女正在大峪口河洗衣服,从南边来一个人要借一瓶水,要到后就原地返回了。洗完衣服后,那个妇女就把这件事向几位老人说了,老人们大吃一惊,断定是南蛮来盗水,便派了几个年轻人追去。那人逃跑中把水洒了,从此大峪口河的水就干涸了,洒的水就是后来的中解河。当地张村的故事说,原来庙里有两棵大树,树上有宝珠。一天来了个陌生人在庙里画画,画的树非常逼真,树上还画了一颗珠子。不久后树就枯死了,宝珠也不发光了,老人说宝珠是被南蛮盗走的。另一则故事开始就讲"传说南蛮子(北方人称江苏一带人)常来北方盗宝,有一南蛮看见代州有宝,便要取"②。

到这个时候,识宝传说中的买卖关系被大大地淡化了,讲用重金收购宝物的情节越来越少,在很多故事里南方人就是巧取豪夺,甚至几乎很少有故事说南蛮的身份是商人的。实际上这时商业发展程度比唐代更高,商业网络和市场体系发育得也更成熟,主角变成南方人或南蛮本身恰恰说明南方商人在北方甚至全国的影响,商人形象肯定是南方人成为识宝传说主角的重要原因,但南蛮子

---

① 河北省保定市民间文学三套集成编委会编:《保定市故事卷》卷1,"八宝嘴",1987年,第309—310页。

② 代县民间文学集成编委会编:《代县民间文学集成》,"大峪口河的传说""张村庙的传说""卧牛城",1987年,第178、180、202页。

盗宝的传说却说明这种商人形象显然没有得到北方民众的认同。也就是说，对北方人来说，南方人赚钱不是通过正当的渠道，他们之所以会发财，是因为他们把别人的财富据为己有，是不义之财。因此故事里没有买卖关系和正常交易。

在我看来，这在一定程度上反映了北方民众面对明中叶以后商业发展给社会和个人带来的巨大变化没有足够的心理准备。明代那篇故事中还是有买卖关系的，但反映出一种对商业契约观念的无知，对约定可以随便开玩笑，然后就不承认。后来的民间故事中也有很多是说双方约定百日后如何如何，但被持宝人因无知、短视或因贪婪而提前违约，最终导致双输。另一方面，在商业活动中，也的确存在大量商业欺诈行为，使民众对商人有“无商不奸”的说法，也是背后的因素之一。

在北方民众眼中南方人形象的晦暗，背后还有经济文化重心南移，导致江南地区的发展水平超过北方的因素，因为许多故事都把本地的衰落归结为南蛮子把导致本地繁荣的“宝”盗走了。像前面说的山西代县的那些故事，是非常普遍的，还有山西盂县斑鸠沟的故事，说是南方人把个大石头凿开，抓住里面的石斑鸠带走了，从此以后这里的“庄稼地里种什么不长什么”①。南方人把宝物带到哪里去了呢？故事一般都只暗示他们要带回南方去，这样南方发达而北方萧条或南方富裕而北方贫穷这样的反差便在北方民众这里得到了解释：被南方人把北方的宝物带回他们那里去了。

为什么南方人能于寻常物品（如稻草、西瓜、黄瓜、石头、河水、葫芦等）之中发现宝物呢？有些故事把这归因于他们的超自然能力：有法术，会看风水。这也正是为什么出现江西人识宝故事的原因所在。有个故事开始就讲，“南方有个对天文地理、阴阳八卦都

① 盂县民间文学集成编委会编：《盂县民间文学集成》，“斑鸠沟”，1988年，第65—66页。

精通的南蛮子”。有的故事描绘盗宝的南蛮子是“挑着两个鸡蛋壳”,被人发现后逃跑,鸡蛋壳掉在地上摔破,那里就会冒出泉水①。

其实从唐宋时代起,有关风水的理论与流派就在江西、福建等地发展起来。赵翼《陔余丛考》说:“江西之法,肇于赣州杨筠松、曾文迪、赖大有、谢子逸辈,其为说主于形势,原其所起,即其所止,以定向位,专指龙穴沙水之相配。”②江西派在后世传播较广,又称形法派,拿手的是觅龙、察砂、观水、点穴。其实,自元代以后全真派日渐衰微,在民众心目中擅长此道的道教在北方的发展就不如南方,因此对于北方人来说,江西人便与风水先生联系在一起,故事中的宝物也往往存在于大山或水中。南蛮子一望气望形,便知哪里有宝物,这就是典型的江西派风格。江南地区的商业发达与江西的风水术盛行都对北方民众造成深刻印象,成为人们刻画“南方”特征的两个重要的方面,因此便在故事中把它们牵连在一起,并给它们构造出了因果关系。

无论如何,通过对华北府州县城关厢这样的城乡贸易聚集地区的研究,我们发现经过明末清初的社会动荡,明代后期比较繁荣的局面到清代已经遭到巨大破坏,许多地区在整个清朝时期都没有恢复到明代鼎盛时期的水平,这与江南地区的情况是有所不同的。实际上学者对山西商人的研究较多,而对山西乃至整个华北地区的商业水平研究却较少。通过上面的故事,我们知道北方民众对南方商人乃至商业行为的印象是相当负面的,他们把南方和商业联系起来固然不错,但却把商业与巧取豪夺等不正当手段画了等号,把商人致富与巫术挂钩,并把本地的衰落和贫穷归因于

---

① 孟县民间文学集成编委会编:《孟县民间文学集成》,“古嘴和神头”“石鸡头”,第61—63、71页。

② (清)赵翼著,栾保群、吕宗力校点:《陔余丛考》卷三四《葬术》,石家庄:河北人民出版社,1990年,第699页。

此，在表现出对南方人和对商业的对立情绪的同时，更多地表现了对本地无法解决问题的不解和无奈。

这种情绪到了晚清则表现为洋人盗宝故事的大量出现。完全一致的是，这表现了经济上落后了的中国民众对洋人获得成功的原因所做的解释。

但是，问题并不是那么简单。为什么明清时期在北方同样很活跃的山陕商人，没有在故事中呈现出如此负面的形象？这里除了凸显出南北方的商业水平差距外，还表现出什么别的问题？"胡人"和"南蛮"这样的称谓之间，有没有某种观念上的联系？

三、中心与边缘：一个发展张力的民间隐喻

我们无法忽视的是，这些民间传说、故事在传布、演化的过程中，日益具有鲜明的地域特色。在隋唐时期，故事发生的背景多为较大的商业都市，但由于当时处在一个比较开放的、国际化的时代，中国处在一个文化优势的位置上，相同的故事母题体现了一种比较平和的、兼容并蓄的心态，并不因胡人的识宝能力而妄自菲薄，也未体现出对外人的排斥。这实际上是一种超地域心态的反映。

宋代以后，特别到了明清时期，随着经济文化重心的南移，中国内部的地域差异变得明显起来，东部与西部、南方与北方的差距拉大，江南地区成为最发达的、其他地区在总体水平上无法望其项背的一个区域，同时原来的经济文化中心地区与外部世界的交往大为减少，与外部世界的商业往来基本上转移到东南沿海，这不仅加剧了东南/西北之间的差距，而且使外国人和南方人在某种意义上产生了"形象重合"（overlapping images），这也是故事的主角从"胡人"向"南蛮"转化的重要因素。

随着近年来考古学和体质人类学、遗传学以及区域社会史等领域的研究进展,对中国历史上南北差异的问题产生了许多不同于以往主流话语的假说。我们已经知道,上古华夏族与南方百越族是两个差异较大的文化系统。科学家根据免疫球蛋白、人类淋巴球抗原等生物数据,判断华北与华南人群的生物差异性①。另外根据血型数据的分析提出:“以我国南方的武夷山和南岭为界,南北两地的汉族血缘相差甚远,比南北两地的汉族与当地少数民族的差距还要大。……从生物遗传学的角度初步证明:我国汉族只是文化上而非血缘上的完整群体。”②

这样一种生物遗传的和上古族群的差异随着统一王朝的统治和文化传播而不断发生变化,但在宋代却被又一次强化。由于女真入居华北,与南宋隔江淮而治,不仅华北再次融入了许多少数民族的成分,而且在文化风俗和制度上形成差异。到元朝统治时期,表面上形成了大一统的局面,实际上蒙古、女真、色目在北方文化中的影响是同时期的南方所少有的,而南方则保留了许多以前南宋的制度和文化。元末民众反抗运动中提出的“贫极江南,福夸塞北”的口号,无论是否符合事实,应该不仅被简单理解为汉人对蒙古人统治不满情绪的流露,还应该被理解为南北方之间文化差异性的体现。

这种差异性在明清时代再因两种因素而得到强化。一是明清时期的政治中心与经济文化中心发生了分离,南方由于长期承担沉重的赋役负担而视处在北方的朝廷为压迫者和剥削者,“沈万

① 赵桐茂、陈琦:《中国人免疫球蛋白同种异型的研究:中华民族起源的一个假说》,《遗传学报》1991 年第 2 期,第 97—108 页;Chen Kuang-ho(陈光和):Genetic Findings and Mongoloid Population Migration in China(《中国境内的类蒙古群族迁徙的初探》),《“中央研究院”民族学研究所集刊》第 73 期(1992 年 8 月),第 209—232 页等等。

② 袁义达、张诚:《中国姓氏:群体遗传和人口分布》,上海:华东师范大学出版社,2002 年,第 71 页。

三”的传说故事多少说明了这样的心态；而后者对于经济富庶、文化发达的南方始终采取一种警惕的态度，在明清时期多次采取各种打压手段，明代的“倭乱”事件和清代的奏销案、文字狱、叫魂案等也都有这样一个背景。二是北方长期以来就是华夏文化的发祥地，被人们视为文化之根的所在，在这里，我们可以看到远古圣贤的诸多遗迹，伏羲、女娲、黄帝、尧、舜、禹、汤的传说故事普见于各种文献和口碑，人们也不断地塑造和再造这些神圣象征，作为地方的文化资源。但这样一个文化的中心在明清时期日渐边缘化，而南方的文化地位上升，包括那里的士绅在科举中始终占有优势地位，地理上的边缘日益变成经济—文化意义上的中心，给北方人造成了极大的心理落差和精神压力。

因此我们在河北、山西、河南等地，不断看到明清时期的地方士绅检讨科举不盛、努力振兴儒风的努力，不断看到重修圣贤庙宇的举动。而在民间——我们还不清楚这是否也是士绅的杰作——则通过一种谐谑的方式，把北方的边缘化归结为“南蛮盗宝”，体现了人们对“落后”原因的解释。这种解释背后的心态是非常复杂的，有的是对外部世界的无知，有的是一种无奈，有的是一种自我嘲弄，也有的是在试图寻找原因，既是一种对地方历史的解释，也是一种对地方现实的解释。

从“胡人识宝”到“南蛮盗宝”的关键词中，我们可以看出明显的心态变化。“胡人”只是凸显了异域的特点，而“南蛮”则不仅凸显了异域，而且带有本土“文化至上”的明显贬义，体现了一种从先秦“华夷之别”观念传承下来的“华夏中心主义”的色彩。“识宝”只是强调了一种超人的能力，体现的至多是一种羡慕和己不如人的懊恼，而“盗宝”则强调的是巧取豪夺，是“非法”的行为，否认了能力上的缺欠，逃避了自己的责任。明代“一反胡元之政”、重塑华夏或汉人文化正统的努力和清代强调北人对南人的支配，在这种民间的话语中被统一了起来。

这里反映的是一种文化期望(cultural expectation)的错位。北方的经济—文化中心地位让位给了南方,原来的边缘在某种意义上成为中心,但政治中心在北方的事实又使人们不情愿承认这种地位的转换。北方的宝物在不同的地方体现为不同的东西,或是十分稀缺的资源,或是价值极高的财宝,但这都隐喻着地方的富庶及其根源,隐喻着繁荣和发达。面对着北方的衰落和南方的崛起,人们便把二者联系起来,并把前者归因于后者,具体的原因就是南方把北方的富源掠夺走了。将南北经济—文化差异的现状归于对手的狡诈是最简单,也最容易接受的办法,以至"精明的南方人"的观念一直传至今日。这样的态度与此类故事的广为流布应该不无关系。

但我们并不能简单地将此归为北方人的无理。假如我们暂时抛开中国南北方发展此消彼长的具体过程不谈,总的说来,在一个市场化和殖民化的大背景下,经济文化处于强势地位的"中心"地区,相对处于劣势的"边缘"地区来说,会扮演剥削者和掠夺者的角色;而边缘地区则成为其劳动力市场、原料市场和产品推销市场,利润一般是从边缘地区流向中心地区①。而在清代,市场化的速度显然加快,各地之间的联系更加密切,譬如经济发达的江南就已将湖南、江西等地变成其米粮提供地,用于榨油的豆类也从上述地区和华北、东北向江南运输,此外,棉花、蓝靛、蔗糖、有色金属等也需各地提供。同时,江南的棉布、丝织品、书籍等则向各地,特别是北方推销②。

---

① 这一点被沃勒斯坦的《现代世界体系》充分阐释过了,参见该书中译本(尤来寅、吕丹等译,北京:高等教育出版社,1998年)。这也符合马克思在《资本论》中的分析。

② 参见李伯重:《江南的早期工业化(1550—1850年)》第8章,北京:社会科学文献出版社,2000年,第343—390页。

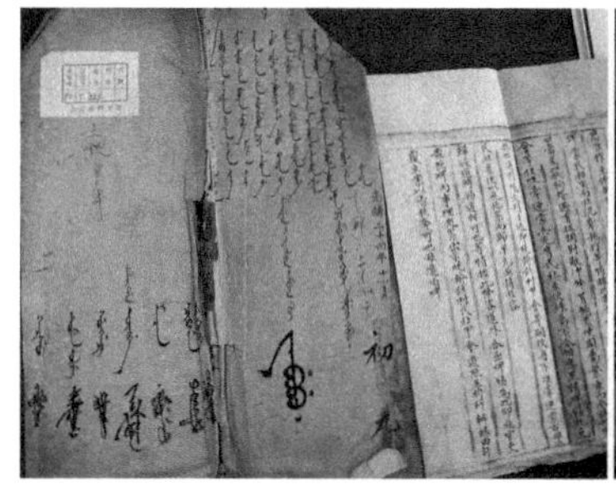
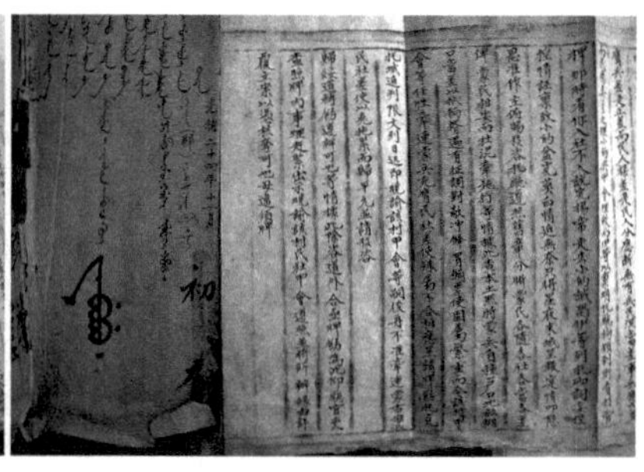

内蒙古土默特左旗档案馆所藏的一件清代“土地”类档案

清代重新获得大规模开发的内蒙古及甘肃、宁夏、新疆地区也处在这样一种边缘的地位上。内蒙古地区也流传着许多南蛮子盗宝的传说，其故事情节与内地汉人的同类传说基本相同[①]。我们知道从清雍正以后，关内汉人，特别是山西人前往该地区大规模屯垦，逐渐从“雁行”过渡到定居的方式，形成有特色的“边村社会”。由于原蒙古牧地被汉人通过买卖、租佃等方式变为农用耕地，蒙汉之间产生了大量纠纷，内蒙古地区出现了“殖民化过程”中的一些常见问题。大量地方档案记述的土地所有权纠纷、水资源使用纠纷、商业买卖纠纷等，都证明了这一点。此类传说在此地传布，或者干脆是从关内华北地区移植而来，与这个过程是有直接关联的[②]，异域与本土的文化差异演化成中心与边缘地区的发展张力。

---

① 参见陈岗龙：《蒙古民间文学比较研究》第二编第三篇，北京：北京大学出版社，2001年，第75—83页。

② 在我们所见到的内蒙古自治区档案馆土默特左旗档案馆所藏清代档案中，这类纠纷案件非常普遍，这非常清楚地体现了汉人外迁的生存压力以及迁入蒙地后与当地人的紧张关系。此外，我们必须把“殖民”“殖民化”(colonialization)与“殖民主义”(colonialism)做出区分：前者是中性的语汇，表明外地移民迁入及其一系列后果的过程；后者则有政治的和意识形态的意涵，表明宗主国将一国家或地区变为殖民地，即在主权上对其加以支配的行为。

“国家”所在的地方

明清北京城市社会空间结构概说*

本文是历史学与地理学的一项交叉性研究的概述，或者说，本文主要是引入了人文地理学的一些概念，用以分析历史学的问题。严格地说，任何人类活动都在一定的时间和空间范围内进行，个人、组织或者社会都具有自己的活动空间，但这往往在注重时间维度的历史学科内不能得到足够的重视。

按照地理学家的说法，“城市空间结构是各种人类活动与功能组织在城市地域上的空间投影”①，其构成方式比较复杂。社会空间结构为其中的一个部分或一个观察角度，狭义地讲，它包括居住空间、行为空间和感应空间；广义地讲，它不可能不与经济空间结构诸方面发生联系。应该说，把城市社会按照其空间关系进行分析，对地理学家来说，更重要的是理解这些社会因素的空间形式和空间过程；而对社会学家来说，则是换一个角度理解空间的社会意义，或者是从空间的维度更好地把握社会。当然，在吉登斯那里，强调打破学科界限，“在人文地理学中，空间形式总是社会形式”，“在人文地理学和社会学之间，不存在任何逻辑或方法论上的分

---

* 本文发表于《史学月刊》2001年第2期，与周尚意合作撰写。在本文写作过程中，研究生孙冰、王成兰、邓庆平做了一些初步的资料工作，特此说明并致谢。

① 柴彦威：《城市空间》，北京：科学出版社，2000年，第13页。

野”①。他由此批判了把时间和空间都只作为人类社会活动的环境因素,而不是把它们当作其固有组成部分的传统观点。从这个角度说,历史学探讨城市空间社会应该与前者没有什么差异,只不过侧重表述特定时间中的城市空间社会关系及其过程而已。

关于明清北京城市社会结构,有已故李洵教授的专论②,但不是从空间的角度切入;而在切入方式上比较近似的,有台湾章英华博士的论文③,但全文主要分析的是20世纪初的情况,在时段上略有差别;此外,还有许多国内外研究北京城市的成果,特别是施坚雅主编的有关论文集④,其中有些论文与本文主题非常接近,因此它们都是本文重要的参考文献和研究基础。

一、城市扩展与人口

关于明清时期北京城市沿革,已有多书论述,此处不赘述。明代北京城是在元大都的基础上营造的,但据《洪武北平图经志书》,最初是嫌它“城围太广”,把周长60里改为40里,主要是废掉了东北面的光熙门和西北面的肃清门,砍掉北面三分之一的城市空间。新北城墙向南缩入五里,加宽加厚,城门由原来的安贞、健德改为安定和德胜,其针对北方残元势力的意图十分明显。永乐迁都,由亲王守边改为天子守边,为了安排宫殿群的建筑,南城墙向外拓

① 〔英〕吉登斯:《社会的构成——结构化理论大纲》,李康、李猛译,北京:生活·读书·新知三联书店,1998年,第518页。

② 李洵:《公元十六、十七世纪的北京城市结构》,《下学集》,北京:中国社会科学出版社,1995年,第117—135页。

③ 章英华:《二十世纪初北京的内部结构:社会区位的分析》,《新史学》(台北)1990年创刊号,第29—77页。

④ 〔美〕施坚雅主编:《中华帝国晚期的城市》,叶光庭等译,北京:中华书局,2000年。

展，即从元代丽正门、文明门、顺承门一线（今长安街一线）向南扩展到正阳门、崇文门、宣武门一线，大约南扩了1.5里。这时北京城的面积应在35平方公里以上。

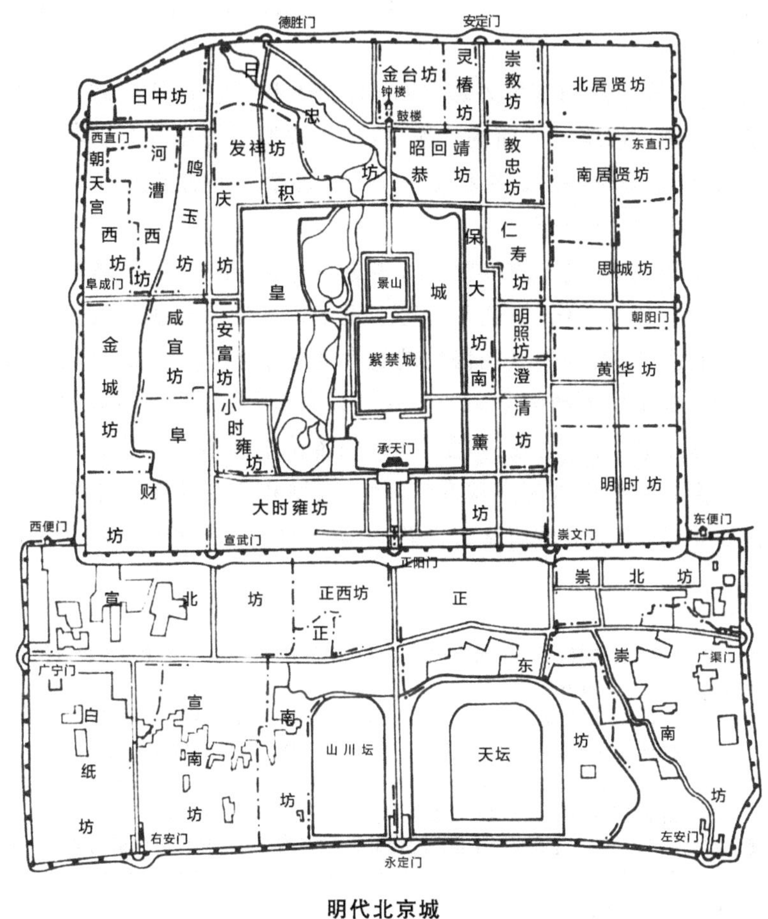

明代北京城

在中国传统城市中，城墙依然可以说是比较明确的城乡分界线的标识，城墙内也还长期存在较多隙地和农业用地，但这并不等于说城墙外的土地利用是一张白纸，或者全无聚落，以至看不到北京城市扩展的趋势。正统十四年(1449)蒙古瓦剌部进逼京师,兵马司"欲拆毁九门外军民房屋,以便屯驻,众情汹汹,争负行李入城"①,说明在北京成为明都30年后,城门外还是具有一定的人口密度。在此基础上,成化十二年(1481),蒋琬建议修建外城,尤其是利用西北元代土城②。嘉靖三十二年(1553),兵部尚书聂豹等建议"京城外四面宜筑外城,约计七十余里"③。虽然后来因为经费的问题只修筑了南面的外城,但还是说明了城墙外日益扩大的城市外缘,即关厢地区的发展④。到此,北京又增加了大约25平方公里以上的城市空间⑤。

从明到清,城墙的位置没有再进行移动,也就是说,城墙内的空间没有什么变化,但这并不等于说城市的空间规模没有任何扩展。首先,南城或外城的修筑就是商业区扩展的结果。自从宋都汴梁打破了坊市制的空间功能安排以来,明中叶北京南城的拓展又突破了它"左祖右社,前朝后市"的传统空间格局。其次,据《春明梦余录》载,明末时东城有朝阳坊,西城和北城都有关外坊⑥,而这在张爵《京师五城坊巷胡同集》中所记嘉靖三十九年五城所属各

① 《明英宗实录》卷一八四,正统十四年十月丙辰条,台北:历史语言研究所校印,1962—1966年,第3626页。

② 《明宪宗实录》卷一五六,成化十二年八月庚辰条,第2846—2848页。

③ 《明世宗实录》卷三九六,嘉靖三十二年闰三月丙辰条,第6960页。

④ 《明世宗实录》卷三九七,嘉靖三十二年四月丙戌条,第6980—6982页。

⑤ 据章英华统计,北京内城总面积为14.25平方英里,外城总面积为10.5平方英里,总计为24.75平方英里(《二十世纪初北京的内部结构:社会区位的分析》,第32—33页);据〔日〕多田贞一《北京地名志》,其内城约35平方公里,外城约28平方公里,总计约63平方公里(张紫晨译,陈秋帆校,北京:书目文献出版社,1986年,第1页);韩光辉《北京历史人口地理》估算为内城36.6平方公里,外城25.4平方公里,共62平方公里(北京:北京大学出版社,1996年,第40页),都比杨宽的估计大(杨宽:《中国古代都城制度史研究》,上海:上海古籍出版社,1993年,第528、534页)。

⑥ (清)孙承泽著,王剑英点校:《春明梦余录》卷五《城坊》,北京:北京古籍出版社,1992年,第35页。

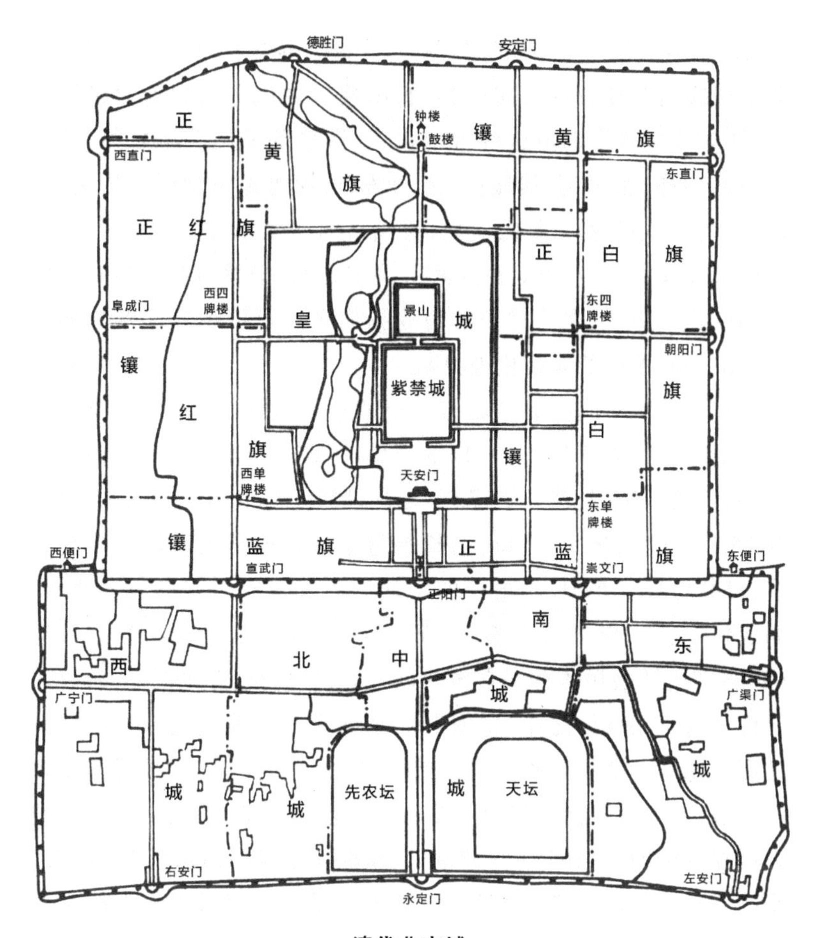

清代北京城

坊中还是没有的①,当时在东城内与各坊并列的还有“朝阳东直关外,五牌三十七铺”,在西城内有“阜城西直关外,共七铺”,在北城内有“安定、德胜关外,共六铺”,大概后来东、西、北三处城外关厢人口增加,亦被明末人视为坊。到清代,五城重新规划,内外共有

① (明)张爵:《京师五城坊巷胡同集》,北京:北京出版社,1962年,第6—19页。

10 坊,各坊均包括城墙以外地区①。再次,据学者研究,从元到清,北京城市商业分布从北向南移动,出现沿内城九门的商业集聚现象;同时外来商品也由这些方向进京,致使除城门关榷之外,政府又在河西务、张家湾、居庸关、卢沟桥、白河等地设置税务机构,特别是随着战略防御需要的变化,清代京师北面相对明代新增税关,形成所谓外圈关榷,因此在这两层关榷之间,必然引起土地利用模式的变化。所以,这一时期的商业指向多少可以说明北京这样一个政治中心城市的城市化进程②。

按韩光辉对明清北京城市人口的估计,明初洪武八年(1375)北京城市户口为 7.21 万户,14.3 万口,正统十三年为 27.3 万户,96 万口;万历六年(1578)为 17.92 万户,85.1 万口,天启元年(1621)为 15.12 万户,76.99 万口,增长趋势是非常明显的。从洪武到正统,口数增长了 571%。由于明中期以后大量流动人口涌入北京,如成化二十一年五月有奏"京师流移之民聚集日多",弘治六年(1493)时说"贫民流移来京城者以万计,昼丐夜露"等等③,所以还有许多人不在统计之中,说明明代京师人口峰值超过百万应该是没有问题的。清代京师人口统计除内外城以外,还有城属即四郊人口数字,如果不计这部分主要从事农业园艺的人口,那么内外城人口在顺治四年(1647)为 53.9 万,康熙五十年(1711)为 76.67 万,光绪八年(1882)为 77.61 万④。其人口最高峰值似乎没有超过明代,不同时段的增长幅度也没有明代大,这与全国总人口增长的情况不相符合。直到 20 世纪 20 年代以后,北京城市人口才有了较快

---

① (清)朱一新:《京师坊巷志稿》卷上,北京:北京出版社,1962 年,第 25—26 页。

② 参见周尚意:《元明清时期北京的商业指向与城乡分界》,《北京师范大学学报》(人文社会科学版)1999 年第 1 期。

③ 《明宪宗实录》卷二六六,成化二十一年五月丙子条,第 4510 页;《明孝宗实录》卷八二,弘治六年十一月庚申条,第 1556 页。

④ 韩光辉:《北京历史人口地理》,第 128 页。

的发展。显然，这与清廷采取了控制京城人口，而非如明代那样自由放任的政策有关。

仍据韩光辉的统计，明万历六年，北京内城人口密度为每平方公里1.5万人左右，外城人口密度为每平方公里1.14万人左右。同时天启五年内外五城区人口密度由大到小的顺序是：西城、东城、中城、南城和北城①。但是嘉靖间都御史毛伯温等说："今城外之民，殆倍城中。"②这可能一方面是指包括后来南城在内的城外四周的情况，另一方面也说明了外城中不在统计内的流动人口比例较大的情形，另外一种解释，是说南城的实际居住区是比较靠近内城的地区，只占外城总面积的五分之二左右，特别是前三门沿线，人烟更为稠密，所以实际人口密度应与内城中的西城或东城差不多。到晚清宣统时的统计，外城区的人口密度超过内城区，而内城中仍以东、西、中三区密度较大，北区较小。外城或南城人口的发展，具有鲜明的第二、第三产业特色，应该说还是反映了北京的城市化过程。

依据目前掌握的材料，我们很难了解各坊的人口密度。据《京师五城坊巷胡同集》列表如下：

中城：南薰坊，8铺；澄清坊，9铺；明照坊，6铺；保大坊，4铺；仁寿坊，8铺；大时雍坊，18铺；小时雍坊，5铺；安富坊，6铺；积庆坊，4铺，共9坊68铺。

东城：明时坊，西四牌16铺，东四牌26铺；黄华坊，四牌21铺；思城坊，五牌21铺；南居贤坊，六牌36铺；北居贤坊，五牌38铺；朝阳东直关外，五牌37铺；共5坊195铺加1关外。

西城：阜财坊，四牌20铺；咸宜坊，二牌10铺；鸣玉坊，三牌14铺；日中坊，四牌19铺；金城坊，五牌22铺；河漕西坊，三牌13铺；

① 韩光辉：《北京历史人口地理》，第326—329页。

② （清）孙承泽：《春明梦余录》卷三《城池》，第20页。

朝天宫西坊，三牌 15 铺；阜城西直关外，7 铺；共 7 坊 120 铺加 1 关外。

南城：正东坊，八牌 40 铺；正西坊，六牌 24 铺；正南坊，四牌 20 铺；崇北坊，七牌 37 铺；崇南坊，七牌 33 铺；宣北坊，七牌 45 铺；宣南坊，五牌 27 铺；白纸坊，五牌 21 铺；共 8 坊 247 铺。

北城：教忠坊，10 铺；崇教坊，14 铺；昭回靖恭坊，14 铺；灵春坊，8 铺；金台坊，9 铺；日忠坊，22 铺；发祥坊，7 铺；安定、德胜关外，6 铺；共 7 坊 90 铺加 1 关外①。

虽然铺的设置是根据坊内居民的多寡，但也不尽准确。比如北城铺数多于中城，但据前引韩光辉的统计，天启时北城人口似比中城少。另外按前表，以铺数为序，南城的宣北坊 45 铺为第一，东城明时坊 42 铺为第二，南城正东坊 40 铺为第三，东城北居贤坊 38 铺为第四，朝阳东直关外、南城崇北坊均为 37 铺，并列第五，以下分别为南居贤坊、崇南坊、宣南坊、正西坊、金城坊、日忠坊、白纸坊、黄华坊、思城坊、阜财坊、日中坊、大时雍坊等。其中外城各坊名列前茅的很多，前列 18 个坊中外城坊占了 7 个，但这主要是因为其地盘较大，铺密度（或相应的人口密度）并不一定同样位居前列，比如我们根据明北京地图比例尺算出的若干坊的大致面积推算北居贤坊每平方公里有铺 25.97 个，明时坊 23.69 个，日中坊 25.58 个，而铺数第一的宣北坊的铺密度只有每平方公里 13.54 个。

清代以汉人居外城，人口分布密度与内城比相差不多，与明代比较，外城人口增加幅度要大于内城，到清末时，外城的人口密度已超过内城。根据民国时的统计，内城人口密度又再次超过外城，这可能与消亡后满汉分住的限制取消、人口内迁有关②。

---

① （明）张爵：《京师五城坊巷胡同集》，第 5—18 页。

② 韩光辉：《北京历史人口地理》，第 326—334 页。

二、城市商业与商人

商业、服务业和制造业人口占总人口的比例及其空间分布总能在一定程度上说明城市化问题。据《宛署杂记》,由于征派官府所需货物和征收商税的目的,北京将有关人户编为行户,“原编一百三十二行,除本多利重如典当等项一百行,仍行照旧纳银……将网边行、针蓖杂粮行、碾子行、炒锅行、蒸作行、土碱行、豆粉行、杂菜行、豆腐行、抄报行、卖笔行、荆筐行、柴草行、烧煤行、等秤行、泥罐行、裁缝行、刊字行、图书行、打碑行、鼓吹行、抿刷行、骨簪箩圈行、毛绳行、淘洗行、箍桶行、泥塑行、媒人行、竹筛行、土工行,共三十二行,仰祈皇上特赐宽恤……”①仅从这本小利微、万历时免税的铺行来看,北京的工商服务行业分工还是很细的。

这时交纳铺行银两的人户,属大兴者为 26223 户,属宛平者为 13579 户,共计为 39802 户。其中上六则 5425 户纳税,下三则 34377 户免税。这约 4 万行户,大约 20—30 万人口,占北京都市人口的 25%左右(按万历六年在册内外城人口总数 84 万计)。还有许多“卖饼、卖菜、肩挑、背负、贩易杂货等项”②,不属固定行户,也不许九门税关抽分的,数量亦当不少。

从上面的数字可以看出,明代北京商业比较集中于东半部,大兴的纳税行户要比宛平多一倍左右,“看得大兴县市廛稠密,宛平县铺面稀少,岁征行银,迥然多寡不类”③。但是在这中间,“京师铺户,多四方辏集之人,有资至千万者,以嘱托得免,贫丁小户,资

---

① (明)沈榜:《宛署杂记》卷一三《铺行》,北京:北京出版社,1961 年,第 108 页。

② 同上。

③ 同上书,第 109 页。

止数金及一二金者，概编当行”①。按每平方公里的分布密度来看，五城中上、中等铺户的顺序，依次为中、北、西、南、东城。但若以坊为序，上、中等铺户在中城大时雍坊为最多，共734户，南城的正东坊、东城的明时坊为500户以上，300户以上的则有南薰、金城、崇北、正西、鸣玉、宣北、日中、黄华、南居贤、北居贤等10坊，这其中东城3坊，南城3坊，西城2坊，中城1坊，北城1坊②。这种分布与前述密度分布有所不同，因为南城、东城各坊的贫富差异较大，二城区富裕铺户集中居住在以崇文门为中心的各坊中，其他坊铺户相对较穷。我们看到南城和东城富裕铺户较多，是与北京商业的东南指向直接相关的。元代运河可以直接伸延到鼓楼以西，导致这里成为商品的集散地；而明代以后运河基本止于通州张家湾一带，崇文门税关因而成为收益最大的税关，城市东南角为工商业人口所集居也很自然。此外，我们对比东城的朝阳东直关外与西城的阜城西直关外、北城的安定德胜关外的人口数量及居住空间，前者为37铺，后两者分别为7铺和6铺，繁荣程度数倍于后者，也是商业指向的结果。

值得注意的是，中城的富裕铺户所在各坊的数量虽非各城中最多的，但中城的大时雍坊的富裕铺户却居各城各坊之首，其主要原因是其地近当时的商业中心棋盘街，与南城正阳门商业区也只一墙之隔。这一地区地近禁苑，往往也是那些与官府关系密切的大商人的首选。同时，皇家、勋戚、宦官等也纷纷经营商业，所以才有“宛、大二县铺户，无分势要之家，逐一审编，不许妄告优免”的命令③。

显然，20年前牟复礼通过研究元末明初南京城，认为中国传统

---

① （明）沈榜：《宛署杂记》卷一三《铺行》，第107页。

② 同上书，第101—102页。

③ 《明神宗实录》卷七三，万历六年三月乙丑条，第1592页。

都市缺乏功能区分的说法是有缺陷的。这一点实际上章生道和施坚雅也不同意①。以唐代长安城为例,除了正南方的宫殿区外,居民区“坊”与商业区“市”有着严格的空间界线,当然这并非自发形成的,而是人为规定的。恰恰是五代到宋的城市变革,打破了“坊市制”这种限制自由的功能区分方式,使除了宫室或衙署之外的商业网点和居民区混在一起,大大便利了居民购物,也有利于商业利润的实现。但是这并不等于说这里完全没有相对合理的土地利用,形成一定的功能分区。譬如北宋的汴梁,商业区首先在近河近桥的地点形成。在明代的北京,棋盘街便是一个商业中心区,向北延伸到灯市和西四两个次一级的中心。这种布局多少还带有古制“前朝后市”的人为安排痕迹,到明中叶商业区则完全以市场原则向外城扩展,所谓“南关居民稠密,财货所聚”②,“四方万国商旅,货贿所集”③。

清初北京“旗民分城居住”,打破了以往的土地利用格局,从理论上说,商业区大部移至外城。但旗人社会既不可能脱离商业而生存,也不可能时时去往外城购物,因此各种店铺逐渐出现,流动的小贩更是无法避免④。至晚清之前,还形成了一些商业中心,所谓“京师百货所聚,惟正阳门街、地安门街、东西安门外、东西四牌楼、东西单牌楼暨外城之菜市、花市”⑤。在上述 10 处商业中心区中,内城占了 7 处,其中大部分是明代商业区的延续。此外,原棋盘街朝前市至清“许贸易如故”。以《天咫偶闻》所记为例,西单牌

---

① 〔美〕牟复礼:《元末明初时期南京的变迁》,〔美〕施坚雅主编:《中华帝国晚期的城市》,第 118—123 页。

② 《明世宗实录》卷三七〇,嘉靖三十年二月庚辰条,第 6616 页。

③ 《明世宗实录》卷三九五,嘉靖三十二年三月丙午条,第 6957 页。

④ 吴建雍等:《北京城市生活史》,北京:开明出版社,1997 年,第 227 页。

⑤ (清)震钧:《天咫偶闻》卷一〇《琐记》,北京:北京古籍出版社,1982 年,第 216 页。

楼有所谓小市,"南抵宣武门";东单牌楼地近贡院,会试时附近街巷多以租赁房屋给举子牟利,"东单牌楼左近,百货麇集,其直则昂于平日十之三。负戴往来者,至夜不息。当此时,人数骤增至数万。市侩行商,欣欣喜色";明代灯市盛况,于清虽不复见,但据说从西马市之东到东四牌楼以北,"各店肆高悬五色灯球……相衔不断",说明这里还是一条重要的商业街;又"地安门外大街最为骈阗。北至鼓楼,凡二里余,每日中为市,攘往熙来,无物不有";"西四牌楼左近,复变歌吹之林……今则闾阎扑地,歌吹沸天"①。此外,分布在城中的定期庙会,成为商业和娱乐业的必要补充,其分布基本上与商业中心区相一致②。当然,汉人和外来人口被限制在外城居住,包括官僚士大夫也集聚于外城如"宣南"一带,必然使外城商业在明代的基础上得到巨大的推动。

显然,相对清初内城不许开设店铺的规定来说,以上情形是逐渐变化的结果。虽然没有明确的数据,但清初内城的商业人口肯定比明代大为减少。这样内城商业在一段时间内基本陷于停顿,而京师商业集中于外城。清代中叶以后,内城限制日益松弛,其商业才在原有的基础上按需求规律逐渐复原。而外城却形成了相对明确的功能分区:"中城珠玉锦绣,东城布帛菽粟,南城禽鱼花鸟,西城牛羊柴炭,北城衣冠盗贼。"③这里的"北城衣冠盗贼"虽是指清代文人官员多居于正阳门以西以南的地区,但也正因此,以琉璃厂为中心的文化商业区(买卖书画古董等)形成。其他四个地区中,"中城"指买卖高档商品的正阳门大街一带;"东城"地近运河,是所运货物的进京通道,故有布帛菽粟的交易;"南城"的金鱼池和

---

① (清)震钧:《天咫偶闻》,第44、53、57、83、123页。

② 参见赵世瑜:《明清时期华北庙会研究》,《历史研究》1992年第5期。

③ (清)陈康祺:《郎潜纪闻初笔》卷六,"京师谚"条,北京:中华书局,1984年,第131页。

天桥之类地方,成为禽鱼花鸟市场;“西城”的骡马市、回族聚居区牛街,都与牛羊屠宰业关系密切。以上这些,显然多只表明外城不同区域的商业土地利用特征,并不表明那一定是商业中心区,即使是,其商品也相对单一,只有正阳门大街附近及以西的部分地区是综合性而且具备一定档次的商业中心区。但是,这毕竟说明了外城社会的发展,因为这里居住的社会地位较低的群体逐渐孕育出了他们所能提供的商品,服务于某种层次的日常生活需求。

施坚雅的两中心说(即衙署和商业区)并不完全准确,因为从明清的北京来看,除了皇室所居的紫禁城始终居于城市中心、中央官署连接在紫禁城以南之外,其他衙署,比如顺天府衙、宛平县和大兴县衙、五城兵马司等都分散于内城各处,商业中心区也并不是集中在某一处。如果仅从商业分布的情况来看,在明代,可以说存在两个各有特点的大区。我们根据对纳税的上中六则铺户在各坊密度的统计,知道名列前茅的各坊几乎都在西部,即从内城北部的日忠坊一直到外城的宣北坊和正西坊。这不仅说明财富比较集中地集聚在城西部,而且表明这些坊内存在较多较大的店铺。同时,可以看出明代的商业区是以元代的商业中心区(鼓楼大街及以西)为基础,渐次向南发展的。相比之下,另一种可能性是,上中六则铺户较少的各坊,下三则铺户数量就越多,或者说人口数量就越多,这与前述东城存在铺密度较大的坊是一致的。

进入清代,东部商业应该说有了显著发展,这可以被看作是北京商业分布日益脱离元代的基础,而与商业的东南指向有关。有民谚说明清时期的北京是“贵在东城,富在西城”[①],也有民谚说的正相反,是“东富西贵”[②],这可能恰巧说明了从明到清财富聚集区

① 诸静华:《王府井漫步》,《北京街道的故事》,北京:北京出版社,1960年,第63页。

② 〔日〕多田贞一:《北京地名志》,第5页。

或商业区的变化。有学者分析民国初年的情况:“至于内城,集中指数最高者是东半的中央,即内左二区。整体看来,商业的繁盛,是东城优于西城,南半优于北半。从东城,我们又可见到多少的集中趋势,即由中央往南北两侧递减,而靠南地区又强于靠北地区。”①这可能是自西向东变化的结果。

三、社会空间结构

如果从社会等级的分布状况看,在明代,也可以说存在两个大区:内城居民相对来说社会等级较高,外城较低。到清代,虽然内外城居民带有民族的特点,尽管因此外城居民中社会等级高的居民比例增大,同时内城旗人社会日益分化,随着“八旗生计问题”而出现许多贫民,但总体来说,内城的社会等级水平还是要高于外城。

明末《旧京遗事》记:“勋戚邸第在东安门外,中官在西安门外,其余卿、寺、台、省诸郎曹在宣武门,冠盖传呼为盛也。”②显然居所距离权力中心接近。按《京师坊巷志稿》的回顾,西安门一线的确有大量内官衙门,宣武门内也有许多官员居住,但是也不绝对。如其引《寄园寄所寄》说:“嘉靖中,京师大盗朱国臣,居堂子胡同,其党数十人,官莫敢诘。一日怒笞其妻,妻逸告夜巡把总,擒获十人下法司,俱服。国臣自言,石驸马街周皇亲之杀,乃我也。”可见亦有外戚宅在西城,同时居然有“大盗”居住在附近③。《菽园杂记》载:“干面胡同口一卖饼小家,生女美而艳,都督石彪欲取为妾,父

---

① 章英华:《二十世纪初北京的内部结构:社会区位的分析》,第45页。

② (明)史玄:《旧京遗事》,北京:北京古籍出版社,1986年,第5页。

③ (清)朱一新:《京师坊巷志稿》卷上,第66页。

母乐从之,女独不肯,乃已。”①该地即在灯市附近,石亨宅在附近的石大人胡同,所以可能看见过此女。又有李阁老胡同,因明大学士李东阳赐宅所在而得名,“第久析为居民”②,可见皇城附近也有民宅。另一个例子是,嘉靖二年,肃皇后之父陈万言“以赐第近教坊,疏辞。许之,命工部改给西安门外第一区”。所谓近教坊之地,即在黄华坊。后遭工科给事中郑自璧等反对,认为“西安门外新宅,已官鬻之民,不宜夺与万言”③。陈万言所说无误,黄华坊有本司胡同,本司即教坊司。附近又有勾栏胡同、演乐胡同、马姑娘胡同、宋姑娘胡同、粉子胡同等,即所谓“东院”④,虽说属于官府所辖,但毕竟是“下贱”者所住之地。皇亲的住宅居然也可以被赐在这里,可见贵贱所居是相当混杂的。

虽然明代内城居民在相当程度上存在着贵贱混居的状况,但根据《京师五城坊巷胡同集》各坊中的地名,比较而言,靠城墙近的坊内社会等级高的居民较少(当然并非绝对没有)。如明时坊,有马丝绵胡同、随磨房胡同、麻绳胡同、王搭材胡同、裱褙胡同、灯草王家胡同、冠帽胡同等表示工匠的聚落;黄华坊如上述;思城坊只有一个把台大人胡同,南居贤坊只有一个王驸马胡同,北居贤坊有永康侯胡同和王大人胡同,西城、北城的情况也颇类似。

南城居民的社会等级总体来说相对低下,一方面可以从地名中看出,即几乎没有多少以达官贵人住所命名的地名,仅宣南坊有一杨布政街,南城兵马司也在本坊。相反,南城地名中多有与手工业和商业相关的地名,如正东坊中的打磨厂、鲜鱼巷、猪市口、帘子

---

① (明)陆容:《菽园杂记》卷七,北京:中华书局,1985年,第88页。

② (明)刘侗、于奕正:《帝京景物略》卷四《西城内·李文正公祠》,北京:北京古籍出版社,1980年,第155页。

③ 《明世宗实录》卷二四,嘉靖二年三月庚戌条,第684页;卷二五,嘉靖二年四月甲申条,第712—713页。

④ (清)吴长元辑:《宸垣识略》,北京:北京古籍出版社,1981年,第98页。

胡同、席儿胡同、金帽儿胡同，正西坊中的羊肉胡同、柴胡同、笤帚胡同、取灯胡同、炭胡同等。其次，这里还有许多表示外地人聚落的地名，比如正西坊的汾州营、安南营，正南坊的陕西营、河南营，崇南坊、宣化坊的四川营，宣化坊的山西营，白纸坊的高丽庄等。另一方面，我们从上中六则纳税铺户的密度也可看出，即在全部36坊中，南城的正西坊列第11位，崇北坊列第13位，其余各坊都在第23位以后(见附表)。这样，较富裕的商人在这里也并不很多。

入清以后，情况有较大变化，那就是内城的主体部分已变成旗人社会。但是其空间的安排也依然有亲疏远近的含义。比如镶黄旗居安定门内，正黄旗居德胜门内，皇帝自领之旗居北方，取以高驭低之势；除两白旗分居东直门、朝阳门内，两红旗分居西直门、阜城门内以外，以关系较远的两蓝旗居崇文、宣武门外，与南城的汉人社会直接毗邻。可以联系起来思考的是，多尔衮起兵入关时，以所属两白旗为主力，结果入关后叙功，两白旗贵族尽在前列。此外，各旗下满、蒙、汉军又依次由内向外排列，大致满军在内，蒙、汉军在外①，同样有以内驭外的考虑。

以内城而论，明代贵族平民相对混居的状态有所调整。八旗王公贵族除继承原来明朝的衙署、府第起建自己的居宅之外，基本上是居住在皇城附近，当然这与满洲八旗在空间安排上内聚的格局有关。清朱一新《京师坊巷志稿》叙述各坊巷形势，通常重点描述巨家豪宅之所在，一般小家小户则乏“善”可陈，或许作者也不愿多费笔墨，而那些靠近城墙的胡同通常就是这些只提及地名而不及其他的地方。又民国陈宗蕃编《燕都杂考》，其中附民国初北京内外城各区的地图，除内二区(即今西城区南半部)和皇城周围的内六区以外，凡靠近城墙的胡同分布密度普遍较大，而且不规则排

---

① (清)周家楣、缪荃孙编纂：《光绪顺天府志》，北京：北京古籍出版社，1987年，第234—238页。

列的程度更高,说明普通八旗兵丁或地位较低下者在这里有更大的分布密度。相反,在前面提到的明代灯市以东教坊所在,皇亲不愿住的地方,清代也有了一些贵族的府邸。

因此,从明到清,京师的居住模式有了一些变化。在明清两代,内聚的趋势或者以等级高低自内向外分布的特点是始终存在的;但在明代,还存在商业指向,即居民朝向市场聚集的趋势,在主要的商业区附近,居民的密度较大,特别是富户的密度较大。到了清代,京师内城居住分布的商业指向特点受到限制,等级空间的特点得到了强化。因此,越是在城市的中心地带,住宅或街巷的分布越是相对稀疏,越靠城墙边缘则越密集。正如皇城中的人口密度最小,而贫民大杂院中的分布密度最大。因此这虽与城市人口向外扩展的趋势相符合,但因其取向是社会等级性的,所以仍属于传统城市化过程。

但是居住空间上的满汉分离模式肯定刺激了外城的发展,使得外城的社会结构变得更加复杂化了。据韩光辉的统计,外城人口从清初的 14 万多增长到清末的 31 万多①,这与外城社会结构的复杂化有关。因为这里依然是外来人口、下层民众的集聚之地,工商业中心的功能又得到凸显,同时士大夫被迫集聚于此地,城市文化中心(宣南)与商业中心达到统一,服务业和娱乐业也在附近区域发展起来。虽然从外城居民社会地位、富庶程度的空间分布来看,依然是内高外低,即上层的分布靠近内城,而贫困等级越向南越高,但外城的城市化程度也还是大大提高了。明代末年外城人口不到内城人口的 30%,而到清代二者之差逐渐缩小,到清末外城人口已达到内城人口的 60%。尽管这里的面积、人口都比不上内城,在观念中也不是北京城市的中心,但从功能上看,从社会空间

① 韩光辉:《北京历史人口地理》,第 128 页。

联系上看,它似乎比内城更像一个城市。

这样一种空间格局,用章英华对20世纪初状况的总结说,即“外城的主要商业地带占据着生态意义上的中心位置……但是这样的生态中心位置并未能转换成地理中心位置”①。章文对为什么出现这种情况没有给出十分明确的答案。实际上,明清北京的“生态中心位置”应该与其地理中心位置重合,虽然等级制度的结果导致了二者的分离,但显然是一种暂时的现象。特别是清代把内城变成一种功能比较单一的聚落,逼使外城向功能多样化发展,这更是政治化手段而非市场化手段的结果,因此无法维持长久。随着清朝灭亡后内城居住限制的全面取消和民国时期中央政府部门的南迁,内城的城市中心位置重新凸显,像明清时期就开始成为商业中心区的东四—东单和西四—西单两线,由于服务行业的人口较多和传统的巨大惯性,80年来不断发展和向两侧扩展其规模,长期以来与前门外—珠市口一线三足鼎立,目前甚至超过了后者。

四、生活空间

虽然在大部分情况下,明清北京主要社会群体的居住空间并没有十分明显的界限,但这并不表明社会群体之间没有差别,没有形成各自的社会网络,没有发生特定的空间联系。除此之外,不同群体和个人日常生活所关涉的场所(station)和位置(location)之间,也由于人们的活动而形成有机的联系。实际上,生活就是由所在的时间和空间交织而成的。

无论明、清,中央官署集中于承天门与正阳门之间的长安街沿线。为了上班的方便,官员的居住地一般贴近此地,即使清朝时汉

---

① 章英华:《20世纪初北京的内部结构:社会区位的分析》,第75页。

官多居外城,也在前三门沿线,甚至有皇帝信任的侍讲之臣居此。如清代的张英、高士奇、朱彝尊等人,都曾获赐第于皇城之内,西华门或东华门外。《京师坊巷志稿》引《程侍郎遗集》:“时余寓西华门外,入直退直,必过金鳌玉蝀。”又引高士奇《赐居西苑自城北移家》诗:“客中陋巷为家久,忽讶恩辉住苑西。……门前金碧瞻天阙,屋内鸾龙有御题。”[①]这里虽体现了居住地点与工作地点之间距离的拉近,但更重要的是心理空间、情感空间的变化。但因这里是“禁区”,可能影响到社交空间,所以朱彝尊罢禁职后,立即移居琉璃厂附近的海波寺街。

明代“京师元日后,上自朝官,下至庶人,往来交错道路者连日,谓之拜年……如东西长安街,朝官居住最多。至此者不问识与不识,望门投刺,有不下马,或不至其门令人送名帖者……在京仕者,有每旦朝退即结伴而往,至入更酣醉而还。三四日后,始暇拜其父母”[②]。首先,官员的社交更多地局限于集团内部,因为这关系到其个人的未来发展;其次,由于他们通常选择距离办公地点不远的居所,因此官员的社交空间也往往与居住空间、工作空间相互重叠。

清代汉官主要居住于外城,大量试馆也建于正阳、崇文、宣武门外,因此汉族士绅交游圈以此为中心。如陶澍记北孝顺胡同有长沙会馆,馆中有槐,“暇日与友坐其下”;汪琬则记:“京师丰台、西河沿皆与同人习游者。”他们往往比邻而居,所谓物以类聚,如康熙时大学士陈廷敬“初寓宣武门东街,与湘北少宰比邻”。琉璃厂附近有前孙公园,查慎行《敬业堂集》记:“宫友鹿寓孙公园,与唐实君、赵蒙泉、杨耑同巷,仆及姜西溟、家声山相距稍远。”那些地位较高的官员居处,更是士大夫趋之若鹜的地方。如广渠门内夕照寺

① (清)朱一新:《京师坊巷志稿》卷上,第38、34页。

② (明)陆容:《菽园杂记》卷五,第52页。

附近有万柳堂,为清初大学士冯溥的别业,康熙时开博学宏词,“待诏者尝雅集于此”;宣武门左龚鼎孳的香严斋,“海内文人延至门下,岁暮各赠炭资”。而外城的诸多寺院景色,也是他们聚集游玩之处,如陈廷敬有《至日陪祀同王阮亭灵佑宫早起》诗,陈其年有《同人集灵佑宫会饮》诗等。从时人的描写来看,南城,特别是所谓“宣南士乡”,是汉族士大夫寓居和互通声气款曲的地方,所谓“吾老欣同巷,归休原息关”。很多宅院都是不同时期的名人雅士接续居住,或者相互引介租住。可以说,以外城的北城为中心的这一地区,是他们消磨闲暇时光——居住、聚会、观剧、购书的主要空间,是清代京师精英文化核心区。

如果我们仔细阅读有关材料,可以知道清代京师士大夫频繁搬家并非罕见的现象,而在清代前期主要是往今南新华街两侧区域移动,其原因是外城对他们来说并不都是最适合居住的地方。施愚山搬家时作诗说:“书声不敌市声喧,恨少蓬蒿且闭门。”更重要的是外城居住着许多身处社会下层的人和外来人口,因此,外城的东南、西南地区相对来说属于高压力地区而非安全地区,是社会低贱地区而非高身份地区。即使是在外城的北城内部,他们也在不断搬家,选择更好的邻里环境(张祥河《移居椿树胡同》诗:“聊从后巷迁前巷,为卜今年胜旧年。”又《和潘星斋》诗:“记与长公联廨住,两家童为送诗忙。”自注:“令兄功甫舍人与余同居椿树胡同三年,盖一门二院也”①)。

明清京师士大夫的生活空间直接影响到这里的“读书空间”。明代“凡燕中书肆多在大明门之右,及礼部门之外,及拱宸门之西。每会试举子,则书肆列于场前,每花朝后三日,则移于灯市。每朔望并下浣五日,则徙于城隍庙中……灯市岁三日,城隍庙月三日,

① (清)朱一新:《京师坊巷志稿》卷下,北京:北京古籍出版社,1982年,第257页。

至期百货萃焉,书其一也”①。大明门外、灯市、城隍庙是商业中心地区,而会试举行所在的贡院,以及北城的国子监的书铺书摊,则专门服务于读书人(叶德辉《书林清话》卷五记弘治十年国子监前赵铺刻书若干种)。至清,“读书空间”同样向外城转移,广安门内的慈仁寺和永定门内的灵佑宫就曾作为城隍庙市和灯市的延续:“灯市旧在东华门外,今移正阳门外灵佑宫旁,至期,结席舍,悬灯高下,听游人纵观。”②但它作为书肆所在地却好景不长,“灯市初在灵佑宫,稍列书摊,自回禄后,移于正阳门大街之南,则无书矣”③。慈仁寺或称报国寺,“自内城城隍庙市移于此,每月三度为系马之具,数年无复存矣”。一说原因是距离城中较远,往来不便;一说是因为一次地震,使附近一些大宅纷纷搬迁,以至荒凉,但王士祯认为即使是在庙会繁盛时,也是“书摊只五六,往间有秘本,二十年来绝无之”④。倒是明正阳门外商业区发展起来,不会完全没有书摊,“自明以来缙绅齿录俱刻于西河沿洪家老铺”,王士祯则说:“今京师书肆皆在西河沿,余惟琉璃厂间有之。”⑤显然在康熙年间京师外城慈仁寺、灵佑宫的书肆已经萧条,而琉璃厂刚开始兴起,最盛的是前门外西河沿,这显然与会馆等读书人群聚集因素有关。琉璃厂自乾隆年间终于成为京师最大的书肆和文化中心。一旦读书空间与此脱离(比如民国以后大学逐渐远离此地),这里的书肆便必然萧条下来。

与从事商业或手工业的铺户和居有定处的贵族官绅相比,明

① (明)胡应麟:《少室山房笔丛》卷四《甲部·经籍会通四》,北京:中华书局,1958,第56页。

② (清)朱一新:《京师坊巷志稿》卷下,北京:北京出版社,1962年,第171页。

③ 同上书,第163页。

④ 同上书,第198页。

⑤ 同上书,第167页。

清京师生活着的大量下层民众也在某种程度上具有自己的生活空间。据记载,明末成国公朱纯臣家失火,于是有关部门决定清理民间沿街搭造的民房,有御史说:"穷民僦居无资,藉片席以栖身,假贸易以糊口,其业甚薄,其情可哀。"①这说的是摆摊卖货的小商贩。有学者从清代京师赈恤机构的分布和支领赈恤备用银的数量出发,判断京师外城的西城和北城是贫困人口和无依婴幼人口及流民最为集中的地区,东城与中城次之②。即便是妓业,也是越往外越低级,"至金鱼池、青草厂等处,连居比屋,当户倚门,过而狎者,尤为下流无耻"③,被人说成是"下驷曲院非士夫所可问津,俗所谓金鱼池的婆娘"④。就市场而言,"外城东有东小市,西有西小市,俱卖皮服、椅桌、玩器等物……东小市之西又有穷汉市,破衣烂帽至寒士所不堪者亦重堆叠砌……官则不屑,商则不宜,隶则不敢,惟上不官下不隶而久留京邸者则甘之矣。西小市之西又有穷汉市,穷困小民日在道上所拾烂布溷纸,于五更垂尽时往此鬻之,天乍曙即散去矣"⑤。

而贫穷流动人口的生活空间相对不很固定,特别在明代,内城出入定居没有严格的限制,所以如景泰七年(1456)时"东安门外夹道中,日有颠连无告穷民,扶老携幼,跪拜呼唤乞钱。一城之内,四关之中,无处无之"⑥。成化二十一年,"京师流移之民聚集日多。宜令顺天府县并五城兵马司月给大口米三斗,小口一斗五升,毋令

① (清)朱一新:《京师坊巷志稿》卷下,第162页。

② 韩光辉:《清代北京赈恤机构时空分布研究》,《清史研究》1996年第4期。

③ (清)阙名:《燕京杂记》,北京:北京古籍出版社,1986年,第129页。

④ (清)夏仁虎:《旧京琐记》,北京:北京古籍出版社,1986年,第108页。

⑤ (清)阙名:《燕京杂记》,第120页。

⑥ 《明英宗实录》卷二七一,景泰七年十月辛亥,第5742页。

失所"①,可见于内外城中均有分布。入清,内城为旗人社会,社会分化自清中期以后亦日益严重,到晚清取消八旗之"铁杆庄稼",旗人更无所倚仗,所谓"改革后,故家失业,贫况可骇,有缀报纸为衣者,有夫妇共一裤者……故侯拉车,犹为有力,可慨矣"②。外城南部尤为外来贫穷人口所居,与北部商贾、官绅聚集之处形成鲜明对比。民国初人回忆说:"昔年官立义冢,多在外城以内。施粥厂舍,亦均在南横街、三里河各处,以其为贫民之所麇集也。"③尽管如此,贫穷人口的流动性大,他们可能居住在某一个相对固定的地区,但工作的性质迫使他们不断变化工作场所,比如流动的商贩,必须沿街叫卖;又如人力车夫,也须根据乘车者的需要等等;当然,也有娼妓这一类生活地点比较固定的群体。

由于清代京师的汉族官绅百姓只是被迫居于外城,无论是从等级的角度出发,还是从安全的角度出发,他们更愿意居于内城。但是由于商业和娱乐业更多地存在于外城,所以尽管他们视外城为不适宜居住的地区,但同时也视之为充满刺激、有吸引力的地区。相反,适宜居住的内城由于约束较严,反而是一种枯燥无聊的生活空间。实际上,由于特定等级制度和道德观念的约束,危险的和令人兴奋的地方、安全的和令人沮丧的地方总是一致的,居住场所和消闲场所总是分离的。比如京师内城不准开设戏园,无论内外城,禁止旗人擅入戏园,因此戏园多开设在外城,唱戏的班子也往往住在附近,所谓"大栅栏西一带过,巷中比户有弦歌"④。但是这种居住和休闲场所的分离是不正常的,因此内城不断出现违反

---

① 《明宪宗实录》卷二六六,成化二十一年五月丙子,第4510页。

② (清)夏仁虎:《旧京琐记》,第42页。

③ 陈宗蕃编著:《燕都丛考》,北京:北京古籍出版社,1991年,第471页。

④ 学秋氏:《续都门竹枝词》,路工选编:《清代北京竹枝词》(十三种),北京:北京古籍出版社,1982年,第62页。

禁令开设戏园的情况，乾隆时便查出旗人官员改装前往，但屡禁不止，嘉庆间又有人奏请禁止。因此外城娱乐业——从较高档的戏园到天桥卖艺和茶馆里的曲艺，都吸引着内城人口去度过消闲时光。

在明清时期的京师，不同的社会群体还可能由于不同的社会纽带结成各种空间联系。比如我已经撰文指出，围绕着碧霞元君信仰，在京师城外存在称之为“顶”的寺庙，按东西南北中五方设置，最后与朝阳门外的东岳庙发生联系。相当一些民间善会组织通过一年之中特定时期的进香活动，在由“五顶”和东岳庙构成的网络中发生空间联系，这种联系的特征既是宗教性的，也是社会性的①。类似的情况是，以东岳庙为例，还存在其他名目的善会组织，比如历史悠久的“白纸老会”，通过另一种方式把另一个空间范围勾连了起来；全京师不同地区的各种寺庙，几乎都有自己的区域性的信众，这个区域的信仰中心地往往就是这个寺庙。这样的事例还很多，此处不再赘举。

以上我们所概括论及的，第一涉及明清京城人口的空间分布，尽管我们较多地利用了前人的成果，但这是分析后面问题的必要前提；第二涉及土地利用的区分问题，这里主要是商业的空间布局问题；第三涉及居住位置或居住模式；第四则论及各不同社会群体的生活空间。本文只是导论性的，文中涉及或尚未涉及的问题还有许多，今后的工作将更多是个案性的，因此希望得到有兴趣的同行的共同努力。

---

① 赵世瑜：《国家正祀与民间信仰的互动——以明清京师的“顶”与东岳庙为个案》，《北京师范大学学报》（哲学社会科学版）1998年第6期；收入同作者：《狂欢与日常》，北京：北京大学出版社，2017年。

附录：

明中后期北京各坊有关数据统计

表 1

坊名	上中六则纳税铺户数	面积	胡同	铺数	户/平方公里	铺/平方公里	胡同/平方公里
安富坊	288	0.3439425	5	6	837.3	17.44	14.54
大时雍坊	734	1.596595	23	18	459.7	11.27	14.41
金城坊	423	0.988955688	25	22	427.7	22.25	25.28
澄清坊	284	0.679641875	11	9	417.9	13.24	16.18
鸣玉坊	351	0.992861719	17	14	353.5	14.1	17.12
积庆坊	117	0.377179688	2	4	310.2	10.6	5.3
教忠坊	179	0.589875	4	14	303.5	23.73	6.78
明照坊	108	0.36036825	4	6	299.7	16.64	11.1
明时坊	513	1.772612188	42	42	289.4	23.69	23.69
灵椿坊	115	0.4114	5	8	279.5	19.45	12.15
正西坊	410	1.491998063	21	24	274.8	16.08	14.08
南薰坊	465	1.7394355	11	8	267.3	4.56	6.32
崇北坊	422	1.650606375	11	37	255.7	22.4	6.66
朝天宫西坊	208	0.925173563	18	15	224.8	16.21	19.46
黄华坊	329	1.470755	17	21	223.7	14.28	11.56
小时雍坊	107	0.604621875	8	5	210	8.27	13.23
北居贤坊	300	1.46289	10	38	205.1	25.97	6.84
金台坊	133	0.65582	11	9	202.8	13.72	16.77
河槽西坊	181	0.897827563	12	13	201.6	14.47	13.37
仁寿坊	167	0.84095	8	8	198.6	9.51	9.51
崇教坊	179	0.967395	6	10	185	10.34	6.2

续表

坊名	上中六则纳税铺户数	面积	胡同	铺数	户/平方公里	铺/平方公里	胡同/平方公里
昭回恭靖坊	156	0.88708125	13	14	175.8	15.78	14.65
宣北坊	566	3.324278375	11	45	170.2625	13.54	3.31
思城坊	260	1.622602438	13	21	160.2	12.94	8.01
南居贤坊	324	2.07288125	18	36	156.3	17.37	8.68
保大坊	72	0.486835938	8	4	147.9	8.21	16.43
阜财坊	211	1.871257438	16	20	112.8	10.69	8.55
正东坊	668	6.656145719	25	40	100.4	6.01	3.76
发祥坊	71	0.75246875	10	7	94.4	9.3	13.29
日忠坊	346	4.212274688	7	22	82.14089	5.22	1.66
宣南坊	220	2.799289625	15	27	78.59	9.64	5.36
崇南坊	223	3.498257469	9	33	63.8	9.43	2.57
正南坊	191	3.328876375	11	20	57.4	6	3.3
日中坊		0.82083375	6	19		25.58	7.31
咸宜坊		2.764846219	14	10		12.18	5.06
白纸坊		0.742864375	11	21		7.96	14.81

表 2

坊名	按户密度排序	按铺密度排序	按胡同密度排序
安富坊	1	8	10
大时雍坊	2	22	11
金城坊	3	6	1
澄清坊	4	19	7
鸣玉坊	5	16	4

续表

坊名	按户密度排序	按铺密度排序	按胡同密度排序
积庆坊	6	24	30
教忠坊	7	3	25
明照坊	8	10	18
明时坊	9	4	2
灵椿坊	10	7	16
正西坊	11	12	12
南薰坊	12	36	27
崇北坊	13	5	26
朝天宫西坊	14	11	3
黄花坊	15	15	17
小时雍坊	16	30	15
北居贤坊	17	1	24
金台坊	18	17	5
河槽西坊	19	14	13
仁寿坊	20	27	19
崇教坊	21	25	28
昭回恭靖坊	22	13	9
宣北坊	23	18	33
思城坊	24	20	22
南居贤坊	25	9	20
保大坊	26	31	6
阜财坊	27	23	21
正东坊	28	33	32
发祥坊	29	29	14
日忠坊	30	35	36

续表

坊名	按户密度排序	按铺密度排序	按胡同密度排序
宣南坊	31	26	29
崇南坊	32	28	35
正南坊	33	34	34
日中坊		2	23
咸宜坊		21	21
白纸坊		32	8

资料来源:《宛署杂记》《京师五城坊巷胡同集》《北京历史地图集》。以上二表均由孙冰绘制。

东岳庙故事：明清北京城市的信仰、组织与街区社会*

近年来，国内对于城市史的研究取得了较大进展，许多地方如北京、上海、天津等大都市都出版了多卷的或分专题的著作，论文更是不计其数①。但总体来说，目前城市史研究的多数成果采取的是传统的研究套路，问题意识比较陈旧，而一些新的多学科路向的探索近年来更偏向乡村，致使施坚雅等人关于中华帝国晚期城市的研究著作还是这个领域里未被总体上超越的成果②。本文力图从城

北京东岳庙正殿

---

* 本文各部分先后发表于《北京师范大学学报》(社会科学版)1998年第6期、2003年第2期，《清史研究》2001年第1期，《东岳论丛》2005年第3期。其中两节也曾置于拙著《狂欢与日常》(北京：北京大学出版社，2017年)中，这里再次收入，主要是考虑内容的相对完整性；其中第二部分是与邓庆平合作撰写的，特此说明。

① 以北京史研究为例，郗志群主编的《北京史百年论著资料索引》中搜集的成果可以作为代表(北京：北京燕山出版社，2000年)，而上海史及香港史的研究由于其在近代以来的发展特点更受到国际学术界的重视，因而其成果水平较高。

② 当然国际学术界已频繁对施坚雅的研究进行反思，最新成果之一如：David Faure & Tao Tao Liu eds., *Town and Country in China, Identity and Perception*, New York: Palgrave, 2002。

市中的微社会场景出发,更细致地再现明清时期北京的一些生活细部,对城市史研究进行一些创新性尝试。此外,本文各个部分是近年来陆续完成的同一主题的研究成果,各部分之间未必有密切的关联,而是以一座庙宇为中心,对不同问题进行的一种发散式研究,而且这项研究还远未完成。

一、总的观照:国家正祀与民间信仰的互动

大约70年前,顾颉刚先生为了研究神道和社会,先后对北京朝阳门外的东岳庙和京西南的妙峰山香会做过数次田野调查,并和他的一些同事们发表了一些开创性的成果①,这可以说是对东岳神系及其信仰的较早的科学探索。在这些成果中,已经有学者指出,对碧霞元君的信仰,在北方民众中要比对东岳大帝更强②。实际上,通过普遍查阅明清以来的地方志,我们知道碧霞宫(包括娘娘庙、九天玄女庙等)主要存在于北方,东岳庙则普遍见于全国各地;前者主要分布于乡村,而后者则立足于作为统治中心的各级城市。这说明,自上古帝王的泰山封禅以来,东岳崇拜就更多地体现了国家信仰,而碧霞信仰则具有更多的民间性。在这里,本文试图对北京周边崇拜碧霞元君的各“顶”、东岳庙及其二者的关系略做探讨,并且通过各种祭祀群体之间的联系,折射出在北京这个首善之区民间信仰如何与官方信仰发生互动。

(一)京师五“顶”

京师各顶,主要指北京城外几个有名的崇拜碧霞元君的寺庙,

---

① 参见顾颉刚:《顾颉刚古史论文集》第一册,北京:中华书局,1988年,第68—74页;《歌谣》周刊1924年第50、61号;《民俗》周刊1929年第69、70期合刊。

② 罗香林:《碧霞元君》,《民俗》周刊1929年第69、70期合刊,第5页。

之所以称之为“顶”，是指“祠在北京者，称泰山顶上天仙圣母”[①]。清人则说得更具体：“祠庙也，而以顶名何哉？以其神也。顶何神？曰：岱岳三元君也。然则何兴于顶之义乎？曰：岱岳三元君本祠泰山顶上，今此栖，此神亦犹之乎泰山顶上云尔。”[②]意思是说北京人把原来在泰山顶上的碧霞元君移植到这里，仍相当于在泰山顶上。关于碧霞元君信仰的概况，因 80 多年前顾颉刚等人对妙峰山的研究而受到重视。近年来，由于妙峰山进香活动的复兴，学者们对妙峰山碧霞元君信仰的兴趣又重新恢复[③]。虽然在他们的研究中均提及明清北京的各顶，但多数语焉不详。

从明清时期的记载来看，主要的碧霞元君庙有五个，即所谓“五顶”：

> 京师香会之胜，惟碧霞元君为最。庙祀极多，而著名者七：一在西直门外高粱桥，曰天仙庙，俗传四月八日神降，倾城妇女往乞灵佑；一在左安门外弘仁桥；一在东直门外，曰东顶；一在长春闸西，曰西顶；一在永定门外，曰南顶；一在安定门外，曰北顶；一在右安门外草桥，曰中顶。……每岁之四月朔至十八日，为元君诞辰。男女奔趋，香会络绎，素称最胜。惟

---

① （明）刘侗、于奕正：《帝京景物略》卷三，“弘仁桥”条，北京：北京古籍出版社，1980 年，第 133 页。

② 康熙三年《中顶泰山行宫都人香贡碑》，东岳庙北京民俗博物馆编、赵世瑜主持辑录并审订：《北京东岳庙与北京泰山信仰碑刻辑录》，北京：中国书店，2004 年，第 352 页。

③ 其中若干重要的研究成果收于刘锡诚主编的《妙峰山·世纪之交的中国民俗流变》（北京：中国城市出版社，1996 年），如李露露《清代〈妙峰山进香图〉》、刘守华《论碧霞元君形象的演化及其文化内涵》、邢莉《碧霞元君——道教的女神》等；还有美国历史学家 Susan Naquin 的长篇论文 The Peking Pilgrimage to Miao-feng Shan：Religious Organizations and Sacred Site，见 Susan Naquin 和 Chun-fang Yu 主编的 *Pilgrims and Sacred Sites in China*，伯克利：加利福尼亚大学出版社，1992 年，第 333—377 页。另外还应提及北京师范大学中国民间文化研究所吴效群的未刊博士论文《北京的香会组织与碧霞元君信仰》（1998）。

南顶于五月朔始开庙，至十八日。都人献戏进供，悬灯赛愿，朝拜恐后。①

左上图为原小南顶所在之今大红门一带；中左图为西顶，在蓝靛厂；右上图为原大南顶所在马驹桥；下左图为中顶，在右安门草桥；下右图为北顶，在北四环中路

---

① （清）潘荣陛：《帝京岁时纪胜》，“天仙庙”条，北京：北京出版社，1961年，第17页。

其他记载与此大略相同，也有一些差异。这里讲西顶在长春闸西，但附近还有其他碧霞元君庙（如高梁桥），如：

> 碧霞元君庙在城外东南弘仁桥，成化时建。弘仁桥，元时呼为马驹桥。都人最重元君祠，其在麦庄桥北者曰西顶，在草桥者曰中顶，在东直门外者曰东顶，在安定门外者曰北顶。又西直门外高粱桥北亦有祠。每月朔望，士女云集。①

这是说在高梁桥者非西顶。再如：

> 又有蓝靛厂，在都城之西，亦本局之外署也。万历三十六年，始建西顶娘娘庙于此。其地素洼下，时都中有狂人，倡为进香之说。凡男女不论贵贱，筐担车运，或囊盛马驮，络绎如织，以徼福焉。甚而室女艳妇，藉此机会，以恣游观，咸坐二人小轿，而怀中抱土一袋，随进香纸，以往进之，可笑也。②

此外，南顶也有类似的问题，如：

> 碧霞元君庙　臣按通志，庙在左安门外东南弘仁桥，明成化中建。春明梦余录云：弘仁桥，元时呼马驹桥。今此庙曰大南顶，旧曰南顶，共五层，坊二……在永定门外者曰南顶，有正德五年御制灵通庙碑，今曰小南顶，康熙五十二年敕修。③

可知南顶也有大小两个。除了上述五顶（或说六顶）之外，明清京师附近吸引大批信众的碧霞元君庙还有若干，如“涿州北关、怀柔县之丫髻山，俱为行宫祠祀”④，通州的里二泗等等。

---

① （清）孙承泽著，王剑英点校：《春明梦余录》卷六六《寺庙》，北京：北京古籍出版社，1992年，第1276页。

② （明）刘若愚：《明宫史》木集，“内织染局”条，北京：北京古籍出版社，1980年，第44页。

③ （清）励宗万：《京城古迹考》，“碧霞元君庙”条，北京：北京古籍出版社，1981年，第6页。

④ （清）潘荣陛：《帝京岁时纪胜》，“天仙庙”条，第17页。

丫髻山娘娘庙，今属北京平谷区

据前述，东顶的位置在东直门外，准确的修建年代不详，但已见载于《春明梦余录》，说明在明代肯定已经存在。南顶如上述有二，大南顶在左安门外东南弘仁桥或马驹桥，建于成化年间，明时最盛①；小南顶在永定门外“五六里，西向”，在永定门以北，当建于正德五年或以前，《朝市佥载》所记之“南顶”即此小南顶，而前者却已衰败。西顶在蓝靛厂，建于万历三十六年，或称其在“西直门外万泉庄”②，或称其在麦庄桥北（《春明梦余录》）、长春闸西（《帝京岁时纪胜》）等等，均指同一地③。该庙在明代称护国洪慈宫，于清康熙年间改称广仁宫。另外在高粱桥者也应比较出名，称天仙庙。北顶在安定门外，一说在德胜门内路东（《朝市佥载》），一说在德胜门外土城东北三里许（《燕京岁时记》），除说在德胜门内者欠妥外，余均指一地。该庙亦建于明初④。中顶在今丰台区右安门外中顶村，旧说在右安门外草桥：“其在草桥者曰中顶，天启七年建，名普济宫。”⑤

---

① （清）刘侗、于奕正：《帝京景物略》卷三，“弘仁桥”条，“盛则莫弘仁桥若，岂其地气耶”，第133页。

② （清）励宗万：《京城古迹考》，“碧霞元君庙”条，第6页。

③ （清）周家楣、缪荃孙编纂：《光绪顺天府志》卷一七《京师志十七 · 寺观二》，“长河麦庄桥之西为长春桥，度桥为广仁宫”，北京：北京古籍出版社，1987年，第550页。

④ “北顶娘娘庙坐落北郊二区北顶村一号，建于明宣德年间，属私建。本庙面积二十二亩一分，房殿四十三间；附属茔地十亩，香火地五亩”，见《1928年北平特别市寺庙登记》（档号J181—15—107），北京市档案馆编：《北京寺庙历史资料》，北京：中国档案出版社，1997年，第89页。

⑤ （清）励宗万：《京城古迹考》，“碧霞元君庙”条，第6页。

但是，除了上述各顶外，还有一些庙也被民众列入“顶”之中。如崇祯十三年史可法撰文的《六顶进供圣会碑记》，其中说：

> 都城之东朝阳关外二里许，有敕建东岳庙焉。盖自元时迄今，威灵赫奕，耸动中外。内贵宦戚，士庶人民，近而都城市会，远而村庄隐僻，及诸善信男女，无不感格恩服，不约而同，千古有如一日，盖甚盛事也。……适缘都中，善人刘继先茹素事神，修心向善。爰以结社众信进贡白纸，六顶等会，捐诚不苟，力竭不倦。……其年例进贡东岳大帝、娘娘金身，珍宝珠翠，冠服带履……等项，之诣弘仁桥、西顶、北顶、中顶懿前暨药王庙六处，进贡香楮供祀之仪，必先秉达于勾魂之司，以为神庆之祀典也。①

这里的“六顶”似乎是加上了药王庙，而且表明了各顶与东岳庙之间的密切关系。另外清康熙四年春一个称“展翅圣会”的会首钱坦所立碑记说：

> 有彼都人士钱应元于每年三月二十八日圣诞，进贡冠袍展翅。……后稍有废弛，渐至冷落，而沈应科、李国梁……复为效尤。不臆世代迁移，人心有懈，苟不振而兴之，善行又将泯灭。钱宗仁续而光倡之，大为修举，子钱坦丕承先人，克绍前烈，相率同志，创为八顶圣会，可称善继善述者。②

该碑两侧分别刻有“八顶进贡展翅老会”和“沿途寺庙二百六十四处”字样。虽然碑文中未提祭祀包括哪八顶，但可肯定在通常五顶之外，还有若干重要庙宇被列入“顶”之中。同时也表明了这八顶

---

① 崇祯十三年《六顶进供白纸圣会碑记》，《北京东岳庙与北京泰山信仰碑刻辑录》，第 65 页。

② 康熙四年《东岳大帝圣会碑记》，《北京东岳庙与北京泰山信仰碑刻辑录》，第 80 页。

与东岳庙之间的关系。

我们还可以看到有所谓“二顶圣会”，这个西华门四牌楼一带成立的进香组织，曾分别在东岳庙和蓝靛厂西顶立碑留记，似乎“二顶”是指东岳庙和西顶①；在东岳庙还有康熙三十年十月的一块《扫尘会碑》，碑的两侧文字分别是“九天、太乙、东岳三顶静炉掸尘老会”和“都城内外各城坊巷居住”②，指的更不包括崇拜碧霞元君的各顶；更有正阳门外猪市口粮食店的四顶圣会，其会碑立于东岳庙，但其四顶分别何指，于碑文中并无明载③。

由此我们可以知道，明清时期京师各顶虽以崇拜碧霞元君的五顶最为著名，但也有其他寺庙被称之为“顶”（还有我们尚未提及的、在清代非常繁盛的妙峰山和丫髻山金顶），无论如何，这些顶都与朝阳门外的东岳庙发生了一定的联系，而这些联系又是由哪些祭祀进香组织促成的，正是我们关心的问题。

（二）京师东岳庙的国家正祀性质

碧霞元君是东岳的女神，与东岳大帝有密切的关系，这一点毋庸置疑。对她的信仰虽然比泰山信仰后起，但在北方民众中的影响却比泰山信仰还大。顾炎武《日知录》有“论东岳”一篇，说泰山的“仙论起于周末，鬼论起于汉末。《左氏》、《国语》未有封禅之文，是三代以上无仙论也。《史记》、《汉书》未有考鬼之说，是元、成以上无鬼论也”④。秦皇、汉武封禅泰山，是为祭祀名山大川，或望

---

① 康熙十七年《二顶圣会碑》，《北京东岳庙与北京泰山信仰碑刻辑录》，第88—89、363页。

② 康熙三十年《东岳庙扫尘会碑志》，《北京东岳庙与北京泰山信仰碑刻辑录》，第106页。

③ 康熙二十年《四顶圣会碑记》，《北京东岳庙与北京泰山信仰碑刻辑录》，第93页。

④ （清）顾炎武著，黄汝成集释，栾保群、吕宗力校点：《日知录集释》卷三〇，“泰山治鬼”条，石家庄：花山文艺出版社，1990年，第1353页。

风调雨顺，长生不老，但汉以后泰山治鬼之说渐盛，所以东岳庙里要有10殿阎王和72司。三国时管辂对他的弟弟管辰说："但恐至太山治鬼，不得治生人，如何！"①为了解决这个问题，一方面在泰山的方位上做文章，认为东方主生②；另一方面人们又利用民间泰山女的传说（见《搜神记》），逐渐创造了泰山的女神碧霞元君，保佑生育，治疗疾病，补足了泰山神的治生功能。或以恐怖威吓，或以仁慈感化，自然以后者更易得到民众，特别是肩负养育子女之责的女性的欢迎。

虽然碧霞元君在北宋时得到了统治者的册封，但在国家祀典中显然没有东岳泰山神的地位那样高。按明代国家祀典分大、中、小三类，其中岳镇海渎属中祀，洪武时规定春秋二祭，天子也要在祭日行礼；在此之外还有京师九庙之祭，其中就包括东岳庙，祭用太牢。弘治年间礼部尚书周洪谟等曾上疏说，对东岳泰山之神，"每岁南郊及山川坛俱有合祭之礼"，对京师的东岳庙的祭礼也沿袭了下来，因此提出"夫既专祭封内，且合祭郊坛，则此庙之祭，实为烦渎"，主张罢免，但没有得到批准。同时我们发现，在国家祀典中，找不到碧霞元君的踪影③。检光绪《顺天府志》，东岳庙被列入《京师志·祠祀》部分中，而各顶的碧霞元君庙则被列入《京师志·寺观》部分中，显然在制度的规定上二者是有别的，而后者是被官方视为民间信仰的。

东岳庙祭祀仪式的官方性质或"正祀"特征还可从参与者或支

---

① （晋）陈寿撰，（南朝宋）裴松之注：《三国志》卷二九《魏书·管辂传》，北京：中华书局，1959年，第826页。

② （清）周家楣、缪荃孙编纂：《光绪顺天府志》卷六《京师志六·祠祀》，引明英宗御制东岳庙碑记说："天下之岳有五，而泰山居其东。民之所欲，莫大于生，而东则生之所从始。故书称泰山曰岱宗，以其生万物为德，为五岳之尊也。"第158页。

③ （清）张廷玉等：《明史》卷四七《礼一》、卷四九《礼三》、卷五〇《礼四》，北京：中华书局，1974年，第1225、1283、1309等页。

持者的身份等级上得到证明。在明代所立的碑中，无论由何人所立，撰文题额的都是高官显贵，即立碑者也往往是上层之人。如隆庆四年八月的《东岳庙圣像碑记》由原刑部侍郎郭惟清撰文，原工部侍郎王槐书写，湖广总兵、安远侯柳震篆额，述京师缙绅段时泰倡议更新庙貌，共有锦衣卫指挥、千户、御用监、御马监、内官监、司礼监、尚衣监、神宫监的太监参与。观其题名，除列名最上的发起者 22 人外，下列 5 名会首，再下为“信官”41 名、“信士”150 余名、“信女”80 余名（包括 5 名女会首）[①]。又如万历十八年三月的《岳庙会众碑》为南京礼部尚书王弘诲撰文，西宁侯宋世恩撰额，中书舍人谭敬伟书丹。

立碑者中，又尤以宦官这个群体最为突出。万历十九年的《岳庙会众碑记》说：“中贵周公宽、李公坤、郭公进雅重岳山之神，鸠众二百余，于十六年创起会祀之礼。”[②]次年的《东岳庙会中碑》则讲“御马监太监柳君贵、彭君进……监局官凡若干人，岁于神降之辰，张羽旗设供具以飨神”[③]。另有一碑阴题名中的领衔者为大名鼎鼎的司礼监秉笔太监魏朝[④]，这也就难怪可以请得动像翰林院修撰余继登、大学士王锡爵这样的名人来撰写碑文了[⑤]。

但即使是东岳庙这样的国家正祀也必须有民众的信仰活动作为基础。宛平城西有一东岳庙，“国朝岁时敕修，编有庙户守之。三月二十八日，俗呼为降生之辰，设有国醮，费几百金。民间每年

① 隆庆四年《东岳庙重新圣像碑记》，《北京东岳庙与北京泰山信仰碑刻辑录》，第 14—15 页。

② 万历十九年《岳庙会众碑记》，《北京东岳庙与北京泰山信仰碑刻辑录》，第 27 页。

③ 万历二十年《敕建东岳庙会中碑记》，《北京东岳庙与北京泰山信仰碑刻辑录》，第 33 页。

④ 万历二十一年《东岳庙圣会碑记》，《北京东岳庙与北京泰山信仰碑刻辑录》，第 36—37 页。

⑤ 王锡爵撰文之碑为万历二十年《东岳庙碑记》，《北京东岳庙与北京泰山信仰碑刻辑录》，第 31 页。碑阴题名中除宦官以外，还有德妃许氏、荣嫔李氏等一干信女。

各随其地预集近邻为香会，月敛钱若干，掌之会头。至是盛设，鼓乐幡幢，头戴方寸纸，名甲马，群迎以往，妇人会亦如之。是日行者塞路，呼佛声振地，甚有一步一拜者，曰拜香庙。有神浴盆二，约可容水数百石，月一易之，病目人虔卜得许，一洗多愈”①。朝阳门外的东岳庙碑文中也有类似的描述：“都城朝阳门外先年敕建庙宇一区，朝廷每岁遣官致祀，而祈祥禳禬，尤谆谆焉。以故都城人严事之典，无内外，无贵贱，无小大……”②可见国家祀典与民间信仰并不完全相斥。

考虑到当时都城居民的社会构成，除了宫廷内的大量宦官外，还有许多人都与官府有着千丝万缕的联系。他们可能就是大大小小的官员，或者是他们的亲属；在具有一定经济实力和社会地位可以起会立碑的人中，不可能有太多平民百姓，特别是贫贱下层。即使是那些一般殷实富户，也需要拉拢官宦太监，列名其上，以壮门面。天启四年有一《白纸会碑》，前面没有高官显贵撰文、篆额、书写的说明，碑文简陋，应属一般市民所立：“京都明时等坊巷有老善首锦衣牛姓永福，领众四十余载，今年末命男牛应科同妻王氏接续，领诸善信，各捐净资。”③此会虽属民间组织，但“锦衣”二字仍表明会首具有一定的身份。崇祯五年的《敕建东岳庙碑记》中说：“凡一切诸司善众，各有发心，会名不等，而崇文门外东南坊领众姓弟子卞孟春等起立白纸圣会，每岁四季进供……”④这也应该是一

---

① (明)沈榜：《宛署杂记》卷一七《民风一·土俗》，北京：北京出版社，1961年，第167页。

② 万历十三年《东岳庙供奉香火义会碑记》，《北京东岳庙与北京泰山信仰碑刻辑录》，第18页。

③ 天启四年《东岳庙四季进贡白纸圣会碑记》，《北京东岳庙与北京泰山信仰碑刻辑录》，第46页。

④ 崇祯五年《敕建东岳庙碑记》，《北京东岳庙与北京泰山信仰碑刻辑录》，第60页。

个民间善会,但却能请来尚宝司卿王某撰文,如果不是会首有较高社会地位,至少也有意借此抬高自己。与地方社会不同,这也许就是京师这个天子脚下的"民间社会"的特色。

必须指出,入清以后,北京东岳信仰的民间化过程进一步加速。虽然政府对它日益重视,康熙和乾隆年间两次大规模修缮,"规制益崇",甚至在皇帝谒东陵途中,也通常在这里"拈香用膳"①,但还是可以看到,由宦官所立的会碑、由高官显贵撰文题字的会碑大大减少,而一般民间香会的立碑明显增多。如康熙二十三年一碑文中写道:

> 若届圣诞朔望之辰,士庶竭诚叩祝者纷纷如云,神京远近,谁不瞻仰?由是众等鸠集诸善,在于西直门里小街口,诚起金牛圣会。

碑阴题名列正会首若干人某某,副会首若干人某某以及众信弟子等,没有任何职衔列于前②。另一康熙二十九年的碑文这样写道:

> 京师四民,老幼瞻仰,遐迩欢心。每逢朔望,大而牲帛,小而香烛……尤虑人心久则懈,年深则泯,遂集同里之忠厚信心者,共成一会,攒印积金。

署名"东华门外散司圣会众善弟子等同立"③,显然也是社区性的祭祀组织。其他如同年安定门大街中城兵马司胡同扫尘圣会所立碑亦与此相同。再有康熙五十五年所立《子午会碑》,两侧分署"京都西安门外土地庙诚起子午圣会"和"内外各城坊居住众善人等名

---

① (清)富察敦崇:《燕京岁时记》,"东岳庙"条,北京:北京出版社,1961年,第56页。

② 康熙二十三年《金牛圣会进香碑记》,《北京东岳庙与北京泰山信仰碑刻辑录》,第95页。

③ 康熙二十九年《东华门外散司会碑记》,《北京东岳庙与北京泰山信仰碑刻辑录》,第99页。

列于后”。从碑阴题名来看，最上为信官会首共8人，全为赵姓，下列正、副会首各姓若干人，善会若干人，最后是本庙西廊住持某某、西安门外土地庙住持某某，可知这又不完全是社区性的祭祀组织，大概是由官宦之家赵氏为主要资助人，由西安门外土地庙出面组织的、跨居住区的香会组织[①]。与此类似的还有：

> 而盘香之会，则弟子三人率众自雍正十三年始接续，以至于今。……吾会中男女长幼九十余人，住居各地，同心共意。[②]

这也是一个跨居住区的祭祀组织，但不知是靠什么因素聚于一会之中。无论如何，尽管仍有署“大内钦安、大高二殿白纸老会”或请到大学士张廷玉题额的情况，表明官方色彩的持续，但清代民间祭祀组织介入的明显增多，也无疑是事实。

（三）五“顶”的民间信仰性质

与此同时，祭祀碧霞元君的各顶又情况如何呢？根据韩书瑞(Susan Naquin)的研究，明代创建的各顶到清中期以后便先后衰落，其朝拜的盛况无法与乾隆后兴盛起来的金顶妙峰山相比[③]。虽然如此，清人如潘荣陛还是说“京师香会之盛，以碧霞元君为最”，励宗万也说“都人最重元君庙”，乾隆年间还对南顶和中顶进行过重修，这说明至少在清前期各顶的香火状况还是差强人意的。而且，虽然情况有所不同，妙峰山金顶仍属碧霞元君崇拜浪潮的一个部分。

明清时期京师以及华北各地对碧霞元君的崇拜转热，也许与明清以来华北民间宗教中的“无生老母”信仰有某种关联。尽管罗

---

① 康熙五十五年《东岳庙子午胜会碑记》，《北京东岳庙与北京泰山信仰碑刻辑录》，第126—127页。

② 乾隆五年《盘香会碑记》，《北京东岳庙与北京泰山信仰碑刻辑录》，第151页。

③ Susan Naquin (1992), p. 349.

教的祖师罗祖并没有明确直接地给出“无生老母”的概念，但已经暗示“祖即是母”的转化可能。我们看到，大谈“诸佛母，藏经母，三教母，无当母”的罗教经卷，正是《巍巍泰山深根结果宝卷》的《一字流出万物的母品第四》①。在晚清的一些民间宗教组织中，在最高层的无生老母之下，还有对不同层级的圣母或老母等女神的信仰②。虽然无生老母这个至高神很明确地与碧霞元君不同，但这至少说明了当时民众对女神信仰的普遍需求。甚至康熙皇帝在为西顶所撰御制碑文中也说：“元君之为神，有母道焉”，“母道主慈，其于生物为尤近焉”③。其基本思路与民间对女神的崇拜是一致的。

宋代以来，国家往往通过赐额或赐号的方式，把某些比较流行的民间信仰纳入国家信仰即正祀的系统，这反映了国家与民间社会在文化资源上的互动和共享：一方面，特定地区的士绅通过请求朝廷将地方神纳入国家神统而抬高本地区的地位，有利于本地区的利益；另一方面，国家通过赐额或赐号把地方神连同其信众一起“收编”，有利于进行社会控制④。尽管传说宋真宗时就赐号“天仙玉女碧霞元君”，尽管明清两代的统治者先后把一些神祇纳入国家正祀，也先后对一些“淫祀”采取了禁毁的行动，但碧霞元君信仰始终没有被列入国家正祀之中。由于历代皇帝都在不同程度上对其持赞同或支持的态度，因此它或许可被视为一种“准正祀”，是一种得到官方肯定的民间信仰。其之所以得到官方的肯定，除了因为它与正祀东岳信仰的密切关系外，还在于它在京畿地区的流行性

---

① 参见马西沙、韩秉方：《中国民间宗教史》，上海：上海人民出版社，1992年，第213页。

② 程歗：《晚清乡土意识》，北京：中国人民大学出版社，1990年，第244页。

③ （清）于敏中等编纂：《日下旧闻考》卷九九《郊坰》，北京：北京古籍出版社，1981年，第1640页。

④ 关于这方面的中外研究成果，可参见蒋竹山：《宋至清代的国家与祠神信仰研究的回顾与讨论》，《新史学》（台北）1997年第8卷第2期，第187—219页。

和朝拜活动的无危险性①。

我们可以从各顶的碑文中获取一些有关的信息。以康熙三十五年正阳门外猪市口百子老会立于中顶的碑文看，这是一个普通的社区性香会组织。碑阴题名有正、副会首各若干人，司房管事若干人，还有某门某氏等女性 140 人左右。但却有大学士张玉书篆额，翰林院官史夔、孙岳分别撰文和正书，可见民间信仰仍需要相当的官方色彩作为支持②。

西顶大概是各顶中香火最盛之处，留下的碑文也最多。从这个角度来看，它与东岳庙一东一西，遥遥相对，其他各顶都无法与之相比③，原来五顶所表现的传统宇宙空间格局似乎让位给了民众自身的信仰实践选择。从这里的碑文可以看出，虽然上述官方色彩依然保存，但其香会的民间组织性质仍然是主要的。同时，尽管明清之际经历了改朝换代的巨大风波，北京又首当其冲，但对民众原有的信仰生活似乎影响有限。我们看到，崇祯九年一碑为光禄寺卿董羽宸撰文，宣城伯卫时春篆额，但碑阴题名之首为"京都顺天府宛大二县各城各坊巷居住总管会首……立"，后列正、副会首、众会首及会众的题名。碑侧则为"在中城灵济宫南太仆寺街撒枝胡同总管香头等立"字样④。推测可能是各社区性的香会组织又在

---

① 根据王斯福的说法，官方宗教与民间宗教的区别之一，在于前者强调其行政层级，而后者强调神的灵力。依此，碧霞元君信仰当然是民间信仰。他还指出，这两者间有重叠的部分，即官方通过赐额、封号、建庙等方式将民间宗教纳入官方系统，这显然也符合碧霞元君信仰的情况。见 Stephan Feuchtwang, "School Temple and City God", in C. W. Skinner ed., *The City in Late Imperial China*, Stanford University Press, 1977.

② 康熙三十五年《中顶普济宫百子胜会碑记》，《北京东岳庙与北京泰山信仰碑刻辑录》，第 376 页。

③ 康熙四年《西顶施茶碑记》，《北京东岳庙与北京泰山信仰碑刻辑录》，第 354 页。碑文中说："西顶距神京十五里许，接玉泉、凤凰诸山，其形势之耸秀，香刹之崔巍，实甲于诸顶。"

④ 崇祯九年《西顶香会碑记》，《北京东岳庙与北京泰山信仰碑刻辑录》，第 348—349 页。

进香过程中形成一共同的香会联盟，选出总管会首为最高领袖，而此人可能就居住在撒枝胡同。

其他碑文同样说明许多有意思的问题。顺治十一年的《泰山西顶进香三年圆满碑》是由德胜门迤南三圣庵老会所立，碑阴题名已模糊不清，由一在野官员篆额、撰文和正书，判断亦为民间组织①；类似的还有康熙十二年“宣武门里单牌楼坐香圣会正会首张汉等同立”的《西顶进香碑》②、康熙二十六年“阜城（成）门里三条胡同进香圣会正会首任秉直、王黑子、王永寿、李哥、栗必才合会众等同立”的《西顶洪慈宫进香碑》③、康熙四十一年“西直门里西官园口坐香圣会香首曹国相众等同立”的《曹国相创善会碑》④等多种。它们中原来撰文、篆额的官绅列名都在碑阳最前，现在或列于文后，或干脆连邀请官绅撰文写字都免了。这多少表明，来碧霞元君庙进香的组织更富民间性质。

从各种碑文来看，进香者来自京城内外各个地区。由于清朝将汉民、汉官一律迁至外城，而内城居住者应该都是旗人，虽然可能共同信仰碧霞元君，但族群间的某种隔阂有可能妨碍了明朝那种跨社区的进香联盟组织的形成。康熙二十八年的一块《子孙进香圣会碑》，是由“顺天府大宛二县正阳门外坊巷子孙进香胜会当年正会首刘昌”等立的，碑文中称“大宛善信绅士刘昌等公起进香

① 顺治十一年《泰山西顶进香三年圆满碑记》，《北京东岳庙与北京泰山信仰碑刻辑录》，第350—351页。

② 康熙十二年《西顶进香碑记》，《北京东岳庙与北京泰山信仰碑刻辑录》，第361—362页。

③ 康熙二十六年《西顶洪慈宫进香碑记》，《北京东岳庙与北京泰山信仰碑刻辑录》，第364页。

④ 康熙四十一年《曹国相创善会碑》，《北京东岳庙与北京泰山信仰碑刻辑录》，第381页。

圣会"云云①，虽说明香会的发起人并非普通百姓，但这组织似乎是外城的汉人香会组织，因此在特殊形势下也属于"民间社会"。而像前引曹国相创立的善会，从居住地区看，则应是旗人的香会组织；从题名来看，也有奴才、药师保、祖兴茂、三达子、鄂纳海、色勒、黑达子、索住、观音保这样的旗人姓名，但是碑文中开头便说"曹子国相，燕之清门庶人也。世居城西，尤好崇信佛教"，似会首又是老北京的汉人。再回顾以前所举的进香组织，多在某城门里，从会首、会众的题名看，也不见有特别明显的旗人色彩，因此可以判断沿城门、城根一带居住的普通汉人并不一定被外迁干净，有相当部分的老居民留下来与旗人混居的可能性。

与东岳庙香会相比，信奉碧霞元君的香会组织确实多在城墙的边缘或外围。康熙八年的一个西顶进香碑文中明确说："盖都中之会固甲天下也，而城西之会，复甲于都中。创之者，关之西北善信……"②甚至在西顶的一座《元宝圣会碑》两侧分别题为"山东济南府张丘县东二甲李凤""阜城（成）关外六道口村西顶元宝圣会香首李凤等立"③。说明此人落籍在山东，却住在京师的阜外，并建立起香会组织。我们知道，在传统城市中，城市居民的身份等级高低是从中心向边缘逐渐递减的。从社会空间（social space）的角度看，城市中心往往由衙门或官僚住宅占据，京师是天子所在之地，就更是如此，汉人在清虽被驱往外城，但汉官居住区仍在外城的北缘而接近内城；旗人虽在内城，但沿城门居住的往往是守城的旗丁及其家属。下等人以及外来人口更多居于城市边缘或城乡交界地带。因此就目前我们掌握的材料来看，可以说，有关碧霞元君的香会组

① 康熙二十八年《子孙进香圣会碑序》，《北京东岳庙与北京泰山信仰碑刻辑录》，第367—368页。

② 康熙八年《西顶进香碑记》，《北京东岳庙与北京泰山信仰碑刻辑录》，第357页。

③ 康熙五十年《元宝胜会碑》，《北京东岳庙与北京泰山信仰碑刻辑录》，第388页。

织(包括本文没有涉及的妙峰山香会)大多是远离社会等级上层或权力中心的民间社会建构,尽管由于在京师的缘故,或多或少地带有官方的色彩。

另外值得一提的是,从西顶的碑阴题名来看,女性题名的数量引人注目。如前引顺治十一年碑,题名女性约有70—80人,占全部题名者的30%左右;康熙八年碑有410多人,占全部题名者的80%左右;曹国相碑有170多人,占全部题名者的60%多。这一方面说明碧霞元君的女神特征、她保佑生育和治疗疾病的功能特别吸引女性信众,另一方面,女性的积极参与正是明清民间宗教活动的特征之一,这反过来又证明了本文所论朝顶进香活动的民间性质。

(四)京师国家与民间社会关系之一例

探讨明清时期信奉泰山神——东岳大帝和碧霞元君——的信仰组织及其活动在北京的表现,可能为学术界的相关讨论提供一个独特的个案。由于社会人类学和社会史通常论及的"社会"一词,是与"国家"相对应的一个概念,因此国家与社会之间的关系,特别是国家与"民间社会"的关系,就成为一个热门话题。研究民间信仰与基层社会组织的学者也从他们的角度切入其中,但由于他们(无论是历史学家、人类学家、民俗学家还是社会学家)所选择研究的点多属于中国的"边陲"①,或者是远离政治统治中心的乡村,因此民间信仰组织及其活动与国家及其代理人——地方官府之间具有相当大的距离。尽管国家可以通过赐额赐号来实现对民

---

① 从弗里德曼(M. Freedman)到施珀尔(K. Schipper)、王斯福、科大卫(D. Faure)、桑高仁(P. S. Sangren)、武雅士(A. Wolf)、丁荷生(K. Dean),再到郑振满、王铭铭、刘志伟、陈春声等人,他们的代表性研究成果都是关于福建、广东、香港和台湾的,有关成果这里就不赘引了。

间诸神的控驭，可以通过地方士绅（民间权威？）主持参与此类组织与活动，把官方的意识形态灌输到民众之中，同时地方士绅又可以代表家乡父老对官府提出要求和维护地方利益等等，个中联系，千丝万缕，但民间社会与国家的二元对立还是相对清晰可见。

明清时期的北京却不同，对于外地或边地来说，它本身就是“国家”，至少是国家的象征。但是，当我们剖析它的内部结构时，它又与其他地方一样，是一个复杂的社会，只不过在这里，国家的力量空前强大、无处不在而已。从以上的叙述和分析中，我们已经知道，一方面，无论是作为国家正祀的东岳庙，还是民间性较强的祭祀碧霞元君的各顶，都是民众活动的舞台，这些地方都有纯粹民间的香会组织（并非官方组织）在不断活动。另一方面，国家的力量不仅充分地体现在作为官方祀典的东岳祭祀和东岳庙香会组织上，也同样体现在主要作为民间信仰的碧霞元君信仰与其香会组织上；这里不仅有官方或具有明显官方色彩者的主动参与，也有民众对高官显贵参与的渴求。甚至我们看到各顶的进香组织最后来到东岳庙，在这里立碑，却很少看到东岳庙的某些祭祀组织到各顶，比如西顶来交流①。从碧霞元君庙与东岳庙在国家态度中的差别来看，这应该表现了在北京这个特殊的地方，一种民间信仰对一种国家信仰的顺从。

从碑文中我们看不到这种情绪的明显流露，但对东岳庙崇高地位的认可还是有迹可循的。如康熙二十年正阳门外猪市口粮食店四顶圣会所立碑文中说：“盖五岳各峙一区，必以泰岱为称首。

---

① 在西顶，我们看到有康熙十七年的《二顶圣会碑》。碑文中有“仰观诸岳，如华有洗头盆、蜀有捣帛石，元君其亦赞岱岳而流碣石者乎”等语，似乎也显示出作者认为碧霞元君相对泰山的辅助地位。同样是这个“四华门四牌楼二顶进香圣会”，同年也在东岳庙立碑。由于碑文中没有文字显示，故不知这是否表明这“二顶”指的是东岳庙和西顶。

帝位崇隆,宰制群物。”[①]又如康熙三十年一个三顶静炉掸尘老会所立碑文中说:“五岳于祀典皆等三公,而泰山之班次最贵。”[②]前面提到东岳庙有一碑两侧题为“八顶进贡展翅老会”和“沿途寺庙二百六十四处”,由此揣测,该会是连续朝拜八顶及沿途经过200多座寺庙之后,最后以东岳庙为目的地的,这也表明会众把东岳庙祭祀置于各顶之上。

通过学者们的研究,我们知道,虽然国家通过区分国家的正祀、民间的杂祀和“淫祀”,为神灵信仰划定了疆界,但是这种疆界的威慑力又与国家控制力的大小或是否可及有直接的关系。像东岳、关帝、城隍等虽被纳入国家信仰,在各地由官员定时祭祀,但在远离政治中心的地方或乡村,它们却被民众与其他杂祀鬼神同样对待[③]。相反,在北京,不仅东岳庙,就是在北方各地称为娘娘、泰山老母和天仙的碧霞元君也被官方化了,敬神的香会往往要请著名官宦书写碑铭,以壮声色,这说明京师民间社会所面临的官方影响和压力。

但是在另一方面,即使是在京师这样一个百官云集的地方,在天子脚下,在政令教化皆由此出的地方,民间社会的力量依然不可小觑。对民间香火极盛的碧霞元君信仰,皇帝不仅频繁赐额立碑,

---

① 康熙二十年《四顶圣会碑记》,《北京东岳庙与北京泰山信仰碑刻辑录》,第93页。

② 康熙三十年《东岳庙扫尘会碑志》,《北京东岳庙与北京泰山信仰碑刻辑录》,第106页。

③ 关于关帝与村民祭祀,见 Prasenjit Duara, “Superscribing Symbols: The Myth of Guandi, Chinese God of War”, *The Journal of Asian Studies*, 47, No. 4 (November, 1988), pp. 778-795;关于官方信仰与民间崇拜中的天后,见 James Watson, “Standardizing the Gods: The Promotion of T'ien Hou along the South China”, D. Johnson, A. Nathan and E. Rawski, eds., *Popular Culture in Late Imperial China*, Stanford University Press, 1985, pp. 292-324;关于福建莆田江口的东岳观,见郑振满:《神庙祭典与社区空间秩序》,王铭铭、王斯福主编:《乡土社会的秩序、公正与权威》,北京:中国政法大学出版社,1997年,第171—204页。

还派遣官员致祭，各种身份等级的官绅心甘情愿地为香会撰写碑文、篆额、书写，愿意把自己的一长串官衔爵位连带姓名镌刻在这些香会碑上。这充分显示出他们对这种民间信仰及其所显现的民间社会力量的兴趣和重视，同时，也表明他们对这种民间信仰及相关活动的共享。

在这里，我们并不是试图暗示，在传统国家时代，国家与民间社会之间存在一种相对和谐的关系，实际上，这种国家的强力或者国家与社会的二元对立并不是到所谓现代民族—国家时代才凸显出来——在中国传统社会，专制君主始终试图通过各种手段控制和约束民间社会——而是想通过这个个案，说明在不同的地方，通过民间信仰表现出来的国家—民间社会关系，会有着相当不同的表现：在这里，民间社会利用了国家，国家也利用了民间社会；前者这样做的目的依然是为了自己的壮大，后者这样做的目的仍是为了控制后者，只不过表现出来的不是激烈的冲突，而是温和的互动而已。

二、从鲁班会看清至民国初北京的祭祀组织与行业组织*

据现存东岳庙的碑刻资料，明清时期京师民众组成了相当多的善会祭祀组织，这些组织或多或少与东岳庙有直接或间接的关系，鲁班会，或碑文中所称鲁祖会、鲁班圣会、鲁祖圣会等，就是这些组织中的一个。

由于鲁班并非像关羽、观音等神那样具有多重神格，而只是特定行业的祖师神，因此从成员来看，这样的祭祀组织就具有鲜明的

---

* 本节系与我的研究生邓庆平合作而成，特此说明。

行业特点。但它又不等同于某一个行业组织，往往容纳了若干个信奉鲁班的行业。可以说，鲁班会既是行业色彩很浓的祭祀组织，又可能是一个超越了具体行业的组织。因此，对这些祭祀组织的研究，必将突破过去在行会研究中将鲁班会等祭祀组织等同于行会或将祭祀活动视为某个行会的精神文化活动之一而稍稍提及的做法，去正面分析作为祭祀组织出现的鲁班会的祭祀活动，挖掘出它的更深层的社会意义，从不同的视角观察当时的行业组织，并引发对清代至民初社会发育程度的思考。

关于明清以来北京行会的问题，中外学者多有论及，但对鲁班会这一相关的个案，却缺乏学术研究，这里仅以初步的探讨，求教于专家学者。

（一）东岳庙与清代京师的鲁班信仰

据光绪《顺天府志》引虞集《东岳仁圣宫碑》，京师东岳庙为正一派道士张留孙于元延祐年间始建，但主要工程为其继承者吴全节完成。至明英宗正统十二年重建，据其御制碑文，此时在大殿周围“环以廊庑，分置如官司者八十有一，各有职掌。其间东、西、左、右特起如殿者四，以居其辅神之贵者，皆有像如其生。又前为门者二，旁各有祠，以享其翊庙之神”，从这里还看不出是否有祭祀工匠祖师鲁班的场所①。明万历时的《宛署杂记》记载，东岳庙“国朝岁时敕修，编有庙户守之。……民间每年各随其地，预集近邻为香会，月敛钱若干，掌之会头”②，也还不了解其中是否有行业性的祭祀组织。

京师地区何时开始出现祭祀鲁班的庙宇，暂时不得而知。清嘉庆十八年的《新建仙师公输祠碑记》中说：“京师为首善之地，而

---

① （清）周家楣、缪荃孙编纂：《光绪顺天府志》卷六《京师志六 · 祠祀》，第158页。

② （明）沈榜：《宛署杂记》卷一七《民风一 · 土俗》，第167页。

惟我师公输氏，绝少专祠。即有之，求其殿宇辉煌者，亦不多觏。”① 在今西城区阜成门外大街的城隍庙中有乾隆二十六年的鲁班碑留存，碑文说“明朝永乐间鼎创北京，龙圣殿役使万匠，莫不震悚。赖师降灵指示，方获洛成。爰建庙祀之，扁曰鲁班门”②。说明代京师开始有祭祀鲁班之所，虽并非不可能，但还没有当时的碑文作为证据。昌平有顺治十年刻《鲁祖庙碑》，其中说它“香火久废”，这时才使它“焕然一新”③，说明在清以前这个鲁祖庙可能已经存在。其实，鲁班的信仰者主要是建筑行业的工匠，在元明的大部分时间里，由于匠户制度的存在，工匠地位极其低下，行业群体的力量很难得到发展；直到明中期以后，匠户制度逐渐废除，其社会地位有所改善，行业群体的认同日益强化，建庙祭祀鲁班才有更大的可能。所以我们看到，为数不多的京师鲁班庙创建年代都较为晚近，譬如今交道口大街南土儿胡同的鲁班祠，建于清光绪二年；今金鱼池一带原有鲁班馆街，似后改称鲁班胡同，有公输祠，或称鲁班馆，是在嘉庆十四年以银6200两买地“创立祠宇”的④。同样以鲁班为祖师的皮箱行，据称在康熙二十八年成立“阖行公会”，但“欲修祖庙，向无地基”，直到光绪年间才“创修祖庙”，叫作东极宫⑤。

就是在这个过程中，著名的京师东岳庙中也开始有了祭祀鲁

① 嘉庆十八年《新建仙师公输祠碑记》，北京图书馆金石组编：《北京图书馆藏中国历代石刻拓本汇编》第78册，郑州：中州古籍出版社，1991年，第113页。

② 乾隆二十六年《鲁班碑》，《北京图书馆藏中国历代石刻拓本汇编》第71册，第213页。

③ 顺治十年《鲁祖庙碑》，《北京图书馆藏中国历代石刻拓本汇编》第61册，第57页。

④ 嘉庆十八年《公输祠碑》，《北京图书馆藏中国历代石刻拓本汇编》第78册，第113页。民国时档案似乎误为道光十四年，见北京市档案馆编：《北京寺庙历史资料》，档号J2-8-971，第617页。

⑤ 民国二十年《东极宫碑》，《北京图书馆藏中国历代石刻拓本汇编》第96册，第123页。亦见北京市档案馆编：《北京寺庙历史资料》，档号J181-15-683，第353页。

班的香火。清康熙五十八年(1719),以“京师为首善,化百工之巧者,莫不汇而集焉。尤念乎事□技能之末,然所以善其事,而食其祭者,皆制作之祖,有以开其先而施其功也,则被乎教者,何可不俎豆之哉!于是各解其囊,共襄其工,择地于东岳庙之廊宇,盖而塑立之丹□□石涂之”。尽管碑文漫漶残缺,但我们还是可以看出,这时,蒙受了鲁班祖师“恩惠”的工匠,共同捐资在东岳庙中创建了这所“公输先师殿”。碑阴题名的参加者包括顺天府大兴、宛平二县的约 480 名“弟子”,其中有 28 人为会首①,这便是本文所论的鲁班会。尽管我们还不知道,究竟是在这个鲁班殿兴建之前就存在具有会首、会众的组织,还是为筹划兴建这个殿而专门成立了这个组织,因此也就不能判断这是建筑工匠的行业组织为了群体认同塑造精神象征,还是由鲁班殿的建立产生了一个同行业的祭祀组织。但是从目前的碑刻资料判断,虽然这些会碑都是由从事这一行业的人所立,但较早期的碑阴题名中所体现的只是祭祀组织和每个个人,比如会首、会众,没有某个行业组织的名称;自乾隆四十八年《鲁班会碑》始,各碑题名中出现木作、石作、棚行、灰厂、木石瓦作等等名称,然后才是人名。由此,可以推测东岳庙鲁班殿建立之初,鲁班会首先是一个同行业的祭祀组织。

尽管没有明确的文献资料记载,但是东岳庙之所以能够容纳工匠们建立一座鲁班殿,恐怕与东岳庙的反复修缮和维护离不开这些建筑行业的工匠有关。而为什么这些工匠要在东岳庙,而不是在别的庙里营建一个行业神崇拜的基地,并且随着时间的推移,东岳庙鲁班殿的香火要比其他鲁班祠庙的更旺,则与东岳庙本身的特点有关。一些碑文的作者也曾力图暗示鲁班与东岳的关系,

---

① 康熙五十八年《修建公输仙师殿碑记》,《北京东岳庙与北京泰山信仰碑刻辑录》,第 134 页。

比如说他“妙作流马，曾记西蜀之武侯；巧削木鸢，又闻东鲁之公输”①，或说“我祖师裔传自鲁，岳泽于周”②，强调某种地缘的一致性，暗示鲁班殿设于东岳庙中的合法性，但这都不是关键的因素，关键的因素在于东岳庙的正祀性质及其在京师民间祭祀场所中的中心位置。

我们前已论述了京师东岳庙的国家正祀性质，论述了国家正祀与民间信仰存在一种相互利用或互惠的互动关系。实际上至少从宋代以来，国家对民间信仰以及民间对国家赐额赐匾的态度就是这样。从明清东岳庙的碑刻资料来看，这里有许多民间祭祀组织与东岳庙发生联系，以求使自己得到国家认可而具有合法性和正统性，从而在诸多民间组织中更具权威性。而建筑业工匠也希望跻身其中，这就必须先使本行业的祖神在东岳庙这所大庙中占有一席之地。我们看到，虽然东岳庙在入清之后有日益民间化的趋向，但立碑的工匠还是尽可能加强一点国家的色彩。在康熙五十八年初建鲁班殿立碑时，请来撰文的人挂着“内廷供奉翰林院待诏大理寺司务”的头衔；乾隆四十八年碑的撰文者是进士，碑文中说“且自大匠宗工，详于夏令，载在冬官，故凡穷奇巧幻、术业独精者皆谓之神。然粤稽历代，迄我皇定鼎以来，又未有如班圣先师之神明变化，可以法天下而传后世也”③，强调了鲁班甚至工匠行业在典章制度和现实政治中的合法性。乾隆五十七年，工匠们还为庆祝皇帝80寿辰，在东岳庙建“万寿天灯”，因为太高，差点倒塌下来，幸“师祖默显神功，潜为庇佑，而工告成无虞”，碑阴题名还有内

① 道光元年《鲁班圣会碑记》，《北京东岳庙与北京泰山信仰碑刻辑录》，第213页。

② 光绪八年《鲁班圣会碑》，《北京东岳庙与北京泰山信仰碑刻辑录》，第238页。

③ 乾隆四十八年《鲁祖殿重修碑记》，《北京东岳庙与北京泰山信仰碑刻辑录》，第191页。

务府营造司、工部营缮司等机构①。

明清时期京师寺庙极多，也多有祭祀游神的活动，但根据现存的会碑资料，东岳庙似乎集中了最多的香会组织②。前引明代《宛署杂记》中记载三月二十八东岳神诞时，“鼓乐幡幢，头戴方寸纸，名甲马，群迎以往，妇人会亦如之。是日行者塞路，呼佛声振地”③。清代潘荣陛的《帝京岁时纪胜》、富察敦崇的《燕京岁时记》等多书也记载其盛况。因此，工匠把自己的祭祀对象安置在这里，在这里举行同行业的祭祀活动，也可以壮大声势，抬高自己的地位。当然除东岳庙鲁祖殿之外，行业性的鲁班祭祀活动的主要场所还有西城区阜成门外大街城隍庙、旧鼓楼大街大觉寺（或称药王庙）等地④，但规模和集中的程度似不如东岳庙大。应该指出，虽然鲁班被工匠们奉为祖师和行业保护神，但这并不是清代的新鲜事；他们也完全可以在任何地方营造祭祀鲁班的场所，来表达他们的虔敬之心，这里的特殊之点是他们选择了东岳庙——在东岳庙的鲁祖殿中举行行业性的祭祀活动似乎具有非同其他的意义，这在此后牵扯祭祀活动的一些群体纠纷中可以看出一些蛛丝马迹。

---

① 乾隆五十七年《鲁班圣祖碑记》，《北京东岳庙与北京泰山信仰碑刻辑录》，第200—201页。

② 见徐自强主编：《北京图书馆藏北京石刻拓片目录》，北京：书目文献出版社，1994年。

③ （明）沈榜：《宛署杂记》卷一七《民风一·土俗》，第167页。

④ 另据《北京工商ギルド资料集》与《北京のギルド生活》，精忠庙亦为土木泥瓦工匠进行鲁班祭祀活动的场所；全汉昇据顾颉刚编著《妙峰山》的记载指出，因为“各行的祖师——如技巧工人所崇拜的鲁班及一般行会所祭奉的关帝及财神的神位或神殿都在这里（妙峰山）”，所以“北京的行会于每年阴历四月中，多不辞劳苦的跑到远在北京城西北八十里的妙峰山去进香及呈献本行的物品给所崇拜的神”（全汉昇：《中国行会制度史》，台北：食货出版社有限公司，1986年，第130、125页）。妙峰山祭祀的是另一位泰山神碧霞元君，自晚清以来与东岳庙一东一西，相互呼应。从这里似乎也可以看出鲁班信仰被黏合在泰山信仰上的痕迹。

（二）鲁班信仰与行业组织的契合

鲁班会是基于鲁班信仰而结成的祭祀组织，那么鲁班信仰对于这个祭祀组织以及其中的各种行业组织的影响，也是本文要探讨的重要问题。

关于鲁班的传说，在我国的许多民族中都流传甚广，且源远流长，是随着历史的发展沉淀累积而成的①。但是鲁班信仰的普遍性却远远不能和关帝、观音，甚至城隍、药王、土地等信仰相比，如果说妈祖是渔民的行业神的话，她同时也是东南沿海许多地方的区域神。因此，虽然鲁班信仰超越地域，但却仅仅局限于与建筑行业相关的职业群体中，其信仰空间不大，信众数量不太多。对他的来历，一般说即春秋时鲁人公输般，也有说是唐时肃州敦煌人，各碑文中也多有异辞，还有将二者事迹混为一谈者。所以《集说诠真》讥笑说："是所敬之神，尚未知谁氏，遑论其他？"②但是，如果与商人相比，尽管鲁班信仰的地位似乎不比商人崇拜的赵公明、关羽更高，但商人对他们的信仰方式往往是个体的或者按地域的，甚至许多非商人也可对其崇祀，并不像土木工匠的鲁班信仰这样带有鲜明的行业性和群体性，因此影响并不如后者。

在以"万般皆下品，唯有读书高"为主流价值观的农业社会，工贾地位一直很低。在清代，随着商品经济的发展，商人阶层兴起，社会地位日渐上升。但手工业者却一直处于下层社会。清朝统治者继承了历代统治者重农抑商的观念，雍正帝就说过："朕观四业之民，士之外，农为最贵，凡士农工商贾，皆赖食于农……市肆之

---

① 可参阅许钰：《鲁班传说的产生和发展》，《民间文艺季刊》1986年第1期；祁连休：《论我国各民族的鲁班传说》，《民族文学研究》1984年第2期。

② 宗力、刘群：《中国民间诸神》，石家庄：河北人民出版社，1987年，第671页。

中,多一工作之人,则田亩中少一耕稼之人。”①但与此同时,下层民众对于行业的观念则是比较务实的,正如俚曲里唱道:“大姐开言把话提,‘七十二行属那行好?那行高贵那行低?’太太说,‘我今说句不偏话,那行挣钱都不离。’”②崇拜鲁班的工匠在谈及自己行业时,态度也是如此:“维我匠役,业为途茨,虽属曲艺之末技,实为居家所日需,而叨恩更深也”③;“维我匠役,业为途茨,虽属四艺之末技,实为养家之常道”④。尽管有所不满,而且也承认自己的职业居“四艺之末”,但恰恰因为如此,他们需要通过多种方式来抬高自己的地位,增强群体的认同和竞争力。比如宣称“自古四民之中,工居其一,是故王朝动作兴役,惟工为先。工也者,考之古,有无穷之巧;验之今,有不尽之妙”⑤,这是把自己的工作与国家政治联系起来。但是更为重要的是塑造和强化本群体的信仰象征,并且使这个象征无可争辩地为社会各个阶层所接受。

工匠们在神化鲁班,抬高其祖师的地位时,显然是不遗余力的,因为鲁班作为远古的先人,在传说中又是神话般的人物,神化、抬高这样一个人,是可能被社会尤其是社会上层所接受的。在大多数鲁班碑中都提到了鲁班创制规矩绳墨良法,削木为鸢,初造云梯,造木人指地使吴地大旱三年等事迹,然后颂扬“先师鲁班灵巧性成,泄天地之化机,奥妙独蕴,树人世之奇功”⑥,并认为“凡穷奇

---

① 《清世宗实录》(一)卷五七,雍正五年五月己未条,北京:中华书局,1985年,第866页下栏—867页上栏。

② 殷凯编辑:《北京俚曲》第三辑,“十女夸夫”曲,上海:太平洋书店,1927年,第264—265页。

③ 乾隆十八年《鲁班殿碑》,《北京图书馆藏中国历代石刻拓本汇编》第71册,第17页。

④ 乾隆五十七年《鲁班殿碑》,《北京图书馆藏中国历代石刻拓本汇编》第76册,第32页。

⑤ 道光元年《鲁班圣会碑记》,《北京东岳庙与北京泰山信仰碑刻辑录》,第213页。

⑥ 乾隆十八年《重修鲁班殿碑记》,《北京东岳庙与北京泰山信仰碑刻辑录》,第166页。

巧幻，术业独精者，皆谓之神”①。以表彰鲁班、论证鲁班的神圣地位，来抬高自己的地位。

工匠们除了颂扬鲁班作为工匠始祖神的功绩外，还努力地将鲁班抬升到儒学原则上的圣人地位。乾隆二十六年在北京西城区阜成门外大街城隍庙所立的《鲁班碑》中详细记载了鲁班的生平，或者说是在工匠中流传并被广泛相信的鲁班生平，其中说他“迨十五岁，忽幡然从游于子夏之门人端木起，不数月，遂妙理融通，度越时流，愤诸侯僭称王号，因游说列国，志在尊周，而计不行，西归而隐于泰山之南小和山焉，晦迹几一十三年。偶出而遇鲍老辈，促膝宴谈，竟受业其门，注意雕镂刻画，欲令中华文物，焕尔一新……”②在这里鲁班已不仅是个巧匠，还是个从学于子夏门人且妙理融通的士人，是游说列国的有政见的儒士，是政治抱负失败而归遁山林的隐士。此外，工匠们还屡屡将鲁班先师与古圣先贤相提并论，“夫世有四民，士农工商，各有其业，精其业于当时，遗其制于后世者，遂称师表焉。故儒者之宗，推重尼山；而稼□之传，始自后稷。……自伏羲虑生人之处木而颠，处土而病也，□营造之法立焉，垂于后世。爰稽书载列国之时，公输子名班，鲁之巧人……名重当时，规矩方圆之妙，法遗后世，□□至今，□我百工尊为师祖”③。同为乾隆五十七年所立的《鲁班殿碑》则更为直接地表述为：“盖闻太上变化，按五行而施长；人间机巧，托一心之虚灵，德教固推孔

① 乾隆四十八年《鲁祖殿重修碑记》，《北京东岳庙与北京泰山信仰碑刻辑录》，第191页。

② 乾隆二十六年《鲁班碑》，《北京图书馆藏中国历代石刻拓本汇编》第71册，第213页；这段记载与《鲁班经》中的“秘诀仙机”之“鲁班先师源流”内容如出一辙，仅有文字上的细微差别。《鲁班经》为清代流行的木工书籍，明代午荣等编，全称为《新刻京板工师雕镂正式鲁班经匠家镜》。这块碑中虽没有注明由谁撰写碑文，但从碑文的措辞来看，当是文人士绅，可以说，社会上层也是接受对鲁班生平的这种说法的。

③ 乾隆五十七年《鲁班圣祖碑记》，《北京东岳庙与北京泰山信仰碑刻辑录》，第200页。

圣，规矩实赖尊神。”①这种将鲁班比附为儒家先贤或将之与儒家先贤并论的做法，反映出工匠的一种复杂心态：一方面，可以说是儒学原则的胜利，工匠们的行业观仍受到传统社会主流价值观的影响，作为手工业者的工匠，他们没有受教育的机会，对“唯有读书高”的知识分子充满了一种渴求；而另一方面，工匠将自己的行业祖师抬高到儒家先贤的地位，也表达了他们抬高本行业地位的努力。民国时的俚曲《十女夸夫》集中体现了各手工业者认为祖师地位高，则自己地位也高的普遍心态。如“木匠石匠是一个祖，我们祖师不累坠”，圈箩匠“潘棋本是我的祖，我的祖师也高贵”，厨业“易牙本是我的祖，我们祖师也高贵”，打铁匠“敬德也曾打过铁，老君的门徒不累坠”等②。

这样一种态度，包括对鲁班的神化，与其说是表达一种职业的自豪感，不如说是对社会流行观念的积极反弹。因为在中国传统社会，除了工匠地位低下之外，还存有一种极为普遍的对建筑工匠的不信任心态，这种不信任又和中国人对阴阳宅风水的重视和对巫术的恐惧有关③。在清代，有一本极为流行的木工手本《鲁班经》④，书中不仅包括建房时所应遵循的恰当的礼仪规则，也有着种种恶毒的符咒⑤。此书序言部分为颇具玄奥的“秘诀仙机”，其中

---

① 乾隆五十七年《鲁班殿碑》，《北京图书馆藏中国历代石刻拓本汇编》第 76 册，第 32 页。

② 殷凯编辑：《北京俚曲》，“十女夸夫”曲，第 268—270 页。

③ 对这个问题，孔飞力在《叫魂》一书中有所分析。〔美〕孔飞力：《叫魂——1768 年中国妖术大恐慌》，陈兼、刘昶译，上海：上海三联书店，1999 年，第 143—146 页。

④ （明）午荣编：《新刻京板工师雕镂正式鲁班经匠家镜》，俗称《鲁班经》，本文所用版本为清刻本。

⑤ 1930 年《民俗》杂志（国立中山大学语言历史系研究所编印，总第 108 期）曹松叶的《泥水木匠故事探讨》专门将《鲁班经》中的巫术进行了分类；另可参阅 Klass Ruitenbeek 的《传统中国木匠业的营造方式和礼仪》，原载于 *Chinese Science*，第 7 卷，1986 年 12 月，第 13—16 页。

有大量符咒供房屋主人用来对付施行妖法的坏木匠，因为他们认为，“凡造房屋，木石泥水匠作诸色人等，蛊毒魇魅，殃害主人”，“魇者，必须有解，前魇祷之书，皆土木工师邪术”，所以屋主在“上梁之日，须用三牲福礼，攒扁一架，祭告诸神，将鲁班先师秘诀一道念咒云，‘恶匠无知，蛊毒魇魅，自作自当，主人无伤。’暗诵七遍，木匠遭殃”，念完咒后，“即将符焚于无人处，不可四眼见，取黄黑狗血暗藏酒内，上梁时，将此酒连递匠头三杯，余下分饮众位，凡有魇魅，自受其殃，诸事皆祥”①。人们认为建房屋时将邪气排斥在外，对居住者生活中的吉凶有至关重大的意义，而建筑房屋的工匠在建屋时是否施行邪恶的法术，则成为屋主时时忧虑的问题。面对这种不信任，建筑工匠也是用鲁班祖师作为回应的。《鲁班经》中收录了建筑工匠在上梁前的仪式，即“起造立木上梁式”，“凡造作立木上梁，候吉日良时，可立一香案于亭，设安普庵先师香火，备列五色钱、香花、灯烛、三牲、果酒供养之仪。匠师拜请三界地主、五方宅神、鲁班三郎、十极高真，其匠人称丈竿、墨斗、曲尺，系放香棹米桶上，并巡官罗金安顿照官符，三煞凶神打退神杀，居住者永远吉昌”②。在这里，鲁班在屋主和工匠之间，承担了不同的角色，屋主视鲁班为压服木匠巫术的神灵，认为鲁班会惩罚那些使用了黑巫术的工匠；而工匠则请求鲁班保佑屋主的吉昌，这既是用鲁班先师来向屋主表达自己的诚意，也可看作是对屋主的不信任的反弹。这时的鲁班成为行业道德的监督者，凡信仰鲁班的工匠都应该遵循这种道德，不施行黑巫术，这样才会得到屋主的信任。似乎可以说，工匠们是用鲁班信仰来谋求社会的信任，求得认可。

鲁班作为祖师神，当然具有行业保护神的职能，即信奉鲁班的工匠都希望鲁班会保护本行业及他们自身的利益。我们所不断引

---

① （明）午荣编：《鲁班经》之“秘诀仙机”，叶10。

② （明）午荣编：《鲁班经》卷一，叶5—6。

证的鲁班碑,大多是工匠们为了求得鲁班的护佑或感谢先师"显圣默佑"而"勒石立碑"的。如乾隆二十六年立的《鲁班碑》就说:"明朝永乐间鼎创北京,龙圣殿役使万匠,莫不震悚。赖师降灵指示,方获洛成。……今之工人,凡有祈祷,靡不随叩随应。"①乾隆五十七年的《鲁班圣祖碑记》云:"今皇上寿逾八十,起造□□之域,□□殿前建□万寿天橙,□因□物□高□触几至□倾,幸师祖默显神功,潜为庇佑,而工告成无虞,灸集众工同人,□神功之显应,永垂后□不朽焉。"②道光二十三年立的《鲁班殿碑》云:"祖师系著公输,名昭,姬鲁,规矩既设,绳墨诚陈,创于前者,述于后智,巧能夺乎天工,食厥德者报厥功,温饱悉原于神助。"③道光二十六年所立的《鲁班碑》,讲述了工匠中广为流传的鲁班显圣,帮助工匠完工的传说,"凡遇钦□急要,化像工人之□,身先领众,尽法□□。但是在行诸弟子,莫不仰赖以生成,皆有凛感之衷□"④。显然,与民间信仰中任何其他神灵的职能一样,鲁班也确实承载了工匠们对社会的要求和对生活境遇的美好愿望,使他们在精神上寻求到了依托感。

鲁班被赋予的祖师神和保护神的双重身份,表达出了工匠的两种基本要求,一是形成并加强行业群体内部的认同,二是被社会其他全体所认可。这表面上是在塑造和强化一个行业群体的宗教象征,实际上也是一个塑造和强化权威的过程。"先师鲁班灵巧性

---

① 乾隆二十六年《鲁班碑》,《北京图书馆藏中国历代石刻拓本汇编》第 71 册,第 213 页。

② 乾隆五十七年《鲁班圣祖碑记》,《北京东岳庙与北京泰山信仰碑刻辑录》,第 200 页。

③ 道光二十三年《鲁班祖师殿碑记》,《北京东岳庙与北京泰山信仰碑刻辑录》,第 222 页。

④ 道光二十六年《鲁班祖师碑记》,《北京东岳庙与北京泰山信仰碑刻辑录》,第 224 页。

成，泄天地之化机，奥妙独蕴，树人世之奇功，凡号百工，无不遵守法则。"①清末一些西方学者在实地对中国行会进行调查时，非常注意崇拜行业神对行业团体的凝聚作用。马士(H. B. Morse)就曾以此为由，指出中国行会起源于宗教团体，认为行会最初不过是崇拜手工业商业等想象上的创始者(如泥水行之于鲁班，药材行之于药王菩萨)的人的结合②。对于这种说法，后来的学者有不同的意见，"其实，这种宗教上的崇拜只能算是加重行会团结的手段，决不是产生行会的母体"③。但这也说明了共同信仰对行业组织的凝聚作用和中国的行业组织在形成和发展过程中的独特之处。童书业也指出，"近代行会为求团结起见，对本行的祖师，都极端崇拜，遇祖师的诞辰，有热烈的庆祝，以作纪念，如木匠的崇拜鲁般，鞋匠的崇拜鬼谷子，都是例子"④。但是问题在于，通常被我们作为参照物的欧洲的行会，并不具有特定的神灵作为共同的信仰象征，由此可能导致一系列不同。在清代中国，以本文所论土木建筑行业为例，它既具有五行八作这些具体行业组织，同时又有由这些行业组织参与的祭祀鲁班的祭祀组织——鲁班会；因此便既有行业组织的首领，也有祭祀组织的所谓会首。按马克斯·韦伯(Max Weber)的分法，前者可能是传统型的权威(traditional authority)，而后者则是神异型的权威(authority with charisma)。二者有可能是合一的，也有可能是分离的。如果是分离的话，那么究竟是谁来支配这个行业组织同时也是祭祀组织的群体呢？

有没有作为共同信仰象征的神灵也不是无关紧要的。按照某

---

① 乾隆十八年《京都大宛二县朝阳关内外五行八作重修鲁班殿碑记》，《北京东岳庙与北京泰山信仰碑刻辑录》，第166页。

② H. B. Morse, *The Guilds of China*, 1909. 可参阅全汉昇：《中国行会制度史》，第2页。全汉昇将Morse译为摩尔兹，后代学者一般译为H. B. 马士。

③ 全汉昇：《中国行会制度史》，第2页。

④ 童书业编著：《中国手工业商业发展史》，济南：齐鲁书社，1981年，第183页。

些考察中国乡村社会的人类学者的看法,中国的民间信仰对象包括神、祖先和鬼。神代表帝国官僚,祖先代表自己人,而鬼代表外人、陌生人或危险因素;神和祖先象征一种内化力量,而鬼象征外化力量①,但在城市的民间社会中,却存在鲁班这样的不代表官僚的神,它也扮演着内聚和区分外部界线的角色。东岳泰山神的治鬼特色,使它包含了神鬼两套象征系统,代指亲疏正邪之间的紧张关系,这在中国城市与乡村的信仰体系中是相似的,代表了中国传统文化的一致性。但是这其中又插入了鲁班信仰,它与前面的象征没有什么关系,却表现了城市中社会分层的复杂性。同时,鲁班加入东岳庙的神系,象征某种平民身份试图加入支配性力量的努力,如果这种加入是至关重要的话,那么在它的光环之下聚集起来的祭祀组织以及被它赋予权威的会首,也就必然不是无足轻重的,否则,同行业内部的不同群体也就不会拼命争夺这个象征资源②。

可见,工匠们对鲁班的信仰已不仅是信仰意识的表现,而且是社团意识的表现,特别是在共同的信仰基础上,可能形成新的行业共同体,这种行业共同体所具有的浓厚祭祀色彩,使其不同于我们传统观念中的西方行会。共同的信仰与强烈的社团意识成为将这样一个由相关的不同行业组成的社会群体紧密整合起来的重要因素。如果说,共同的鲁班信仰是这些行业组织内部整合的精神纽带,那么,这些行业内部通过祭祀组织展开的有序的组织与管理,则成为整合的现实力量与保障。

---

① 这主要是武雅士和王斯福等人的看法,参见王铭铭:《神灵、象征与仪式——民间宗教的文化理解》,王铭铭、潘忠党主编:《象征与社会——中国民间文化的探讨》,天津:天津人民出版社,1997 年,第 89—123 页。

② 据说,最初的鲁班殿是由棚行捐资所建,后因木工行的人来此进香受到歧视,所以后者又在北面另修了一座鲁班殿。见傅长青:《回忆东岳庙》,北京市政协文史资料研究委员会编:《文史资料选编》第 22 辑,北京:北京出版社,1984 年,第 208 页。

（三）作为祭祀组织的鲁班会

从现有的鲁班会碑材料，我们大致可以勾勒一下这个祭祀组织从清代到民初的活动情况。在清代北京，信奉鲁班祖师的行业有木作、石作、瓦作、棚行、扎彩业等，在碑文中时常将这诸多行业统称为“五行八作”，它们多与建筑业有关。其他与建筑业无关的还有皮箱行，也奉鲁班为祖师①。这些行业之所以组合在一起，是因为它们都与建筑业有关，因此信奉共同的行业神鲁班，有共同的祭祀活动；而且在建筑工程中，必然地要协同工作。民国初年的调查材料说，“以前木匠和石工都属于同一个组织，作为这种协同关系的理由，张氏提出以下几点：1.三者（包括涂工）礼拜同样的行业创立者；2.因为工作性质相似，即它们都与建筑业相关，因此同时增减工资成为惯例；3.当建造房屋时必然性地要协同合作”②。

这“同一个组织”最初究竟是一个包罗广泛的行业团体，还是一个由相关行业的成员组成的祭祀组织呢？我们现在只能做些推测。文前已经说过，在东岳庙鲁祖殿早期的碑文题名中，体现出来的只是祭祀组织，没有具体的行业的痕迹。在乾隆十八年的《鲁班殿碑》中，说此次修建“兹因朝阳关外东岳庙西廊旧有鲁班殿一座，系前代诸行善人慕义乐输，建立庙宇，庄严圣像，后世工艺人众，朔望进香，按时祭祀，多历年所。奈岁深日久，无人修葺，殿宇渗漏，神像失色。匠役本会众等，每逢朔望，入庙瞻拜，睹其残坏，发愿整饰。独力难行，广募协成，□合京都大宛二县、朝阳关内外五行八

---

① 民国二十年《东极宫碑》，“我皮箱行工艺，乃我始祖公输先师创造”，《北京图书馆藏中国历代石刻拓本汇编》第 96 册，第 123 页。

② 《北京のギルド生活》，实为 J. S. Burgess, *The Guilds of Peking* 的日文译本，申镇均译，牧野巽校阅，昭和十七年（1942）生活社刊印。第三章《北京の三个ギルドの记述的研究》之二“大工组合”，第 121 页。后文凡引用此书此章节内容的，均不再注明章节，只标明页码。

作众善人等,各出资财……"①显然是整个相关行业以祭祀组织的形式的集体行为。但前注说民国时期道士傅长青回忆,最早的鲁班殿为棚行所建,也并非空穴来风,因为道光二十六年《鲁班碑》记述说:"盖以黄华既辟,国朝莫大焉,于京师凡欲鸠工起建,惟我棚行起造于前,全赖祖师神功显化,默佑之传也。"②据推测,这种变化发生在乾嘉之际,具体轨迹,留待后论③。

这些行业组织的祭祀鲁班仪式,也可以像维克托·特纳(Victor Turner)那样被视为"社会戏剧"(social drama)。与许多神诞日举行的庆典不同的是,对鲁班的祭祀仪式日期不是固定在神的诞日,这可能与鲁班神话本身的不成熟有关。按乾隆二十六年冬月所立的鲁班碑记载,"鲁班先师,每年腊月二十日圣诞",在祖师诞辰时举行祭祀活动④。《北京往事谈·扎彩子》说,"油漆、彩画、糊、瓦、木、石、搭、扎是旧京八大行业,扎彩子同其他七种行业一样,每年

---

① 乾隆十八年《京都大宛二县朝阳关内外五行八作重修鲁班殿碑记》,《北京东岳庙与北京泰山信仰碑刻辑录》,第166页。

② 道光二十六年《鲁班祖师碑记》,《北京东岳庙与北京泰山信仰碑刻辑录》,第224页。

③ 当然我们这里需要一个史料批判的过程,因为读者可能会因为本文使用的多是寺庙中的会碑资料,认为这些资料必然主要反映祭祀的内容,这种疑问显然是有道理的。因此,我们主要参考彭泽益主编的《中国工商行会史料集》(北京:中华书局,1995年),对其他行业组织的非会碑形式的行规进行了查阅,发现仍然存在许多类似现象,比如组织上作为祭祀领袖的首士或会首同时涉及行业组织内部的事务,祭祀活动中往往要解决许多具体的、世俗性的行业内部问题,行业规章中有大量与祭祀活动相关的内容,甚至直接指出成立组织的目的就是祭祀:"考诸百艺,各有其会,隆其禋祀。"(《湖南商事习惯报告书·洋铁手艺条规》,见《中国工商行会史料集》,第354页)嘉庆间苏州纺织业如意会制订新规,指出"凡入吾业者,须出上会银……入庙,注簿存贮,以待修葺庙宇、创建鸠工之费"(《苏州如意会重立新规碑》,王国平、唐立行主编:《明清以来苏州社会史碑刻集》,苏州:苏州大学出版社,1998年,第323页)。这还是能够在某种程度上说明问题的。

④ 乾隆二十六年《鲁班碑》,《北京图书馆藏中国历代石刻拓本汇编》第71册,第213页。

农历腊月二十四也祭奠鲁班”①，但考东岳庙的鲁班殿碑，除修建与重修完工时所立的三块碑外，其余“年例诚起”的碑多立于五、六月的吉日，从碑文中大量反映出的是工匠们频繁的定期祭祀活动，如“后世工艺人众朔望进香，按时祭祀……匠役本会众等，每逢朔望入庙瞻拜”②，“每朝每□，庙祝顶礼焚香；逢朔逢望，我辈推诚叩拜”③，又有“择吉致奠，并刻贞珉，务期在事，□人岁时奉祀”④。这种比一般神诞仪式更为频繁的活动，反映的是信众群体的更大需求。它显然不是局限于休闲娱乐或者利用象征强化群体认同等一般的功能，既可能因为频繁的建筑工程需要神的保佑，也可能要经常对群体内部的一些问题进行处理，更可能是祭祀群体内部的要求。

从有些碑文的题名中可以看出，参加的会众少者数十，多者数百。有负责人为会首，其余为会众。会首往往不止一人，比如在康熙五十八年初建东岳庙鲁班殿时，碑文所见会首有 28 人，可能是整个京师不同地区本行业的头面人物，也可能是本行业中不同行当的领袖，无论如何其时可能是个“松散”的联合。以后的碑文中，还出现过“值年会首”某某和“会末”或“值年会末”某某（按我们的看法，“会末”实际上就是会首，只不过是谦辞而已，表明自己只是为大家服务），这些都表明传统祭祀组织中的权力格局。

无论会首、会末，他们一般是祭祀组织里的德高望重者。在步

① 李邢：《扎彩子》，北京市政协文史资料研究委员会编：《北京往事谈》，北京：北京出版社，1988 年，第 243 页。

② 乾隆十八年《京都大宛二县朝阳关内外五行八作重修鲁班殿碑记》，《北京东岳庙与北京泰山信仰碑刻辑录》，第 166 页。

③ 乾隆三十三年《鲁班圣会碑记》，《北京东岳庙与北京泰山信仰碑刻辑录》，第 185 页。

④ 嘉庆十八年《新建仙师公输祠碑记》，《北京图书馆藏中国历代石刻拓本汇编》第 78 册，第 113 页。

济时的调查中,询问到“选举产生的组织领导者的类型”,得到的答案是,“每年的定期选举中的年长者而受尊敬的人自然而然地成为领导者”,这种情况在清代尤为明显,因此步济时认为,“跟清朝的村落一样,以前一般都是年龄和身份自然地产生权威”①。此外大量的众等弟子,便是参加祭祀活动的普通的行业组织成员,在题名中一般将他们称为“众善人等”“等会”“众弟子”等。这些见之于碑阴题名的人,当是在祭祀活动中缴纳了香火钱的,这也是祭祀费用的主要来源。在碑文中常常可以看到“各解其囊,共襄其工”,“五行八作,众善人等,各出资财,共□圣事”的记载。在清末民初关于北京的笔记中也有所反映,“各行工人恭庆祖师……一则可以说说公话,二则某同行藉此聚会一天。无论哪行,是日都要演戏酬神,并献云马钱银,以资庆祝,其一切费用,皆出自本行,或由大家集资,或由工码儿内坐扣,虽然所扣无几,集腋可以成裘”②。

从内容简略的碑文中,我们既不能看到这些仪式活动中的具体内容,也无法知道这些仪式的过程,只知道祭祀活动的规模还是相当大的,所谓“缥缈云烟,日积月累于案前;辉煌烛焰,计万贯千于几□”③。在不同的碑文中,多有强调“没有规矩,不成方圆”之意,比如“盖闻绳墨诚陈,不可欺以曲直;规矩诚设,不可□以方圆。是知规矩绳墨,固造物之所不能无也”④,暗示群体内部必须遵守行规,使鲁班成为行业内部控制的神化权威。《鲁班经》中也把当时

---

① 《北京のギルド生活》,第115—116页。这种情况在近代发生了变化,“但到了近代,木匠们开始与外国式建筑工程签契约,或者实际地与外国工程师相竞争,因此他们希望出现新型的指导者……并且年轻人做领导者已成为需要”(第116页)。

② 逆旅过客著,张荣起校注:《都市丛谈》,“恭庆祖师”条,北京:北京古籍出版社,1995年,第190页。

③ 乾隆三十三年《鲁班圣会碑记》,《北京东岳庙与北京泰山信仰碑刻辑录》,第185页。

④ 嘉庆十七年《鲁祖老会碑记》,《北京东岳庙与北京泰山信仰碑刻辑录》,第209页。

建筑行业中规定的各种营造法式一概神化为鲁班祖师的遗留法式，不过这也说明这些行业组织需要借用鲁班的名义来约束行业成员遵守各种行业规定。这在清末民初的一些调查报告和回忆材料中都有所反映，如上文多次提到的北平行会调查就曾详细记载，组织的集会大体分为三种：1.委员会的非正式会议；2.需要变更工资率时举行的阴历三月份的预备会议；3.阴历五月五日举行的定期总体会议即宗教集会，“在精忠庙举行的总体会议当中，以宗教仪式为中心……当年委员会的议员提前一天聚集起来做好准备。会员到达之后，签名并付会员费，签名完毕，他们就到组织的祖先鲁班面前行礼。之后就演本职工演的戏剧。戏剧的前后和幕间讨论事务，朗读组织的规定，发表对违反者的处罚，读缺席者的名字”①。在西方人笔下的“委员会”“议员”，应该相当于中国行业组织中的会首、铺掌等头面人物。如刘宗祐的回忆，“祭师（鲁班先师）的日期不定。这一天，本衔的工人与铺掌，在祭拜聚餐饮酒之外，要讨论这一年的公事。……办会的前夕，备一便席，值年会头与铺掌聚集一起，也可邀请本行的头面人物列席，商讨一年来的公事和来年的新规定。会商前，先将祖师爷牌位安坛，设驾上香后，开始入座，边吃边谈。最主要的是商讨来年的工资问题。因为是一秉大公，为公众办事，所以设坛上香，以昭郑重”②。可见，这些祭祀活动往往涉及行业组织内部的诸多重要问题，在处理这些问题时，反映出了组织内部权力的分层，并产生和促进这种分层。学徒期满，是在这一天出师，获取经营许可的，这是清代手工业行业组织的惯例，“按北京手工业的惯例，徒弟训练不结束之前不能成为组织中的一员，新会员每年集会时受允许才可加入组织，他们加入时会受邀

① 《北京のギルド生活》，117—118页。

② 吴宗祐：《北京的棚行》，北京市政协文史资料研究委员会编：《文史资料选编》第19辑，第265—266页。

请,但这种邀请显然带有强制性质。之所以这样说是因为如果不参加组织,他们的营业就不许可"①。而会首等领导人物也在这一天产生,"办会之日,新选定的本年会头及值年铺掌,在这一天接事"②。这些民国时期的材料多少可以弥补一些我们对清代类似问题的知识空白。

(四) 分化的挑战

正如有的学者指出的,"社会交往的过程,既是人类社会走向规范与有序,又是走向分化与冲突的过程"③。祭祀组织本身有促进和保障行业内部整合的功能,但行业组织的组织目标毕竟比前者更具现实性,因此有可能造成原来的祭祀组织的分化;同时行业组织又分别创造和利用新的祭祀组织,用来强化和凝聚分化后的行业组织。

我们仍以东岳庙的鲁班殿碑为例来看这种行业间分化的演变。康熙五十八年《修建公输仙师殿碑记》,题名为"京都顺天府大宛二县各处地方弟子众等"共约456人④。乾隆十七年立《鲁班会碑》,"众士人等年例诚起",题名亦是众等弟子的名字排列。乾隆十八年立《鲁班殿碑》,"京都大宛二县朝阳关内外五行八作众善人等,各出资财,共襄圣事",这块碑的题名中出现了"□店木厂张邓于三人",即厂商,但还只是附于"随会众□人等"之中的。乾隆三十三年立《鲁班会碑》,碑文中出现了"东直门内南北小街木匠、石匠、瓦匠众善人",这表明在祭祀活动中行业间的界限已日渐明晰,

---

① 《北京のギルド生活》,第113页。

② 吴宗祜:《北京的棚行》,《文史资料选编》第19辑,第266页。

③ 可参阅赵毅、刘晓东:《传统向现代化的萌动》,《16—17世纪中国社会结构问题笔谈》,《东北师大学报》(哲学社会科学版)1999年第1期。

④ 以下所引分别见《北京东岳庙与北京泰山信仰碑刻辑录》一书的第134、165、166—167、185、192、195、209、213、222、224、252、262等页。

这并不是指行业分工的明晰，因为这种分工早在清以前就已确立，而是指在这种共同的祭祀活动中，不同行业组织各自的业缘观念和社团意识已经增强。

到乾隆四十八年碑中，除了一般会众和会末外，出现了分离的木作个人、木厂、石作个人、棚行个人、灰厂及个人的题名，行业组织的色彩、厂商的角色开始凸显出来。乾隆五十四年碑为朝阳关内南小街以内“众棚铺”搭彩后的行为，次年则是“朝阳门外棚行众善人等公献”。直到嘉庆十七年，才出现了“城里关外木石瓦作全立”的《鲁祖老会碑》，其中包括了木厂、山厂、灰铺、麻刀铺等单位和个人。此后，棚行扎彩与瓦木三作的祭祀组织基本上分道扬镳，道光元年的《鲁班圣会碑》、道光二十六年的《鲁班碑》均为棚行所立；道光二十三年《鲁班殿碑》则为“崇文门内东单牌楼瓦作”所立；光绪二十八年，立《鲁班碑》的题名，在“大清光绪岁次壬寅孟冬月吉日敬立”的左边题有“头目、柜上众等”之名，右边则题有“广恩、德兴木厂商人”之名。前者为木作或石作的手工行业团体，而后者则明显是木厂商人的商业性机构。碑文中也出现“祖师传授万载之规模，护佑百工之灵应，历代工商同深钦感”，可为之印证。此外民国十六年《鲁班会碑》题“陈设、彩作两行联合行内□公立”，也属棚行。前引民初东岳庙的道士傅长青的回忆材料解释说，东岳庙西南小院里，“鲁班殿有南北两个，南边一个原来是由棚行经管，后来因为行业之间发生争执，营造业来庙进香时受到歧视，于是朝内森茂木厂及几家营造厂又在北头修盖了一座鲁班殿”①。可见这些由于拥有共同的鲁班信仰而走到一起的不同行业组织，由于行业间的独立发展和可能的利益冲突，导致了原有祭祀组织的分化。

但是在从清进入民国初年的一段时间内，这种分化显然并没

---

① 傅长青：《回忆东岳庙》，《文史资料选编》第22辑，第208页。

有导致祭祀组织的功能完全消失及组织彻底解体。据步济时的调查,在行业总会议即宗教集会那一天,“当日委员们有酒席,但普通的会员就不允许参加此部分”①。地位的不同使得公议事务也成了一种形式,“每年一到三四月间,各手艺行都要恭庆祖师,在承平时还要唱一天戏,由本行公摊会议,藉此以答神庥,此外还可以说说行规,宗旨不外乎维持同业。说公话时将戏扎住,由首事人相继登台演说,台下人都得尽服从义务,轻易不见反对者。即有一二反对,结果亦不能将所议推翻。此事由来已久,非自民国开始,名为‘说公话’”,在说公话这种行业公共事务中,起主要作用的实际只是“首事人”,并且首事人还从中操纵这一过程的运作,“不知此等公话,内中黑幕很多,在事实上无非就是盖面儿,明知某人反对甚力,预先必得捏好了窝窝儿,惟恐某人一经反对,必有大大的不利。暗中先把(他)安置妥协,他人即无法再事阻挠,无论如何反对,当亦无效;因见有势力者全都软化,其余焉敢不服从?”②这样的场合基本上还是过去的仪式过程的延续。

他们同样看到了行业组织成员对组织的依赖感,“在中国,不存在强制性问题。未入行会的手工业者,就像一个暴露在凛冽的寒风中没有斗篷的人”③。他们指出,中国的传统手工业行业组织为面对面的组织。老板、工人和学徒之间的关系带有密切的私人关系的性质。在这样的组织中,上层人物与普通会员、师傅与学徒之间即使产生矛盾,即使使用相当激烈的方式来予以解决,但事情一旦过去,他们仍然可以和谐地相处于同一个组织中,共同祭祀鲁班,共同应付行业组织中的各种问题。“对当时的一个手工业者来

---

① 《北京のギルド生活》,第118页。

② 逆旅过客:《都市丛谈》,“说公话”条,第191页。

③ H.B.Morse, *The Guilds of China*,转引自彭泽益主编:《中国工商行会史料集》,北京:中华书局,1995年,第59—60页。

说，拒绝加入行会是不可想象的。”①步济时在对北京的木工行会进行调查时，就组织权威的真正源泉进行了提问，得到的答案是“对祖先的由衷地信赖，对传统习惯的不懈的执着，会员之间的一体感，依据多数法则解决问题的习惯等”。他还指出，这些附于组织的权威，也成为产生会员忠诚心理的诸要素。在被调查的工头完成的一份类似于现代的调查问卷中，被调查者选择了这样几项：(1)恐怖；(2)传统；(3)对优秀人员的尊敬；(4)会员间的相互利益。并且被调查者还专门在问卷后附加了“对祖先的由衷的信赖”这条②。可以说，这些行业组织传统的共同鲁班信仰以及由此产生或说与此紧密相关的对组织的心理依赖感，正是行业组织整合克服分化、维系团结的重要原因。正如有的学者在研究近代中国手工业行会的演变时，一再强调近代行会虽发生了一些变化，但仍可以让人强烈地感受到“行会的阴影、行规的魔力以及对人们心理和行为的制约和规范”③。从40年代初日本学者对北京建筑从业者进行的访问调查来看，这种情况依然有所延续。被采访者都表示，“可以入会也可以不入会，但只有入会才有祭祀鲁班的权利”，“不入会者也可工作，但入会的一方较为有利”④。

作为碑刻资料的印证，民国年间东岳庙依然刻有两块“鲁班会碑”。民国三年房山琉璃河福兴村修鲁班庙时，“迨至缘簿一开，其应如响”⑤；皮箱行民国二十年重修祭祀鲁班的东极宫时，“将行规数条阖行人等公议修改，开列于后”，而这所谓十一条行规都带有

① S. D. Gamble, *Peking, A Social Survey*, New York, 1921, p. 169.

② 《北京のギルド生活》，第121—122页。

③ 王翔：《近代中国手工业行会的演变》，《历史研究》1998年第4期，第67页。

④ 仁井田陞：《质疑应答记录》，《北京工商ギルド资料集》(四)，第650—657页，转引自王翔：《近代中国手工业行会的演变》，第69页。

⑤ 民国三年《鲁班庙碑》，《北京图书馆藏中国历代石刻拓本汇编》第91册，第57页。

浓厚的祭祀组织色彩①。

尽管西方人按照他们自己的理解仍将这样一种行业性的、有可能表现为祭祀组织的群体称为行会,但根据他们的报告,人们不难看出,行业组织成员对组织或者权威或者某种象征具有强烈的心理依赖感,这既出于利益的考虑,也出于传统的惯性的影响。而在这传统的惯性作用中,共同的鲁班信仰成为非常突出的因素。这种心理依赖感极大地帮助了行业组织的内部整合,使这个组织在很大程度上包容了分化。关于这种包容能持续多久,甘博在实地调查后预测,“雇主和雇工包含在同一个行会里的情况还能维持多久,很难说。但有理由相信,中国的职工工会和雇主的同业公会将分别发展起来。因为随着工业的发展,雇主和雇工的利益将日益分歧,目前两者之间的密切关系将渐趋消失”②。

(五)余论

布罗代尔认为,行会12世纪到15世纪在整个欧洲发展,此后

---

① 民国二十年《东极宫碑》,《北京图书馆藏中国历代石刻拓本汇编》第96册,第123—124页。其行规如下:“第一条,老前辈议妥,入行写名字,每名纳香资洋三元;第二条,柜上徒弟入行时,其师傅领之写名;第三条,行中人其子孙在行做事不纳香资;第四条,其子不在行做事,至祭神时准其来行赴会,可不算行中人;第五条,本行人无后□过嗣子孙,应得纳香资洋一元五角;第六条,徒弟出□时无师傅引荐者,不许擅用;第七条,祖父是行中人,□父不做行中事,其孙入行,亦应当纳香资洋一元五角;第八条,行中人寒苦无□,子有病,准其庙中将养;第九条,一寒苦人病危病故,□汤熬药,亦及埋葬之费,均归行中□任;第十条,柜上徒弟入行不过三年,不准入行;第十一条,无论何家徒弟有规外之事非,均归有本□执事担□。以上十一条均是老前辈公同议论,后辈应当世世相守。如有不遵者,准阖行是□。”

② S. D. Gamble, *Peking, A Social Survey*, New York, 1921, p. 171. 彭泽益在《民国时期北京的手工业和工商同业公会》(载于《中国经济史研究》1990年第1期)中也认为甘博的这一观察总的来说是具有洞察力的,“它(指这一观察——引者)预见到行会—公会已面临蜕变和行将崩溃,工会及职工运动迅速兴起势必取代旧有的行会组织”。而“事实的实际情况,证明不能不是如此”。

其鼎盛时代虽然过去，但残余影响依然巨大。它们在鼎盛时期承担交换、劳动和生产等方面的一大部分职责，协调本行业成员间的关系，保护本行业成员的利益。但行会本身也在发生分裂，不平衡和差异在加剧，包买商制度的出现导致了行会的终结，“大行会逐渐被大商人所掌握，行会制度于是仅仅成了控制劳动市场的一个手段”。商人给行会带来了机会，形成所谓“行会商业系统”，但最终是瓦解着行会制度。按他的看法，“资本主义又一次进入别人的家里”，并且是鸠占鹊巢①。

在清代的土木建筑行业中，我们似乎可以看到类似的过程。当时北京的营造厂以广丰、兴隆、泰和等“八大柜”最为驰名②。如前述，早在乾隆年间的碑刻中，就已见到厂商列名。但在这里，由于厂商加入鲁班会这样的祭祀组织，与行业成员似乎成为“一家人”。嘉庆十四年，诰封承德郎王国栋措资倡修公输祠，在他倡议之下，便有十几个木厂捐资，其捐资额多至350两，少至5两③。到光绪六年，花翎候选同知加知府衔董廷广等因见祠貌荒落，“有重修之志，但虑功程艰巨，需用浩繁，谋诸众厂，□□同心共乐捐输”④。显然，厂商由于资金力量的雄厚，也逐渐成为祭祀组织中的重要力量。可能的情况是，厂商最初以加入鲁班祭祀组织的方式，与五行八作的行业群体结成一体，双方可以借助鲁班这个共同的象征资源来弥合利益上的根本冲突，但是商人力量的壮大是不可

---

① 〔法〕费尔南·布罗代尔：《十五至十八世纪的物质文明、经济和资本主义》第2卷，顾良译，施康强校，北京：生活·读书·新知三联书店，1993年，第329—336页。

② 参阅贺海：《燕京琐谈》，“旧时建筑行业的‘八大柜’”，北京：人民日报出版社，1983年，第101—102页。

③ 嘉庆十八年《新建仙师公输祠碑记》，《北京图书馆藏中国历代石刻拓本汇编》第78册，第113页。

④ 光绪六年《公输祠碑》，《北京图书馆藏中国历代石刻拓本汇编》第85册，第18页。

避免的，他们最终会成为行业群体的主人。清末人记载说："清时土木工多……一工程出，而主者之家、木厂商人麕集。其弊也，数成到工，即为核实。内城宅第，其曾管工程者多为木厂报效也，木厂商之富实为都人所艳羡。有探子雷者，年最久，盖始于清初，长子孙者数百年。又有山子张者，以堆山石著名，皆属于木厂厂商之包工也。先用最低价以取得之，然后以续估取盈，续估过于原估往往数倍，谚谓'十包九不尽'云。"①

这样，如果行业组织必须通过厂商与市场发生联系，原来同一大家庭中的成员变成雇主与雇工间的关系，二者间的冲突就必然日趋激烈。据《申报》载，光绪十七年，颐和园工程，"所派厂商二十余家，工匠万余人"，"若辈桀骜不驯，前修三海时，滋事不止一次"，"颐和园工程处木匠，近闻皇太后驻跸在即，辄于月初纠众挟制，意图增长工价，相持十数日，竟无一人作工"。经过协调，厂商不答应木匠的要求，"至四月十七日，木匠多人有问厂商寻衅，一言不合，竟敢放炮号召他厂木匠，纷纷聚集，大肆猖獗，弹压工程官见之，深恐酿成衅端，飞调外火器营、健锐营、圆明园三项马队持械前来，以便拿办。木匠约集千余人，亦各手持巨斧，三队官兵急将木匠围在中间，严阵以待。旋经工程处及地方官再三开导，木匠慑于兵威，始各帖服，散归木厂，照常作工"②。

光绪三十年时，又发生了一次"匠役齐行"的事件，据《大公报》记载，"日前午后有瓦木匠役五百余人，在北城外黄寺庙前纷纷聚议。询系因禁城内南海及颐和园等处修造宫殿，各匠役因工饭钱

① （清）夏仁虎：《旧京琐记》卷九《市肆》，北京：北京古籍出版社，1986年，第100页。

② 《申报》（影印本）第38册，光绪十七年（1891）五月初二日，"帝京景色"，上海：上海书店，1984年，第883页上栏。

不敷用度，意欲向各木厂增加，而木厂不允，故众匠役齐行会议耳”①。在行业组织每年的例会中，工匠与行业的头面人物也常常为了工资问题互相争吵，发生冲突，以至动武，甚至需要警察出动才能调解②。

到这个时候，利益冲突极为剧烈的厂商是否还可以与工匠同处一个祭祀组织呢？我们不得而知。在前引光绪二十八年碑的题名中，右面是德兴、广恩两木厂商人，左面是柜上、头目和普通工匠，但到民国时的两块碑上，却只有笼统的会众题名。如果这表示厂商已经脱离了鲁班会，那么这一祭祀组织就成为单一的工匠群体的组织了；如果并非如此，那就说明这种祭祀组织具有超出一般行会的聚合力。对此，对文中提出的却还没有明确答案的问题，希望我们能在今后的研究中加以解答。

三、远亲不如近邻：从祭祀中心看城市中的行业与街区

在中国古代相当长的时间里，由于官府的特定需求，政治中心城市的工商业往往比较繁荣发达，这里集聚着大量手工业和商业的从业者，他们的身影日益投射在城市生活中，也日益在社会的情境中形成自己的势力，发出自己的声音③。

北京东岳庙自元始建以至明清，一直被列入国家祀典，其国家

---

① 《大公报》（天津版）第3分册，光绪三十年（1904）五月二十四日，“匠役齐行”，北京：人民出版社，1982年影印本，第431页上栏，叶4a。

② 《北京のギルド生活》，第117页。

③ 关于城市工商业行业组织的研究，国内外已多有成果。如日本学者加藤繁、仁井田陞，中国学者全汉昇等多人的论著，以及常为人提及的马士（H. B. Morse）的《中国的基尔特》（伦敦，1909）等。另外在施坚雅的《中华帝国晚期的城市》（北京：中华书局，2000年）中也收有戈拉斯的《清代前期的行会》一文，不胜枚举。本文是从另外的、城市社会空间的角度涉及此问题，作为拙作《鲁班会》一文的补充。

正祀性质，已为前节所论；而东岳庙中最早的行业神殿宇——公输仙师殿出现于清康熙末，亦可见前节，均不赘述。在本节中，我试图通过对东岳庙西廊诸行业神的考察，思考明清时期，特别是清代北京城市社会的一些特点。

（一）西廊鲁班殿与京东土木行业

北京东岳庙正中一路共六进院落，东廊有6个园林式的小院，纵向排列，面积不大；西廊则建有许多供奉道教神祇的殿宇，如药王殿、鲁班殿（公输仙师殿）、马王殿、月老殿、火祖殿、玉皇殿、斗姥殿、岳帅殿、仓神殿等。从这些殿宇的建造时间来看，在东岳庙营建的元、明时期，它们并不存在，西廊的部分应该是后来逐渐扩展出来的。其实，东廊的园林式庭院也是由于清代皇帝谒陵中途休息的需要而扩建，这多少反映了清代政治和社会变化的影响，西廊诸神殿宇的修建正是北京行业力量发展的体现。

元、明两朝实行匠户制度，京师虽集聚大批工匠，但多属国家控制，自己没有多少生产和经营的自由，也不可能形成自己的组织和群体需求。行业组织虽然出现较早，在宋代的城市生活中就已表现突出，据说南宋临安有414行之多①，但多为商行；明万历时顺天府宛、大二县共有132行，材料中举出的除了商业性的行业组织以外，即使属于手工行业，也多是服务业性质的，如烧煤行、等秤行、裁缝行、刊字行、打碑行等等②。

应该说，虽然自唐、宋至元、明，中国的城市发展较快，即在当时的世界上亦处于领先地位，但在行业组织方面，商业性和服务业性质的行业组织形成较早，手工业的行业组织形成较晚，这与国家

---

① 《西湖老人繁盛录》（《永乐大典》本），孙毓修编：《涵芬楼秘笈》第三集，北京：北京图书馆出版社，2000年，第45—48页。

② （明）沈榜：《宛署杂记》卷一三《铺行》，第96页。

对手工业的控制极严直接相关——对于商业和服务业，官府往往只通过课税的方式进行管理和控制，而对手工业则采取官办的形式，工匠的人身关系经常被直接控制在国家的专门机构中。

因此，工匠与东岳庙发生直接联系，在清代之前往往是被动的，是在国家力量的驱动之下发生的。同时，由于寺庙的修葺首先与建筑行业发生关系，因此这个行业在寺庙中的角色就不同一般。明嘉靖时的重修碑记中说："御马监太监张暹、卢鼎等率诸匠□绘饬兴工。"[①]这里所谓"诸匠"应该是包括木匠、油漆匠、彩绘匠人等在内的，而且应该属于宫廷征发徭役的性质。

2003 年正在修缮中的北京东岳庙西院

这种情形在入清以后逐渐发生变化，一方面东岳庙的民间色彩日益浓厚，国家影响有所消退，另一方面国家对工商业的控制较前大为放松，东岳庙的修缮已经很少有官府通过征发徭役的形式兴工，而往往是社会捐资后招募工匠兴工，工匠便与寺庙或投资人形成了比较对等的社会关系，他们对于寺庙来说也就有了一定的发言权。于是在康熙年间，东岳庙里所立碑石之中，就有了行业性善会组织的身影，如有"四顶圣会"碑记上的落款为"正阳门外猪市口粮食店四顶圣会虔立"[②]，应该是米粮行的行为。到康熙五十八

① 嘉靖三十九年《崇整岳帝司神修葺续基碑记》，《北京东岳庙与北京泰山信仰碑刻辑录》，第 12 页。

② 康熙二十年《四顶圣会碑记》，《北京东岳庙与北京泰山信仰碑刻辑录》，第 93 页。

年就出现了《修建公输仙师碑记》①，土木行业开创了进入东岳庙建立殿宇的先例。

从这块碑记可以看出，当时建造鲁班殿的是“京都顺天府大、宛二县各处地方弟子众等”，据碑阴题名共400余人，系京师土木行业的群体行为。碑文中说：“京师为首善，化百工之巧者，莫不汇而集焉。”这些工匠之所以可以凭此一技之长在此生存，不能不说是这位“制作之祖”的功劳，“于是各解其囊，共襄其工，择地于东岳庙之廊宇，盖而塑立之”。由此可见，康、乾时期是各有关行业组织发展并在东岳庙这个神圣之地留下痕迹的时期，而在这些组织中，土木建筑及建筑装饰行业的繁荣似乎更为明显，这种情况只有在经济比较繁荣、城市建设（包括宫廷建设）加速的形势下才可能出现。

乾隆十七年，大、宛二县、朝阳关内外“搭彩众士人等”立鲁祖老会碑②，这里已聚集了东岳庙邻里地区“朝阳关内外”的棚行同行。次年，同样是大、宛二县、朝阳关内外五行八作的匠人又重修鲁班殿。经过40多年的风雨，该殿“无人修葺，殿宇渗漏，神像失色”，虽然他们希望重修，但“独力难行”，说明这些匠人还没有足够的经济实力。最后通过集体捐资，才能“制买灰瓦，砌补殿宇，措办颜料，妆塑神像”③。也许这里的“独力”指的就是朝阳关内外的同业匠人，由于最后是“广募协成”，所以才涉及大、宛二县其他地区的同行。值得注意的是，在捐资的名单中也包括了某店、木厂、某铺这样的“企业”，而不仅是个人。

---

① 康熙五十八年《修建公输仙师碑记》，《北京东岳庙与北京泰山信仰碑刻辑录》，第134—135页。

② 乾隆十七年《鲁祖老会碑记》，《北京东岳庙与北京泰山信仰碑刻辑录》，第165页。

③ 乾隆十八年《重修鲁班殿碑记》，《北京东岳庙与北京泰山信仰碑刻辑录》，第166—167页。

乾隆三十三年，东直门内南北小街的木匠、石匠、瓦匠又进香立碑①，因东直门内南小街与朝阳门内北小街直接相连，行业中的街区因素更加明显，似乎京城东部地区是建筑行业比较集中的地区。乾隆四十八年再修，碑文中称“奉旨殿宇重整”，本庙住持余源林在碑阳署名，碑阴题名中不仅有所谓“六品典仪官”，规格比较高，还包括了木厂、灰厂、棚行和石作，即包括了工匠与厂商两部分人。说明在较高层次上举行的活动中，已经出现行业竞争的土木行与棚行仍需在一起参与②。

但自此之后，棚行与土木行的确开始分别进香立碑。如乾隆五十四年的《鲁祖碑记》是由朝阳关内南小街以内“众棚铺搭彩众士人等”组成的善会所立，其中包括了上坡、楼底下、井上、遂安伯胡同、石大人胡同、新开路、新开路西口和雅宝胡同的铺户以及伙计，本庙住持余源林依然在碑上列名。这些胡同都在今朝阳门南小街的东西两侧，在清代系镶白旗的地盘。一年后，朝阳门外的棚铺扎彩人等又献供立碑③。乾隆五十七年的《鲁班圣祖碑记》虽然没有表明是哪行所立，但文中说到为祝贺乾隆皇帝80大寿而起造“万寿天灯”，似乎应该是棚行所为。根据碑阴题名中的“内务府营造司、工部营缮司”等，这次举动还有官府的背景④。

嘉庆十七年的鲁祖老会碑注明是“城里关外木石瓦作仝立”，我们还可以从碑侧题名中看到丰盛木厂、义兴木厂、天利木厂、复

① 乾隆三十三年《鲁班圣会碑记》，《北京东岳庙与北京泰山信仰碑刻辑录》，第185页。

② 乾隆四十八年《鲁祖殿重修碑记》，《北京东岳庙与北京泰山信仰碑刻辑录》，第191—192页。

③ 乾隆五十四年《鲁祖圣会碑记》，《北京东岳庙与北京泰山信仰碑刻辑录》，第195—196页。

④ 乾隆五十七年《鲁班圣祖碑记》，《北京东岳庙与北京泰山信仰碑刻辑录》，第200—201页。

成木厂、永兴木厂、东兴木厂等厂商的参与。碑阴题名中有“京都朝阳门内东四牌楼马市大街众善弟子”字样，该大街即今东四西大街，推测这些木厂也都在朝阳门内外一带①。道光元年有朝阳关外棚行所立鲁班圣会碑，文中未记立碑缘由②；道光二十三年有崇文门内东单牌楼瓦作为祖师像敬献袍服，立鲁班祖师殿碑③。道光二十六年棚行“搭采弟子”在此立碑，则有三合号等20家商号及广聚山厂参与，显示了前所未有的强大实力④，他们甚至看到同在西廊的药王殿残破而无人修理，于光绪十四年集资进行了整修⑤。此外，光绪八年鲁班圣会碑未注明由哪行所立⑥，而光绪二十八年鲁班祖师碑则由德兴、广恩两木厂商人、掌柜和头目等人所立等等。

从最早在东岳庙建造行业祖师殿并不断立碑的土木行业来看，虽然其行业色彩十分鲜明，但地域特点也很突出，基本上是分布在东岳庙附近，也即京城东部朝阳门附近地区的个人和群体。虽然东岳庙一直作为国家正祀而作为超地方性的文化象征，但对于邻里街区希望利用这个象征的人群而言，它只不过是这个邻里地区的祭祀中心而已。特别是在清代，虽然东岳庙的吸引力可以说是跨区域的，但不断光顾并给予支持的老主顾多来自邻里，这个鲁班殿并不一定能代表整个京城土木行业的香火所在。

---

① 嘉庆十七年《鲁祖老会碑记》，《北京东岳庙与北京泰山信仰碑刻辑录》，第209—210页。

② 道光元年《鲁班圣会碑记》，《北京东岳庙与北京泰山信仰碑刻辑录》，第213页。

③ 道光二十三年《鲁班祖师殿碑记》，《北京东岳庙与北京泰山信仰碑刻辑录》，第222页。

④ 道光二十六年《鲁班祖师碑记》，《北京东岳庙与北京泰山信仰碑刻辑录》，第224—225页。

⑤ 光绪十四年《东岳庙重修药王等殿碑》，《北京东岳庙与北京泰山信仰碑刻辑录》，第242—243页。

⑥ 光绪八年《鲁班圣会碑》，《北京东岳庙与北京泰山信仰碑刻辑录》，第238—239页。

（二）西廊马神殿与东四马市及其他

就在土木行业在东岳庙建殿的第二年，即康熙五十九年，东四牌楼的马市也接踵组织善会，决定在每年的三月和六月在东岳庙演戏娱神①。

祭祀马神本来也是国家正祀，《周礼》中就有祭“马祖”的说法，隋、唐、宋均有祭祀马神之制。明洪武二年即在南京后湖建立祭坛以祀马神，永乐迁都北京后，又在莲花池建立马神祠，由主管养马事务的太仆寺官负责致祭，其祭祀等级与东岳庙相同②。这种情形当然与马匹在历代政治、经济、军事方面的重要作用有关，与边内农耕民族同边外游牧民族的关系有关，茶马贸易也可以从另一个方面说明马对国家的重要性。

此外，明代在全国范围内，特别是在北方实行马政，也刺激了从官府到民间的马神信仰。所谓马政，即明代国家采用民间养马的方式，减轻国家养马的负担。具体方法是按南北方条件不同，以不同数量的人丁摊养马一匹，用于养马的土地与征粮区分，免交田赋，要求几年上交马一匹等，在组织上则设马头进行管理。“近年以来，北虏有警，需马尤亟”；“顾富足大家，多不乐养马，势必转丸及之贫户”③。养马成效如何成为考核地方官政绩的指标之一，养马所需各项条件无法满足，会导致马户无法如期如额交马而破产，于是北方各地马神庙纷纷建立，地方官则于每年六月二十三日去马神庙致祭。

明后期马政破产，但马神信仰并未因此消失。首先，清朝以骑

---

① 康熙五十九年《马王庙在会众□奉祀碑记》，《北京东岳庙与北京泰山信仰碑刻辑录》，第138—139页。

② 参见（清）张廷玉等：《明史》卷五〇《礼四》，第1303—1306页。

③ （明）沈榜：《宛署杂记》卷九《马政》，第71页。

射取天下，对马的重视大于明人，何况北京内城为旗人所居，重视的程度要高于其他地方。其次，由于城市社会经济的发展，交通和运输业日益重要，马在其中的角色自不待言。“马王者，房星也。凡营伍中及蓄养车马人家均于六月二十三日祭之”①，祭祀日期也被传承了下来。

在今天的东四路口以西至美术馆、西四路口以东至府右街的路段，自元以来就是牛马行业的集聚之地。据《析津志辑佚》，“羊市、马市、牛市、骆驼市、驴骡市……俱在羊角市一带”（羊角市在西四附近），元代即有马市街之名。“马市桥：水自东流入咸宜坊，西至曩八总管府桥、顺城门石桥，转东隆福宫桥，流入于太液池。”②至清称西马市街，也称东大街。而东四以西的东马市街，又称西大街，牛马行业的集聚之所至清逐渐自西迁至于此，“有马市、猪市、羊市、百鸟市”。明代御马监的马神祠也在此附近，即景山东北，至清为马神庙③。

康熙五十九年到东岳庙敬神的“东四牌楼马市众善弟子”自称“马王老会”，应该不是此次新建的祭祀群体。从碑文中，我们看出他们并无太多官方色彩，与明代马政制度下的马神祭祀不同。“马王为世明神……上不特天闲内厩资其保护，凡都城里□□马□家悉赖其庇。……上充国家军旅之用，下足各人致远之需。”但文中称马王庙距离“最近，在朝阳门外，尤为□人便于祈祷”，说明这时东岳庙附近已有马王庙，但未必在东岳庙内。到乾隆十四年时，同在东四牌楼的驴行弟子来东岳庙进香，碑文还说是“故年例秉心于

---

① （清）富察敦崇：《燕京岁时记》，“祭马王”条，第68页。

② （元）熊梦祥著，北京图书馆善本组辑：《析津志辑佚》，北京：北京古籍出版社，1983年，第5、100页。

③ （清）朱一新：《京师坊巷志稿》卷上，北京：北京出版社，1962年，第81、101、32—33页。

东岳庙西廊三皇殿内马明王圣前，以及诸圣神前，每遇春秋，虔诚顶礼”①，说明这之前东岳庙内还没有专门的马王殿，怀疑康熙五十九年碑也许以前立于其他地方，后来才移至此处。

到乾隆十三年时，因殿宇年久失修，故由驴行的权文彬等“秉意捐资，命工而鸠匠……非曰重修，聊云葺补”，一年后完成。从“栋宇辉煌”等措辞看，应该是由此而有了马王殿。碑阴开列的50个铺家和100多个会首的捐助者名单，反映了骡马行的实力逐渐壮大的过程。

乾隆二十九年在此立碑的京师羊行元宝老会大约成立于乾隆九年，“旧有会，自乾隆甲子至癸酉，废者几十年。经会首李宦等倡议兴复，于甲戌年集众举行之，遵循弗替，及是又将十年矣”。他们请来著名文人沈德潜撰写碑文，东岳庙住持也列名于后②。此后，乾隆五十六年和嘉庆二十五年分别有两通与马王有关的碑刻，前者为重修马祖殿而立，立者不详；后者还是出自东四的马市，据说立碑的原因是“近年以来，蓄牧益蕃，获利倍蓰”③。

同样是在东四牌楼猪市的信众来东岳庙举行祭祀活动时，却没有以本行业的名目出现，也没有到西廊行业神集中的殿宇那里立碑，而是以“庆司老会”的名义在七十二司诸神诞日举行庆典④。这也许说明猪市从业者的行业群体意识并不明确，并无一致的认

① 乾隆十四年《重修马王殿碑》，《北京东岳庙与北京泰山信仰碑刻辑录》，第163—164页。

② 乾隆二十九年《羊行老会碑记》，《北京东岳庙与北京泰山信仰碑刻辑录》，第183—184页。

③ 乾隆五十六年《重修马祖殿碑记》，《北京东岳庙与北京泰山信仰碑刻辑录》，第198页；嘉庆二十五年《马王庙会众奉祀碑记》，《北京东岳庙与北京泰山信仰碑刻辑录》，第211—212页。

④ 康熙四十八年《庆司会碑记》，《北京东岳庙与北京泰山信仰碑刻辑录》，第121页；乾隆三十三年《东岳庙庆司会碑记》，《北京东岳庙与北京泰山信仰碑刻辑录》，第187—188页。

同,或者他们以为没有必要凸显他们的行业认同。限于材料的局限,我们目前不得而知,但与马行、驴行、羊行等形成了鲜明的对比。与此类似的还有"东四牌楼绸缎行及附近之在旗在民者",他们也未过于强调本行业的认同,或者是缺乏在西廊建庙的实力,只是以散司会的形式,将本行业与邻里地区的民众组织在一起,在东岳庙致祭①。

从东岳庙现存的碑刻来看,尽管这里还有一些行业神及其祭祀组织,但无论是从形成的时间来看,还是从组织的延续性及举行活动的频繁来看,都远远比不上鲁班会和马王会。在西廊有斗坛延寿殿、火祖殿,不知何时建,道光时已"日渐倾圮",主持准备重修,同时新建海神、仓神左右配殿,所谓"斗母主于消灾,火神永护平安,海神通于津淀,仓神保于粮储"。碑阴题名者除惠、惇等王府及岫贝勒府中人以外,还有天津、龙江两关的人②,并不像某个单一的行业组织供奉的行业神。次年建立海神殿山门和平台,捐款题名者包括木厂、当铺、粮店、米局、砖窑、银楼、酱房、轿铺等,从事的行当应与海或海上运输有一定关系③。

与此类似的是,同在西廊的药王殿到光绪时也是年久失修,此时化缘重整,但为此出钱的却是"朝阳门内外棚行众弟子"以及几家棚铺、商号和个人④,似乎与京师的医药业了无干系。其实应该不难理解,如果这些神祇确为行业神,并有行业组织加以支持的

---

① 乾隆二十七年《散司会碑记》,《北京东岳庙与北京泰山信仰碑刻辑录》,第176页。

② 道光十七年《重建斗坛延寿殿碑》,《北京东岳庙与北京泰山信仰碑刻辑录》,第215—216页。

③ 道光十八年《海神殿山门平台碑》,《北京东岳庙与北京泰山信仰碑刻辑录》,第220—221页。

④ 光绪十四年《东岳庙重修药王等殿碑》,《北京东岳庙与北京泰山信仰碑刻辑录》,第242—243页。

话，他们的殿宇就会像鲁班殿那样，经常得到重修，也就会给我们留下内容更加丰富的碑文。

根据以上资料，在东岳庙西廊祭祀各行业神的活动中，留下痕迹最多的是建筑行业与骡马行，而之所以如此，从目前所见碑刻来看，主要是这些行业的店铺就在东岳庙附近，前者多在朝阳门内外，后者则集中在东四牌楼，因清代许多土木工匠多来自京东府县，而许多建筑材料也自运河沿线入京，所以他们多选择居住城东。

我们目前还无法判断祭祀仓神、海神的人是否生活在这一邻里地区，但明清时期的仓储集中在这一带却是确定无疑的。我们看到顺治五年的一块碑文由一个户部给事中撰文，一个户部管粮厅的官员书写，一个户部主事篆额①，是否与此有关，纯属臆测，但在这里为斗母、火神建造祭祀仓神、海神的配殿，完全是由于京城各仓分布于附近，如南新仓、旧太仓、富新仓、兴平仓、海运仓、北新仓等，都分别地处朝阳门内北小街和东直门内南小街。之所以集中分布于此，是因为无论通过运河还是海运入京的各项物资，都在通州一带舍舟登岸，运输入城后距离此处最近。水运最怕风浪，需要乞求海神保佑，斗母消灾；仓储则怕失火，火神、仓神的庇护又是非常必要的。

显然，从东岳庙西廊诸神祭祀来看，与其泛泛说是京城行业群体对其行业神的崇拜，不如更准确地说是这一邻里地区的某些特定行业的群体行为，否则就无法说明，为什么是这些行业，而非另外一些行业在这里举行祭祀，显示从业者的群体认同，其地域性特征与行业性特征同样重要。

---

① 顺治五年《重建东岳庙金灯碑记》，《北京东岳庙与北京泰山信仰碑刻辑录》，第67页。

（三）西廊喜神殿、梨园行与街区邻里的祭祀中心

不过，与鲁祖会、马王会一样在东岳庙留下痕迹的行业性祭祀组织，还有一个梨园行。民国间所立《梨园重建喜神殿碑》中说，东岳庙“西廊喜神殿，则南府供奉所修，以奉梨园祖师者也”。所谓“南府”，系乾隆初年设于今南长街南口之南花园，为内务府所辖，负责排戏、演戏，即明代之教坊司。为与设于西华门的内务府相区别，故称为“南府”，道光七年改称升平署。而所谓“南府供奉”，即指在升平署当差的戏曲演员。虽然未见修建喜神殿时留下的资料，但据此可知喜神殿为梨园行所修，时间应不会太早。这时原殿破败，而梨园界地位有所提高，也正值东岳庙不景气的时候，他们便放弃在原址重修，而转移到正殿后楼的东北角，用上下六间房重作喜神殿。这个新的喜神殿修好后，“视程玉山、张二奎、梅慧芳、王耀庭之于京师内外喜神别祠足辉映矣”①。

其实清代北京内城禁止演戏娱乐，戏班均在外城生活，所以梨园行祭祀祖师的地点本也在外城。崇文门外有精忠庙，本是祭祀岳飞的，建于明朝，不知何时梨园行在其侧立祖师庙，后又称天喜宫。供奉喜神祖师。其始建年代不知何时，乾隆三十二年重修，由各戏班、戏园及个人捐钱修葺②。此后于嘉庆、道光、光绪年间又多次重修，当时的著名戏班如春台、四喜、三庆、和春等班都在维修活动中扮演了重要角色③。伶人在北京亡故的，也葬在附近的墓地。如崇文门外四眼井自明代始就有安庆义园，应是安徽安庆来京者死后的葬身之所，徽班进京后当然也加入了这一群体。后从行业

---

① 民国《梨园重建喜神殿碑》，《北京东岳庙与北京泰山信仰碑刻辑录》，第263页。

② 乾隆五十年《重修喜神祖师庙碑志》，见张次溪：《北京梨园金石文字录》，同作者编：《清代燕都梨园史料》，北京：中国戏剧出版社，1991年，第912—913页。

③ 道光七年《重修喜神殿碑序》、光绪《重修天喜宫祖师像碑记》，《北京梨园金石文字录》，《清代燕都梨园史料》，第914—916页、第922页。

的角度考虑，安徽戏班单独设置梨园义园。至道光间，春台班在左安门内南极庙街南极庙旁单独置地，设春台班义园。再后则分别出现潜山义园（潜山为安庆府属县）、安苏义园等，地点都在外城。

此外，根据光绪十三年的碑记，“梨园供奉内廷者，率法惟谨，亦无敢以新声巧伎进。又恐无以束修其俦侣也，特立庙于崇文门外西偏，有事则聚议之。岁时伏腊，以相休息。举年资深者一人统司之”①。说明这里是清代梨园行业具有权威的聚集之所，与东岳庙本无关系。为何后在东岳庙西廊建立喜神殿呢？现尚无直接材料说明。有意思的是，民国初夏仁虎说：“梨园所供之神，群呼曰老爷，庙曰精忠。”又记载京师瓦木工人“凡属工徒皆有会馆，其总会曰九皇”②。但在“梨园新馆”中光绪十五年铸造的一具铁磬上，上铸“九皇圣会”四字，下铸“四喜班”三字，右边又有“会末弟子众等诚献”八字③。如夏仁虎的记载不误，又据前节引日本学者关于清末民初行会的资料，精忠庙也是土木行的祭祀场所，是否说明梨园行与土木建造行业之间存在某种关系呢？梨园行的喜神信仰出现于东岳庙是否与这里的棚行等营造行业有关呢？

无论如何，除了我们看到的东岳庙西廊行业祭祀的碑刻资料外，也看到许多一般民众的善会组织是按邻里地区组织起来的，这又尤以东岳庙附近街区的组织为多。明代的善会多带官府甚至宫廷的色彩，但也有少数比较民间化的善会，其中历史比较久、规模比较大的白纸老会就是由明时坊的一位姓牛的发起的④，而明时坊即以东单为中心。清初的金灯老会会首、会众既有东直门、朝阳

---

① 光绪十三年《梨园聚议庙会碑》，《北京梨园金石文字录》，《清代燕都梨园史料》，第923页。

② （清）夏仁虎：《旧京琐记》，第104、100页。

③ 张次溪：《北京梨园金石文字录》，《清代燕都梨园史料》，第925页。

④ 天启四年《东岳庙四季进贡白纸圣会碑记》，《北京东岳庙与北京泰山信仰碑刻辑录》，第46—47页。

门、隆福寺一带民众，也有东直门太监[①]。其他如新桥敬司会在东直门里、三顶圣会在东直门外二里庄、修善圣会在东华门内小南城，还有在朝阳关内外各巷居住的精忠圣会、东安门内北池子沙滩及朝阳关内外的悬灯老会、朝阳门内外旗民的净炉老会等等。由于这样的区域特点，有的善会组织约请朝阳门守御所千总来撰写碑文就不是偶然的[②]。

最后，我们有两个问题需要讨论。首先，在东岳庙的西廊，的确建立了诸多行业神殿宇，围绕它们也进行了行业组织的祭祀活动，但这是否表明东岳庙对京城的行业组织具有特殊的意义？我们知道，无论是北京还是其他城市的行业会馆，都在某种程度上具有寺庙的性质，东岳庙对于这些行业组织来说是否具有会馆的性质？韩书瑞虽然提及东岳庙中的行业组织，并在提到行会时涉及梨园行，但并未对相关问题详加讨论[③]。在我看来，这里与外城的行业会馆有这样一些区别：一是它们没有强调某省、府或州县的地方性；二是它们没有表明这里也是各自行业内部的议事之所；三是这里没有发现具有行规等内容的碑刻；四是这里完全没有同行暂居、存放货物等条件。所以，虽然这里具有凝聚和展示行业力量的功能，但基本上只是一个祭祀行业祖师的所在，与福建人的天后宫、江西人的铁柱宫、山西人的关帝庙不同。也许这正是本地行业组织（尽管可能成员多是某些外地人，但他们已经本地化了）不同于外地行业组织的特点之一。

其次，由于东岳庙的国家正祀性质，我们通常都认为它是一个

---

① 顺治十三年《敕建东岳庙悬挂金灯老会碑记》，《北京东岳庙与北京泰山信仰碑刻辑录》，第 76 页。

② 雍正九年《献茶圣会碑记》，《北京东岳庙与北京泰山信仰碑刻辑录》，第 142 页。

③ Susan Naquin, *Peking, Temples and City Life, 1400-1900*, University of California Press, 2000, pp. 513-514, 613-614.

跨地域的祭祀中心，它也的确吸引了来自京城不同地区甚至是外地的信众，但仔细分析之后，它的街区性特点还是十分明显。我们既不能发现它对整个京城民众的绝对号召力（其他如城隍庙等也不能），即使是行业组织也局限于邻里地区，也不能发现聚集于此的邻里性善会组织起到杨庆堃所谓“街坊会社”的作用，它也不是施舟人根据台湾和华南经验所概括的，城市的街坊是以宗教社团或祭祀群体的形式表现的①。它与地方上的这类庙宇发挥的作用有所不同，但又明显具有街区的特点，向邻里街区提供了一个满足其精神或信仰需求的场所，颇为类似今天的所谓社区文化中心或社区公园。从东岳庙的角度看，如果说元、明两代它还可以从宫廷或官府获得较大的支持，到清代，这种支持则更多地来自京城东部地区的街区民众及其组织，因此，在东岳庙里展示其活力达200多年的土木行和骡马行，便成为东岳庙邻里地区的两个颇有特色的大主顾。在这个意义上说，进入清代，北京城市的街区意识和角色日益凸显，并且通过东岳庙这个神圣空间展现出来。

四、一般的思想史：明清庙会中的行善积功

葛兆光在他的《中国思想史》（第一卷）中这样写道：“过去的思想史只是思想家的思想史或经典的思想史，可是我们应当注意到在人们生活的实际的世界中，还有一种近乎平均值的知识、思想与信仰，作为底色或基石而存在……似乎在精英和经典的思想与普通的社会和生活之间，还有一个‘一般知识、思想与信仰的世界’。”他特别申明，这里的“一般知识、思想与信仰”不应被理解为“民间思想”或“民众思想”或“小传统”，而是“一种普遍认可的知

① 参见〔美〕施坚雅主编：《中华帝国晚期的城市》第3编，叶光庭等译，北京：中华书局，2000年。

识与思想”，往往通过娱乐性演出、一般性教育和大众阅读等方式进行传播①。因此我的理解是，这里的“一般的思想史”并非仅指共同的思想背景，更重要的是指一种“共享的思想”(shared idea)。但是这些“一般的思想”及其实践究竟表现在哪里呢？如果放在明清时期来看，它们只表现为理学的兴衰变异和传统思想与西学的碰撞吗②？

与上面的陈述密切相关，而且具有相同积极意义的是，葛兆光把所谓思想史上的“平庸时代”或者思想史写作中的“空白”之处推到了前台，认为即使是“没有思想亮色的一片灰色中，可能也是值得思想史家深深思索和着力描绘的时代”③。但是，究竟应该如何判断何为“平庸时代”而何为华彩时代、何为“亮色”而何为“灰色”呢？究竟谁或者有没有谁可能做出关于此的权威划分呢？

无论明清时期在思想史上是怎样的时代(天崩地解或者万马齐喑)，我们都可以在庙会这样的日常生活空间里，发现某些一般的或者共享的思想以及隐藏在其背后的东西。

(一) 对行善积功的普遍追求

明清时期的行善积功——当然这不仅是一种思想，也是一种实践——就是这样一种共享并且共创的东西，在这里，我们很难说这是一种精英的或民众的意识形态，只是被对方接受了，因为那些问题是向“人”提出来的，而不是专门对统治者或被统治者提出来

① 葛兆光：《中国思想史——七世纪前中国的知识、思想与信仰世界》，上海：复旦大学出版社，1998年，第13—15页。

② 葛兆光：《中国思想史——七世纪至十九世纪中国的知识、思想与信仰》，上海：复旦大学出版社，2000年，第387—694页。

③ 同上书，第11—15页。

的。关于此，国内外学者都有过研究①，由于学者们对善书、善堂组织及其在变动中的社会的作用做了深入研究，因此本文仅围绕明清京师庙会的一些个案，把行善积功的思想与实践放在一个区域社会史的框架里做一点进一步的讨论。

学者们已对明清时期积功思想与实践的背景及其历史渊源做了系统阐述，他们发现，在明清时期社会流动性增强、风俗剧烈变化、社会秩序动荡不安的形势下，士绅们往往通过善会、善堂组织的建设，一方面赈济孤贫，力图稳定社会秩序，另一方面宣传道德理想，以行教化之职责，最后使他们得以将其“修齐治平”之儒家理想落实于社会实践。在此基础上，至晚清社会动荡加剧之际，某些善堂组织竟成为士绅营造地方自治的中心机构。这种情形，在地方社会特别是江南社会体现得尤为突出。

但是，他们更多的是探讨了知识精英在这方面的理论与社区实践，一方面我们较少看到民众对此的反应，从而给我们准确评价这些理论与实践的社会影响力造成困难；另一方面我们较多看到的是这些理论与实践在世俗行为上的体现。这当然是由于明清时期诸如《功过格》之类的编写者和提倡者一般都具有儒学的“入世”背景，但由于这种理论本身是建立在对果报的信仰基础上的，因此在宗教活动中进行行善积功的实践，应该比在世俗活动中更普遍，人们也相信其效果会更好。所以，如果脱离了宗教活动中的行善

---

① 与此直接或者间接相关的研究很多，较有代表性的著作有日本学者酒井忠夫的《中国善书の研究》，东京：弘文堂，1960 年；夫马进的《中国善会善堂史研究》，京都：同朋社，1997 年；美国学者包筠雅的《功过格——明清社会的道德秩序》，杜正贞、张林译，杭州：浙江人民出版社，1999 年；台湾学者梁其姿的《施善与教化——明清的慈善组织》，石家庄：河北教育出版社，2001 年；香港学者游子安的《劝化金箴——清代善书研究》，天津：天津人民出版社，1999 年；等等。关于明清时代的北京及其寺庙的研究，可以美国学者韩书瑞的巨著为代表，见 Susan Naquin, *Peking, Temples and City Life, 1400-1900*。

积功来谈论这个问题,就无法对这种一般的思想在社会中的角色做出准确的判断。由于在民间信仰中东岳大帝主管阴司,因此围绕它展开的行善积功活动就更具典型性。

围绕着祭祀活动组成的行善积功组织被人们恰当地称为"善会",这与文人的同类结社有所不同。同时,这些善会又因行善的形式不同而被冠以不同的具体名称,所谓"一切诸司善众,各有发心,会名不等"①。

如北京东岳庙明代万历间的《冥用什物圣会碑》记载:"先自潞府执事官赵公云者,有兄既死,三日而苏,谓以复生,一言有验,得弟岁供白楮,致兄时脱黄垆。此有感必通,无诚弗格也。以故内府司苑局佥书,御马监左监丞刘公经、奉御陈公钦闻之叹息,见以称奇,创立进贡东岳庙白纸、簿籍、笔砚、墨朱等物圣会。"作为善有善报的典型②。

此外,明清鼎革之后的一个善会组织同样带有鲜明的高官显贵的色彩,如《大善会碑》由傅以渐撰文,陈之遴行书,龚鼎孳双勾题额,在满汉矛盾错综复杂的清初政治生活里,这不易觉察地给人以某种"物以类聚,人以群分"的印象。他们对所经历的这场剧烈变革的感慨,也反映在这次祭祀活动中,所以碑文中有"经兵火鼎革,犹使吾辈有身有家……一念之善,景星庆云"之句③,认为自己能够免祸于兵戈,实为向善的结果。

对于相信行善积功的人来说,与功过格等善书倡导和开列的在日常生活中行善积功的具体行为相比,祭祀活动中的行善也许

---

① 崇祯五年《敕建东岳庙碑记》(碑额为《四季白纸圣会》),《北京东岳庙与北京泰山信仰碑刻辑录》,第60页。

② 万历十九年《东岳庙建立冥用什物圣会碑》,《北京东岳庙与北京泰山信仰碑刻辑录》,第29—30页。

③ 顺治十二年《敕建东岳天齐仁圣大帝庙大供会碑记》,《北京东岳庙与北京泰山信仰碑刻辑录》,第74—75页。

更加直接,好报来得更快。但除了向寺庙定期进贡所需物品之外,还有其他行善的形式,这也可以从善会的名称上看出来。比如扫尘会,“约每月初八日必踵庙瞻拜,且各醵资,量其力,以为扫尘净炉之会”。碑阴题名有正会首 13 人,副会首 31 人,“当月”570 多人,注明于“都城内外各城坊巷居住”。他们不仅给东岳庙扫尘,还给九天庙和太乙庙扫尘,故全称“三顶静炉掸尘老会”。

如盘香会,由立碑者三人于雍正十三年接续,“吾会中男女长幼九十余人,住居各地”,由于盘香可以“夜以继日”地燃烧,所以“其用意之深”,“朔望换香之日,凡在吾会中者,触目警心,戮力从事,虔诚不怠”①。

如金牛圣会,“众等鸠集诸善,在于西直门里小街口,诚起金牛圣会,年例进献冠袍带履,金牛一乘,种种钱粮,亦有年矣”。该会组织严密,包括正会首 15 人、副会首约 90 人、众信弟子约 500 人,又有管事约 100 人,其中都总管 1 人②。

如散司会,为东华门外“同里之忠厚信心者,共成一会,攒印积金,虔办冠袍、带履、供器等仪”,会中也设值年香首、正香首、副香首以及随会香首等③。

如寿桃老会,“每岁三月几弥之二日为一会,祭祷于东岳天齐仁圣帝之神,盛其供张,陈设百戏,以侑神乐,名曰寿桃会,盖取西王母献桃寿汉帝之义”。碑阴题名多为男性,也有少数女性,特点是男女各有其正会首④。

---

① 乾隆五年《盘香会碑记》,《北京东岳庙与北京泰山信仰碑刻辑录》,第 151 页。

② 康熙二十三年《金牛圣会进香碑记》,《北京东岳庙与北京泰山信仰碑刻辑录》,第 95—96 页。

③ 康熙二十九年《东华门外散司会碑记》,《北京东岳庙与北京泰山信仰碑刻辑录》,第 99—100 页。

④ 康熙三十年《光禄寺寿桃老会碑记》,《北京东岳庙与北京泰山信仰碑刻辑录》,第 101—102 页。

其他还有子午会、展翅老会等等,分别以不同形式表现成员的善行,以换取功德。

可以较长期反映建立善会宗旨的典型是白纸会。东岳庙现存最早的一块白纸会碑应为前举之万历十九年《冥用什物圣会碑》,但明确说明是白纸会的碑是天启四年立的:"京都明时等坊巷有老善首锦衣牛姓永福,领众四十余载,况今年末命男牛应科同妻王氏接续,领诸善信,各捐净资。每岁年例,三月二十八日,恭遇东岳上帝圣诞之辰,进贡冠袍、大马并四季白楮等仪,以备岳府冥司应用。"①

崇文门外东南坊卞孟春等所起白纸圣会应是另外一个组织,到崇祯五年时据说也已 40 载有奇,碑阴题名中除会首,几乎全是女性,约有 900 人之多,可以说是个女性的祭祀组织。但这样一个颇具民间色彩的组织也还是请来了当时的尚宝司卿撰文,强调"众善人精明强固,不以善小而不为,不以初终而少懈",可见关于行善积功的思想在性别与社会层级上都是一致的②。

天启七年由司礼监、御马监 200 多名宦官组成的白纸会就是为了改恶从善,使神"转祸而为福","进贡冠袍带履,御用器皿、宝马香驭及岳府诸司曹案空白记录、笔、墨、砚等项钱粮,偕诣圣前,恭酬帝德,谢已往之愆,洗未来之过"③。在同年同月,另一伙宦官 250 余人所立《白纸会碑》碑文中,还专门乞求"剪锄东酋,荡平西虏,犹为善运",带有明显的官方属性。

入清以后,白纸会依然延续下来。顺治五年,有一会众基本由

---

① 天启四年《东岳庙四季进供白纸圣会碑记》,《北京东岳庙与北京泰山信仰碑刻辑录》,第 46 页。

② 崇祯五年《敕建东岳庙碑记》,《北京东岳庙与北京泰山信仰碑刻辑录》,第 60—61 页。

③ 天启七年《东岳天齐大生仁元圣帝白纸圣会碑记》,《北京东岳庙与北京泰山信仰碑刻辑录》,第 48—49 页。

女性构成的白纸圣会，“捐资进贡白纸”①。康熙三十年，有署“大内钦安、大高二殿白纸老会”之碑，碑文称是“善士张应星等……捐资鸠众，设会赛神。每遇年例，谨恭冠带、袍笏、靴履，以及白纸青册”，已经持续了30年时间②。该碑由一位候补同知撰文，一位内阁中书篆额，一位内廷教习书丹。5年后，这个白纸老会又再次立了一块《岳庙碑》。

后来又有宦官组织了白纸献花会，有可能是白纸会与献花会合并而成③。同治时碑文说：“众善同心，两会毕举，重整条规，申明故约”，“盖以装纸为书，即功过记录之意也，剪花作颂，即黍稷馨香之旨也”④。直到光绪二十年即甲午战争爆发之年，还有三海等处内务府大臣率三海各门、殿、楼、堂、轩、斋宦官三四百人，立白纸献花会。在碑阴题名中，除了显然是宦官的姓名外，还有永泰号、聚成店、水盛斋、南永盛、北永盛、德生堂这样的店名和海聚石厂工料商人某某的姓名，应该是后者与内廷关系密切，被拉来赞助此事⑤。

光绪二十年还有一个香灯供膳窗户纸会在东岳庙立碑，其主要的捐助者是长春宫总管刘得印及乾清宫、御茶房、御膳房、敬事房、懋勤殿等处的宦官，但碑阴上刻名的近400人（其中男性约占2/3，女性为1/3）却都是一般民众。可知此会本为民间组织，因经费问题求助于宦官，并搞来了万两银子。尽管如此，碑文中称：“伏

① 顺治五年《敕建东岳庙四季进贡白纸圣会碑记》，《北京东岳庙与北京泰山信仰碑刻辑录》，第68页。

② 康熙三十年《东岳庙白纸会碑记》，《北京东岳庙与北京泰山信仰碑刻辑录》，第104页。

③ 参见乾隆六年《东岳庙献花胜会碑记》，《北京东岳庙与北京泰山信仰碑刻辑录》，第153—154页。从碑阴题名来看，其会首都是各处总管级宦官，此外还包括了一些“信官”和未列头衔的普通信众。

④ 同治六年《白纸献花会碑》，《北京东岳庙与北京泰山信仰碑刻辑录》，第229页。

⑤ 光绪二十年《白纸献花会碑》，《北京东岳庙与北京泰山信仰碑刻辑录》，第248页。

愿众会首等各秉虔心，同存善念，修众善奉行之举。”话里暗含着对捐资者的不信任。又碑文中称“兹因东岳庙旧有香灯供膳窗户纸会，历经前人助善有年”云云，说明它的悠久历史，而且与白纸会了无干系。但后来碑文后又加了一句：“再，白纸献花老会现今香烟茂盛，不必言及，倘若年深日久、香烟不接之际，亦归香灯供膳会诚理献花是实。”①这种不合常规的碑文写法和暗示，总让人感觉到在不同的祭祀组织之间存在着某种竞争性的紧张关系。

善会组织总是推崇自己的长期历史，因为这可以说明会众们的虔诚度。有一块白纸会碑立于清康熙十三年，后又于嘉庆十二年重刻，但到民国时还是字迹不清了，于是有万善同归白纸圣会和长寿白纸神帐圣会两个组织在民国十二年将此碑重刻，碑身上镌有“万善重整白纸老会”大字，说明传统的神圣。尽管它们并不一定是原来的白纸会的直系后裔，但重刻会碑本身也是一种行善积功的表现。

值得注意的是，民国时补刻的碑文称：“为东岳主人间之生死，凡功过阴慝，一一录记，以彰果报。有曹司簿书掌之，如人世官府案牍爰书所为者。于是创为白纸老会，于每岁三月间敬谨装订纸簿若干本，及笔墨诸物承献，而将去岁之陈簿焚之于庙，以散诸曹，并设已故会首之仙轴，济孤、唪经、礼忏事。”②除了抄袭乾隆碑文之外，比较清楚地记录了后期祭祀组织的仪式变化。

向东岳庙及其神祇直接贡献各种用品来表示自己的善心固然是一个方面，而且我们看到在那里出现的人物往往不同凡响，而在其他寺庙出现的普通善会可能会有比较朴素的表现方式。如明万

---

① 光绪二十二年《东岳庙香灯供膳会碑记》，《北京东岳庙与北京泰山信仰碑刻辑录》，第 250—251 页。

② 康熙十三年《万善重整白纸老会碑》，《北京东岳庙与北京泰山信仰碑刻辑录》，第 87 页。

历时开始的西顶碧霞元君香火“庇佑一方，灵感肆应……但地傍西山，多崇岗峻岭而道□，又少旅舍，至此者既劳于跋涉，又苦于饥渴焉，唏嘘叹息，贤者不免。迨丙申春，善士众等岁岁捐资，在于圣母懿前上供，进香演戏，兼之往来善人煮以清茗，啖以果实，计其所费若干缗。数载以来，憩息者如法云凑而甘棠着咏，啜茗者如雨露施而膏泽均沾，敢曰传施济众，亦曰良缘普渡，少有所补云尔”①。

而在京西妙峰山，轮隆六十年则有“修补道路圣会”，由于人们“身不辞劳，进香朝顶，年岁罔懈，作为例矣，又因往来维艰，崎岖难至，善士人等坚心向佛，不吝惜而愿捐资整理道途，易高下而为平地，前有善士人等诚此修道圣会，立此碑碣”。民国时该组织又“约集同人商□预防之策，共为捐资，专办自各处至山顶大雄宝殿沿途，添设汽灯，以利香客之夜行”②。又有自雍正八年起诚立之义兴万缘粥茶圣会“供奉东岳天齐仁圣大帝驾前，诚献粥茶，接待信士进香事宜”等③。

我们从各种善会组织的建立看出，无论出自什么动机，采取什么形式，不同身份、不同性别、不同时期、不同族群的人都有这种行善积功的追求，这种观念不仅根深蒂固，而且具有相当的普遍性，在15—20世纪上半叶得到了很大程度上的认同。尽管本文在后面还会讨论不同的群体对行善积功这种思想的具体态度，讨论这种思想和行为背后的有趣故事，但这种共享的思想的确是一个共同的基础，使我们始终无法忽略社会—文化认同与差异之间的互动关系。

---

① 康熙四年《西顶施茶碑记》，《北京东岳庙与北京泰山信仰碑刻辑录》，第354页。

② 乾隆六十年《修补道路圣会碑碣》，《北京东岳庙与北京泰山信仰碑刻辑录》，第284页。碑阴为民国乙丑年碑文，第285页。

③ 1936年《义兴万缘粥茶圣会碑记》，《北京东岳庙与北京泰山信仰碑刻辑录》，第304页。

（二）并非淫祀：行善积功的作用

在这里，行善积功已经成为不同的思想或信仰体系加以肯定的观念和行为。

清乾隆二年"天坛进贡东岳散司白纸簿籍老会"所立之碑，由大学士张廷玉题额，左都御史杨汝谷撰文。这篇文字清楚地交代了人们的信仰动机：

> 夫神能福人，亦能祸人，赏善罚恶，天道不爽，正直之神，皆应如是。况岱宗之位之尊，又灵异显著也哉。而奉道徼福者，遂凿凿焉以为东岳主人间生死，凡功过阴慝，一一录记，以彰果报。有曹司簿书掌之，如人世官府案牍爰书所为者，于是创为白纸老会，每于岁三月预敛钱物，敬谨装订纸簿若干本，及笔墨诸物，楱而焚之庙，以散诸曹。事虽近乎诞，而其意有可取焉。夫人之于善也，慕而为者什之二三；而其于恶也，惧而改者什之六七。吾见世之凶悖自肆者，光天化日之下，憨不畏死，即有严刑重法，不足惩□狡狯。而一念及于身后，竟有冥冥中书其罪而绳之者，魂魄伏法，酷毒倍于人间，则莫不毛栗发竖，而惧心生矣。惧则悔，悔则思善，虽凶诈之习未尽洗涤，然依徊顾忌，萌而复遏，亦迁善之一机也。《经》曰："积善之家，必有余庆；积不善之家，必有余殃。"又曰："天道福善祸淫。"祸因福果，圣人弗讳，然则纸簿之说，善恶具载，纤毫必报。信其事者，真如目击。明可以舞文法，而不可以欺鬼神，能免脱网漏于生前，而不能贿免逭逃于死后，惊心慑志，不敢为孽，足以补刑赏之所不及，而于殃庆类应之旨，表里符合，有功于世道人心实甚，又非神道设教之一验哉！故吾于斯会，虽终不敢附会其事，然劝善惩恶，藉此可为殷鉴。吾愿今人之尽

信之，又惟恐今人之不尽信之也。①

杨汝谷的说法代表了儒家上层知识精英的一般思想，由于儒家思想中本身就有天人感应理论，因此他们个人虽不亲身参与这样的组织活动，但对赏功罚过、劝善改恶的宗旨并无抵触，甚至引用儒家经典《易经》作为理论根据，因为这与儒家的道德教化原则完全一致。

从理论上说，泰山信仰属道教系统，人们必然需要从道家那里寻找行善积功的思想资源，因此相当多的碑文有康熙五十年《元宝圣会碑》这样的内容："《太上感应篇》曰：祸福无门，惟人自召。诚哉是言也。从来福缘善庆，祸因恶积，不观夫《经》云：种瓜得瓜，耘豆得豆，平行虽在人，报总在天。窃谓吾人一生未有不赖神功赫奕，潜扶默佑。"②

但是在这里，佛教观念的影响并不相形见绌，它们同样是行善积功甚至泰山信仰的有力支持者。"盖闻佛居鹫岭，教传于东，始于汉唐，播于宋明。释氏之尊，崇以慈悲，故以慈悲名，至于大士之居落伽，以一航之普渡，愿同登彼岸，故以普渡名。若夫元君圣母感格无私，凡被覆载之氓，有祷于福祉者，有祈于子嗣者，捷如影响，毫无相舛于其间，故以感格传于世，普天之下，所至区宇，建祠奉祀，莫不尊崇焉。"③认为碧霞元君信仰与佛教中的如来信仰和观音信仰绝无矛盾之处。

还有的善会用佛家理论证明自己行善方式的合理性，如东岳庙的路灯会碑认为，"《维摩经》有云：有法门名无尽灯，譬如一灯

① 乾隆二年《东岳白纸老会碑记》，《北京东岳庙与北京泰山信仰碑刻辑录》，第148页。

② 康熙五十年《元宝胜会碑》，《北京东岳庙与北京泰山信仰碑刻辑录》，第388页。

③ 康熙二十七年《香灯会垂后碑记序》，《北京东岳庙与北京泰山信仰碑刻辑录》，第365页。

燃、千百灯冥者,皆明明终不尽。夫方其燃,不期于冥者之明,而冥者明,即方其明,不期于明之不尽而明不尽,物从其朔,君子念始之者也,仿而行之,则踵事者之善继矣"①。再如施茶善会把此举的意义用佛教思想加以诠释和引申:"大地□火坑也,自宰官卿相以至贩夫走卒,胸中皆具数斗火焰,以兢趋于广陌长衢之间。我佛具大慈悲,常以杨枝净水洒然沃之。水冷,故佛□之最妙法语□醍醐曰甘□,无非为火坑中人一为之救□,而不使之焦□于争名争利之诚,其普渡群迷亦良至矣。乃有善知识道此意而作佛事,则施茶之会□也。……而施茶令经于斯者饮而乐之,如醒醐焉,如甘露焉,恍然身脱□而口生津,并不知茶之为茶,而即醍醐甘露,亦无不可,则其利济亦大矣。"②在这里,无论是进行具体实践的信众,还是撰写碑文的知识精英,都未刻意强调佛教与道教或与儒家的抵牾,而在用各自的理念支持这种行善积功的正当。

当然,也必然有一些人认为单独强调某教理念不妥,从而正面阐述三教之间的共通之处。明隆庆六年的《天仙行宫碑记》说:"盖古往今来,三教圣人示化之门也,广垂方便,教化大地,善恶苦乐,作善者福生,作恶者祸临。忠孝两全,乃为圣人之道也。……造恶者凶神随至,纯善者善神皆从,举心动念,神圣皆知,所以灵应之道矣。"③又雍正九年的《献茶会碑》说:"盖闻三教大圣人千言万语,如日星昭布,其实总只欲人迁善改恶,以□本来真性,无二理也。然宝经秘典,充诸世界,人多不能遍观,或观一二语,觉其义理深微,不桼思索而即止。夫人性本善,虽凶顽暴戾之徒亦知恶本不可

① 乾隆二十二年《东岳庙路灯会碑记》,《北京东岳庙与北京泰山信仰碑刻辑录》,第171页。

② 崇祯二年《东安门公会施茶碑》,《北京东岳庙与北京泰山信仰碑刻辑录》,第56页。

③ 隆庆六年《修建天仙行宫碑记》,《北京东岳庙与北京泰山信仰碑刻辑录》,第415页。

为，而悔悟速改者常少，何也？未尝感发其天良也。今欲语众曰：某行善致福，某行恶召祸，欲获福而免祸，当知从善而去恶，则人虽暂信，未必即尽涤洗，非力行善事，如人生日日所不可少者。"①这一方面是强调三教的教化目标一致，另一方面又说大的理论虽对，却不完全切合普通人的实际，要想达到目的，应该从普通的日常生活琐事做起，这种要求是普通人可以达到的。所以这种说法与王学的说法很接近，而王学异端的认识论本身又与民间信仰很合拍，总之体现了明后期以来精英之学与民间思想相合的趋势，赋予民间行善积功以理论上的合法性。

我们已经知道，明清时代存在着三个面向基层社会的道德建设运动：一是儒家主流道德宣教，主要渠道是学校、科举，甚至是来自皇帝的圣谕等，二是部分士绅倡导的善书的编纂与传播，三是民众的宗教信仰实践。这三者是相互联系、相互影响的，在社会流动性增强、社会变动加剧等等背景下，儒家道德宣教的"眼光向下"造就了功过格等善书的编纂，并将其主流思想逐渐渗入原有的民间宗教读本如宝卷之中，同时由于这些媒介的作用使道德教化与传统的民间宗教实践相结合。但同时也存在一种反向的运动，如民间信仰中鲜明的功利倾向会与道德教化融合起来，比如做一件好事便会得到什么样的回报，与儒家传统的道德理想便产生了相当的距离。

对此，撰写碑文的儒家学者也并非没有警觉，他们往往指出："夫因果昭报，固吾儒所不道，然愚夫愚妇有不触目警心，悚然而起迁善去恶之念乎？是教化所不得而及者，鬼神皆得而及之，所谓彰善瘅恶，可以感善心，惩逸志，其用归于使人回心向化，革薄从忠而

① 雍正九年《献茶圣会碑记》，《北京东岳庙与北京泰山信仰碑刻辑录》，第 142 页。

已矣。先王神道设教,意在斯乎?意在斯乎!"[①]虽然儒家不同意佛教的果报之说,但他们也承认,在江河日下之时,信仰会起到教化起不到的作用。在大约是乾隆五十五年的一块残碑中,撰文者指出:"秦汉以□,佛老之教流行中国,日以益炽,延及今兹,广建庙宇,有现在法像之色焉,有诸般称号之名焉,有□□焉,其为说无稽,宜吾儒目以□诞而不之信。然揆其所以垂世立教,无非欲人洁己于当前,畏罪于身后,而坚夫向善之思。……则凡名号色相之设,果其可废欤?抑亦为不必废。"[②]虽然强调了佛教和道教偶像崇拜是荒诞的,但认为其动机并非与儒家势不两立。

而在碑文中,儒家知识精英似乎更关心民众的这种信仰与实践是否属于淫祀,也就是这种做法是否符合儒家原则或者国家礼制,如果不能对此做出合理的解释,便有同流合污之嫌。由于这里显然存在争论,因此知识精英在撰写碑文时显得异常小心谨慎。而我们恰可以从这类解释说明中,发现知识精英与民众共享之一般思想,以及二者思想之间互动的轨迹。且看前举《寿桃老会碑》中的说法:

> 是以古之圣人,为祭祀之礼以事鬼神,以报造化之功,故天下之人,齐明盛服,展如在之诚,感格于不见不闻、无声无臭之间,大哉鬼神之德之盛也。虽然祭有分,祷有事,天子巡狩,望祭岳渎,诸侯祭封内山川,桑林之祷,泽及万国,尼山之祷,笃生圣人,岂若后世王孙之媚奥媚灶!季氏之旅祭泰山,豚蹄盂酒,侈祝田禾丰稔,瓣香束帛,妄祈福禄延绵。祭祀之分既紊,祷求之事亦繁,乃以一身之微、一己之私,而欲感鬼神之德、挽造化之功,不亦难哉!此非鬼神之德有古今之异,亦人

---

① 道光元年《东岳庙碑》,《北京图书馆藏中国历代石刻拓本汇编》第79册,第10页。

② 乾隆五十五年《无名碑》,《北京东岳庙与北京泰山信仰碑刻辑录》,第328页。

> 心有不同耳。古人之祭以报功，今人之祭以谄媚；古人之祷以抒诚，令人之祷以济私，虽日祭祷而欲鬼神之享之格之，其可得乎？……惟以致吾之诚悃，以为尧天舜日，风雨时若，荡荡熙熙之德，无以报也。藉此以为报功之举，而非要福之求，岳渎之神至尊，一诚可以格之，三年不雨，六月飞霜，诚也。孰谓编氓之诚，不可以格鬼神哉！①

按礼制，越分而祭者为淫祀，这一点在撰写碑文者那里是十分清楚的："太祖高皇帝稽古定制，仪礼作则，乃正其称曰东岳泰山之神。先朝儒臣李文达公以为，是与人而不惑者矣。在礼：天子秩祀名山大川，诸侯祭境内山川，非其分而越祀者为谄。"②这里则是为越分而祭制造理论根据。作者认为，无论什么身份的人，如果祭祀的动机不纯，也不会感动鬼神；如果祭祀的动机不是为了一己之私利，那么即使是以普通百姓的身份去祭祀帝王才能祭祀的鬼神，也会感动鬼神，也不能说是淫祀。因此通过祭祀标准的置换，即标准不再是身份而是动机，为一般民众"越分而祭"东岳神提供了合法性。

有的碑文祭出国家权威的尚方宝剑，认为这个问题无须讨论："愚尝考其说于书，古无传者。然岱宗之神，自古迄今，隆其□祀，而圣母元君于宋真宗封禅时大著灵异，则此祠之非淫祀也可知，而世人之崇奉之也固宜，至于别说可以存而不论矣。"③但这过于简单粗暴的说法显然不能解决问题。有些碑文采取了一种更为"革命性"的说法，如"古者国有常典，祭有定分，天子祭社稷，诸侯祭山川，大夫祭家庙，载于圣经，职分当然，礼也。大夫不可，庶岂可也？

---

① 康熙三十年《光禄寺寿桃老会碑记》，《北京东岳庙与北京泰山信仰碑刻辑录》，第101页。

② 天启三年《东岳庙众官义会碑记》，《北京东岳庙与北京泰山信仰碑刻辑录》，第45页。

③ 康熙三年《中顶泰山行宫都人香贡碑》，《北京东岳庙与北京泰山信仰碑刻辑录》，第352页。

然吾人既居覆载之中，咸沾大帝陶镕之造，神明可不敬欤！”①即大家都享受到了神明的照顾，那么人人就都有祭祀神明的权利。但多数人或是采取回避的办法，或是尽量按照“改良”的思路，采取偷梁换柱的做法。如康熙二十九年《东岳庙扫尘会碑记》的作者公开宣称儒者与道家的差异，并不宣扬泰山信仰，而只是表彰民众的善行：

虽庶民之分，不敢以祭五岳，然而诚焉敬焉，无论尊卑而俱可以尽所欲。故浼余为文，余亦不敢妄著述。但民有盛事而不能宣，采风者之过也，上有美化而无以扬扢之，学士之羞也。余因取其众心咸诚之意，遂拜手而为之记。或曰泰山之神为碧霞元君，玉女也，今又天齐仁圣何欤？予应之曰：天地之理，阴阳而已。祀碧霞玉女，所以宣阴教也，祀仁圣大帝，所以亨阳德也。而泰山之神，究非有名象之可拟，道家所传与吾儒之见不能无异也。当扫尘之会，喜其能扫尘俗之积，由此致曲，亦可以明明德矣，予故赞焉。②

又如乾隆二十七年《散司会碑记》的作者认为，百姓祭神时只要不用礼制规定的仪式，就不算僭越：

世之疑者□岳神至尊，今无论齐民，并致荐享，恐失于僭。余谓礼之不可越者，制班于朝廷，仪载于典籍，牲币祝□，必如其式。无有王者，侵之则为僭，此季氏旅泰山，孔子所以非之也。若夫溥物于敬而已，譬如君公至贵，庶民至贱，而称兕公堂，礼所勿禁。余尝读昌黎谒衡岳庙诗云：“升阶伛偻荐脯酒，

① 康熙二十三年《金牛圣会进香碑记》，《北京东岳庙与北京泰山信仰碑刻辑录》，第95页。

② 康熙二十九年《东岳庙扫尘会碑记》，《北京东岳庙与北京泰山信仰碑刻辑录》，第97页。

欲以菲薄明其衷。”夫衡、泰，尊等也。方昌黎自岭南召还，秩微矣，衡岳岂所宜祀者？戴盖入庙，思敬此求，所以达之，欲循陈牲埋玉之文，则越分，奉明洁而荐之，期申□意而止，岂以僭越为□也哉！令之献享于神者，亦犹斯意而已。①

最值得注意的是，乾隆三十三年《东岳庙庆司会碑记》虽为大学士刘统勋篆额，但作者却同前举文章的作者一样并非名流。文章长篇大论地论证了东岳大帝、碧霞元君、十八地狱、七十二司存在的合理性，痛斥了一番欺世盗名之徒，然后表示：

夫天道福善祸淫及释氏果报之理，小子无敢论矣，使若辈者一旦入东岳之庙，过七十二司之门，有不悚然惧、惕然省，心怍颜赧，汗流浃背者哉！彼与斯会者，谅必察于此也，则即谓之加人一等可也。或曰天子祭天地、山川、五祀岁遍，诸侯方祀祭山川、五祀岁遍，大夫祭五祀岁遍。夫山川之神，大夫且不得祀，今此林林总总，贵贱不分，男女弗择，咸得以牲俎簋实洁粢丰盛入庙，而违其幽意之忱悃，揆之于礼，若不相惬。然且夫神不歆非类，民不祀非族，非其鬼而祭之，谄也。谄之庸有益乎？曰否。不然，非此之谓也。三代之礼，大夫而降，不得有事于山川，有事谓之僭，谓之淫祀，淫祀无福。汉晋以还，招提入于中国，庙得奉神，人得入庙，是以牛童马走之辈，亦得以申其祷祀祈福之隐意，虽庙有奉上帝者祀之，且可固不与秩望坛坎埋沉之祭同也。②

作者不仅认为祭祀之礼应随时代变化而改易，即使有点不合礼仪

---

① 乾隆二十七年《散司会碑记》，《北京东岳庙与北京泰山信仰碑刻辑录》，第176页。

② 乾隆三十三年《东岳庙庆司会碑记》，《北京东岳庙与北京泰山信仰碑刻辑录》，第187页。

也没有太大关系，还说虽然“妇女入庙，圣天子明禁也”，但他认为如果这些妇女在这里感谢天子的恩德，祈祷神灵保佑国家，皇帝也会“顾而喜”。

到了民国时期，正祀与淫祀之争演化成了科学与迷信之争，但类似的是，知识精英仍在这里努力寻找理论根据。1935 年《重修顾册里驾宫碑记》中说：

> 余观夫欧化东渐以后，科学昌明，破除迷信，通都大刹，破坏者有之，改良者有之，任风雨之剥蚀者比比然也。在此潮流，重修之举，殆亦不急之需，是不可以已乎！虽然有一时之潮流，有一时之趋向，然而当其冲者，每新其潮流以速其趋向，往往出于矫罔过正之举，故论平等，则尊卑之分蔑如矣；论自由，则男女之防闲荡然矣。逆伦荡检之举，昔之不数观者，今则数见不鲜矣。何莫非潮流太新、趋向太速使然乎？是以维持风化，倡旧道德，中央不啻三令五申者，盖深有慨乎！潮流之趋向而言之也。若然，当此教育未能普及、新旧绝续之交，王道士能本古人之微意，重修而光复之，斯亦振人心，挽颓俗，补偏救弊之一道。虽非急务，又曷可以已哉！①

这位作者的话颇有遗老的味道，对新事物有些反感，不过他所主张的还是其在道德教化方面的意义，与明清时期的碑文作者所肯定的东西是一样的。还有的碑文作者只是认为：“盖闻保存古迹，一乡之史地攸关，而修缮崇祠，百代之馨香罔替。《易》云：神道设教。《礼》云：祭祀有功。良有以也。”②基本上继承了传统的解释路径。

无论是我们在东岳庙看到的明代由高官显贵组成的善会，还

---

① 民国二十四年《重修顾册里驾宫碑记》，《北京东岳庙与北京泰山信仰碑刻辑录》，第 496 页。

② 民国二十九年《天仙庙碑》，《北京东岳庙与北京泰山信仰碑刻辑录》，第 497 页。

是我们在不同地方的泰山信仰寺庙中看到的以普通民众为主组成的善会，他们聘请撰写碑文者当然多为儒家知识精英，因此碑文中的表述并不能完全代表善会成员自身的思想。但是许多碑文，特别是清代由那些不太知名的人撰写的碑文，有一种“媚俗”的倾向，至少是尽力在为“淫祀”提供理论上的合法性。他们居然愿意在碑文里承认，普通人通过日常生活中的小事，尽力而为，只要坚持不懈，便可达到同样的目的，普通人只要动机纯正，哪怕身份卑微低贱，也可达到同样目的，因此，并非轰轰烈烈的壮举、大量的捐赠、显赫的地位才更可能获得神的善报，在持恒与真诚之前，神将平等视之，这是一条共同的标准。这种思想共识可以从明中叶以来的多种事实中得到证实，包括成为统治者心腹之患的民间宗教结社的繁荣，也与此密切相关。

（三）行善积功行为的背后

事实上，支持行善积功的知识精英并不喜欢这里面可能存在的功利色彩，前引碑文中已有人批判：“古人之祭以报功，今人之祭以谄媚，古人之祷以抒诚，今人之祷以济私，虽日祭祷而欲鬼神之享之格之，其可得乎？”尽管比较而言，我们看到的这些长期不断的行善积功活动正旨在对抗那种临时抱佛脚的功利行为，但是这种情况几乎无法避免。也正因此，我们或许在行善积功的思想与实践背后，可以找到比虔诚的信仰更为复杂的历史轨迹。

我们都知道明代宦官与北京地区寺庙的关系，韩书瑞前引书将他们放在“地方精英”中加以叙述，我也曾撰文指出宦官的群体意识形态及政治文化与儒家精英之间的张力①，在本文讨论的行善积功问题上，我们依然可以见到二者间的复杂关系。万历十三年

---

① 赵世瑜、张宏艳：《黑山会的故事：明清宦官政治与民间社会》，《历史研究》2000年第4期。

担任过陕西按察副使的刘效祖撰写的《东岳庙供奉香火义会碑记》中写道，酒醋面局掌印御用监太监张明捐钱赞助，会里的香头商量，要请刘效祖撰写碑文，记录该会的来龙去脉。刘效祖认为人们愿意敬神，这不难理解，但为什么特别热衷于礼敬东岳之神呢？“或曰，此谓阛阓间人，或贸易折阅，或作事疵□，其计画无所复之故。往往惟神是倚借耳。至如内贵公暨宫以内诸夫人，凭借灵宠，爽然贵富之际，顾安所不足而犹事神若此，其汲汲乎？”即说市民从事商业等事，比较有风险，所以对神有较大依赖性，但这些宦官、妃嫔有皇帝的宠幸，不缺富贵，还有什么不知足而需要求神的呢？刘效祖解释说：“人之事神，不曰祷请，则曰报谢；不谓今生，则谓来世，安知内诸公之举不居一于此乎？”宦官们听说后又来对他解释；“人生尘劫中，明有法度，幽有鬼神，均之不可偏废者。吾侪食国家之禄，既优且渥，安敢复徼福而假灵乎？姑借此以祈明神，上之为朝廷祝万寿，次之俾雨旸时若，年岁丰登，与四方人同享太平之福耳。”

刘效祖在碑文中公开叙述碑文撰写的全过程，把人们对宦官积极投身于行善活动的质疑记录下来，公之于众，其实有为自己开脱之意。如果说宦官的意图是为国家和百姓祈福，那还有什么值得责难的呢？但是也有的撰文者并不客气。万历二十年，御马监太监柳贵、彭进、刘秉忠、高升等，在东岳庙搞了三年祭神活动，希望翰林院修撰余继登将此事记录成文，后者不敢推辞，只好敷衍成文，但却一反通常所用的赞扬之词，在文中对宦官加以谴责：

> 惟神之大德曰生，覆载内一人一物，无非其所生者。故以人视人有尔我，以人视物有贵贱，而自神视之，则无尔无我，无贵无贱，无非其所欲生者，乃人之自爱其生，无不欲神之佑之富贵寿善，身得安逸，口得厚味，形得美服，目得好色，耳得音声。至于人则思戕之，于物则思殄之，以供吾身体耳目之欲，

> 不知逆此生理，即以逆神之心，顾犹日备芬芬以冀神之福佑，此大惑矣。且诸君之入庙而趋也，未有不俨然如神之照临，油然动其好生之念者，其出也然乎哉！三年之内，时有徼惠于神之心，则亦时有一念好生之意，三年之外然乎哉？以一时之善念与间有一发之善念，而欲终身祈神之福利，此又惑矣。且中贵之势，易以凌人而戕人之生，易以聚物而殄物之生，夫以其易凌易聚之势，而戕人殄物，则其罪大；易其戕人殄物之心，而济人利物，则其功德大。罪大者祸亦大，功德大者福亦大，此作善降祥、作恶降殃之说也。降之之权在神，作之之机由人，故曰神者聪明正直而一者也，依人而行，是在诸君之自处矣。①

他怀疑宦官们怀着功利之心做此行善积功之举，怀疑他们入庙时可能心怀诚意，但这种诚意可能出庙后就烟消云散了；怀疑他们在三年内可能心怀诚意，三年后就未必如是。他甚至认为宦官最容易戕人殄物，因此不但没有功德，反而罪孽深重。最后劝诫他们，神降福降祸取决于他们自己的行为如何。

明万历二十年或1592年，也许并不是一个寻常的年份。与前碑的撰写几乎同时，大学士王锡爵撰写了《东岳庙碑记》："兹惟大明皇贵妃郑氏暨皇三太子，集诸宫眷、中官等，制帝后冠服束带、香帛纸马，及宫殿廊庑神祇，咸致礼有差。自庚寅迄壬辰，历三岁，盛典告成。"这时正是围绕立储问题而展开国本之争的敏感时期，万历十八年庚寅正月，神宗把包括王锡爵在内的四位大学士召来讨论立储之事，二十年壬辰正月，发生了众多科道言官因请定东宫事而被处罚的事件，在此前后，王锡爵均是其中关键的角色。这时郑贵妃率德妃许氏、荣嫔李氏等一干宫中亲信，到东岳庙敬神祈福，

---

① 万历二十年《敕建东岳庙会中碑记》，《北京东岳庙与北京泰山信仰碑刻辑录》，第33页。

又令宦官刘坤等请王锡爵撰写碑文,其目的不言自明。

王锡爵对此颇为敏感,便在碑文中详述其中过程。他自称曾坚决拒绝,并询问宦官说:“贵妃、皇子富贵极天下,福泽无复可加,兹举也,岂求福耶?或以修来世耶?抑又有出于一身之外,而大有所祈报也?”据说宦官对他解释说:“窃知贵妃、皇子所为齐心礼岱者,不为一身计,不过为主上祝厘,为苍生答贶。”于是王锡爵发挥了一番,认为此“一举而三善备,虽垂之久远,天下后世即议其迹,不敢尽非其心,即指其渎,不得不嘉其意”①。实际上是为自己受命撰写这篇碑文的背景做出说明,洗清嫌疑。但不知是出于有心还是无意,在碑文中竟出现了“皇三太子”的称谓,这在“争国本”的冲突中,实在是一件难以理解,却可能暗含玄机的事。

于是我们看到,东岳庙已经成为宫廷内部权力关系的另一个展示场所,尽管这个特点在入清之后有较大的淡化,但仍旧不是京师其他泰山信仰的寺庙所能比拟的。

在后者中,西顶又不同凡响,自明万历年间创建以来香火较盛,与东岳庙东西相对,但是这个地方恰是宦官衙门内织染局所属蓝靛厂所在之地,与宦官的活动不无关系,据说孝定皇后当时曾出钱资助,明神宗也有赏赐,并派内官监太监主持修建工程。天启二年,司礼太监魏忠贤到蓝靛厂巡视,发现西顶碧霞元君庙已经破败,便决定与另一位司礼监太监王体乾商量,集资大规模修缮扩建。他们还在其西侧修建了几十间精舍,作为皇帝派到这里来的10位宦官的住所,并用价值2000两的土地供供养庙中道士之用。这样,虽然从礼制来说,碧霞元君并非国家正祀,但其初起之时,是国家力量做了它的坚强后盾,这为其日后的繁盛奠定了基础。入清以后,虽然康熙、乾隆两皇帝均曾亲临此地拜谒,个别碑文依然

① 万历二十年《东岳庙碑记》,《北京东岳庙与北京泰山信仰碑刻辑录》,第31页。

由官员撰写，但绝大多数善会均由普通人组成，碑文所流露出来的也几乎千篇一律的是行善积功的思想。这种情况在丫髻山、妙峰山等地基本相同。

由此我们或可发现明清两朝京师寺庙的一些变化。显然，入清以后，京师寺庙中权力色彩大大淡化了，即使还有最高统治者的光顾，其侧重也在于教化。其实明代的这个特点应该说是继承了元代的传统，那时京师的寺庙对政治生活的介入程度更高。当然这与明清两朝宦官势力的盛衰有密切关系，他们出于不同目的把复杂的权力关系带到了寺庙这个神圣空间，又使民间善会组织的信仰与实践打上了权力冲突的烙印。至于宦官为何对寺庙情有独钟，则是需要专文讨论的问题。

就以上问题而论，行善积功的思想或可说成是“一般的知识或思想”，因为这种思想与实践得到了不同社会群体的认同，知识精英也因肯定它而对所谓淫祀加以宽容。无论人们这样做的真实动机是否出于功利，表面上看起来的确冠冕堂皇，因此对于不同身份群体结成的善会，总可以请来知识精英为他们的善举撰写记录，镌诸碑铭。民众的行善积功相当于社会的道德自救运动，在知识精英大声疾呼、进行社会教化而收效不大的情况下，为什么不可以暂时放过那些类似“淫祀”的祭神仪式和那些有可能存在的功利动机，利用这种宗教仪式性的活动来达到社会教化目的呢？在这个意义上，普通民众的善会也可以和达官贵人的善会同样在东岳庙这个国家正祀的场所登堂入室，这些由于社会地位造成的分歧有可能得到某种调和，祭神仪式在行善积功的前提下得到皇帝或者士大夫的默许，而寺庙则在同样的前提下可能成为皇帝或士大夫的另一种申明亭或乡约所，于是大家“双赢”。

包筠雅在其前引著作的结论部分也论及精英思想与大众思想的二分法是否可能。她的看法是很难把某种思想的发明权归于甲方或者乙方,建议毋宁集中注意不同群体对同一思想的不同解释和利用。尽管本文涉及的善会组织有许多是普通民众构成的,但所使用的碑刻材料却都是知识精英撰写的,因此我们不能肯定碑文的观点就一定代表了该善会成员自身的解释,也不可能对历史上的这些已经消失了的普通角色进行口述史的调查,但也有另外一些材料或许能使我们对民众自身的想法有所了解。清嘉庆年间的一份奏折称,有个叫石禄的海淀居民因“在家舍药看病,供佛磕头,形迹可疑”而被拿获,据供称:“当初挂甲屯有一行道先生叫宋六,他传授我的药方,我就照样熬成膏药,并看治疮科。我不受人财礼,因为秉心要想学行好。……从前海淀有个牛老,他起了个西山会,邀众赴西域寺进香,我跟他出来行好,后来牛老故后,我就接了这会。”①由此,还是可以知道不同人等之行善积功思想在某种程度上的一致性的。但这种思想是否与民间思想及日常生活实践具有更直接的关系呢?知识精英们接受这种思想和行为是他们自身思想改造的结果,还是从俗即受民众思想影响的结果呢?这些问题显然还需要进一步探讨。

---

① 此为现存英国的威妥玛特藏中的嘉庆二十二年都察院奏折,承蒙牛津大学中国研究所、现任香港中文大学历史系主任科大卫教授提供,特此致谢。

小历史与大历史

市镇权力关系与江南社会变迁*

——以明清以来的浙江湖州双林镇为例

光绪庚子年即1900年，也即清代政局发生大变的一年。建储风波沸沸扬扬，北方又爆发了义和团运动；江南官绅一方面抵制建储，另一方面由于当年地方政府对于拜上帝会的防范不够，致使太平天国运动得以蔓延，有关官员乌纱不保——因此也在努力保境安民，防患于未然。

就在这一年农历三月，浙江湖州归安县所属双林镇上发生了一场不大不小的风波。由于以往人们主要是从经济史的角度关注江南市镇、关注它们在市场体系中或在"早期工业化"过程中的地位和作用①，对这些并非政治中心的市镇的权力关系——或者说市

---

* 本文发表于《近代史研究》2003年第2期，是与孙冰合作撰写的。

① 中国学者在20世纪50—60年代的"资本主义萌芽问题"讨论中、美国学者施坚雅在其20世纪70年代关于中国城市的著作中，以及后来的学者在专门研究江南市镇史的论著中，都有这样的特点。参见〔美〕施坚雅主编：《中华帝国晚期的城市》，叶光庭等译，北京：中华书局，2000年；樊树志：《明清江南市镇探微》，上海：复旦大学出版社，1990年；刘石吉：《明清时代江南市镇研究》，北京：中国社会科学出版社，1987年；刘翠溶：《明清时代南方地区的专业生产》，《大陆杂志》1978年第3—4合期；陈学文：《明清时期太湖流域的商品经济与市场网络》，杭州：浙江人民出版社，2000年；陈学文：《明清时期杭嘉湖市镇史研究》，北京：群言出版社，1993年；范金民：《明清江南商业的发展》，南京：南京大学出版社，1998年；李伯重：《江南的早期工业化（1550—1850年）》，北京：社会科学文献出版社，2000年；等等多种。

镇的政治史较少论及①,因此,我们似乎可以从这场风波开始,通过回溯以前和叙述以后的一些事件,透视一个江南小镇在社会变迁过程中的权力网络关系。

一、东岳会风波

湖州位于太湖东南岸,自宋代以来便是发达的江南地区的一个重要组成部分。归安又属湖州东部的平原地区,借助水网而工商业日益发达。双林镇在湖州府城的东南,地处苏、松、嘉、湖、杭五府的腹心,周边环绕着南浔、乌青、练市、晟舍、菱湖等名镇,在明清时期由归安县的连市巡检司管辖②。它是一个典型的江南水乡,有“开窗见河,出门过桥”之谚③。在镇内,桥梁把大小街巷勾连起来,交通以陆路为主;而向外的交通则以水路为主,双林与湖州间的夜航船便是其中一种廉价的形式。

明末,朝廷在双林镇推行保甲,市镇被分为四栅一市,栅下设堡,堡下为甲,甲各辖 10 户。到清中叶以后,四栅仅设地保各一,负责征税④。其中,北栅相对繁华,街巷、桥梁的分布最为密集。

双林虽比同府的南浔等镇后起,但在北宋时期便已成聚落,在

---

① 小田:《江南乡镇社会的近代转型》(北京:中国商业出版社,1997 年)第 4 章第 1 节对此有所论述,他认为乡绅和宗族是传统乡镇社会权力结构的两支主要力量,但在清末民初开始发生变化。此外,罗一星在其《明清佛山经济发展与社会变迁》(广州:广东人民出版社,1994 年)第 5 章中、William Rowe 在其 *Hankow: Conflict and Community in a Chinese City, 1796—1895* (Stanford University Press, 1989)第 3 部分中,也都谈到各自地区这方面的情况。

② (清)蔡蓉升原纂,蔡蒙续纂:民国《双林镇志》卷一《方域》,民国六年(1917)上海商务印书馆铅印本,叶 2。

③ 王克文主编:《湖州市志》,北京:昆仑出版社,1999 年,第 1267 页。

④ 民国《双林镇志》卷一八《保甲》,叶 2b—3a。

归安的另一个叫东林的地方,已出现地方性神祇①。传说宋南渡后,这里因商贾聚集,又称商林或商溪,到元代则出现了绢庄10座,收购附近乡民的丝织品。入明之后,东林衰,西林兴,遂以西林为双林镇,后渐成江南大镇之一。其作为丝织业生产和江南丝织品集散中心之一的地位,所谓"吴丝衣天下,聚于双林。吴、越、闽、番,至于海岛,皆来市焉。五月载银而至,委积如瓦砾"②,已有陈学文、樊树志、刘石吉、刘翠溶、李伯重等论述③,不赘论。

据镇志卷一八《户口》所载,双林在明初"户不过数百,口不过千余",而在成化时便"倍于前"。到清初,"里居日集,侨民日增,实得户三千四百有奇,口二万一千有奇",至清中叶而人口更加膨胀。太平天国时因战乱人口减半,存户不及四千。其后虽迅速恢复,但发展速度相对减慢。无论如何,该镇在光绪年间在册人口仍近万人,加上许多流动和外来人口,其规模还是相当可观的。

在这样一个繁华的市镇上,三月下旬例有大规模的东岳庙会。许多学者的出色研究已经证实,通过江南地区的民间信仰,我们往往可以透视出区域社会经济状况④。据镇志,东岳庙坐落在双林镇北栅外的露印庵旁,顺治年间归安知县吴之荣在这里修建了乡约所⑤;到了康熙年间,乡约所被改为东岳庙。在双林镇,此庙具有很大影响,逢年过节的许多活动都在这里进行,它还是遇灾放赈的场

---

① (宋)谈钥:嘉泰《吴兴志》卷一三,《中国方志丛书·华中地方》第557号,影印民国三年《吴兴先哲遗书》本,台北:成文出版社有限公司,1983年,第15页下。

② (清)唐甄:《教蚕》,(清)贺长龄、魏源等编:《清经世文编》卷三七《户政一二》,北京:中华书局,1992年,第910页上栏。

③ 参见书同前注引,见前引诸位学者论著。

④ 关于宋代湖州地区的民间信仰问题,见〔美〕韩森:《变迁之神——南宋时期的民间信仰》,包伟民译,杭州:浙江人民出版社,1999年。书中告诉我们,东岳几乎是那里唯一的道教神祇。又见〔日〕滨岛敦俊:《总管信仰——近世江南农村社会与民间信仰》,东京:研文出版社,2001年。

⑤ 民国《双林镇志》卷九《庙寺》,叶1a。

所,可称得上是本镇重要的公共空间之一。据推测,围绕东岳庙进行的游神赛会活动东岳会兴起于清乾隆、嘉庆间[①],太平天国以前分别有八仙、三星、花神等会。太平天国后,一位纨绔子弟接管了花神会,并对它进行扩建,其他各花会也纷起效仿。每会在东岳会期间都能动员几十甚至上百位表演者。东岳会期共延续10天,每天都要抬神像在前引导,游行于各社,而各社随起的花会号称有七十二会。

从地方文献的记载中,我们可以感受到这样一种狂欢般的盛况:

> 二十八日为东岳神诞,士民祝献于庙。数日前,鼓乐喧阗,络绎不绝。按,岳庙社会最盛,镇人结社者可数十起,大小各业皆有职司于庙。二十六日,尽夜演戏(今改夜戏于二十七日昼),二更时移神像出至大殿。庙中遍处悬灯……新街、横街及各巷皆结彩悬灯,有多至五层者,繁华与苏阊灯市无异。二十八日起,至四月初,约五六日,每日午后舁神像出巡四栅,曲折周到,各社地戏(俗名"故事")前后扈从。……神像所过,商店咸设香案,新绢巷或设下马饭(今不行)。看会之人以坞桥港为盛。又有水运秋千之戏,架彩棚于舟……彩舟鳞次坞桥左右,薄暮群泊庙前看回殿。观者如堵。黄昏点灯,街市人满,一如白昼。酒肆茶坊,观呼喧闹。[②]

尽管在双林镇上,类似的游神赛会还有多起,但以东岳庙为中心活动场所的,在清后期是最多的。

这一年三月,传统的东岳庙迎神赛会又将举行。按照《双林镇

---

① 东岳庙的赛会应当不晚于康熙庚辰年间,因为"倪《志》:溪多歌舫,春暮岳庙赛会,土人架彩棚舟中,为秋千戏。士女聚观,画船箫鼓,鬓影衣香,极一时之盛"。见民国《双林镇志》卷二《水道·织旋漾》,叶2b。按,据《双林镇志·序》倪志成书于康熙庚辰。

② 民国《双林镇志》卷一五《风俗》,叶11b—12a。

志》编纂者的说法，庆典期间的夜会常常“为诸淫亵戏状，纵横于市衢，所谓闹灯棚也。妇女之儇者列坐于市肆，诸无赖欢哗潮涌灯棚下，习为常，或至斗殴大哄”①。本次各会会众又打算联合举行夜会，被县官知道。当时正值“北方不靖，湖属多盗”，大概是出于安全考虑，县官肖治辉特致函镇绅蔡亦庄，问夜会可否禁止。蔡回答说，官方出面禁止，岂会不行，但如果只是一纸文书，可能不会引起重视。因此知县如能亲临镇上，当面郑重地告诫会首，使其有所畏惧，便不难禁止。然而知县却以事冗为由不出面，仍以函附谕帖，交给当地崇善堂的绅董代为宣示，谕令会首至善堂面承。这项通知向会首们宣布后，并没有引起后者的当面质疑。在当地的轿会中，以抬东岳神像的轿会资格最老，影响力最大。当时主持该会的周某，被镇志称为“久炼之博徒……性极狡”，而且还“夙为某绅所翼卵”。但他在会中颇有威信，“能制其侪辈”，“号有干事才，凡举会皆听周指挥”。对于禁止夜会的通知，周某当场也未表示异议。

但是在庙会的第三天，白天迎神的活动没有按时结束，理由是迎神队伍要游历四栅，曲折周到，白天无法结束。到了天黑时分，游神队伍将事先准备好的灯烛戏具点燃，这就在客观上造成了夜会的格局，镇上的士绅也没有办法。第四天，当迎神的队伍路过蔡家时，由于蔡家子弟不愿意他们在门前喧闹，与游神队伍发生了冲突，将一盏灯打坏。于是迎神的会众大怒，对蔡家进行围攻，他们向院内投掷砖石，撞击围墙和大门，最后点燃煤油焚烧了蔡家的大门，整个冲突持续了四个小时之久。

不知什么原因，驻扎在双林镇的营兵和巡检都没有立即出来劝阻，直到双林镇上水龙会的人赶来救火时，这些兵勇才出动，但已无法抓到肇事者。会首周某甚至在第二天强制双林镇罢市。蔡

① 民国《双林镇志》卷三二《纪略·东岳会始末记》，叶16—18，下文凡涉及东岳会事而未加注者均见此文。

家派人告官,但当双林镇的汛官费某到达镇上时,迎接他的却是密集的人群,费某也无计可施①。事发的第四天,知县肖治辉本人终于前来勘察此事,并在三官殿设立了临时的办公地点,但他的仪仗却在混乱中被人扔到河里,衣服也被损坏了。肖治辉急忙找本镇的士绅前来圆场,但是只有一名外镇的绅士愿意前来调解。在他的调解下,肖治辉才在几乎全盘接受会众一方要求的情况下得以离开双林镇。而周某只是送交了一位绍兴籍的张某,作为肇事者顶罪。

此后,虽然会众一方的行动有些收敛,但是案件却拖了一个多月,才在蔡家的压力下发生了转折。最终的判决是夜会永禁,蔡家的房屋由会众修理,肖治辉本来要处罚周某,但是不知何故,蔡召成(亦庄)反而替周某说情,于是会首们的责任被免于追究。

这场冲突显然是当地的一件大事,因此人们对这段历史的记忆一直保持到 100 多年后的今天。在调查中,老人们都知道官府曾发布过禁止夜会的命令,也知道蔡家阻拦了游神队伍。据说事后官府曾在东岳庙将禁令勒石立碑,但后来夜会又曾死灰复燃。

从绅—民关系的角度审视,在本案中,民间花会的力量得到了充分的展现,他们能够动员大量的人员来攻击镇上的大绅蔡家,并强制罢市。但花会却最终不得不接受官府的禁令,赔偿蔡家的损失,从表面上看,花会仍是失败者。蔡家作为禁止夜会的坚定支持者,在首先受到冲击后当然要努力维护自己的利益,但蔡家似乎并没有一味强硬,在事件的后期,蔡亦庄反而替周某转圜,表明士绅力量与民间力量的某种妥协。当然,蔡家挽回了财产损失,同时由崇善堂重新召集会首通知,表示恢复了崇善堂的地位和声望。对于官府来说,禁止夜会的目的也已经达到;而对于周某等人来说,

---

① 双林镇虽然不设汛官,但"道光间营房坍废,汛官驻城中"。民国《双林镇志》卷一五《风俗》,叶 14b。

逃避了官府对他们的处罚，也是值得庆幸的，这样各方都获得了一定的满足，保全了“面子”。冲突各方在这一过程中动用各种资源为自己争取面子，本身就是权力运作的一个具体表现。蔡亦庄在基本保全了自己利益的前提下，转而为本镇的人谋求面子，表现得宽宏大量，无形中又为自己增加了威望。这可能是双林镇这场冲突得以稳妥解决的关键，也是地方社会权力网络恢复平衡的重要因素。

从官—绅关系的角度审视，在事件发生之前，官府虽然希望禁止夜会，但却首先要征求本镇士绅的意见；在士绅要求官府出面之时，官府又有意回避直接面对民众，反过来要求士绅出面；而在事件发生之后，虽然士绅因支持官府而受到“无赖”攻击，官府却没有能够给他们以及时有力的支持，相反，最后的结果还是在绅士的努力下促成的。官府虽是禁夜会的发起者，却无法独立完成此事，这些都说明士绅是晚清双林镇权力网络中的中心力量。这究竟是因为几百年来市镇的发展壮大——当然也包括镇绅势力的壮大——使得州县官员放弃了对它们的控驭，将日常事务的处理权拱手相让，还是因为长期以来这里就存在一个比较稳定的自治系统，从来就用不着官府插手或者官府根本就难以插手？无论如何，这场因庙会而起的风波，为我们提供了一个揭示江南市镇权力网络变迁的切入点。

二、民众与士绅

杜赞奇使用经纪模型去分析晚清华北国家与乡村社会之间的关系，论证了国家赢利型经纪和地方保护型经纪两类力量所起的不同作用。在后者中，宗族与宗教力量扮演着重要的角色，在 20

世纪以来的国家建设中,它们的作用被国家不断削弱[1]。在这里,我们可以同时期江南市镇的例子对此做一些讨论。

东岳会风波的主角看来是民间香会组织与地方士绅,官方在这中间也起了一定的作用。按我们通常对明清时期迎神赛会活动的了解,在城香会的组织领袖往往是士绅,以前花神会的主持者也是一旧家子,而这次风波中的会首周某却是一名"无赖","某绅"只是后台。这场风波所表现的民间会社与蔡姓士绅的对立,实际上可能是士绅集团与民众长期积怨的一次爆发,如蔡召成曾在八年前将本家拥有的一块地皮捐出来建立了宣讲所,以打击在那里已经很猖獗的赌博[2];又本地乡民有阻葬的习俗,"不论营葬、浮厝,辄视其家之贫富需索埠费,一不遂意,则纠众拦阻,不许登岸",光绪间,蔡召成又以崇善堂的名义向官府提议禁止,后此俗逐渐禁绝[3]。在这里,士绅并不像某种"经纪"或者"代理人",而是作为地方秩序的管理者,与"违犯"地方秩序者形成对立,他们似乎在这个官府不在场的地方扮演着官府的角色。

自元代以来,双林便以丝织业闻名,其居民多从事经济作物的种植及手工业,所谓"吾镇之乡村无不栽桑","近镇数村,以织绢为业",至于"居镇者无蚕桑事,于炊爨、缝纫外,勤纺织,精刺绣,工裁剪,成衣服"[4]。商业逐渐繁荣,也自然导致民风变化,这些变化,则引起某些士人的不满:"按吾镇出门贸易者,大半在苏杭及各近处,

---

① 〔美〕杜赞奇:《文化、权力与国家——1900—1942年的华北农村》,王福明译,南京:江苏人民出版社,1994年。

② 民国《双林镇志》卷一二《碑碣·宣讲所碑》,叶10b—11a。赌徒们似乎也不乏支持者,在后来蔡亦庄向官府申诉时,支持赌徒的除有蔡氏族人外,还有"某姓"。"某姓者,京宦之家属也"。按,当时可能在京任职的只有蔡宗瀚和郑训承二人。蔡宗瀚考取内阁中书后,又拣发热河同知,而郑训承则几乎一直在京任职,并且"卒于京邸",见民国《双林镇志》卷二七《仕宦·蔡宗瀚》,叶6a;卷二〇《人物·郑训承》,叶56b。

③ 民国《双林镇志》卷一五《风俗》,叶7。

④ 民国《双林镇志》卷一六《物产》,叶4a、卷一五《风俗》,叶2a、3b。

富商则走闽、广、湘、樊、松、沪。其在本镇经纪者，以丝绵绸绢为盛。有资设店，获利固易，而精其业者，即空手入市，亦可日有所获，以赡其家。俗所谓早晨没饭吃，晚上有马骑也。……供应奢华，同行争胜，投客所好，以为迎合，无所不至，而日用纷华莫比，几于忘所自来。迨客去市毕，萧条家计，故我依然，其病由于贪市易而不计盈亏。甚有将数万资本捐贴开行，不十数年化为乌有者。祖父遗訾罄尽，烟赌习气难除，子弟骄养性成，不知生计，习俗使然矣。"①但这却正是商业化社会的特色。

这种商业化的氛围必然影响到周围的乡村，导致传统农业经营方式的变化："乡民习耕作，男子七八岁亦从师读书，有暇则斫草饲羊，或随父兄作轻便工，未有荒以嬉者。每春社时赛会演戏，祷祀游观，不过数日，即秉耒耕桑，不敢休息。惟近镇数村，以织绢为业，男子或从事绞线，必常出市买丝卖绢，田功半荒，而衣帛食鲜，醉饱市肆，其佚乐远胜常农。原按：近村织绢，乡人赚钱甚易，而家转致贫。盖由男作线工，工余必入市，闻见奢华，日用易费；妇女虽勤俭于家，而田地荒芜，入不敷出，鬻田称贷，渐至冻馁者有之。"②

即使是务农者，也颇有与众不同的风格，镇志里有两段材料极为有趣：

> 江南完租，佃户辄送至业主家，吾乡无此例，必业主乘舟至乡量取。……道光十二年冬收大歉，漕米下年带征，下乡收租尚有三四斗一亩。迨二十一年雪灾停征，乡人遂连圩结甲，升合不完。租船至乡，辄鸣锣聚众，哗噪驱逐，甚或掷石泼污泥，或将船拔起或锁住。而田主转好言求脱，无可如何。自此以后，稍遇歉收，即齐心拜总管，私议租额，不许抗违。③

---

① 民国《双林镇志》卷一五《风俗》，叶3。

② 同上书，叶2a。

③ 民国《双林镇志》卷一三《农事》，叶7b—8a。

若田属镇人，由佃纳租，每得不偿失。盖以遇潦，则戽水需资；春秋赛社，按田索费；遇岁稍歉，则结甲抗租。①

这些资料除了说明本地地主经营土地租赁无利可图的情形外，也说明了在商业化过程中，普通民众逐渐增强了对有产者的抗拒性传统，而且这种特点由于这一过程中群体认同的增强而得到强化，下层民众因此也成为双林镇权力网络中不可忽视的一个部分，这股力量或许通过东岳会风波中的香会表现出来。

我们同样可以在手工业者群体中发现这样的特点。由于双林的工商业特性，这里的居民构成从明至清有个移民渐增的过程，前引人口资料已有说明。如此地的油坊有“博士人数逾百”，皂坊雇工数百，大多来自安徽泾县②，几乎为外地雇工所垄断③。在每年正月十一的“太君神诞”，“自朝至晚演戏，包头业及黑坊中人主其事，余亦结社祝献，纷纷不绝”④。“原按：各业齐行，则停工唱戏，工价之增，惟其所议，不能禁。油坊博士尤横，稍不如意，则停工挟制业主，纵博械斗，悍无顾忌。咸丰癸丑，粤寇据江宁，佥借口回家，索坊主川资甚巨。”⑤东岳会风波中最后被抓来顶罪的张某就是绍兴人，以磨豆为生；据说，以前在宣讲所事件中与蔡召成作对的赌徒主要是南京人。

当然外来移民中最有势力者并非雇工，而是商人。以丝织业为特色的双林镇，或被称为地方专业市场，或被称为中级市场⑥，这里有桑秧市，所谓“岁之正、二月，东路贩客载桑入市，有桑秧行，亦

---

① 民国《双林镇志》卷一五《风俗》，叶2b。

② 同上。

③ 同上书，叶2—3。

④ 同上书，叶10a。

⑤ 同上书，叶2b。

⑥ 参见范金民：《明清江南商业的发展》，第135页；陈学文：《明清时期太湖流域的商品经济与市场网络》，第266—281页。

有不就行而售之者"①;有桑叶市,分头、中、末三市,分别为三、五、七天;有生丝市,头、二蚕市"日出万金",周围各镇生产的生丝往往也在这里的丝市上交易;有丝绸市,在众多产品中最有名的是包头纱,"盛时销至十余万匹"②。除此与丝织业有关的市场外,还有米粮市场,一开始地处金锁桥的米市,后来逐渐扩展至四栅之侧,并有代客买卖的"行"和零售商店③。在这样的市场中心,外来商人必定形成规模,故而在双林镇上,也出现了宁国商人建立的泾县会馆、镇江商人建立的金陵会馆、宁波和绍兴商人建立的宁绍会馆等。其中安徽宁国绢商朱、胡、洪、郑、汪等姓长期在湖州经商,曾建式好堂做公益善举④,前述皂坊便是他们所开,其数百泾县工人显然是从他们的家乡雇佣来的。后文注中还提到建立新安义园的16家休宁商人等,虽然因科举或者晚至等原因,未必成为双林镇上的显族,但却可能成为这个工商业市镇上移民势力的中坚力量。此外,东岳会风波中出来救火的水龙会,固然是因避免火灾损失而建的消防组织,但他们绝非一般无干系的闲人,因为此会恰恰是外地雇工居多的油坊出面组织的。这类组织每年借五月十三关帝"磨刀雨"之日出来大规模演习,形成当地颇有影响的岁时节日活动,也成为该行业力量按时展示自己实力的机会。

与后文即将提及的、以寺庙为代表的社区中心的转移相一致的是,这种情况导致的后果是,当地宗族靠血缘关系进行利益整合、维持秩序,从而扮演中心角色的格局已然改变,镇民与大族士绅之间的冲突应当就是这一变化的体现。

---

① 民国《双林镇志》卷一四《蚕事》,叶3a。

② 民国《双林镇志》卷一七《商业》,叶3a。

③ 民国《双林镇志》卷一六《物产》,叶1b。

④ (清)朱琦:《小万卷斋文稿》卷一八《式好堂兴复上访义渡碑记》,光绪十一年(1885)朱臧成重刻本,叶16a—17b。

东岳会风波的始末都与蔡姓士绅相关，但蔡家并非本镇最大或历史最悠久的家族。

明清以来，双林有影响的旧家大族应该说是吴家、沈家、陆家和严家。严家的衰落很早，在清乾隆年间的严惇彝之后，就再也没有出过什么名人。陆家的兴起最早，明天顺年间，陆家成功地重修了化成桥①。沈家出过双林镇最早的巡抚沈稠，他可能属于明末很有影响的吴兴沈氏一族，而事实上，双林镇上沈家的子弟中确曾有过继给南浔沈氏的情况②。沈稠的祖父乃是这一带的粮长③，沈稠在中进士后移居双林镇。他在双林镇的活动非常活跃，开通了南兜和南阳兜④，使得双林镇南部的交通更为便利。他还为吴汀修吴氏宗祠作记。其宅第沈家园一度是双林镇的名胜。可能是由于子孙迁居苏州的缘故⑤，这个家族在清前期就渐渐失去了在双林镇上的显赫地位⑥，他们在崇善堂的管理职务也被蔡亦庄为首的镇上

---

① 这是双林镇上最重要的一座桥，一名塘桥，桥堍有六总管祠，一名塘桥总管祠。其神像是不多的几个巡游全镇的神像之一。化成桥与后来修建的万魁桥、万元桥一起，并称为双林三桥。现在为浙江省级文物保护单位。

② 民国《双林镇志》卷四《街市·新开巷》就记载了沈家有人“出为马要南尚书演嗣”，叶2b。

③ 民国《双林镇志》卷二〇《人物·沈珍》，叶5a。

④ 民国《双林镇志》卷四《街市·南兜》，叶5b。

⑤ 民国《双林镇志》卷二〇《人物·陆肯堂》，叶20b。

⑥ 民国《双林镇志》卷三二《纪略》记，清顺治二年五月，赛关帝会人持械入市。六月十六日，土枭潘某杀沈楷。同日，镇人杀潘某同党。其后，镇人陈某杀潘某（叶27b）。后沈家又卷入通海案，被镇上的无赖王式所讹，其子王春曾两度叩阍（见［清］陆心源等修、丁宝书等纂：光绪《归安县志》卷四九《杂识》，《中国方志丛书·华中地方》第83号，影印清光绪刻本，台北：成文出版社有限公司，1970年，第554—555页）。沈磊隐居不仕，常与张履祥等往来（见光绪《归安县志》卷三五《儒林》，第355页下栏—第356页上栏；民国《双林镇志》卷二〇《人物》，第15页上下），其家势力大为削弱。当然他们在当地还有一定威望，如沈澜、沈溶等均为一时名人。见（清）戴璐：《吴兴诗话》卷六，杜松柏主编：《清诗话访佚初编》第九册，台北：新文丰出版公司，1987年，第483—484页；民国《双林镇志》卷二〇《人物》，叶28a。

的绅士们所接替。但是,从双林镇的宗祠情况来看,沈家的支祠最多,这应该意味着沈家的人丁最为兴旺,其实力仍不可小觑。

吴家是双林最早的住户之一,据说吴家、陆家的后裔还保留有双林最早编订里甲户帖的纪录①。吴家自称始祖是吴宪卿,该人据说是元代的象州提举官,死后颇有灵迹,被元仁宗封为总管,在当地的堂子湾建有吴总管祠,吴家的祠堂就设在祠内。由于此地最盛行的六总管、七总管神也常被称作陆总管、戚总管,因此吴总管应该是当地民间神祇五总管,被吴姓托为祖先,形成江南地区家族初定时期较常见的祠庙合一现象。据说到明成化间,吴伯明梦见禹王,于是又将祠堂改建为禹王宫,作为当地的土地庙之一。该庙高度为全镇之冠,号称"一镇之望"。而土地——禹王也是全镇不多的几个被抬着神像周游全镇的神之一②。这显然表明,在明代中叶,当吴氏宗族完成了利用神圣象征进行家族认同的工作后,又通过改造或丰富这个象征系统以凸显本族在社区中的地位。

通过以上举措,吴家曾长期占据双林镇的显赫位置,由于该总管祠或土地庙同时又被设为乡约所,吴汀就被尊为乡约长。不过由于吴家始终不能在科举榜上占据有利的位置,所以到了后来,吴家主动参与的公益活动越来越少。到道光年间,吴家不再能垄断双林镇的区域性神圣象征——另外几家绅士又共同创建了一所土地庙,地点在与吴总管祠相距不远的大通桥东。乡约所也在清初时就设在了东岳庙③。这对于吴家来说,除了意味着本族荣光的旁落之外,或许还是本镇权力格局发生变化的象征。吴家最后一个见诸《双林镇志》的人物是吴兴权,而他不过是个年仅20余岁的学

① 民国《双林镇志》卷一八《户口》,叶1a。

② 民国《双林镇志》卷九《庙寺》,叶2b—3a。并参见滨岛敦俊前引书第26页。

③ 区域权力中心从总管祠和宗祠到地方性的禹王宫,再到包容更广的神圣象征东岳庙,这一从元经明至清初的变化过程,说明双林土著权力垄断的情况已变为与移民共享。

生,这显然不是什么特别的荣耀,只是在此之前,他们家族已有多年没有人被收入《人物》这一卷中了(上一个人是乾隆年间的吴焕)。

资格相对老一点的还有清嘉、道年间兴起的徐家和郑家。这两家分别产生了清中叶双林镇上最有影响的两个人物:徐有壬和郑祖琛,他们都做到巡抚的官职。徐家祖上是康熙年间来镇经商的商人,后来落户双林镇,经过几代的发展,徐家渐渐兴旺起来[①]。不过徐家"以官为家",大多数有功名的成年人都在外地,对于本镇的建设作用不大。徐有壬是仅有的例外。他在丁忧回籍时频繁地参与地方事务,比如"(咸丰)六年夏,大旱,饥。镇之博徒勾结东路枪船,至镇聚赌,并演唱花鼓戏,谓之花册场。有数十小船至石街埭,强占民居。时徐有壬总办团防于湖城,告当道访查严禁,旋避去"[②],以及重修贾烈女墓等。但是徐有壬在太平军攻陷苏州城时殉职,他的子侄辈们也都在外忙碌,按照徐炳倬《扫墓记》的说法,在他回家丁忧之前,他和他的堂兄弟们已多年未见了[③]。

郑家早在清初就已活跃在双林镇上[④],郑祖琛的出现则使郑家影响达到了高峰。在双林镇受到一些"无赖"借灾荒吃大户的威胁时,是郑祖琛站出来平息了事态[⑤]。但郑祖琛在广西巡抚任内,因

---

① (清)吴华孙:《徐雍夏传》,(清)徐赓陛修:《双林徐氏家乘》卷二,上海图书馆藏清光绪三十一年刻本,叶22a。

② 民国《双林镇志》卷一九《灾异》,叶14a。

③ (清)徐炳倬:《扫墓记》,《双林徐氏家乘》卷六,叶51b。

④ "顺治甲午,里人置放生河于石漾。郑文学梦生延玉琳国师开讲,舍地为庵,召僧护视。"民国《双林镇志》卷九《庙寺》,叶7b。

⑤ "(道光)十七年正月,风雪雷电雹,三春恒雨,秋多雨,田禾损坏。乡民借口岁荒,纠众至殷户家坐饭。亦有挟嫌乘机报复或掳掠者。忽一日,镇上四栅有匿名揭贴,上写某日至某家坐饭。是时,郑祖琛以闽藩告终养在家,遂持揭贴送县。程、安二令即率壮勇来镇弹压,惩治出名行凶数人,其风始息。"民国《双林镇志》卷一九《灾异》,叶13a。

对拜上帝会的发展防范不力而被革职，成为太平天国运动的第一个牺牲品。他本来应谪戍新疆，只因在原籍病故而免。《双林镇志》《归安县志》甚至不为他作传，显然认为他对于粤乱负有不可推卸的责任①。这样一来，郑家的威望就大大降低了，此后几乎一蹶不振。

虽然主角蔡家迁居双林镇也很早，但却可以说是当地大族中的后起之秀，到清嘉庆间才逐渐在科举榜上露头。据《双林镇志·贡举》统计，蔡家在嘉庆二十年以后获生员头衔的人数高达 66 名，不仅大大领先于第二位的郑家（48 人）、第三位的沈家（40 人），甚至是处在第四位的徐家（30 人）的两倍多。蔡召成的父亲本以经商起家，他和蔡召南、蔡召棠都中了秀才②。蔡召成本人在太平天国战后的赈济中树立了自己的地位，此后他开始成为镇上的头面人物。同治八年，他和蔡蓉升、李友兰、梁湘等 11 人共同参与创建蓉湖书院③。此后，蔡召成频繁地参与镇上的公益事业，他整顿了崇善堂，改变了崇善堂以往账目混乱不清、由沈姓一家把持的局面。除了前文提到的打击赌博、禁止阻葬等外，他还对留婴堂进行了改造④。他的次子蔡蒙在光绪十五年中了举人，这一科的名人包括蔡元培、张元济、徐珂等人，这对于蔡家的势力向外扩张大有裨益。若干年后，《双林镇志》就由张元济主持的商务印书馆印行，而作序者正是徐珂。蔡蒙自己在东岳会风波起时可能正在江西做知县，

---

① 幸亏在其他地方（比如其父郑遵佶的传记），我们能零星看到一些关于他的材料，比如他对贞节祠的题词以及其他一些公益事业的参与（光绪《归安县志》卷一八《善举》，第 170 页上栏及《双林镇志》卷二〇《俞榛传》）。在《郑遵佶传》中，曾提到郑祖琛在外地任职时每每建设善堂、公所之类，双林镇的崇善堂似应是郑祖琛在守制期间创建的。

② 民国《双林镇志》卷三〇《贡举》，咸丰三年、七年岁试和道光三十年岁试，叶 32b—33a。

③ 民国《双林镇志》卷八《公所》，叶 3a。

④ 民国《双林镇志》卷二〇《人物·蔡召成》，叶 57b—59a。

成为当时本镇上官阶最高的人物，而在稍后的双林镇辛亥光复的过程中，蔡蒙又起着领导者的作用①。可见，到清代后期，蔡家曾在双林占据领袖的地位。

产生了新中国第一位林业部长梁希的梁家，与蔡家关系不错。梁希本人刚刚进学做秀才的时候，有举人功名的祖父梁湘曾与蔡亦庄一道参与修建蓉湖书院，他的父亲梁枚甚至中了进士。梁枚因此脱离了双林镇的地方生活而且早逝，所以对于双林镇的影响没有梁希的叔父梁榕大。梁榕本人又是蔡蒙的同年，在稍后的一段时间里，他也曾主持崇善堂，并于宣统二年调解了沈家与总持庵的地产纠纷②。最晚到辛亥革命前夕，梁希已成为双林镇地方很有影响的人物，在编纂《双林镇志》时，蔡蒙曾专门提到编纂镇志是出于梁希的创意。从这点来看，梁希与蔡家的关系也相当不错③。

另一位在双林镇上拥有强大影响的绅士是蔡松，但他与前面的蔡家并不同宗。他在萧山教谕任内，利用返乡的短暂时间，参与创立了丝绢公所④。蔡松与蔡蒙是同年⑤，而且也参与了双林镇志的编纂。其子蔡雄就是后来闻名一时的民族资本家蔡声白。还有李家也可算当地的著姓。李宗莲（字友兰）在当地曾有很高的声望，他是组织团练抵抗太平军的人士之一，并且在后来还与梁枚一起中了进士。李次九（或作子九）是光复会员⑥，后与蔡蒙一起合

---

① 民国《双林镇志》卷三二《纪略·光复时民团述略》，叶 24b—25b，有关双林镇光复及李子九事都在此文，下文不注。

② 民国《双林镇志》卷三二《纪略·本镇地方自治创始记略》，叶 18b—19b。

③ 民国《双林镇志·序》。

④ 民国《双林镇志》卷八《公所》，叶 4。

⑤ 民国《双林镇志》卷三〇《贡举》，光绪十五年恩科，叶 9a。

⑥ 《光复会党人录》，浙江省政协文史资料委员会编：《浙江文史资料选辑》第 27 辑，1984 年 6 月，第 175 页。但入会时间不详。

作领导了双林镇的光复,并在湖州独立后一度担任湖州的民政局长。从以上事实看,如果仅仅是凭借着族大丁多,凭借着在本地居住的年代长久和各种关系的盘根错节,这样的宗族在双林镇上所起的作用日益减小,而那些有许多成员取得功名的家族著姓才是社会上的明星。这样,在清代双林社会的权力网络中,宗族取向已逐渐为士绅取向所取代。

双林镇上的士绅与民众构成的变化是基本一致的,而且这鲜明地反映了从明到清社会变动的节奏。当本镇的居民构成已经不是清一色的土著而增加了不少外来人口的时候,不仅是他们的成分从农民变成了工人,而且一些外来定居的商人也通过家族繁衍和科举考试变成了本地的缙绅,后起的科举之族逐渐取代了较早的土著大族,他们各自之间的血缘关系较前大为冲淡。我们在这个市镇的一场风波中,看到的不是士绅或者祭祀组织保护镇民不受官府的侵渔,而是看到市镇内部各权力集团之间的冲突关系。在一个社会流动性较强、由于工商业的发达而造成观念变化较大的晚清市镇里,血缘或地缘集团之间的关系开始被利益集团之间的关系所削弱,东岳会风波就体现了这一变化。

三、国家力量与官民中介

如前述,近年来国内外学术界对明清江南市镇的研究取得了丰硕成果,但它们相对集中于探讨工商业发展水平或市场网络,对于市镇政治或权力结构的探讨相形较少。对于一个不是中心统治城市的工商业聚落,国家的力量是怎样表现的呢?其内部的权力关系是怎样表现的呢?

在行政统属关系上,双林属归安县,应该说,双林是与湖州府城或归安县城距离最近的一个镇。随着这里的商业日渐繁荣,人口日益增加,官府对它也日益重视。清初在双林镇设立了双林汛和守备,后来琏市巡检署圮[①],也在双林镇租房设署办公。巡检设于州县下的要害之处,代表州县官员处理民政,是官府在这里的正式机构,兼管双林与琏市。守备处理军政,定制"战兵四名,守兵十七名",负责双林、琏市等广大地区的治安[②]。在守备之下的千总、把总等,即为汛官,"汛"就是军营的基层组织。《浔溪纪事诗》卷下记载了一个案子,因为镇人误将哭嫁的新娘认作被拐的少女,而向汛官报告,并且和汛兵一起将新娘的哥哥及其他随行人员打死。他们虽然不能起很大的作用,但还是镇上权力网络中代表国家的一种制约力量,因此被蔡氏借故整顿的赌博业,之前要给巡检钱"日数千"作为常例,以换取后者的默许。可能出于这种默契,也可能有意回避市镇内部的纠葛,他们对于蔡家的失火就抱着一种旁观的态度。

在明末清初的社会动荡时期,官府也曾在双林镇编制保甲,但逐渐产生流弊,引起镇民不满,后来在四栅设有地保,由无业游民自愿出任,主要是随县差催粮。此外,应该说乡约所的设立反映了国家教化力量的渗透。在清顺治十年双林镇的《乡约所碑》中说:"慨今兵燹之余,人皆一意苟且,谓得偷生,丧乱已足,何事羁縻?父母恕其子弟,而子弟渐不逊,似染暴乱余腥,甚而一室干戈,同舟水火,虽无元凶巨恶之才,而有鼠窃狗偷之智,其行为不可究诘。此近今之士风也,而吾镇为尤甚。"为了尽可能地贯彻国家意志,将可能出现的地方动荡消弭于无形,乡约所也是官府在市镇上打下的楔子。"吾镇土狭民贫,创建独难,邑侯谋之绅耆,咸未敢轻任其

① (清)宗源瀚等修,周学濬等纂:同治《湖州府志》卷一七《舆地略·公廨》,《中国方志丛书·华中地方》第54号,影印清同治刻本,台北:成文出版社有限公司,1970年,第357页下栏。"康熙后镇繁盈,移琏市巡检司驻双林。"(民国《双林镇志》卷一《方域》,叶2b)

② 光绪《归安县志》卷一八《兵制》,第167页下栏。

事,顾欲尽今日之秀顽而劝惩之,舍此无由。且邑侯固请之再四也,于是李评事赠君瑞麟与诸衿耆各捐资,经始度地,效力于镇东北面石街漾而建焉。"①官府便与地方士绅联手维护一方秩序。虽然它在康熙年间被改建为东岳庙,但乾隆重修岳庙时,乡约所仍在发挥作用②。

在双林镇上,交易税无疑是大宗收入,但我们没有在地方文献中看到专门的官府收税机构。这里的丝绸业基本上由牙行操纵,官府可能是通过对牙人的课税,来代行税收职能。官府也可以通过参与地方公益事业,来加强其在地方的影响,但我们在《双林镇志》《归安县志》等文献中,经常发现的都是地方绅士组织创建和动员募捐,得到官府的认同(如南浔镇的师善堂和义仓成立时就有官府的批准公呈③,再如官员给双林镇的蓉湖书院和宣讲所题字④)等。真正由官府发动的事业以在明代和清初为多,比如双林镇和南浔镇的乡约所,就都是由官府创建的。但根据两镇的记载,它们后来都被废弃了,改做其他用途。对于官府在地方的作用,蔡亦庄就曾说过:"官之为地方兴利除害,力止于批牒悬书,若本处无人为致力,则必无一事克举,即举亦旦夕废。"⑤

相形之下,工商业的特性使得此地的自治力量特别强大,无论是士绅还是祭祀组织都与这种特性有关。我们在前面已经多次看到崇善堂的身影,因此它的作用特别值得关注。

崇善堂并不是双林镇上最早的善会、善堂组织。文人力量的

---

① (清)吴若金:《乡约所碑》,民国《双林镇志》卷一二《碑碣》,叶4a。

② 民国《双林镇志》卷九《庙寺》,叶1。

③ (清)汪日桢纂:同治《南浔镇志》卷二《公署》,《续修四库全书》编纂委员会编:《续修四库全书》第717册,影印清同治刻本,上海:上海古籍出版社,2002年,第155页、第152页下栏—第153页下栏。

④ 民国《双林镇志》卷一二《碑碣·蓉湖书院记》,叶9b—10a。

⑤ 民国《双林镇志》卷二〇《人物·蔡召成》,叶58b。

壮大和历史的传统使他们早有文人结社，也举办了自己的结社活动——文昌会。在雍正年间，双林镇出现了第一个善堂——留婴堂，并于嘉庆甲戌年(1814)重建，由"沈春海及青怀等复募置西港口张氏祠堂旁屋"。此后双林镇上又出现了恤嫠会等组织。但在从职能比较单一的地方慈善组织向地方自治组织转化的过程中，崇善堂的建立和发展是一个重要的标志。崇善堂在道光年间由郑祖琛创建，目标是打击双林镇附近乡民阻葬的风俗①。镇志记载乡民"纠集奸匪，横索酒食、银钱，厥费倍蓰于营葬。……溪壑不饱，或颠倒其棺，或舁以投诸河，或持耒耜斫之；并有事后百计侵损，使人不敢望墓而祭，不第塞流断港、伐树纵火之为也。营葬家每以兆域所在，隐忍以餍其欲，而养奸既深，刁风遂滋蔓而不可遏"②。在太平天国战后，蔡亦庄等一批绅士对其进行了改造，与留婴会、恤嫠会等共同管理，逐渐成为镇上的权力机构。蔡亦庄的许多作为都是以崇善堂的名义进行的，最初宣布官府关于夜会的禁令就是在崇善堂进行的。可见当时它已经成为双林镇官府与地方联系的纽带。而这场冲突最后也是在崇善堂集合各方人士解决，说明崇善堂在当地的地位已经为大家公认。丝绸业商人向崇善堂提供经费，并参与很多公共活动或公益事业，"嘉、道间商家大率富饶，端午日后舁神像巡行三日，谓为驱祟"③，后来双林镇的自治也与它们的支持有关。

容易理解的是，商人们多为外地人，双林镇的商人早期可能也

---

① 《崇善堂纪》云，"道光时郑梦白宫傅奉讳归里"，见民国《双林镇志》卷三二《纪略》，叶5b—6b；民国《双林镇志》卷二〇《人物・郑遵信》，叶50。

② 民国《乌青镇志》，转引自丁世良、赵放主编：《中国地方志民俗资料汇编・华东卷》(上)，北京：书目文献出版社，1995年，第710—711页。

③ 民国《双林镇志》卷一五《风俗》，叶12b。

多是徽商①,但后来就渐渐变成浙江人的天下。《双林镇志》记载镇上的五家当铺都是南浔人开设的,而徐氏家族的祖先就是从杭绍过来的商人。徐氏始祖以对外贸易起家,进而在双林镇上开设了五家当铺。编纂《双林志增纂》的蔡蓉升实际上也是从德清迁来的②。来自邻里地区的人就更多了,除了上面提到的南浔商人和与南浔沈氏同宗的沈家以外,辑里温氏、晟舍闵氏都有在双林镇活动的身影③。而晟舍凌氏的后人既有一部分定居双林镇,也有部分人徙居别地④。因此,在知县肖治辉处于尴尬境地的时候,是一位外镇人士出面调解,反映出外镇人士在双林镇的影响力。

双林镇的居民构成、聚落性质和工商业特点在从明到清再到晚清的过程中,逐渐打破了旧的、以宗族势力为主的权力格局,士绅与镇民之间的力量对比也不显得特别悬殊。但宗族,特别是拥有名人绅士的宗族依然发挥着重大作用,他们与外来的商人和雇工等势力逐渐磨合成一种混合型的自我管理体制。在他们之间发生冲突的时候,前者可以借助宗族和功名作为权力资本,后者则借助包括祭祀组织在内的民间群体作为动员民众的资源,中间的商人根据他们在市镇生活中的身份地位进行立场的选择,而代表国

---

① “新安义园在西坟滩。初时徽商殁于镇者,随处散厝,年久无考。乾隆时,孙、吴、汪、程、俞等姓十六家,祖籍皆休宁,共捐资购地于西坟滩,建楼三楹,东西二廊,凡休宁人客死者皆暂殡以俟家属来领。其无力回籍者,则葬于菁山山地,亦公赀所购者。又于市置店屋五处,以年租为葬费,及津贴迁柩回籍之用。道光间赀渐耗,俞春敷、吴东樵等募各典徽友措资,创建前厅,中供佛像,重整规例,凡徽州六县之商人客死者皆得入殡。”民国《双林镇志》卷八《公所》,叶 2b。

② (清)丁桂:《欧余山房文集》卷上《双林蔡氏重修族谱序》,王德毅等编:《丛书集成续编》第 196 册,影印吴兴刘氏嘉业堂刊本,台北:新文丰出版公司,1989 年,第 681 页下栏;《双林镇志》卷二〇《人物·蔡文龙》,叶 43b—44a。

③ 民国《双林镇志》卷二二《寓贤》,叶 4b—5b。

④ (清)范来庚:《南浔镇志》卷七《人物·凌一凤》,民国二十五年(1936)《南林丛书》铅印本,叶 19a。

家的官府始终作为陪衬,甚至是士绅的工具。在这种情况下,遇到改朝换代或重大社会变迁的时候,双林镇的变化应该是比较顺利的,因为那里的居民较少传统的束缚和国家力量的羁绊。

四、非常时刻

东岳会风波发生后不过11年的时间,清王朝便走到了它的穷途末路。1911年旧历九月十六日,省城杭州光复,湖州人民群起响应,建立了新的地方政权,把厘捐局的存银充作新政权的经费。起初双林镇人并不清楚这一重大政治变局,只是正好有一士绅在湖州,连夜赶回镇上,次日清晨跑到士绅们通常聚集喝茶的市楼,将光复信息告知蔡蒙等人,商讨本镇的应对之策。蔡蒙即请士绅俞姓、张姓二人直接到捐局核查存银,并通知巡防营的兵勇前去防守,自己直奔崇善堂,派人召集各绅董迅速前来议事。显然,崇善堂这个由士绅发起创立的慈善组织已成为双林镇的权力核心。

实际上在辛亥革命之前,双林镇的士绅已有山雨欲来的感觉,李子九就曾与蔡蒙商量过兴办民团以图自保的事情,说明他们明白市镇与乡村一样,在动荡的形势下无法得到政府力量的有效保护。但蔡蒙力主民团应由本地人组成,完全排除外地人,而经费并无着落,当地士绅还感觉不到有建立民团的必要,又不愿意痛快地解囊相助。临时借用开办学堂的公款,招了"本镇有营业者"120人,在崇善堂召开民团成立大会,但没有来得及准备枪械。到这时,消息猝然传来,蔡蒙在崇善堂召集士绅,希望大家立即准备,并安抚聚集在门外的镇民说,"凡本镇人宜各为本镇尽义务,第请沿途相告……善堂一切布置,自安然无事矣"。然后一方面派人到杭州、上海买枪支弹药,另一方面把厘捐局的会计叫到善堂来,把厘捐充作民团经费,民团立刻分队出巡,维持治安。

在这个时候，双林镇显然处在权力变化的旋涡中心之外，人们并不十分关心这场变局的时代意义，而多关注自己或本地的利益是否会遭到损害。这时人们聚集在塘桥码头，看看是否有革命军开到，经营轮渡的招商轮局也预备了表示光复的白旗，但并不打算立刻打出来，而是打算等到班轮开到，假如来的班轮上悬挂白旗，这里也立刻悬挂，蔡蒙嘱咐要“莫先莫后”，显示出他们的功利态度。

此后，士绅们仍聚集于崇善堂商议民团事项，有人向蔡蒙建议，在本镇分别建立军政、民政、财政三个组织，负责人都由地方有实力的士绅担任。后来蔡蒙又与原来官府所设防营的一个哨官达成默契①，后者表示“身在镇，当与镇绅同意。巡守事必弗懈，益虔视民团如一家也”。这时购买的枪械弹药也已运到，“民团百数十人，既人得持一枪，出队鱼贯，其规模已约略可观，足以吓小盗贼矣”。由于民团成立，巢湖帮也不敢来镇骚扰，蔡蒙又曾在光复时建议镇周边乡村建立民团自保，所谓“为乡谋，实为镇谋也”。后来果然“成团之五村无盗劫事”，本镇“地方颇宁静，即平日所谓棍若痞者，此时转若销镕无迹”。归安县城和菱湖、南浔居民都有许多人在动荡之时来双林暂避，甚至侨居，“镇若独为安靖地矣”。至此时，双林镇通过以崇善堂士绅为核心进行的自治行动，完成了新旧权力的转换。

按记事者的说法，在动荡中出现的这一切自治行为，财政上都由士绅富户掌管，除少数文书人员领取一点酬金外，“余皆尽义务”。到1913年初民团解散时，又由蔡蒙在崇善堂集会宣布，“皆寂听无异议”。自始至终，双林镇在崇善堂士绅的主持下，平稳地

① 双林镇设巡防营，是因为附近的巢湖帮曾经来镇骚扰，由省里临时派驻，防卫10余年后撤。当时有一营弁很负责任，镇上的士绅请他留驻，由地方自筹饷以给营勇。但营勇数量已渐减至20余人，分驻四栅，负责巡夜而已。

完成了动荡时期的保境安民职责[①]。号称从明末开始的东岳会在1900年风波之后就一蹶不振,周某人与其他老会首也在次年死去;国家在这两次动荡中均扮演着可有可无的角色;在辛亥革命爆发的双林镇,外地人似乎也因受排斥而销声匿迹,在场的就只剩下崇善堂及其主事的士绅们了。

自从"施坚雅模式"出现以来[②],帝国时代的市镇就成为市场网络中的一级中心地,对其各种特性的总结基本上是从商业性的角度考虑的,在人们的眼中,它似乎被排除在帝国政治管辖体系之外[③]。从发生学和一般特性的意义上判断,这当然是对的。但是我们很难想象它能脱离帝国的权力支配体系,完全成为帝国政治支配之外的一块块"飞地"。无论如何,它都需要孕育和形成一个自我管理(或者说自治)的权力机制,来协调市镇内部的各种利益关系,应付可能出现的形势变化和外界压力。

杜赞奇明确指出,他那部关于华北的书"旨在探讨中国国家政权与乡村社会之间的互动关系",并勾勒了存在于乡村的"权力的文化网络"[④]。虽然可以肯定,市镇是从乡村聚落脱胎而来的,在其兴起的初期,内部的各种权力关系与乡村并无差别,在相当长的时间里,国家也没有把市镇安排在一个与乡村不同的管理系统中,但市镇产生之后,便显示出与乡村的显著不同,国家与市镇之间的互动关系以及市镇的权力网络也日益与乡村有异,市镇的出现打破

---

① 以上过程皆据《双林光复时情形及民团记》,民国《双林镇志》卷三二《纪略》,叶20—24b。据叙事者称,蔡蒙(在文中被称为"某老")在这一过程中虽始终参与其事,但没有担任任何实际工作和职务。这种说法可能表明蔡蒙是一个在幕后穿针引线的人物,也可能说明他在崇善堂的地位已开始被另外一批有商人背景的士绅取代。

② 参见〔美〕施坚雅主编:《中华帝国晚期的城市》,叶光庭等译,北京:中华书局,2000年。

③ 刘石吉专门强调了市镇的非行政、军事特征,所谓"诸镇有贸易而无官将"。见其《明清时代江南市镇研究》,第120—125页。

④ 〔美〕杜赞奇:《文化、权力与国家——1900—1942年的华北农村》,第4页。

了原来只有城市和乡村两种社区的模式，对帝国以及市镇自身的统治方式提出了新的问题。

尽管施坚雅把经济或商业作为他划分城市与地方体系层级的首要原则，认为“各级贸易中心必然是庙宇、书院和慈善机构的所在地，也是行使政治、管理，甚至军事控制权的非官僚结构总部的所在地”，在政治竞争中，对市场的控制权也最重要①，但他也还是涉及了市镇的权力运作问题。施坚雅使用了“非正式管理”或“非正式权力结构”这样的概念，并以此分析了四川的一个集镇，他认为，宗族、帮会的分会、庙会和行业群体都把基层市场社区作为组织单位，而这些力量的代表是士绅或某些商人。在上一级市场社区，则存在着这些组织的上级，由此市场网络或体系与权力网络和体系是一致的②。显然，施坚雅的兴趣在于论证以市场的维度进行社会研究，而且并不注意市镇权力资源和权力关系的历时性变化，因此也就必然把市镇上的士绅或商人视为官府和乡民双方的代理人，从而无法说明市镇与乡村、城市的权力运作差异。

“双林始亦一村落，户不过数百，口不过千余。明洪武十四年颁黄册于郡县，令民以户口自实，军、民、盐、匠等户，各以本业占籍，惟民户丁多者许其分析别籍。十年乃大计生齿、老幼、存亡，而更籍之时，里中有户帖者寥寥，如吴总管孙福七、陆都堂父斌，皆领帖成户，今其子孙犹有藏而验之者，他不概见，则户犹未广也。”③由此可知，双林在明初时不过是个村落，虽有千余人口，但有产入籍的人户不多。在其由村成镇的过程中，吴、陆两家是这里的大族，他们利用神圣象征强化本族在区域内的地位，将社神与宗族的崇

① 〔美〕施坚雅主编：《中华帝国晚期的城市》，第 328 页。

② 〔美〕施坚雅：《中国农村的市场和社会结构》，史建云、徐秀丽译，北京：中国社会科学出版社，1998 年，第 44—55 页。

③ 民国《双林镇志》卷一八《户口》，叶 1a。

拜合而为一,这是南方乡村宗族抬升自己地位、肯定自己权威的典型手段。

我们已经看到,吴家在明成化时将吴总管祠改为禹王宫,正是乡村向市镇转化的过渡阶段,因为具有血缘特征的神圣象征已经无法适应市镇发展中的多元化趋势,禹王应是适应范围更广的神圣资源。因此到万历时,吴家人被推举为乡约长,子孙负责庙产的赋税,直至清康熙时,吴家人还请县令到这里来宣讲乡约。到道光、咸丰以后,单纯依靠宗族权威已无法对付双林镇上日益多样的势力,通过一两家宗族联姻或者默契就可以支配双林镇的局面也渐成明日黄花。随着市镇扩大、人口增长,一些新的宗族势力壮大,他们通过营建更具普遍感召力的关帝庙和东岳庙,自明末清初起就开始与旧家大族分庭抗礼。

自明代繁荣之后,双林也开始吸引和产生具有功名的士绅,但传统的士绅之家并不能在双林起到举足轻重的作用,他们或者长年在外为官,缺乏与镇内势力的沟通,或者利益未与镇内相关,所以并不重视镇内的事务。他们或许可以在镇上建立善堂和书院,但并无法起到核心作用。与此同时,商人、工匠、外地人或者职业群体都介入到双林镇的生活之中,都与这里的利益息息相关,他们同样可以利用庙会之类公共资源为自己争得一席之地,因此在乡村中扮演权威角色的宗族或传统士绅,已经无法对付这种复杂的局面。东岳会的风波说明,镇上的香会组织并未控制在士绅手中,乡村中并不多见的“游民”或者“无赖”粉墨登场。但直到这时,在帝国管理体制中,许多市镇是和村庄一起编制的,这就说明官府忽略了市镇自身的复杂性,而这种忽略又必然会造成某种程度上的“失序”。

但在双林镇上,这种帝国管理体制上的“失序”并未导致其内部运转的失控。自清代中叶以来,这里产生了一批后起的、具有科举功名但又与工商业利益密切相关的新士绅，这些士绅同时具有宗族势力作为后援。他们对神圣资源的依赖性似乎减小了，但他们把以往的慈善机构成功地改造为市镇上的准权力机构，将其功能从移风易俗扩展到许多方面。特别是经过了东岳会风波的考验，而在辛亥光复的非常时刻脱颖而出。

夫马进的善会、善堂研究对“乡绅支配论”和“公共领域说”分别提出了挑战①，由于他分析的主要是杭州、苏州这样的省会城市，因此他所见到的善堂官营和善举徭役化现象，在双林镇上并不存在，由此可见在较高级的行政中心，国家的渗透强度更大；而双林镇上的士绅由于披挂了科举功名和工商业的战袍，在权力网络中虽不能说一言九鼎，但肯定处在中心的位置。同时，双林镇上的崇善堂虽与官府存在一定联系，但这种联系显然是松散的，对官府绝对不是一种依赖性的或依附性的关系。我想，这是与市镇本身不存在“正式的”权力机构有关的，也是与居民中的外来人口、工商业人口比重有关的。士绅对区域政治生活的参与程度既与不同的空间（比如南方还是北方，大都市、市镇还是乡村）有关，又与不同的历史时段有关：即使清初的打击曾使江南士绅在参与地方事务方面望而却步，但太平天国运动以后则形势为之一变。

实际上，在双林镇的日常生活中，传统的权力资源还在发挥作用，而旧的生活秩序已经在潜移默化地变化，新旧势力虽未有明显的冲突，但早已开始了此消彼长的过程。国家的里甲系统在镇上失去了作用，在华北乡村中颇起作用的青苗会、水利组织及各种庙会组织，在这里也不能构成核心，被行业控制的水龙会等组织或者传统资源如东岳会上的祭祀组织，只是表现民间权力的一路诸侯，只有新型士绅主持的崇善堂作为一个暂时性的协调机构，得到了

---

① 〔日〕夫马进：《中国善会善堂史研究》，京都：同朋社，1997年。

一定程度上的认同。于是，就在东岳会风波和辛亥光复这一内一外的非常时刻，我们发现了这里的变化。这时，旧有的协调机制失去了作用，官府或者无能为力，或者已经瘫痪，具有多重资源的新士绅群体发挥了突出的作用，他们所借助的善堂组织也临时充当了权力中枢和公共领域的结合体。这是双林镇市镇特性带来的土著力量相对削弱、血缘纽带渐失作用，而基于共同利害的社区认同开始发挥主导作用的体现。

社会动荡与地方士绅*

——以明末清初的山西阳城陈氏为例

地方士绅的问题一直为中外历史学家所瞩目,由于他们在地方社区的突出作用,也往往成为汉学人类学研究乡土社会中国家与社会关系时的重要对象,他们不仅具有功名,不仅是致仕的官员,而且可能是族长、祭祀组织的会首,或者担任着政府基层组织如里甲之类的负责人,因此对社区生活的介入可能是多方面的①。出身山西阳城县郭峪里的清康熙朝大学士陈廷敬,卒于任上,故本人除丁忧的短暂时间外,不算地方缙绅,但他的家人却在社区的生活史中扮演了重要的角色。本文简略地考察在明清之际的社会动荡中,陈氏在地方生活中的作用,为本领域的研究增加一点补正。

一、陈氏家世

陈廷敬,山西阳城人(泽州,今属晋城),生于明崇祯十一年(1638),卒于清康熙五十一年(1712),自任翰林院庶吉士起,共历28任,曾任工、户、吏、刑四部尚书,都察院左都御史,文渊阁大学

---

* 本文发表于《清史研究》1999年第2期。

① 关于士绅或乡绅的定义,中外学术界颇有争议,这里采取比较宽泛的定义,从作为民间权威的意义出发,而不完全囿于狭义的与较高科举功名相联系的意义。

士。在明清两代，陈氏共有9人中进士，6人任职翰林院，25人有诗文流传至今，可以说是当地的大族。后人说，“本朝山西相者三人，一吴沁州，一陈泽州文端，田公与为鼎足，盖山西庞厚之气所钟发者哉！而陈泽州则自其先世已居阳城，今其子孙亦多占籍阳城者”①。从口气上看，乾隆时的地方志作者并没有完全把陈氏视为本地的土著，因此选举志、人物志上面没有任何关于他们家的记载。

实际上，据陈廷敬的伯父陈昌言所撰《陈氏上世祖茔碑记》：“余先世乃濩泽永义都天户里籍也。其聚族而居者，则地名岭后之半坡沟南也。余七世祖后徙居阳城县郭峪中道庄，乃明宣德四年也。”②濩泽即泽州和阳城的古称，所以陈氏自明初就已居于该地。“陈氏自明宣德初七世祖讳林迁阳城中道庄，乐其山岩水泉之胜，居焉。六世祖讳秀，有诗名，以人材为西乡尉。……西乡公子珏为滑尉，赠户部主事。户部公子天佑，明嘉靖甲辰科进士，历官陕西副使。……副使公于先公为曾伯祖，曾祖讳修，隐居耕稼，以余粟惠乡人。……祖讳三乐，慷慨有节概……初赠光禄大夫……考讳经济，诸生，初赠文林郎。”③陈氏在此地已定居了200多年的时间，一直属于缙绅人家。陈廷敬的母亲也来自沁水名族张氏，外祖母更是当地在明万历时做过吏部尚书的王国光的孙女，可见亲族之间也是赫赫有名。

从陈氏迁入郭峪中道庄算起的第二代，陈秀以荐举为西乡县尉(典史)。此后则代有官宦出，最重要的应是陈廷敬的五世祖陈天佑，曾任陕西按察副使。但陈廷敬祖上这一支，如前述，至其高

---

① (清)杨善庆修，田懋纂：乾隆《阳城县志》卷一六《志余》，《中国地方志集成·山西府县志辑》第38册，影印清乾隆刻本，南京：凤凰出版社，2004年，第209页下栏。

② 栗守田编注：《皇城石刻文编》，山西省阳城县印刷厂，1998年，第49页。

③ (清)陈廷敬：《午亭文编》卷四三《百鹤阡表》，《景印文渊阁四库全书》第1316册，台北：台湾商务印书馆股份有限公司，1986年，第622页上栏。

祖这一辈，似乎就没有出仕。高祖陈修“隐居耕稼，以余粟惠乡人”；曾祖陈三乐“隐居自甘，为善不倦”；祖父陈经济“高蹈不仕，笃孝尚义，乡党推重之。人有争讼，以片语解之。无不悦服。里人有‘宁为刑罚所加，不为陈君所短’之誉。祀郡乡贤祠，征入一统志”①。他们虽然没有任何功名，所获荣衔皆因陈廷敬后来身居显位而追赠，但却可以算作地方精英或者地方权威。地方上调解纠纷、赈济灾困、和睦亲族这些士绅的基本职责，他们都在履行。直至陈廷敬的父辈，才重返宦途，而陈廷敬的父亲陈昌期在明末“学博不仕，燕居图书满前，教子弟以道义”，到顺治时才中了一个乡贡②，并未仕官。

二、经营乡里

对于士大夫在乡里扮演积极的角色，古代中国早有强调，而这一强调自宋以后尤为突出。张载、程颐、朱熹、范仲淹等努力重建宗族组织，实际上也有稳定社区的意义。譬如范氏义庄的《规矩》制订各种条文，主要就是为了赡养贫族，甚至支持教育、婚丧嫁娶等事。另如修谱，也是为了敬宗收族，以弥合各种矛盾。与此同时，程颐又在晋城搞了保伍法，神宗时所谓“蓝田四吕”制订的《吕氏乡约》又被南宋的朱熹发扬光大，目的也是要乡里之间德业相劝，过失相规，礼俗相交，患难相恤，保持基层社会的稳定。

随着地方士绅力量的不断扩张和基于经济变动的社会流动性增大，这种趋势日益得到强化。它不仅是地方士绅自己的实际和

① （清）赖昌期总修，谭沄、卢廷棻纂修：同治《阳城县志》卷一一《人物》，《中国方志丛书·华北地方》第405号，影印清同治刻本，台北：成文出版社有限公司，1976年，第566—567页。

② 同治《阳城县志》卷一一《忠节》、卷八《选举》，第569、375页。

道德要求，也为各级统治者所提倡。明太祖在里甲之外，建立社坛之制、老人木铎之制、乡饮酒礼之制等等，充分显示了对基层教化控驭职能的重视。到明中叶社会动荡加剧，国家无力对地方基层社会实行有效控制，因此如王阳明等便大力推行乡规民约之制，分别出现了《南赣乡约》、黄佐《泰泉乡礼》、吕坤《实政录·乡甲约》、刘宗周《乡保事宜》、陆世仪《治乡三约》之类名著，同时要求士绅在其中身体力行，发挥主导作用。

如刘宗周的学生张履祥就曾批评那些“卿士庶人”，“燕息深居，坐资岁入，几不知稼穑为何事”，与农民之间产生鸿沟①；至于奴仆，就更得不到关怀照顾：“予所见主人之与仆隶盖非复以人道处之矣，饥寒劳苦不之恤。”②理想的情况应该是：“缙绅之林下者，亦和颜与谈农事，劳苦而慰藉之。”③以东林党人为代表的晚明士大夫，更是要通过各种手段团结和领导社区，来与朝廷分享权力④，这些手段包括建立乡校，对本社区人民进行道德教化和政治管理，建立同善会之类济贫的慈善组织，此外还包括领导社区百姓开荒、防洪、赈济或修建公共工程⑤。士绅的这些社区职责在清康熙时颁发

① （清）张履祥：《杨园先生全集》卷一九《赁耕末议》，清同治十年刻《重订杨园先生全集》本，叶21。

② （清）张履祥：《杨园先生全集》卷一九《义男妇》，叶25。

③ （清）怀荫布修，黄任、郭赓武纂：乾隆《泉州府志》卷二〇《风俗》，《中国地方志集成·福建府县志辑》第册，影印清乾隆修光绪八年补刻本，上海：上海书店，2000年，第487页下栏。

④ 参见〔日〕沟口雄三：《所谓东林党人的思想——前近代中国思想的发展》（上），东京大学东洋文化研究所编：《东洋文化研究所纪要》第75号，1978年3月，第203页。

⑤ 参见夫马进：《同善会小史——明末清初在中国福利史上的地位》，《史林》第65卷第4期（1982年），第37—76页；森正夫（Mori Masao）：The Gentry in the Late Ming-An Outline of the Relations between the Shih-ta-fu and Local Society, *Acta Asiatica*, no.38 (1980), pp. 47-51; Joanna Handlin: Benevolent Societies: The Reshaping of Charity During the Late Ming and Early Ch'ing, *Journal of Asian Studies*, 46.2(May, 1987), p. 311。

的《圣谕广训》中得到集中说明,那就是:"敦孝弟以重人伦,笃宗族以昭雍睦,和乡党以息争讼,重农桑以足衣食,尚节俭以惜财用,隆学校以端士习,黜异端以崇正学,讲法律以儆愚顽,明礼让以厚风俗,务本业以定民志,训子弟以禁非为,息诬告以全良善,诫窝逃以免株连,完钱粮以省催科,联保甲以弭盗贼,解仇忿以重身命。"①

已经有识者指出,17 世纪普遍的骚乱,从佃农、奴仆的小规模起事到大规模的农民起义,都充分显示了旧秩序的脆弱。在这种情况下,人们不仅关心个人的道德进步,而且更关心社会秩序的稳定。但在这一时期,中央权威恰好并不强大而有效,因此地方士绅或地方精英并不能真正指望依靠政府来恢复秩序。他们通过建立地方慈善组织、学校、社区协作和救济组织,以及刊行和宣扬善书,来行使本该由政府承担的责任。在功过格这类善书中,作者劝告士绅要在社区中扮演善人的角色。如果一个地主对佃户慷慨解囊,那么后者在感恩戴德之余,会去向神祈祷保佑,而这个地主会因此而大病速愈;如果哪位富绅发起过赈灾,他就会活到 90 岁高寿②。所有这些,都表示了士绅对稳定地方秩序的焦虑和关怀。当然,这种做法也符合当时批判"空疏之学"、倡导求实致用之风的思想氛围,与先儒的修齐治平理想亦相一致。

陈氏一家对此也是身体力行。我们前面已经提到陈廷敬的祖辈在乡里调解诉讼、扶助贫困等方面的行为。到陈廷敬的祖父陈经济时,"治家勤俭,以其余赒给乡人。戊辰捐谷焚券,乡人感德,诣抚军请旌奏。先公知之,遽追抑其事。数日,人益感奋,罢市辍农,叠上状郡县求请旌建祠。郡上之方伯,方伯上之抚军,皆交口

① 《清圣祖实录》卷三四,康熙九年十月癸巳条,北京:中华书局,1985 年,第 461 页。

② Cynthia J. Brokaw: *The Ledgers of Merit and Demerit, Social Change and Moral Order in Late Imperial China*, Princeton University Press, 1991, pp. 172, 173-174.

嗟咨，竟通牒礼部。先公闻之大惊，自草状辞”①。在上辈的影响下，其他子弟也身体力行，如陈廷愫，“处家庭间恩义兼尽。凡抚孤、济急、赈荒，莫不引为己任。……又私出粟行朱子社仓，惠更溥”②。对陈氏的此类举动，清初名臣魏象枢曾撰诗赞扬说：“古道何能遣？高风尚在今。痌瘝原素念，桑梓况关心。尽饱仁人粟，争得义士吟。贞珉书不朽，遍满太行阴。”③

陈廷敬本人的思想与其家族前辈显然是一致的，从他的思想中，我们或许可以更清楚地把握其家人的观念。他曾表示，对古礼中基层社会的“相保、相受、相葬、相救、相赒、相宾之意”非常羡慕，认为“今之乡不得齿于古之州，独不可以齿于比、闾、族、党乎！”④对于老家郭峪那些因为没有土地而无处埋葬的穷人，他也表示同情，并主张帮助他们⑤。在京师做官的时候，有人把自己的住宅腾出来作三晋会馆，“欲使乡之大夫士从宦于京师者，岁时伏腊，以时会聚，敦枌榆之义，饮酒献酬，雍容揖逊，宴处游息之有所也”。他更是大加赞扬，感慨说：“天下之物，苟为我所自有，未有不思诒其子孙者也，然金谷之池台，平泉之水石，旦暮而失之矣。京师天子之都，贵人富家侈土木之费，楹桷雕焕，飞甍蔽衢，行路指目，一再过焉，而不胜盛衰兴坏之感，彼之念其子孙者何如耶？而公举所以遗子孙者，共之乡人，如脱敝屣，然盖其所见者远矣。”⑥

在平时的日常生活中，乡绅在社区中的角色如此；若遇兵荒马

---

① （清）陈廷敬：《午亭文编》卷四三《百鹤阡表》，第620页下栏。

② 同治《阳城县志》卷一〇《宦业》，第497页。

③ （清）魏象枢：《寒松堂全集》卷七《陈太翁出家谷赈饥乡里德之赋呈说岩先生》，《四库全书存目丛书》编纂委员会编：《四库全书存目丛书》集部第213册，影印辽宁大学图书馆藏清康熙刻本，济南：齐鲁书社，1997年，第327页上栏。

④ （清）陈廷敬：《午亭文编》卷三五《刻朱子增损吕氏乡约序》，第508页。

⑤ （清）陈廷敬：《义冢碑铭》，同治《阳城县志》卷一五《艺文》，第920页。

⑥ （清）陈廷敬：《午亭文编》卷三八《三晋会馆记》，第563页下栏—563页上栏。

乱，他们就更要肩负起守望之责。

三、明末清初的社会动荡

陈廷敬和其他人都曾对阳城和郭峪的地理特征做过描述。从大形势来说，“太行西来几万里，至阳城迤南百里，崭然而尽，如化城蜃楼，列嶂北向。郭峪在其中，谓之镇。郭峪方三四里，各倚山岩麓为篱落，相保聚，或间百步，或数十步，林木交枝，炊烟相接”①，是一个可以自保一方的地理单元。或说“县在山中，冠盖罕至，人鲜杂处。……土虽瘠而户不甚贫，地虽偏而仕宦辈起”②，或说“吾所居镇曰郭谷者，连四五村，居人三千家，皆在回峰断岭、长谿荒谷之间。地最硗狭，耕牧无所。其土方数畮者，少其狭者，不可以画，遂沟而广者，不可以经。……既少而悉归于有力者。其子孙或世守其先人之产，而重转鬻诸人。其人好力作负贩，俗尚俭啬，四方来居者人日益众，而田日益不足”③。就是这样一个地方，竟成为明末清初的兵家往来之地。

从崇祯三年始，陕西农民军大举入晋，像后来的主力李自成、张献忠、罗汝才、马守应等都在山西活动，其中又以王嘉胤部实力最强。“崇正四年，河曲流贼王嘉印转掠至阳城。南山总兵曹文诏追及与战，斩之。其党复推王自用为首，号紫金梁。又有老回回亦其部帅。”这时，史籍记载王自用会合的起义军共有三十六营，声势浩大，在山西与明军流动作战，互有胜负，至崇祯六年初自山西转至畿南。在此期间，“五年，紫金梁等犯县之郭谷、白巷、润城诸村，杀掠数千人而去。……九月，贼众数万自沁水武安村入县之屯城、

① （清）陈廷敬：《午亭文编》卷四五《故永从令张君行谷墓志铭》，第655页下栏。

② 乾隆《阳城县志》卷三《风俗》，第48页上栏。

③ （清）陈廷敬：《义冢碑铭》，同治《阳城县志》卷一五《艺文》，第920页。

阳城皇城相府晨眺

上佛、白巷、郭谷、北留诸村"①。

由于郭峪亦为农民军兵锋所及,作为一方大族的陈氏当然是农民军打击的对象。陈昌期兄弟也早已意识到了这一点,但因"余乡僻处隅曲,户不满百,离城稍远,无险可恃,无人足守,日夜焦心,谋所以避之",于是"筑砦楼御寇,保聚一乡"。他们"掘地为井,筑石为基",建造一楼,楼长三丈四尺,宽二丈四尺,三间七节,高十丈②。这座堡垒式的建筑在明末清初的战乱中经历了两次重大考验,一次就是农民军的围攻,"贼攻围数日,以为水绝必出,乃从楼扬水以示,贼始去。盖楼下预掘井也"。第二次是清初姜瓖据大同叛,"贼党张斗光据州胁书以招,昌期登楼裂书,骂不绝口。贼怒围楼三昼夜,旋闻天兵北下解围,散"③。

---

① 乾隆《阳城县志》卷四《兵祥》,第 60 页下栏。

② (明)陈昌言:《河山楼记》,栗中田编注:《皇城石刻文编》,第 54 页。

③ 同治《阳城县志》卷一一《忠节》,第 569—570 页。

对第一次围困，陈昌言记述甚详，其在据楼攻防战守的紧张情况，跃然纸上：

> 至七月砖工仅毕，卜十之六日立木，而十五日忽报贼近矣。楼仅有门户，尚无棚板，仓惶备矢石，运粮米、煤炭少许，一切囊物具不及收拾，遂于是晚闭门以守，楼中所避大小男妇，约有八百余人。次日寅时立木……届辰时，贼果自大窑谷堆道上来，初犹零星数人，须臾间，赤衣遍野，计郭峪一镇，辄有万贼。到时节劈门而入，掠抢金帛。因不能得志于楼，遂举火焚屋。……寇仍日夜盘据以扰，至二十日午后方去。……逡巡至八月间，无枝可栖，余奉老母暨家属，始移入濩城。期弟以再生之身，独不入城，谆谆以竟楼工为事。至冬月而楼乃渐就绪，且置弓箭、枪、铳，备火药，积矢石。十月内贼连犯四次，将薪木陆续尽毁。期弟率人护守，毙贼于矢石下者多人。数次所全活者不啻万计。①

虽然凭借这座危楼，“寇连犯五次，终不能得志。族戚乡邻，所全活者约有万人”，但牲畜、物品不可能贮藏太多，考虑到“筑楼既有成效，则筑堡之效较然可知。且余庄坐落不甚阔，其庄人具属同宗，无难家自为守。于是聚族长而谋之，再四申说，晓以同舟之谊，期共筑一堡，以图永利”。但是各人心思不同，不愿参与。陈昌言等只好自力更生，在原有楼堡的基础上继续扩展。可东西两面的土地又都是族人的地产，“余恳亲友力求，破金多许，复兑以业，始克迁就”。从崇祯六年七月开始动工，营建了一座方圆百丈，高三丈，垛口二百，外有铁门、木栅的大堡②。幸有此大堡，使陈氏及族众乡邻等幸免于清初叛清势力的第二次围困。

---

① （明）陈昌言：《河山楼记》，栗中田编注：《皇城石刻文编》，第54—55页。

② （明）陈昌言：《斗筑居记》，栗中田编注：《皇城石刻文编》，第59页。

对这第二次围困，“廷敬是时年十二岁矣，犹记贼于薄暮射书堡中，先公得书，手裂之，登陴慷慨谓众曰：受恩本朝为臣子，誓不陷身于贼，贼反复倡乱，此特待命漏刻耳……众皆听命”。因此颇以此楼为自豪，并在事后感慨说：

> 流贼起西秦，先公先事谋保聚，筑楼河山间，楼将卒工而贼数万果遽集楼下，围攻之数重……先公汲楼井中水扬楼四边，贼惊相视，谓不可以渴降也，徐驱去。长老曰：吾闻活千人者，其后必大，陈氏其兴乎！当是时中外恬熙，州郡久不被兵，流贼漫衍而东，腾华蹀河，景霍之城，汾浍之渊，如履房闼，如跨涧溪，所过坏裂，糜沸而野。处岩居无墙堞垣墉之限，屠毒尤惨。先公创兹楼也，里富人窃笑之曰：我将谓陈氏为园囿观游之娱也，无故筑为楼，过矣。贼至，则缚富人拷掠金帛……及贼去，富人亦效为楼，楼亦至今在焉……贼退，有羽客过而言此楼活千人，其名当与河山并永，题曰“河山为囿”，其意又若应前富人园囿为娱之说者，长老至今呼河山楼云。①

显然，这座堡垒已不仅是为了一家人的安危而修建的，它意欲保护“族戚乡邻”，而且确实可以把上千人保护在内，这就确实起到乡绅保护乡里、维护一方安定的作用。

令我们感兴趣的是，这里明确提出了地方士绅面对义利选择的行为问题。明末清初的功过格鉴于当时逐利之风大盛，常常劝诫富绅们要舍财积善。陈智锡在《劝戒全书》中抱怨说，“近乡绅遇水旱而家多积蓄者，惟日望米价涌贵，即至尊至友，不知周急”，因此用神的口吻答复那些祈求长寿的富人说：“灾祲流行，尔有生人之权，而无好生之德，乃欲上帝生汝耶？汝但反求，常思施济，汝寿

---

① （清）陈廷敬：《午亭文编》卷四三《百鹤阡表》，第620、619页。

思民，吾寿及汝矣。”[①]17 世纪晚期熊弘备也强调了士绅和士人在社区中的各种领导角色，包括“倡率义举”“正己化俗”等等[②]。而陈昌言回忆修造河山楼和斗筑居时反复说，其“为费甚奢”，对于那些不肯出钱出力共同修建城堡，“藏其胸，心有主，且多贵金钱而贱性命”的人和行为，表示“良可太息”，“思之可叹”！而陈廷敬所讲的故事更暗含了一个类似的道德训诫：一个“里富人”不愿意花费财力行使他作为地方领袖人物的社区职责，最后吃亏的还是他自己，遭到起义军“拷掠金帛”，最后也不得不盖起了堡垒[③]。如果此事为功过格作者知道，则又会是一个说服士绅行善积德、造福乡梓的很好的反面实例。

在当时的形势下，地方士绅出来维护一方安全（当然包括而且主要是他们自身的安全）的现象并非个别。与今天陈氏故居所在地的皇城村接壤的郭峪村，也曾在这场战乱中修城建堡。《焕宇变中自记》是一篇有关明末农民战争的宝贵村史资料，作者在回顾崇祯五年七月当地的这次动荡时也承认，“吾乡保全陈宅一楼，余皆破损”。后来“吾村乡官现在顺天等府巡抚扎遵化县，念恤本乡被贼残破，荒凉难居，极力倡议输财以奠磐山之安。劝谕有财者输

---

① （清）陈智锡：《劝戒全书》卷五，叶 20b—21b。转引自〔日〕奥崎裕司：《中国乡绅地主研究》，东京：汲古书院，1978 年，第 469—470 页。

② （清）熊弘备：《不费钱功德例》，（清）陈宏谋辑，华希闵补辑：《训俗遗规》卷四，《四库全书存目丛书》子部第 158 册，影印北京图书馆分馆藏清乾隆五十五年含英阁刻道光增补本，1995 年，第 712 页下栏。

③ 当我们 1998 年 10 月对陈氏故里进行实地考察时，发现距斗筑居所在的皇城村仅千米之遥的郭峪村也有一座类似河山楼那样，但是规模更大的碉楼和城堡。其城称郭峪城，城高 12 米，宽 5.3 米，城周 1400 米，城内面积 17.9 万平方米，建于崇祯八年（1635）。其楼称豫楼，在城之中心，长 15 米，宽 7.5 米，高 30 米，共 7 层，建于崇祯十三年（1640），正是陈廷敬这里所指。这两村原为两个自然村，但在明清同属一里，民国初年同属一大村，1954 年时同为郭峪乡下属的两个初级社，次年转高级社时分属不同的高级社，现为不同的行政村。此外，这里同样留下陈廷敬及其他陈氏族人的遗迹。这些都说明了两村在历史上的渊源。

财，有力者出力。崇祯八年正月十七日开工修城，不十月间而城功告成。斯时也，目击四方之乱，吾村可以高枕无忧。抑谁之力也，实乃张乡绅倡议成功，赐福多矣”①。此外如“延人秀，邑诸生，贫而业医，且好学。贼老回回等至，与村人拒守，被执”；“张腾云，倜傥有节概。崇祯五年流贼至阳城，腾云结乡之义勇，团保固守。会天雨堡溃，众陷泥沼中，不能抗贼，遂被执死之”②。更有清初著名的循吏于成龙，也是山西人，“先世仕明者讳坦，有声，弘治朝官至大中丞。父时煌，里中称长者。明末盗起西疆，里中筑堡于公先茔旁，形家者言，堡成，不利于氏，公笑曰：我里千家保聚，独

商人王重新斥资修建的豫楼

① 见赵振华、赵铁纪主编：《郭峪村志》，郭峪村志编委会印制，1995 年，第 195—201 页。这里倡导修筑城堡的可能是村人张鹏云，他曾在崇祯朝担任右佥都御史巡抚顺天，与文中记载若合。张氏也是村中大族，一支有张好爵为明正德甲戌（1514）进士，官至户部郎中；张好古为嘉靖癸未（1523）进士，官至刑部主事；另一支有张尔素为清顺治丙戌（1646）进士，官至刑部左侍郎。当地民间有“先有南卢北窦，后有张陈二府”之谣，可见他们与陈氏的地位相埒。但在郭峪城修建过程中有一关键人物，即《焕宇变中自记》的作者王重新，其人在河南经营铁器买卖致富，回乡为社首，亦为大地主，财力雄厚，修城时捐资 7000 两白银。后修村大庙亦捐银 700 两、地 10 亩 2 分，因此豫楼上至今保留着他的碑记。陈廷敬讽刺的“里富人”极有可能是指他。按据陈廷敬的《西园先生墓志铭》和《故永从令张君行谷墓志铭》（均见《午亭文编》卷四五），陈氏与张氏之间时有过从，惺惺相惜，表面上看不应有讥刺之语；但在实际上两族也有可能确有利益冲突。有一则流传至今的传说，说清光绪年间，张氏提出陈壮履（陈廷敬第三子）逼死了雍正皇帝，是奸臣，神主不得人文庙，与陈氏发生冲突。后经县令出面调停，陈氏将松山施给文社，以作经费，张氏才同意将其神主重人文庙。

② 同治《阳城县志》卷一一《忠节》，第 522—523 页。

我家不利,害少而利多,堡当筑矣。堡成,卒无害”[1]。于成龙家在明末所筑的堡垒也可以“千家保聚”,说明也是针对整个社区的。

如果这种情况在明末相当普遍的话,那么无论是农民军还是清军,与这些地方士绅的关系是合作还是敌对就变得十分重要了。否则,不仅会对于他们的攻城略地造成障碍,还会影响到他们占领地区的迅速稳定。

四、晚明士风

在社会剧烈动荡,人们的切身利益受到直接威胁而国家又无力行使其保护职责的时候,地方士绅显然是地方自保的关键角色,而且显然他们是把这一利益攸关的问题而不是别的问题放在了首位。

虽然陈氏自陈廷敬高祖时就一直没有人出仕,但到他的父辈又重新踏上仕途。他的伯父陈昌言是明崇祯庚午(1630)科举人,甲戌(1634)科进士,曾任乐亭知县、山东御史,但入清之后立即以“原官视学江南”,并没有像江南的一些遗民那样拒不出仕新朝。甚至,在著名学者吕留良和黄宗羲等人围绕着是否应该让子弟出试的问题激烈争论而且大伤和气的时候,陈昌言的兄弟陈昌期在顺治时中了乡贡,陈昌言之子陈元为顺治辛卯(八年,1651)科举人,己亥科(十六年,1659)进士,陈昌期之子廷敬为顺治丁酉(十四年,1657)科举人,戊戌(十五年,1658)科进士,朝代的更替、君主的变换,在陈氏一家这里,完成得比较自然,似乎并没有考虑

---

① (清)陈廷敬:《午亭文编》卷四一《太子太保兵部尚书总督江南江西谥清端于公传》,第595页下栏。

忠节的问题①。与陈氏同里的大族张氏，在明代世代为官，但张尔素却在顺治三年立即考中进士，比陈氏毫不逊色。

我们似乎应该考虑到这样的问题，明代之山西泽、潞一带，商人力量已经十分强大，阳城又是有名的冶铁中心，陈廷敬之高祖陈修即“有志用世，竟不售，退而鬻冶铁”②，其父陈昌期“退综家务，虽好施急病，而生业日饶”③，显然也是生财有道，因此商业伦理可能也会影响到陈氏一家的道德态度。就陈廷敬本人来说，他赞成“古人读书，直是要将圣贤说话实体于身心”，指出官吏的“能与不能，视其所治之民安与不安”，结论是“未有以好名为训者。故治天下亦务好其实而已矣”④。他这种倡导实学的思想不仅有其时代的背景，也当有家庭教育的渊源，共同构成了在社会动荡之时以保全身家乡里为先的思想基础。

由于晚明以来思想界发生了许多变化，强调“义利双行”的主张日益增多，传统儒家道德规范遭到不同程度的抨击或背离，因此除那些著名的党社人士钱谦益、吴伟业有降清之举外，黄宗羲也主张忠节应止于己身，不应波及子弟，其他普通知识分子如陈确这样的人，对死节行为也提出了异议⑤。这是当时的一种大背景。但对于陈氏一家来说，更重要的原因应该还是为了维护身家性命和地

---

① 附带说，陈廷敬中乡试那一科，正是发生著名的科场案的那一科。据孟心史先生考，“丁酉狱蔓延几及全国，以顺天、江南两省为钜，次则河南，又次则山东、山西，共五闱”。见孟森：《科场案》，《明清史论著集刊》（下），北京：中华书局，1959 年，第 391 页。有些学者认为，科场案亦是清初打击汉族士绅的手段之一，陈廷敬未遭黜革，反而次年又中进士，确为幸运。

② 见《陈氏家谱》。转引自刘伯伦未刊稿：《明清阳城人才迭出追因》，1998 年。“名相陈廷敬暨皇城古建学术研讨会”论文，1998 年 10 月。

③ （清）姜宸英撰，黄叔琳编：《湛园集》卷二《封君陈公八十寿序》，《景印文渊阁四库全书》第 1323 册，第 658 页下栏。

④ （清）陈廷敬：《午亭文编》卷二四《困学绪言若干则》、卷三一《请严督抚之责成疏》、卷三二《好名论上》等，第 360 页下栏、455 页下栏、468 页下栏。

⑤ 参见拙文：《试论陈确的忠节观》，《史学月刊》1998 年第 3 期，第 76—81、91 页。

区利益。后来陈廷敬对他父亲的这样一种行为也推崇有加：

> 崇祯末，流贼骧突走北京，别遣贼劫掠泽、潞，我公奋然曰：勿待彼来，当先往以折其锋。驰驱一昼夜，行达贼垒。贼率坐帐中，矛棘森立，钩镝挺露。我公从容晓譬天道人事、顺逆祸福之故，谓民实无辜，孽毋自作。左右趋前欲逼，贼率曰：此狂生，纵之去，且令与一箭为信，戒其党毋犯，我里恃以安。当明之季，急党朋，乱正邪，骋空言，略实效，而封疆之事不可问矣。我公不出，而任人家国事，以危楼撑拒数万之贼，以立谈摧挫群凶之气，行其义于一乡者如此，此可以论世而知人矣。①

从这段话的字里行间可以看出，陈昌期是以一方领袖去与农民军首领交涉的，交涉的真实内容不得而知，但肯定不会是去痛骂对方，甚至有可能做出某些允诺，做出一些交易，否则对方怎会轻易放他脱身，并且对曾经抗拒过起义军的地方"戒其党毋犯"呢？结果是"我里恃以安"，陈昌期是"行其义于一乡者"！尤其值得注意的是，陈廷敬在此有意批评了明末"骋空言，略实效"的空疏学风，强调士大夫的实际作用，即不需理会那些表面的道德文章，而应把理想落在具体的实处。像王阳明、吕坤这样的大儒，不仅不忽视学问之外的事功，而且事功从细微之处做起，这样才能达到天下大治。正如章潢所说的，这种努力"始于家邦，达于四海"，因此"乡乡皆然，县有不治乎！县县皆然，天下其有不太平乎！"②

本文以陈氏家族为例，涉及动荡时期地方士绅在乡里中的作用，一方面要说明，晚明以来经济的发展、社会流动的频繁、实学之

---

① （清）陈廷敬：《午亭文编》卷四三《百鹤阡表》，第619页下栏—620页上栏。

② （明）章潢：《图书编》卷九二《保甲乡约社仓社学总序》，《景印文渊阁四库全书》第971册，第775页上栏。

风悄然而起，使传统儒家士大夫将远大理想首先落实在稳定本社区的努力之中；另一方面要说明，在这种乡绅的凝聚主持之下，特别是在社会动荡的形势下，无论是乡里、村落还是家族，这样的“小共同体”具有相当的自我维系和调节能力。这并不等于说中国传统社会是以这种小共同体为本位的，也不是说后者的内部是和谐的，对外是封闭的，或者长期自治的，而是说，在明后期以来的中国社会，正是由于社会动荡的剧烈、变化的频繁，使地方士绅甚至最高统治者痛感维系基层社会稳定的必要，下层百姓也在某种情况下需要地方士绅的庇护。在两点上，地方士绅与地方百姓可能是认同的：一是地方性或地域性，当与其他地方出现对立或冲突的时候，“小共同体”内部的一致性就体现出来了；二是社会性，当国家与社会之间的张力增大时，“小共同体”作为民间社会的基本单元，也会表现出这种一致性，而这两种情形，都正是明清时期的重要历史特征①。

① 对于所谓“小共同体本位说”的批判，参见秦晖：《“大共同体本位”与传统中国社会（上）》，《社会学研究》1998 年第 5 期，第 12—21 页。他的批评就一般而论是正确的，但是忽略了许多不同时代、不同地域的复杂性。

试论陈确的忠节观*

陈确，字乾初，原名道永，字非玄，浙江海宁人，生于 1604 年（明万历三十二年），卒于 1677 年（清康熙十六年），为明代遗民之一。一般来说，所谓明遗民，就是在明朝取得了功名或者做了官，到入清之后则采取与清政府不合作的态度，如果不是参与抗清的具体活动，至少也绝不为清廷所用的那些人。陈确之家并非著名的望族海宁陈氏一支，虽世代业儒，但家境比较贫寒，主要凭借经营丝绸生意维持家庭和读书。他曾入县学，其间又因兄、父先后去世而辍学，在长兄的催促之下，直至 30 岁时才考中生员。但到清顺治四年（1647），他又申请放弃功名，取消他的儒籍，并改今名，从此终身不仕。从最严格的意义上说，他或可属于明遗民，但他的身份和经历又与当时的许多著名文人或达官显贵不同，因此，探讨他的忠节观念可作为了解明末清初一般知识分子心态的一个个案。

一、天崩地解的时代

明末清初是个天崩地解的时代。其间最引人注目的事件，就是清兵在与明朝交战 60 年之后，竟在迅速击溃大顺农民军之后，

* 本文发表于《史学月刊》1998 年第 3 期。

几乎兵不血刃地占领了大半个中国，直至1646年多尔衮再下剃发令之前，天下真有为清廷传檄而定的可能。以至朝鲜国王感叹说："岂有二百年礼义之天朝，一朝覆亡，而无一人死节之理乎？至如宋朝寄寓于岛屿之间，而犹有忠臣义士抗义树节者。""大明立国，最为正大，建文之时，死节者甚多，而今乃不然，良可怪也。"①这已经鲜明地提出了问题：传统儒学的忠节观念，在这样一个重要的时代，究竟还发挥着多大的作用？

对此，已有学者从论述清兵入关的文化背景入手，提出了自己的答案。他们认为，"清兵的顺利入关不仅是八旗武功的胜利，也是自皇太极以来锐意改革而形成的以儒学思想占统治地位的文化背景发挥积极作用的结果"。简言之，由于清统治者在入关前所做的一些汉化改革，特别是意识形态方面的汉化，缩短了满汉之间的文化差距，使清兵入关前后的作为比较符合汉族地主阶级的道德行为要求，因此没有引起激烈的抗拒②。在导致此情况的诸多因素中，这无疑是其中重要的一点，但"清兵入关"的文化背景并不只涉及关外的清政权这一个方面，它还必然包括明朝统治范围内的整个文化氛围，探讨此事件的文化背景，应该是当时整个中国的文化背景。只有对晚明以来的士人心态和社会风气进行深入的分析，才可能判断"千百年来一脉相承的传统思想观念，这时"是否"并未改变"。

对于明朝的官僚文人来说，儒家道德伦理规范的影响显然是巨大的，但从晚明以来，也的确出现了一股思想异端的潜流。王学后人如王艮、何心隐、李贽，以及陈白沙、徐渭等人强调个性、私欲

---

① 吴晗辑：《朝鲜李朝实录中的中国史料》上编卷五八，甲申十月丁丑条，北京：中华书局，1980年，第3736—3737页。

② 见张玉兴：《论清兵入关的文化背景》，《清史研究》1995年第4期，第1—9页。引文见第1页。

与狂放，实际上就是与传统道德规范背道而驰的；而在实学思潮的大背景下，在“王霸”或“义利”的问题上，主张“王霸并用”“义利双行”，实际上就是抬高“霸道”和“功利”的地位。这些思想虽说不占主流，但一方面必然对当时的部分知识分子的心态和行为产生影响，另一方面它们本身也必然是当时社会心态和行为的现实反映。众所周知，许多地方文献都指出明代正、嘉以后社会风俗大变，其主要的表现就是日趋奢靡，追求新奇，僭越等级，大悖礼教等等，这虽然一方面体现商业化背景下的新变化，另一方面体现传统社会末世的颓风，但无论出于什么动机，其共性在于对“利”和“欲”的承认甚至热衷，在于特立独行而非千篇一律。这些都极大地削弱了儒家传统道德规范在人们心中的地位及其对人们行为的约束力。所以，明末江南的“清流”党社虽然标榜气节，但其代表人物却都往往是不拘小节，放荡不羁，绝非那种“灭人欲”的道学先生，这就使他们在传统伦理道德规范的总框架之下，具有两个特点：一是对人生道路可以有自己的选择，二是对生命的爱惜。那个总框架与这两个特点是基本矛盾的，因此当时人的心态和行为也充满了矛盾：有人向前者倾斜一点，如陈子龙、夏允彝父子；有人向后者倾斜一点，如钱谦益、吴伟业；而黄宗羲等一大批明遗民则属于居中的一批人。

其实，就明朝内部而言，清兵入关的文化背景与李自成起义军自 1643 年之后势如破竹的文化背景基本类似。如果说清兵入关的顺利在于清统治者的文化汉化为北方汉族地主阶级的归附提供了前提，这却无法说明相当一批汉族地主阶级分子投降农民军的事实，因为后者并没有提供给他们一种可认同的思想文化。除了明末统治的腐败导致一批人对明朝的失望，希望新的更有生气的统治者取而代之的社会原因之外，通过魏裴德的分析，我们可以知道，相当一些北方地主官僚要考虑维护自己的家业，而多数投降官员比较年轻或刚刚进入宦途,则是考虑自己的前途刚刚开始①,无论如何,这些行为是出于对个人利益的优先考虑。如果从"好"的方面说,这是上述强调"功利"和欲望的大思想背景的产物;如果从"坏"的方面说,这是把个人利益置于道德规范之上、传统道德规范在关键的时刻退居次要地位的产物。像吴三桂、龚鼎孳等人都是典型的代表,然而他们的行为不仅为李自成,甚至也为清统治者所蔑视。

当然,在连番剧烈变动的时刻,明末清初官僚士绅的行为和态度是极为复杂多样的,既有杀身成仁、殉节保国的,也有迅速投降新朝的,即使在大量既不自杀也不出仕、采取中间态度的遗民当中,行为和态度也存在区别,比如吕留良和黄宗羲。而无论是哪种人,他们自身的思想和行为又都存在矛盾之处,绝非铁板一块。因此,对面临死亡和生存选择的人们进行深入具体的分析,既有助于理解当时的社会局势,也有助于对传统人生观念的探索。本文选择陈确的忠节观作为个案,就是出于这样的目的。

二、气节观

据陈敬璋编《乾初先生年表》②,陈确自顺治十六年开始,与他的朋友祝开美、吴仲木拜访并受业于刘宗周。刘宗周是浙东学术的先驱人物,既继承王学,又改造王学,在本体论上是理气统一论,试图调和唯物与唯心的矛盾;在认识论上是继承"知行合一"的"工夫与本体亦一";但在伦理道德观上又讲究修身诚意,强调存理灭欲,要"以收拾人心为本"。他作为明朝的进士和高级官员(曾为左

---

① 〔美〕魏裴德:《洪业——清朝开国史》,陈苏镇等译,南京:江苏人民出版社,1992年,第237—257页。

② (清)陈敬璋编:《乾初先生年表》,(清)陈确:《陈确集》,北京:中华书局,1979年,第19—41页。

都御史),在1645年夏绝食而死,完成了他对明朝的效忠。陈确作为刘宗周的学生,既在许多方面继承了老师的思想,又因个人地位的不同而在认识和行为表现出某些方面的不同。

就陈确一生的忠节观念而言,我们发现,他基本上还是相当重视气节的。张履祥曾记述说:"崇祯甲申之变,仗义死节者,一二十人而外,率皆污伪命者也。其弃职守逃窜者,犹为知廉耻事。弘光时,谋国者以军需不给,首行鬻爵令,甚至童生赴试者例纳银三两免郡县考。大江以南,每提学出巡,府库成市。海宁陈匪玄道永曰:'此输银就试之心,即异日迎贼献降之本也。父兄为子弟输银,必不欲子弟之立节义;子弟欲以是进取,必不愿以节义自勉。人心如此,天下复何幸乎!'"①张履祥是程朱之学的信徒,在道德规范方面相对保守,自然对陈确的这一方面表示推崇。他这段话一方面说明了当时节义观念的淡薄,另一方面则指出了陈确对忠节道义原则的态度。

好友兼同学祝渊(开美)与老师刘宗周在顺治二年先后自杀,给陈确以很大刺激。在《祭山阴刘先生文》中,陈确一方面对清兵渡江之后,人们纷纷降附表示不满,不明白"祖宗朝来深仁厚泽所休养之百姓,何以一旦至此",另一方面"窃意是时吾师必死"。而祝渊早已病重,这时"强起再缢而死"。对此,陈确表示十分惭愧:"独确懦不能死,又不能编名行伍,为国家效分寸之劳;又丁口田庐,伪官所辖,输租纳税,不异顺民:愧师友而忝所生甚矣。"②陈确虽然认为自己不能相随而死是因为懦弱或者是因为还有老母需要供养,但从他的记述中知道,他与上述两人的身份还不完全相同,因为刘曾在明廷任高官,而祝为举人,明末曾被逮入诏狱,明亡时

---

① (清)陈敬璋辑:《乾初先生遗事·张杨园先生履祥言行见闻录》,《陈确集》首卷,第41页。

② 《陈确集·文集》卷一三《祭文一·祭山阴刘先生文》,第307页。

正在北京，陈确则几乎是个布衣，与明统治者的君臣关系与后者不尽相同。

对于这二人的尽忠尽节，陈确解释说，甲申之变时刘宗周之所以未死，是因为“在籍，可未死”，就是说当时并没有在朝、并没有在“沦陷区”的人，可以不死；祝渊虽然在北京，但他是刘的学生，以颜回不死匡围，理由是“子在，何敢死”而也可以不死；到乙酉五月之变时，刘与祝都在籍，也没有死。直到“六月，征书及先生，先生死。剃发之令至吾宁，开美亦死”①。这似乎是说，无论明亡还是南明弘光政权灭亡，对于在野的人来说，并没有必死的需要，只要新朝不触动到个人，他们就可以作为遗民生存下来。所以，清人召用刘宗周，使他不得不死；而祝渊在北京经历了甲申之变，早已该尽忠，这时老师死了，他也就可以随之而去了。由此可见，明代恪守儒家道德原则的士大夫在王朝覆亡时表达节义的方式是因人而异的，这种原则甚至在某种程度上是可以变通的。当此之时，在朝的官员不死则为不忠，在野回籍者不论；当在野回籍者无法避免对旧朝不忠的前途时，他应该选择死亡以表忠节。

陈确对在明清之际死节的忠烈之士还都是十分敬仰的。祝渊去世之前曾立遗嘱说，“凡我子孙，冠婚丧祭，悉遵大明所定庶人之礼行之。不得读应举书，渔陶耕稼，听其所业，违者即以逆论。”对此，陈确作诗予以赞赏②。甲申时，都给事中吴麟征自杀，其兄一年后亦死，陈确也表示“二公虽死无遗憾，四海后生谁式型”③。同为刘宗周门人的彭期生明末为湖西兵备佥事，清初守赣州时城破自杀。他的两个亲信收拾彭的尸骨，不断托人将其送回老家浙江，后终有人受托辗转送其骸骨回家，不受报偿。对这些人的节义行为，

---

① 《陈确集·文集》卷一〇《序·辑祝子遗书序》，第 239 页。

② 《陈确集·诗集》卷七《七言律诗一·哭祝子开美》，第 745 页。

③ 《陈确集·诗集》卷七《七言律诗一·哭吴秋浦先生》，第 743 页。

陈确也表示“病夫闻之,泪数行下”①。

对于与此不甚相同的人和事,陈确也颇不以为然。在弘光朝的时候,士大夫对于投降李自成的官员,如魏学濂、周钟等人切齿痛恨,但对于后来又在清廷得意的陈名夏“则又莫不贤之,惟恐不得于名夏也”。陈确对于这种是非观念不敢苟同,故写了《柳柳州论》一文谈及自己的看法。他认为明崇祯末年的魏学濂、吴尔埙、周钟、陈名夏等人,与唐代的柳宗元、刘禹锡等人有些相像,是一些“文彩嚣浮之士”,“平时妄以功业相期,急难则以节义自负,胸气激昂,目无流辈”,“卒之从贼如骛,百口奚解”! 但奇怪的是,南明人对周钟等人不予原谅,对陈名夏却“天下莫不贤之”。他认为,如果使吴、魏等人与陈名夏易地而处,怎么知道他们的才干不如陈名夏呢? 因此绝不能以人的某一段行为来评价他的一生。所以柳宗元虽被贬斥,但他若“能稍屈意时贵,未必不如名夏之复振”,柳后来的行为还是无愧于一个君子的②。陈确一方面认为不能把降清看得比降闯好,另一方面认为魏学濂后来“悔恨而死”,吴尔埙后来“从史阁部同死王事”,还是挽回了一些晚节的,并不能因为投降过李自成而全盘否定,把他们看得比陈名夏还不如。

黄宗羲亦为江南名士,曾起兵抗清,在鲁王政权中为官,后以奉养母亲为由回到家乡。清廷屡召不赴,但却使子弟入京,并私下里与清朝官员(如汤斌、徐乾学等)等交往,这些行为也遭到一些朋友的非议。黄宗羲晚年对于遗民的认识是,“士之分亦止于不仕而已……是故种瓜卖卜,呼天抢地,纵酒祈死,穴垣通饮馔者,皆过而失中者也”③。这样,他把对明朝的效忠局限在明遗民的范围内,并

---

① 《陈确集·文集》卷九《记二·彭观民先生归骨记》,第226页。

② 《陈确集·文集》卷五《论·柳柳州论》,第165页。

③ (清)黄宗羲:《谢时符先生墓志铭》。转引自庄严:《黄宗羲的华夷之辨和他的学人生涯》,吴光主编:《黄宗羲论——国际黄宗羲学术讨论会论文集》,杭州:浙江古籍出版社,1987年,第373页。

不影响其子弟学生的行为；其次，他把明遗民的效忠局限在“不仕”，而不排斥与新朝其他形式的接触。这与当时许多遗民的做法是有区别的。

陈确对自己的这个同乡兼同门的做法当然也有自己的态度。他写了《使子弟出试议》一文，不点名地对黄的做法提出质疑。他认为，父兄子弟应该是一样的，要可以出试就都可以，要不可以就都不可以。如果说是因为怕子弟废学而令其出试，那不过是借口而已。子弟废学，是因为父兄废学在前，不靠父兄的努力作榜样，而以出试为激励，是一种不正确的做法。如果说子弟是贤者，才高欲出，无法禁止，更说不过去。因为贤者为学，并不会急于出试；另外才高欲出的不能禁止，不肖畏学不欲出的必可禁止，那么就全都是要出试而没有不出试的了。所以应该根据是否正确来引导，而不能随子弟想如何就如何。然而，陈确对黄宗羲的批评仅止此耳，他的观点虽与黄不同，却又与吕留良等人不同。他认为，“以我之心待世俗而谤其出试，必不可；以世俗之心待我子弟而趣其出试，亦不可”①。意思是，我不一定要批评人们让子弟出试的行为，但人们也不能强迫我的子弟出试，双方应该保持一种宽容。

为了说明自己的态度，他又进一步写了《出处同异议》一文。在文章中，他认为现在出与不出的人都不少，但许多都是随大流，出仕的人未必有出仕之志，不出仕的人也未必有不出仕之志。出仕之志与不出仕之志实质上又是一回事，出仕与不出仕不过是多这么一件事和少这么一件事而已，两者在完成他们的心愿之后都是死。为什么都是死呢？对于出仕者来说，必须对主尽忠为廉，主子指到哪里就打到哪里，形势千变万化，不死能行吗？如果你不这么做，那又何必出仕呢？对于不出仕者来说，也许不至于立即因困

---

① 《陈确集·文集》卷六《议一·使子弟出试议》，第172—173页。

辱穷饿而死,但迟早要有这样的下场,如果千方百计避免如此,那又何必不出仕呢?所以如果终身以道德规范要求自己,出与不出实在没有什么区别①。

从陈确的思想整体来看,他对于尽忠尽节的忠臣义士还是十分敬仰的,对于朝三暮四的变节之人还是十分蔑视的,但他对自己的行为却毫不后悔,赞同以某种方式保持气节,却并不见得要以死来证明气节的态度。对在气节问题上的不同表现,他也做出了程度上的区分,并非一概而论。他认为,死与不死者相差很多;不死而逃归与不死而投降农民军者相差很多;不死而投降农民军,农民军失败而归,归而参加抗清失败而死者,与投降农民军后逃归,以后又畏死复逃,不再降农民军即降清者,相差很多;投降农民军后逃归,以后又畏死复逃者,与投降农民军后逃归,但仍然以士君子自居,甚至希望恢复原官,享受着高官厚禄而恬不知耻者,也相差很多;经历了甲申之变而未能死,曾投降农民军,回来后复为大官者,与侥幸不在生死之列,身名俱全,俨然以中兴之臣自居,但行为之卑鄙超越前人者,又相差很多②。他的看法是,在面临生死考验时保持气节当然值得崇敬,但在没有死节的人中也有各种不同,那些没有面临生死考验,但行为很糟的人甚至更坏。因此对于陈确来说,面临生死考验时是否以死体现气节,并不是唯一绝对的评判标准。

三、死节观

陈确的忠节观念当然不只是停留在对具体的人、事进行评价褒贬的地步,他还从更深的理论层面提出了自己的认识根据。他

① 《陈确集·文集》卷六《议一·出处同异论》,第173—174页。

② 《陈确集·文集》卷一五《疏·众议建吴磊庵先生祠疏》,第369页。

以为,根据儒家思想,节义和文章是并重的,但两者往往不能得兼,因此讲节义的为志士,讲文章的为俗士。但他根据自己的体验,觉得生死问题容易解决,并不值得害怕,但他在文章方面却经常遇到困难,因此认为说节义难而文章易,并不见得正确①。这似乎暗示,他之所以不死,并非怕死,而是因担负着道义文章方面的任务而不能死。在这一点上,他与黄宗羲的想法是很接近的。

清顺治二年六月以后,剃发令再下,所谓"留头不留发,留发不留头",陈确也面临着留发与留头的生死选择问题。他在次年以给先父祭文的形式,表达了自己的想法。他说,以不剃发而死,正是死得其所。但是近来见到因未剃发而被抓的人,并不被杀掉,而是被侮辱一番之后再行剃发。这样的话,遭受侮辱却又不能实现因此而死的志愿,就算是事后自杀,也不能免掉遭受侮辱和伤害父母的罪孽,所以也在考虑"变计从俗"。如果有人说,你为何不事先就死呢?原因是"母在不忍也"。所以现在的办法是尽量躲藏起来,如果万一被发现而抓起来杀掉,就可以无愧于心,但无故先自杀,抛弃了母亲,这似乎也不对②。出于尽孝的目的而把忠节的问题暂时搁置,这与黄宗羲的做法也很一致,而与"自古忠孝不能两全"、把忠节放在首位的传统做法存在一定距离。

在此基础上,陈确写了《死节论》等文章,全面论述了自己在这个问题上的看法。他认为,"死合于义之为节,不然,则罔死耳,非节也"。人不能随便生,也不能随便死。孔子讲杀身成仁,孟子讲舍生取义,但未成仁未取义时,死就是匹夫之勇。这样,判断死是否忠节,就要看是否成仁取义,看这个仁、义究竟是什么。陈确说,以上古为例,比干是纣杀死的,如果不被杀,他恐怕还是要活到周朝。伯夷、叔齐"可谓真节义矣。然二子之义只在穷饿,节如是止

① 《陈确集·文集》卷九《记二·述梦记》,第216—217页。

② 《陈确集·文集》卷一三《祭文一·告先府君文》,第310—311页。

矣,不必沾沾一死之为快也”。“以二子之义,即优游西山之下,竟以寿终,已大义凛然,照耀千古,何必死!”他认为,后代说这二人是饿死的,不过是根据传闻的臆测之辞,其实就是穷困的意思,不足以为据。他们在武王伐纣的时候,年纪已经很大了,“天下而无不死之人,夷、齐安得独不死,只不是饿死耳”。

陈确认为,正是因为后世不明白这个道理,所以那些好名之士投水、上吊、服毒、自刎,子殉父,妻殉夫,士殉友,不管是非,“惟一死之为快”。甚至未嫁之女殉夫,不认识的朋友闻声而死,“亏礼伤化,莫过于此”。特别是靖难之役以后,方孝孺、练子宁等为了一个人的名声,九族都受到株连,没有什么道理。而甲申以来死的人更多,这并不是不义,但“非义之义,大人勿为”。人的好坏,可以根据一生来判断,现在无论好坏,最后以一死而“同登节义”,所以“浊乱无纪未有若死节一案者”。陈确的这种观点,实际上是对宋儒“饿死事极小,失节事极大”的说教、对宋以来盛行的殉节风气的尖锐批判,与正统的伦理道德观念大唱反调。

陈确对当时的死节现象进一步做了分析。他认为这其中有死事,有死义,有死愤,有不得不死,有不必死而死。如果拿无愧于古人来衡量,一百人里也没有一二人。他问道:做到忠,是否就是仁呢?如果不能回答这个问题,又怎么能随便说杀身成仁呢?如果真是成了仁,我可以说那就是节,如果没有成仁,就是杀了身,也不能说他是节。所以节不能过,也不能不及,所谓“中节谓之和”。他的结论是:“君子且不可苟死,况可苟生!不苟贫贱死,况苟富贵生!君子之于生,无所苟而已。……死生者,贫贱富贵之推也;贫贱富贵者,一终食之积也。终食且不可违,况贫贱富贵乎!况生死乎!”①这样,他就把死与节之间的“必然”联系切断了,否定了死是

① 《陈确集·文集》卷五《论·死节论》,第152—155页。

节的最终表现形式，不仅肯定了在这样的时刻活着也可能实现“节”的追求，为明遗民继续生存于新朝提供了理论基础，而且对许多以死求节的行为进行了否定。

陈确认为，生死都应遵循自然的规律，“夫人有生必有死，死终化为朽壤，此自然之理，何容私意于其间！”那些愚昧的人喜欢生而讨厌死，活着的时候到处求神拜佛，死了以后希望用各种形式来使其复生于来世，这当然为有识之士耻笑；但那些所谓贤者反其道而行之，“生期速死，死期速朽”，也违反自然之理，所以佛教讲究火化，是非常不对的①。他主张不要因为什么特殊的原因刻意求生或者刻意求死，应该随其自然。他的一个朋友为明代举人，入清后以家贫母老而出任教谕，并死在任上。有人为此对他颇有微词，但陈确却不以为然，认为“幼安虽出，而其所不出者固在也；则幼安虽死，而其所不死者固在也”②，所以人的道德如何不完全由其一时的行为所判断。

陈确的这种生死观念或者死节观念，还引申出他对子女孝道问题和妇女贞节问题的看法。他认为，人们对孟子强调送死甚于养生的理解失之偏颇。因为对于父母来说，子女在养生上多下功夫是“父母切实受用处”，而送死的关键在于子女发自真心，究竟做得怎样，父母是根本不知道的了。“语云‘椎牛而飨墓，不若鸡豚之逮存’，此最伤心之言。”他的看法是：“人子之于父母，非求名声之地。”③这种重生不重死、不重表面文章而重实际内容的观念是与他的死节观念前后一致的。关于妇女节烈问题，他认为是“非正”。他说烈妇守节就可以了，何必要殉死呢？原因还是在好名。妇女在丈夫死以后，应该好好奉养老人，教育子女成人，尽量经营好家

① 《陈确集·文集》卷一五《答问·答龛化疑问》，第372—373页。

② 《陈确集·文集》卷一三《祭文一·哭孙幼安文》，第320—321页。

③ 《陈确集·文集》卷五《论·养生送死论上》《养生送死论下》，第155—158页。

业，处理好家庭矛盾，这才是真正的烈妇。他认为，"夫速死之与忍死，其是非难易皆什伯，而士往往舍此而予彼。甚矣，人心之好异！"①他赞扬能忍受生活的艰难、活下来抚养子女成人的妇女，而不认同那些殉夫的妇女。尽管他并不赞成改嫁，但却反对妇女以死节来表示她们对丈夫的忠诚，这与他不赞成官绅之投降新朝，却反对他们动辄以死来作为效忠旧朝的唯一尺度，是完全一样的。

陈确家世并不十分显赫，家境比较贫寒，自己也没有得到很高的功名，作为学者，在当时也不是非常知名。但黄宗羲对他还是比较推崇，认为刘宗周的门下，"知其学者亦绝少"，但陈确却"于先师之学十得之四五"②。后世学者也都认同他为理学名家。这样一个人对传统儒家的忠节观念当然不会彻底背弃，但却大胆地加以改造，特别是抨击了把死与忠节联系在一起的观念与行为，所以黄宗羲说他"凡不合于心者，虽先儒已有成就，亦不肯随声附合，遂多惊世骇俗之论"③。在许多方面连黄宗羲也不能同意。这样一个知识分子在明清交替之际具有这样的忠节观，与明清之际思想界的整个状况有着密切联系，由此，我们也可以对一般知识分子甚至普通百姓在这个问题上的态度有所了解。无论他们的出发点如何，这样一种态度显然对清兵入关及其南下的进程产生了相当的影响，因而全面考察明清之际的思想文化背景是十分必要的。

---

① 见《陈确集·文集》卷一二《传·俞母徐硕人传》，第 298—299 页；卷一二《传·鲍节妇传》，第 300—301 页；卷一七《书后·书�节朱母状后》，第 393—395 页；卷一七《书后·书潘烈妇碑文后》，第 395—396 页。

② （清）黄宗羲：《陈乾初先生墓志铭》，《陈确集》卷首，第 4 页。

③ 同上书，第 3 页。

区域社会史视野中的明清泽潞州商人*

——兼及晋商研究的新思路

关于泽潞商人,明代沈思孝《晋录》里的描述最为出名,广为研究者征引:"平阳、泽、潞,豪商大贾甲天下,非数十万不称富,其居室之法善也。"①傅衣凌先生在1956年出版的《明清时代商人及商业资本》一书,也专门提及此段材料,但未及深述②。近20年来晋商研究成果迭出,国外如寺田隆信的《山西商人研究》(中译本1986年),国内如张正明的《晋商兴衰史》(1995年)等专著及大量论文,也论及蒲州王氏、张氏及平阳亢氏,唯对泽潞商人研究略少。特别是近年来研究尤集中于晋中票商,颇有以后者为晋商代表之趋势,仿佛明代出自泽州(今晋城)、潞州(今长治)并十分活跃的商人群,并未有较大影响的活动、对地方社会和周边地区发挥作用,入清以后则更是消失得无影无踪。本文试图探究明清时期泽潞商人的经商活动,以及在商业化之下泽潞地方社会的演变,并在此基础上对目前的晋商研究进行反思。

---

* 本文是与杜正贞合作撰写的,她做了本文工作的主要部分。全文的主要内容发表于《史学月刊》2006年第10期。

① (明)沈思孝:《晋录》,王云五主编:《丛书集成初编》第3143册,据《学海类编》本排印,上海:商务印书馆,1936年,第3页。

② 傅衣凌:《明清时代商人及商业资本》,北京:人民出版社,1956年,第27页。

一、何为泽潞商人

泽潞商人是指山西东南部的泽州和潞州一带借经营盐铁、丝绸等物起家的商人群体。这一地区东有太行，南有王屋，属山地丘陵地带，虽有漳水、沁水、丹水等在山谷间流过，但长年干旱少雨，仍非宜农地区。在明代，山西南部商人的实力和数量大大超过在清代以后闻名天下的晋中、晋北商人，与这样一种区域环境有着密切的关系。

明清时期泽、潞有大量的人以工商为业，这在当时的地方文献中有很多直接的记载。潞安府："余按潞郡八邑，古号上党，以俗勤俭，人多逐末。"①泽州："第其土不甚沃，高岗多而原隰少，人口废居逐末作，而荒于耒耜。"②这些都说明商业在明清时期的地方经济和民生中占有重要的地位。关于当地人经商发家的记载不胜枚举，如：

> 周伦，潞州人。父经商客死郸县，其遗赀悉付伦。经营五十年，弟妹十余人，子侄十余人，皆为之婚嫁。③

> 宋良弼，耆民也。道光中，贾于洛阳，值岁饥，土人多鬻田他徙，良弼亦以贱值得膏腴田数百亩。④

---

① 《重修熨斗台庙记》，张正明、科大卫主编：《明清山西碑刻资料选》，太原：山西人民出版社，2005年，第537页。

② （明）傅淑训修，阎期寿等纂，郑际明等续修：万历《泽州志》卷七《籍赋志》，国家图书馆藏明万历三十五年修三十九年续修刻本胶片，叶1a。

③ 长治市地方志办公室整理：顺治《潞安府志》（顺治版・乾隆版）卷一三《义士》，北京：中华书局，2002年，第304页。

④ （清）李桢、马鉴修：光绪《长治县志》卷六《列传・宋良弼》，《中国地方志集成・山西府县志辑》第29册，影印清光绪刻本，南京：凤凰出版社，2005年，第287页上栏。

李长庚，邑人，贸易樊口。三藩之叛，潞城陈度以父殉难庐陵，往寻遗骸，仆中途盗赀遁。度丐而前进，适与长庚遇，得其状，哀之，赠以囊金，度赖以扶柩归。①

（张相，明中叶高平凤和村人）方弱冠，悉综家政，从心贸易，不殚昕夕，操舍畸赢，节缩浮费，百需俱足，家用益饶。……尝客游于河南归德间，日勤生殖。②

（卢承宗，明中叶阳城郭峪人）公即操赀客晋城间，持筹握算，用佐先生业。……即又操赀游大梁间，用白圭术，人弃我取，人取我予，时日隆隆起焉。③

像我们在徽州看到的情况类似，这里关于节妇、烈女的记载也多与经商有关，如：

郭运昌妻董氏，运昌贸易于外，氏竭力孝养翁姑，备极甘旨，糟糠自餍，及翁姑殁，治丧营葬，一力支持，遇祭祀必诚必竭。卒年八十二岁。其孝敬始终无间，县令吴以“跃鲤回风”额旌之。④

陈浩之妻宋氏贫，纺织度日，浩之商贩于外，十数年不归，母丧明，宋侍养廿年，曲尽妇道。⑤

王氏，潞州人，翁志、夫景俱客死郸县。王年才二十四，闻讣几痛绝，觅人归二丧。长子伦方数岁，次子备遗腹生。二子

① 光绪《长治县志》卷六《列传·李长庚》，第278页。

② （明）毕鼎穆：《明故处士东麓张公配秦氏合葬墓志铭》，《高平金石志》编纂委员会编：《高平金石志》，北京：中华书局，2004年，第432页。

③ （明）张纯：《明诰封承务郎近泉卢公配望凤乡君合葬墓志铭》，《古村郭峪碑文集》编辑委员会编：《古村郭峪碑文集》，北京：中华书局，2005年，第201—202页。

④ 乾隆《潞安府志》卷二六《列女下》，第1031页。

⑤ 光绪《长治县志》卷七《列女传》，第357页下栏。

稍长,括遗赀使治商贾,家遂裕。性好施。……守节四十余年,以寿终。①

贾氏,长治人,王世光妻,世光商于燕,客死。贾年二十四岁,遗孤进履,甫二龄,卒抚以有成,孀居四十八年,以寿终。②

王氏,长治人,适张师孔为继室,师孔故,遗母姜氏,年已七十矣。王佐以女工,养姑至八十八岁而卒。师孔复遗前妻幼子纪,甫十三岁,氏恩勤抚育,赖以成立,遂以货殖成素封。享年七十七岁而卒。③

甚至地方官府也不能不为此地经商风气所影响,他们更多地从保护或顺应当地商业利益的需要出发,尽可能地减少官府对商业发展的干扰,如:

麻永吉,浙江庆阳人,进士,万历间潞安知府。性长厚,为治主于不扰。尝易二绸,既而悔曰:价虽售,恐开取用例。仍还之,六年市肆不知供应。升本省副使。④

丁惟宁,字少滨,诸城人,进士。嘉靖末知县,县宜桑,人多以织绸为业,往时上官来取,差役需索无已,民病之,惟宁独力为裁抑,不少徇行。取御史,官至副使,祀名宦。⑤

大量关于区域商业发展和商人致富的记载,说明明清甚至在更长的时段中,泽、潞地区的确是一个不同于许多地方的商业发达区,但作为一个有别于其他区域性商人群体的人群,泽潞商人必然有自己的某些区域性特点。关于晋商的研究一般认为,山西商人

① 顺治《潞安府志》卷一三《列女》,第311页。
② 同上。
③ 同上书,第316页。
④ 乾隆《潞安府志》卷一七《名宦》,第768页。
⑤ 光绪《长治县志》卷七《循政传》,第317页下栏。

的形成与明代实行的开中法有密切的关系：山西商人利用地理上接近北边辽东、宣府、延绥等地的优势，开展粮食和食盐的贸易，积累大量的资金，在明清两代全国的商业市场尤其是食盐贸易上，与新安商人一争高下①。泽潞商人的兴起应该也与长期以来特别是自明代以来的食盐贸易有关。但是，这里商人的发展，还有着更多的因素。

首先是经商的长期传统："上党山高地狭，自昔宜于畜牧，相传猗顿得五牸之说，就牧于此起家，与陶朱齐名。……元李植，尚书惟馨之族子也，亦以谷粮牛马富甲诸州。"②其次，商人在河东盐的经营上赢利，由来已久。"后孙阳上太行，见骥服盐车于羊肠之坂，则从古以来，上党食河东之盐矣。"③据说唐玄宗之前，由于朝廷重农抑商的缘故，河东盐池为"群族自占，筑庐环之。……皇家不赋，百三十载"。到这时因为国家财政困难，所以要"以权合经，以货聚众"，规定的销盐范围是，"度土定食，止于中州。济于横汾，爰距陇坂。东下京郑，而抵于宛。艘连其樯，辇击其毂。终岁所入，二百千万"④。宋明道二年(1033)《皇宋放商盐颂并序》中说，朝廷商量如何经营盐业，群臣"佥以放商为便"，于是"细□巨贾，云屯栉比……官□惟一，商获其倍"⑤。此时都城在踞河东不远的河南开封，河东盐向这里转运之量当不在小，泽潞商人从那时起开始崭露头角，应不出意外。据雍正《长芦盐法志》记载，明初长芦运司分五

---

① 参见寺田隆信：《山西商人研究》，太原：山西人民出版社，1986年；张正明：《晋商兴衰史》，太原：山西古籍出版社，1995年等。

② 顺治《潞安府志》卷一《物产》，第51页。

③ 顺治《潞安府志》卷九《盐法》，第190页。

④ 《大唐河东盐池灵庆公神祠颂并序》，南风化工集团股份有限公司编：《河东盐池碑汇》，太原：山西古籍出版社，2000年，第6—7页。

⑤ 《皇宋放商盐颂并序》，南风化工集团股份有限公司编：《河东盐池碑汇》，第20—21页。

大“商纲”，其中一纲即为“泽潞之纲”①，与徽州、晋中、晋南等地的盐商相区别。这恐怕是后来泽潞商人被称为一个地方性商帮的体现。

泽潞商人因经营有道而闻名，一个重要的因素是他们处在河东盐及本地物资向东南转输的运道之上，这里几乎是从陕西和晋南向河南及以东以南运输的必经之路，也是与以北的太原连接的重要通道。1958年在垣曲发现的一个宋代称盐的石砣上，说“今为自来雇发含口、垣曲两处盐货，沿路□（轝）户，多端偷取斤两……”②含口属盐池以北的闻喜，垣曲则地近泽州的阳城，说明宋代河东盐向北向东的基本走向。清初大学士陈廷敬曾说，泽州这个地方“据中州上游，山险而峻，水瀑而陡，居民往来，商旅辐辏”，而所属陵川县道路虽更加险峻，但却是“上党以南与中州山左，商旅往来，必由于此”③。乾隆时陵川县令陈封舜说得更具体：“怀在其南，卫在其东，彰在其东北，居人往来，商贩辐辏，莫不经石脊绝巘、猿投峻壑之区。所恃一线羊肠，惊心怵目以达之耳。尤冲要者，自邑之八犊岭，至辉之薄壁镇，或通获嘉、修武，或达淇卫、汴梁，或历彰德以通山左。凡潞、泽两郡，自西北而来者，熙熙攘攘，莫不由之，岂可令人叹悬度之厄乎？”④这里的人居于运道之上，有可能从营运人手，成为产地和销地之间的中间环节。因此，“居间贸易”一度成为泽潞商人的经营特色之一。

当然，泽潞商人被外人看作一个独特的商人群体，不仅在于其商业经营的特点，还在于泽潞地区本身就是一个相对独立的地

---

① （清）段如蕙等纂修：雍正《新修长芦盐法志》卷二《商纲》，吴相湘主编：“中国史学丛书”第42种，影印台北“中央图书馆”藏清雍正刻本，台北：学生书局，1966年，第112页。

② 《垣曲县店下样》，《河东盐池碑汇》，第24页。

③ 《创修孙公峪新路记》，《明清山西碑刻资料选》，第31页。

④ 《补修东南路记》，《明清山西碑刻资料选》，第33页。

理—文化区域,文献上就常以“泽、潞”或“潞、泽”连称。以泽州地区而论,由炎帝、成汤、二仙、白龙等构成了主要几个区域性村社系统,其影响甚至达到了豫西北地区,此处不赘论。这样一种区域文化又由于地方性会馆的出现而得到加强,如洛阳老城中既有山陕会馆,也有潞泽会馆,以晋东南一地在洛阳的商人组织与山西、陕西各地的组织并立,说明泽潞商人在这个地区的独特地位。在该会馆中所遗《建关帝庙泽潞众商布施碑记》中,提到有棉布商48家、布店商38家,杂货商14家,铁商5家,广货商12家,扪布坊46家,油坊57家等共同参与其事,可知清代中期其经营的主要领域和实力。另有《老税数目碑志》则记载了清嘉庆时泽潞商人联合请求当地官府减少梭布税收之事。

那么,泽潞商人究竟是在怎样的历史情境下发展起来的呢?

二、明清泽潞商人及其活动

在明代以前,泽、潞地区的一些村庄就以经商闻名,例如我们在晋城黄头村所见的一块元代的碑刻中就说:“水东管里社曰黄头,聚落百家,务本之余,多从商贾,优游丰备。”①但对这些元代商人经商活动的具体情形及他们经营商品的种类、路线和方式,目前还没有太多材料可以具体说明。泽潞商人的兴起虽与开中法和食盐贸易有一定关系,但与晋南商人相比,泽潞商人的经商仍然带有强烈的地区特色。他们的商业活动与本土的手工业发展,尤其是与制铁业的发展有密切关系,潞绸也在一段时间内成为当地商人的主要贩卖货品。顺治《潞安府志》中就说:“上党居万山之中,商贾罕至,且土瘠民贫,所产无几,其奔走什一者,独铁与绸耳。”②

---

① 元至治二年《创建三灵侯碑记》,碑在晋城黄头村移风寺。

② 顺治《潞安府志》卷一《物产》,第51页。

泽、潞各地都有铁矿分布，如阳城“县地皆山，自前世已有矿穴，采铅、锡、铁”①，“史山，县东北三十里，产铁矿”②。陵川牛金山“其山出铁矿煤炭”③。两地产铁的历史也很悠久，《隋书·百官志》记载，北齐在今天阳城固隆乡白涧村设有冶铁局，委有专门的官吏，是北齐的七大冶铁局之一。唐代的潞安府发展为各种铁货的集散地④。宋代山西的冶铁中心是交城的大通监，泽州的大广冶也是产铁区。在1004年，河东转运使陈尧佐奏“减泽州大广冶铁课”⑤，同时泽州还铸造北宋铁钱。庆历六年（1046），泽州知州李昭遘，因“阳城冶铸铁钱，民冒山险输矿炭，苦其役，为奏罢铸钱”⑥。关于金代泽州冶铁的记载较少。到了元代，元武宗至大元年（1308）设立河东提举司掌管河东路的八处铁冶，其一为益国冶，就在泽州高平县西北十里的王降村。洪武永乐年间，益国冶是全国十三个冶铁所之一，年产铁50万斤左右。在洪武年间对冶铁实行了短暂的官方控制以后，明政府最终允许民间自由冶炼，促进了民营制铁业的发展。尤其泽州阳城在整个山西制铁业中占有显著的地位。成化十二年（1476）《山西通志》卷六《物产》记载：山西很多地方产铁，但“惟阳城尤广”。

阳城明代中叶制铁业的兴盛从白巷、润城等村镇的记载中可以窥见一斑。阳城东北部的白巷里原名黑松沟，因为居民冶铁致富，砍光松树修房屋，所以改名白巷里。又因为上中下三庄连成一

① （清）杨善庆修，田懋纂：乾隆《阳城县志》卷四《物产》，《中国方志集成·山西府县志辑》第38册，影印清乾隆刻本，南京：凤凰出版社，2004年，第52页下栏。

② （清）项龙章修纂：康熙《阳城县志》卷一《山川》，清康熙二十六年（1687）刻本，叶13a。

③ （清）李桢修纂：光绪《陵川县志》卷四《山川》，清光绪八年（1882）刻本，叶9a。

④ 乔志强：《山西制铁史》，太原：山西人民出版社，1978年，第7页。

⑤ （元）脱脱等撰：《宋史》卷二八四《陈尧佐传》，北京：中华书局，1977年，第9582页。

⑥ （元）脱脱等撰：《宋史》卷二六五《李昭遘传》，第9145页。

片,白天铁炉相望,夜间火光烛天,人称火龙沟①。明正德七年,刘六、刘七反,“至阳城县东白巷等村,民以铁锅排列衢巷,登屋用瓦击之,贼不能入,引去”②。白巷里东面的润城镇原名“老槐树”,后来因为铁业兴旺,而改称“铁冶镇”,最后因为要振作文风,在明代万历年间才取名为现在的“润城”。筑于晚明的润城砥洎城,城墙内壁用成千上万个炼铁的坩埚砌成,所以又称“坩埚城”。这些大量出产的铁器大都是通过泽潞商人运销外地的。

在明代中期的记载中,铁和盐就成为泽潞商人最重要的两种商品。万历《泽州志》记载说:“逐末者多富商大贾,或滞财役贫,冶铸煮盐,家累巨万而不置立锥之地。”③这样的记载在晚明不止一处,“州介万山中,枉得泽名,田故无多,虽丰年人日食不足二鬴。高赀贾人,冶铸盐荚,曾不名尺寸田”④。尤其是本地出产的铁与河东盐池出产的盐之间的贸易,是泽潞商人获利最多的经营之一。天顺四年(1460)十一月,朝廷曾定河东纳铁中盐之法,先是巡抚山西都御史马文升奏请:“陕西都司所属四十卫所岁造军器用熟铁三十一万四千

润城的“坩埚城”

---

① 山西省阳城县政协文史资料研究委员会编印:《阳城文史资料》第4辑,1990年,第60页。

② (清)朱樟编,晋城市地方志办公室整理:雍正《泽州府志》卷四九《纪事》,太原:山西古籍出版社,2001年,第1178页。

③ 万历《泽州志》卷七《徭役》,叶5a。

④ (明)李维桢:《〈泽州志〉序》,万历《泽州志·序》,叶5b—6a。

余斤,又各边不时奏乞补造,动取一二十万,俱派取民间,多毁农器充纳,深为民害。访得山西阳城县产铁甚贱,而河东盐不费煎熬,往年泽州人每以铁一百斤,至曲沃县易盐二百斤,以此陕西铁价稍贱,因添设巡盐御史,私盐不行,熟铁愈贵,乞以盐课五十万引,中铁五百万斤,俱于安邑县上纳,运至藩库收贮支销,诏从之。"[①]这段材料说明,从明初开始,在泽州和晋南各县之间,就有频繁、大量的以铁换盐的私盐贸易。天顺年间,国家为了解决陕西各卫所的用铁,也是为了杜绝私盐的买卖,而制定出以铁中盐的方法。天顺五年,陕西总兵奏请从阳城运10万斤铁至陕西,以后每年运5万斤于曲沃县,由陕西布政司派人领取,储库备用[②]。后因5万斤不够使用,成化九年又奏请"以盐课五十万引,令阳城中铁五百万斤,于安邑县上纳,由陕西布政司运库收贮支用"[③]。这种因为官府需要而举行的以铁中盐看起来是一些临时性的措施,但是它却反映出在两地之间长期存在的盐铁贸易的关系。

在明代,泽、潞一些著名的大商人,都是通过盐、铁贸易发家的。明末阳城王重新专门经营长芦盐和阳城铁货之间的贸易,"七岁而孤,年十四即挈父遗橐行贾长芦、天津间,俯拾仰取,不数载遂至不訾。因不复身贾,其所用人无虑千数百指,皆谨奉诫无敢欺,所著《货殖则训》甚具"[④]。明末高平唐安里人冯春"弃书,综米盐粟帛之事。公饶心计,权子母,征贵贱,仍遣鬻盐铁于瀛沧之间。

---

① (清)嵇璜、曹仁虎等修纂:《钦定续文献通考》卷二〇,《景印文渊阁四库全书》第626册,台北:台湾商务印书馆有限公司,1986年,第473页。

② 《明英宗实录》卷三二九,天顺五年六月丁酉条,台北:历史语言研究所校印,1962—1966年,第6774页。

③ 《明宪宗实录》卷一二二,第2352—2353页。

④ (清)白胤谦:《清故太学生碧山王公暨元配曹孺人合葬墓志铭》,《古村郭峪碑文集》,第237页。

不数载，赀渐裕"①。南方淮扬地区亦有泽潞商人的身影，"山西泽州李君藁商于扬……李君事鹾此邦有年，而履其福着数矣"②。除了获得官府许可的食盐贸易以外，私盐的盗贩盗运亦屡禁不绝，"近见潞、泽等处人民，贫难度日，每挑负私盐，以图易米，多者二三十觔，少者十余觔、四五觔不等，行至卑县地方，多被商人、巡役盘获"③。太行山间的小道即为这种贸易提供了快捷方式，官方称这些道路为"人迹仅通，盐枭出没、礦匪窜伏之所"④。但到清代，泽潞商人在食盐贸易中的地位迅速被徽商超越，日益走向边缘化。沁水端氏镇贾氏先人"以世营盐业居金陵，称大贾，后值业务疲滞，始迁安徽怀远属之岱山铺，置田产，颇营他业，再迁河南睢州，营业盖日就衰落矣"⑤。他们的命运，见证了最后一批泽州盐商的衰落，即他们从当时盐业贸易的中心地区一步一步向北方家乡撤退的过程。也许正是因为如此，我们在清中期以后大量的碑刻材料中看到，泽潞商人的商号大都集中在河南、河北的市镇中，有关盐业贸易的记载也日益稀少。

泽潞地区另一种重要的商品丝绸生产的衰败大约发生在明末清初。在明代闻名全国的潞绸主要出产于潞州的长治县和泽州的

---

① （明）张养蒙：《封文林郎直隶河间府任邱县知县环溪冯公暨元配苏孺人继配杨孺人合葬墓志铭》，司昌龄：《泫志拾遗》卷三，乾隆抄本。转引自《高平金石志》，第437页。

② （明）金献民：《重修司徒庙记》，（清）赵之壁编纂：《平山堂图志》卷八《艺文》，《中国方志丛书·华中地方》第401号，影印清乾隆刻光绪重印本，台北：成文出版社有限公司，1983年，第333—334页。

③ （清）秦丙煃修，李畴纂：光绪《沁水县志》卷一一《艺文上·文告》，清光绪七年刻本，叶18a。

④ （清）林荔修、姚学甲纂：乾隆《凤台县志》卷三《关隘》，《中国地方志集成·山西府县志辑》第37册，影印清乾隆刻本，第63页上栏。

⑤ 贾景德：《沁水贾氏茔庙石刻文稿·清貤赠朝议大夫高祖王父廷彦贾府君墓表》，沈云龙主编：《近代中国史料丛刊》第76辑，台北：文海出版社有限公司，1972年，第9页。

高平县。顺治《潞安府志》记载：

> 至于绸，在昔殷盛时其登机鸣杼者，奚啻数千家，彼时物力全盛，海内殷富，贡篚互市外，舟车辐辏者转输于省直，流衍于外夷，号称利薮。其机则九千余张，分为六班七十二号，即间有尺符征取，如捐碎璧于宝山，分零玑于瑶海，易易耳。乃兵火凶荒，机户零落殆尽，明末尚有二千余张，至国朝止存三百有奇。截长补短，分为十五号，内尚拼牙行一号，丝行一号，净止十三号耳。况百物凋耗，丝价几倍于当年，工料俱踊，价既不能增，则为者何利？不得不减料，遂渐趋于薄恶，堆积难售，货死于市，名随机转，欲徙业而不能，赔累均摊不因贫而少减。以三百之机而抵九千之役，以十三号之力而支七十二号之行。譬如两砖相磨而薄者先穴，又如井浅汲紧涸可立待。嗟乎，皮骨仅存，何堪悉索敝赋；鹑衣百结，岂能锦上添花。讵惟地方之忧，且为有司之累矣。①

这段材料先是描述了晚明以前地方丝绸生产的繁荣景象，继而说明了由于战乱的原因地方丝织业遭到破坏而无法恢复，至清初凋敝已极的状况。明代潞绸是泽潞商人主要行销的货物之一。在全国各地的大商埠中几乎都设有潞州绸铺和泽州帕铺，例如在宣化府“潞州绸铺，泽州帕铺……各行交易……贾皆争居之”②。但显然在明末清初，泽潞丝绸的生产和贸易都遭到了很大的打击。其中的原因也许是多方面的。在地方志中多有因为官府、皇室征缴导致丝织业凋敝的记载：“皇绸互市丝绢之累已成民患，年输岁给，

① 顺治《潞安府志》卷一《物产》，第51—52页。

② （明）孙世芳修，栾尚约辑：嘉靖《宣府镇志》卷二〇，《中国方志丛书·塞北地方》第19号，影印明嘉靖刻本，台北：成文出版社有限公司，1970年，第224页下栏。

未有底止,环观杼轴,十且九空矣。"[①]但是从上述文献来看,在明中叶丝绸生产的极盛时期,国家的征需只不过是九牛一毛,并不能对整个丝绸业产生影响。只是在当地丝织业开始衰落以后,官府和机户之间的矛盾才开始出现。到了顺治十七年(1660),当地甚至出现了"织绸机户焚机罢市"的骚乱[②]。明末清初的战乱也许不仅破坏了织机,同时也毁掉了大量的桑树。在明代文献中,泽潞地区还是一个生产桑蚕的地区,"府志:明洪武初潞州桑八万株,至宏治时九万株有余"[③]。这或者是洪武年间劝导农民开垦植桑的农业恢复政策的效果。明朝诗人常伦《沁水道中》诗曰:"处处人家蚕事忙,盈盈秦女把新桑。黄金未遂秋卿意,骏马骄嘶官道旁。"[④]描写的也是沁水蚕丝生产的田园风光。但到清初的文献中,泽潞居然被说成不产桑茧的地区,"山邑不出桑茧,丝线取给山东、河南、北直等处"[⑤]。本地蚕丝产量剧减,依赖外地的输入,这大大提高了丝绸业的成本,也是导致晚明以后潞绸生产衰退的重要原因。乾隆年间的《晋政辑要》中记载,新疆大臣向朝廷建议从山陕等地买办绸缎,但是山西省以"凤台、高平、长治等三县地方产丝均属有限,货行不广"为由,只答应每年办一百匹[⑥]。由此可知,明清之际的战乱对于泽潞丝绸生产的破坏在清代一直没有得到恢复。

正因为明代泽潞商人致富所依靠的是铁盐贸易和本地的丝绸出产,而清代以后,开中法早已不行,食盐贸易被徽商所垄断,丝绸

---

① (清)范绳祖修,庞太朴纂:顺治《高平县志》卷一《物产》,国家图书馆分馆编:《国家图书馆藏清代孤本方志选》第一辑第9册,北京:线装书局,2001年,第118页。

② 光绪《长治县志》卷八《大事记》,第379页下栏。

③ 光绪《长治县志》卷八《风土记》,第385页上栏。

④ 雍正《泽州府志》卷四八《诗》,第1079页。

⑤ 光绪《长治县志》卷八《大事记》,第379页下栏。

⑥ (清)海宁辑:《晋政辑要》卷三《新疆办绸》,《官箴书集成》编纂委员会编:《官箴书集成》第5册,影印清乾隆五十四年山西布政司刊本,合肥:黄山书社,1997年,第527页。

生产亦日渐衰微，这对泽潞商人的影响很大。同一时期，晋中商人以经营汇兑业务而崛起，成为晋商的主流，泽潞商人的活动遂湮没于前者的巨大光环之下，不为后人所注意。但事实上，清代泽潞地区外出经商者并不比明代为少，他们在铁器、典当、粮食、铜器制作等行业中都有经营。尤其是民用铁器的产销甚至超过了明代的规模。

与明代以生铁和铁锅为主要产品的情况不同，清代泽潞地区的铁制品种类繁多，并以民用铁器为主。阳城“近县二十余里，山皆出矿，设炉熔造，冶人甚伙，又有铸为器者，外贩不绝”①。清代泽州的另一个制铁业中心是凤台大阳镇，这里出产的铁针行销全国。近代德国人李希霍芬在实地考察后说：“在欧洲的进口货〔洋铁〕尚未侵入以前，足有几亿人从〔山西〕凤台县〔即晋城县〕取得铁的供应的。……大阳（凤台大阳镇）的针供应着这个大国的每一个家庭，并运销中亚一带。”②河南清化镇是明清时期晋东南铁器的集散中心。明王世贞《适晋纪行》中记载他从河南经太行山入山西的行程，其中就说出修武，“发宁郭驿，三十里抵清化镇，山西之冶器集焉”③。从清化往北就是太行山，经碗子城、星轺驿至泽州，再北上过潞安到太原，这正是明代的驿道，也是泽潞铁器输出至河南的商道。在今天的清化镇还保存有泽潞商人的会馆。其中数通修建会馆的碑刻中记载了大量泽潞商人在清化镇的商号和他们在当地的活动情况。明清时期泽潞商人贩运铁器的另一条商路是经过潞安

① （清）赖昌期总修，谭沄、卢廷棻纂修：同治《阳城县志》卷五《物产》，《中国方志丛书·华北地方》第405号，影印清同治刻本，台北：成文出版社有限公司，1976年，第202页。

② 彭泽益编：《中国近代手工业史资料（1840—1949）》第二卷，北京：中华书局，1957年，第178页。

③ （明）王世贞：《弇州山人四部稿》卷七八《文部·适晋纪行》，“明代论著丛刊”影印历史语言研究所藏明刻本，台北：伟文图书出版社有限公司，1976年，第3707页。

府北上至大同以及长城以外的地区,《明实录》弘治十四年(1501)八月壬申条中说到,大同十一州县使用的铁器和耕具,皆由商人从潞州贩运来[①]。在这条商路上的专门的铁器集镇是长治荫城镇,据说在乾嘉年间,这里每年的铁货营业额就达到1000多万两白银。

泽潞地区的制铁业和铁器的贸易一直到清末还维持了一定的规模,以凤台西南部为例,光绪大饥荒以后,时人回忆清中期地方的状况:"昔也,铁冶遍于西南,岁入白金数十万","万金之家遍于各里,夙称巨富者十余户"[②]。在光绪初年的旱灾中,对于制铁业的救助,成为官府在灾荒中赈济的重点。"凤民以铁炭为生涯,丰年亦利赖于力作,岁既不收,铁货尤滞,穷民失业,饿毙益多。县令赖昌期请于宫保曾诚毅伯(曾国荃,时为山西巡抚),借拨银二万两,散给铁炉炭窑,令其兴作以养工匠。"[③]据统计,在鸦片战争前凤台全县有生铁炉1000多座,熟铁炉100多座,铸铁炉400多座[④]。民国十八年(1929),阳城共有铁货炉166个,年产1499万斤[⑤]。至1937年"晋省锅鼎铁货之集中产地,首推晋城、长治、阳城。阳城以铁货业发达甚早,全县共有作坊49家"[⑥]。这些还都是清末受到洋铁冲击,泽州铁业衰落以后的情况,而此前靠制铁业和铁器贸易为生的人应该更多。

泽潞商人在区域间贸易中扮演着重要角色,尤其体现在泽潞地区与相邻的太行山东麓河南地区之间"煤铁换米面"的贸易中。

---

① 《明孝宗实录》卷一七八,弘治十四年八月壬申条,第3288页。

② (清)张贻琯修,郭维垣等纂:光绪《凤台县续志·叙》,《中国地方志集成·山西府县志辑》第37册,影印清光绪刻本,第431页上栏。

③ 光绪《凤台县续志》卷一《蠲赈》,第446页。

④ 实业部国际贸易局编:《中国实业志·山西》卷丙,上海:实业部国际贸易局,1933年,第171—172页。

⑤ 实业部国际贸易局编:《中国实业志·山西》卷乙,第470页。

⑥ 同上。

由于泽潞地区人口众多、土地贫瘠而稀少，使当地出产的粮食远不敷民众的需求，而一山之隔的河南卫辉等地，一马平川，土壤肥沃，是著名的米粮川，这就使太行山两侧的地区出现了互易有无的贸易需要，“太行片石，带土无多，麦菽瓜壶，半仰给河内”①。“陵邑土瘠食艰，河南田肥地阔，往来贸易，时通有无。”②泽、潞各县丰富的煤、铁矿藏和悠久的开采历史为这种交易提供了条件，所谓“其输中州者，惟铁与煤，日不绝于途”③。综上所述，与明代相比，或者与徽州盐商、晋中票商相比，清代泽潞商人的经营活动具有更加民间性、区域性的特点，因此商业与地方社会之间的关系也更加密切了。

三、泽潞商人与地方社会之互动④

工商业在泽潞地区经济和民生中的重要作用在地方社会中有多方面的表现。其中最为根本、深远的变化，来自于地方制度的层面：包括工商业和农业比重异于他处造成了国家赋税制度在地方执行中的特殊性；商人和绅商家庭对宗族建设的追求以及他们在传统村社中的积极表现，影响了乡村的基层组织方式和社会生活秩序等等。

明清以来泽潞地区人多地少之间的紧张关系、气候恶化的压力，是促使泽州人不能固守于土地，而必须从工商业上谋求生存之

① 雍正《泽州府志》卷一二《物产》，第99页。

② （清）王中琎：《香磨河窄港口开修北山路记》，（清）程德炯纂修：乾隆《陵川县志》卷二七《艺文》，《中国方志集成·山西府县志辑》第42册，影印清乾隆刻本，第524页上栏。

③ 雍正《泽州府志》卷一二《物产》，第100页。

④ 本节所涉及的材料，以泽州为主，潞州的例子在这里较少提及，容以后再行补充，特此说明。

道的主要原因。比如：

> (阳城)县居深山,民贫土瘠,稼穑尤难,非肩挑负贩,不足佐其耕获。①

> (沁水)东乡民男多商贾,女多纺织……贫者游四方,设皋比为生计……沁邑处深岩邃谷中,山多地隘,气候冱寒,即盛夏大热,不过廿余日,田禾生长甚迟,收入不敷,若郭壁、端氏以往,气候稍暖。大抵山不产货财,水不通舟楫,人鲜贸易,耕桑犹不足办税,强半糊口于外。②

> (陵川)治迤东,委宛村落,瘠田畊石,石灶炊烟。所借以谋朝夕,急公私者,惟负贩是赖。《一统志》所载:平田水接河南古道。邑民往来治生,是衣食之府,赋税之资也。"③

这些记载也说明了商业在泽、潞地区民生中的重要性:商人的数量在人口当中占有相当的比重;不论泽潞居民的衣食住行,还是他们每年必须上缴的科役赋税都依赖于商业的收入;这些与一般传统乡村社会迥异的特征影响到国家制度在地方的实行情况,尤其是晚明以后一条鞭法和摊丁入地等改革的推行。

明万历《泽州志》中说:

> 泽之差银不编于地亩而编于人丁。虽九则与他处同,而上丁银至二两七钱,则他省直所未有也。……逐末者多富商大贾,或滞财役贫,冶铸煮盐,家累巨万而不置立锥之地。于是地不足凭,而始以丁役矣。然行之日久,弊以滋生,富不遽升,贫不遽擦,多三四十年,少则不下十余年,中间生齿岂尽无

---

① 同治《阳城县志》卷五《风俗》,第218页。

② (清)赵凤诏修纂:康熙《沁水县志》卷二《风俗》,故宫博物院编:《故宫珍本丛刊》第78册,海口:海南出版社,2001年,第28页下栏—29页上栏。

③ (清)张琦:《修平田古道记》,光绪《陵川县志》卷二七《艺文》,第516页下栏。

登耗，居聚岂尽无消长，尺籍之中，狐鼠穴焉。①

州介万山中，枉得泽名，田故无多，虽丰年人日食不足二鬴。高赀贾人，冶铸盐荚，曾不名尺寸田，田始八千四百顷，履亩法行，增益殆万，汙邪蟹螺，何所不籍税。税难辨贫富，于是以丁出租庸，丁一征至三金，经数十年不稽登耗之数，以衰序之贫民踣毙不振，则有蠲追山五福荒土而裁冗役充逋赋之议。②

也就是说，泽州与其他地方不同，拥有土地的多少，并不是衡量贫富的绝对标准。以至于在明中期，泽州并没有像其他地区那样，将力差编入地亩，而是依然按人丁征缴差银。清代摊丁入地的改革在泽州也开始得较迟，乾隆元年才开始将部分丁银归入地粮征收，至嘉庆元年才全部完成。这种重人不重田的赋税政策，对明中期以后泽州里甲制度影响很大，进而也影响到同样作为地方基层组织的村社的演变。

从明末以来，泽州里甲编审的材料，大都只提到人丁户口的编审而没有讲到田土的编审。在清代泽州也没有出现江南那样实行按田编里的情况，而是更接近明初所定的以户为中心、以田从人的原则。沁水县令赵凤诏曾试图仿造江南均田之法重编里甲，但是“因众意阻挠，未能更改”，仍然只能遵循查旧丁、报新丁、清查户名的程序，对原有的里甲赋役进行有限度的调整：“将单丁独户，免期轮役，丁少户弱合并朋当。”③根据清查、平均里甲人丁户数的原则编定里甲之后，再着手清理田土和所属户主之间的关系，将田土登记系于人丁之下：“昨奉文编审，矢公矢慎，所有各里逃亡死绝人丁

---

① 万历《泽州志》卷七《徭役》，叶 5。

② （明）李维桢：《〈泽州志〉序》，叶 5b—6b。

③ （清）赵凤诏：《再应抚军檄条议利弊》，康熙《沁水县志》卷一〇《艺文中》，第 126 页上栏。

悉与勾销，将实丁报补。积年宿困，一旦豁除，将□□一丁即有一人，是人丁已无赔累矣。独是地亩一项，父以传子，子以传孙，一门递相接受，即甲售之乙，乙售之丙，异姓亦可承当。自应粮随地纳，地属人收。……凡有死逃户口地亩现系何人执业，即将实在花名立写收付，当堂呈验，以便更造入册，使银、粮尽有着落，里甲无说包赔。"①这种以人丁户口为中心的里甲编审，同样是泽州粮轻差重现实的反映。

从地方基层组织方式的角度来说，这也使清代泽州地区的里甲组织基本上仍然与乡村聚落保持较强的对应性。并且在实行了摊丁入地以后，虽然在名称上仍然称为里甲，但是它的功能发生了变化。例如同治《高平县志》记载了当时地方基层组织的构成情况："高平里旧为一百六十有一，崇祯间……更为百里，今循之。里各里老一，地方一，甲各什排一，掌其里之赋税。甲各推赀高一人为户头，干没逃亡尸其责。乡约则视村聚众寡以为增损，而司徭役之征令，人徒之拘集。"②在里甲的组织架构中设立地方、乡约等职，强调了里甲在乡村治安、秩序维护上的职责。经过这一系列的改革，泽、潞地区的里甲组织在清代一直延续下来，但是不管从它们管理的范围还是功能上来说，都越来越接近于原有的民间基层组织——村社。到了嘉庆以后，随着清政府统治能力的下降，在很多地方村社开始取代里甲，成为乡村地方上主要的组织方式。

上述晚明清初里甲从赋役制度到基层组织制度的演变，其中跳过了保甲这个环节，而保甲制在华北的许多地方都曾大规模地推行。官方管理田土、人户和村落的职能始终统一在里甲的系统

---

① （清）赵凤诏：《清查户名》，康熙《沁水县志》卷一〇《艺文下》，第135页下栏—136页上栏。

② （清）龙汝霖纂修：同治《高平县志》卷一，《中国方志集成·山西府县志辑》第36册，影印清同治刻本，第344页上栏。

之内，最后被村社取代。这套制度带有一定的地方性色彩，也是为了适应泽潞地区依赖商业收入的区域特征。

在地方制度的层面上，泽潞商人的观念、行为既是地方社会的产物、是其中的一部分，同时他们的经历、商业上的需要也在改造原有的传统。虽然泽、潞地区是一个商人在人口中占有很高比例的地区，但却并不是一个崇尚商业的社会。类似于“万般皆下品，唯有读书高”的观念仍然占有绝对优势。这一点不论从商人还是士绅的自述、他们及其家庭的职业选择上都可以看出来。一方面，几乎所有的商人家庭，都强调他们之所以弃学从商，是为家境所迫。在通过商业发家致富后，他们或者自己捐资获取功名、获得身份，或者让子孙放弃商业、改攻科举。例如清代长治人崔�“家贫，以卖铁为业，既赢，入赀户部，得从九品官”①。明末清初阳城郭峪镇的大商人王重新以经营盐业生意发家，大量捐助镇中寺庙、城墙的修建，并且因此名列县城忠孝节义祠，但是却仍然为同镇的大官僚陈廷敬讥讽为目光短浅的富人。因此他最后也通过捐资而求得贡生的身份，并且让他的子孙们积极地寻求科举功名，在当地成汤庙的匾额中，他的两个儿子分别是庠生和廪生。② 另一方面，大量获得进士功名的高级官僚的家庭也都有经商的背景。陈廷敬本人的先祖是靠制铁、贩运铁货致富的。陈氏家谱中就说，高祖陈修“有志于用世，不售，退而为鼓铸，治生有计，家日以裕”③。还有顺治三年进士泽州乔映伍“高祖儒，曾祖廷周，祖永兴，服勤治贾，家

① 光绪《长治县志》卷五《集传・崔�》，第263页上栏。

② 关于王重新的事迹，参见收于本书之拙文：《社会动荡与地方士绅——以明末清初的山西阳城陈氏为例》。陈廷敬对他的评价见（清）陈廷敬：《午亭文编》卷四三《百鹤阡表》，《景印文渊阁四库全书》第1316册，第619页下栏。

③ 《黄城陈氏族谱》（手抄本）。

累千金"①。润城张瑃,崇祯十六年(1643)进士,清朝官至陕西巡抚。他的祖上世代居住在润城里六甲。祖父"远游商贩",父亲曾经读书,但最终放弃学业,就理家务,"治田间,课炉冶。薄食忍嗜,习为俭勤,与僮仆最下者共苦乐,用是居积阜成",后来又行贾中州②。这些现象正说明泽、潞地区虽然商业化的程度颇高,但却仍然是一个崇尚科举的社会。这种社会风尚的直接后果就是在明清时期的泽潞乡村形成了一批亦绅亦商的家庭。

当前有关绅商的讨论往往还停留在"官商勾结"这样的思路之下。在有关绅商与地方社会的研究领域,认为商人凭借官方认可的功名和身份,提高自身在乡村中的权威性;士绅也因为有商业资产的支持而更能在赈济、公共工程的修建等事务中游刃有余。类似的解释似乎是最为稳妥的。但是就像绅商的结合是一种社会传统的产物一样,它的出现也给地方社会的组织制度带来了新的因素。这种制度上的变化才是最关键的。对于泽、潞地区来说,大量绅商家庭的出现,对于地方社会最大的影响是促进了地方宗族组织的出现,也为传统的村社组织注入了新的力量。

在明代中期以前,泽、潞地方的宗族组织很少见诸文献记载。虽然有血缘关系的同姓聚族而居的情形,在泽、潞并不少见。宋、元时期也有几个世家大族,但是这些所谓的世家大族,基本上是以父系的直系血缘关系连缀起来的。我们看到的是一些有直系血缘关系的个人的活动,而不是家庭的联合体,更没有拥有祠堂、族谱和严密而有权威的宗族组织。从各个版本的地方志来看,泽、潞地区并不是一个宗族传统很强的地方。表现之一是其中有关祭礼部

① (清)白胤谦:《东谷集》文卷五《乔公暨配张孺人墓志铭》,刘爱军、冯志亮等编:《阳城历史名人文存》第2册,太原:三晋出版社,2010年,第301—302页。

② (清)白胤谦:《东谷集》文卷五《绳武张公暨配石孺人延孺人合葬墓志铭》,第297页。

分的描述都非常简略，而且祭礼基本上只局限在士大夫之家举行："士大夫家设木主、立祠堂，墓祭各有其时，惟吉祭亦必于墓。"①在一些明代中期以后出现的族谱序言中，还常常记载族人往往不能记忆三代以上的祖先。但是很明显，到了明代中期以后，一批绅商家庭开始致力于宗族组织的建设。这一方面得益于嘉靖朝国家对于品官家庙制度的调整，另一方面也和泽潞绅商家庭自己的需求有关。从士绅身份的角度说，宗族组织不仅是彰显他们的士绅身份的一种表现，也是他们组织地方、实现乡村教化和规范的工具；从商人身份的角度来说，宗族组织也是一种组织管理商业经营的模式。我们可以从阳城白巷李氏和沁水西文兴柳氏两个例子来说明在商业化和士绅化的双重背景下，宗族组织的出现和命运。

晚明白巷李氏是阳城亦商亦宦家庭的典范。李氏在山西、河南、山东、安徽等地经销铁货已经不止一代。这个家庭中的关键人物是嘉万年间的李思孝。李思孝经商非常成功，用他自己的话说："吾商也，施出未几，而入者复倍。"②他将大量的钱财用于施善，"宗属有贷，毁券不计；岁荒粥饥，远迩行哺；徒杠舆梁之缺，修举备至"③。明嘉靖、隆庆年间曾经为建海会寺宝塔，费银数千两。李思孝本人捐资获得散官的身份，但是他的兄弟子侄在科举上成就斐然。"公敦尚佛氏，而雅重儒理，故其弟保轩公、侄西谷公、侄孙易斋公，皆以科第起家，宦业方兴未艾，家累巨万。"④保轩公名李思恩，嘉靖十三年(1534)举人，郧阳同知。西谷公名李豸，嘉靖二十年进士，官至山东左布政，官声清廉，将泰山香税归入户部，多有美

① 雍正《泽州府志》卷一一《礼俗》，第97页。

② (明)王国光：《龙泉寺重修宝塔佛殿记》，王小圣编注：《海会寺碑碣诗文选》，太原：山西人民出版社，2002年，第38页。

③ (明)王国光：《龙泉寺重修宝塔佛殿记》，《海会寺碑碣诗文选》，第37页。

④ (明)赵讷：《龙泉寺新建塔记》，《海会寺碑碣诗文选》，第42页。赵讷，孝义人，户部郎中，因受同僚沁水赵大伦所托作此文。

誉。其子易斋公名李可久,嘉靖四十一年进士,官至山东按察司佥事,因为得罪宦官被贬,愤然离职归乡。志称李可久"居乡仁厚,邑父子登制科者,自可久始"①,"宦业方兴未艾,家累巨万",这句话贴切地概括白巷李氏在嘉万年间的盛况,也标志了一个富裕的绅商家庭的出现。正是在这一时期,李思恩等人开始进行整合族人的行动。

李氏宗族的建设是从编订族谱开始的。据《白巷李氏族谱》记载,第一次修谱,是举人李思恩在嘉靖二十二年写作"长门(即后街一支)世系碑"②。李思恩在长门世系碑序中说:"吾族聚于一乡,三百余人,今分为四支,已不知其所从来矣。惟得之故契所云李十一者,据其所生三子,长均章,次□,次彦方,则知十一公乃玄祖也。自十一公之上无闻焉。然以三十年为一世,则十一公当生于洪武之年。时兵火之余,民无定居,其不相传者以此。又焉知暨今之后,三支之不识者,有不如四支之不能记忆耶。""余少时,即欲上自元祖,下自曾孙,刻石记名以贻其后,有志不果。嘉靖癸卯,适丁内艰,会春祀,族人咸在,因复举此。族叔纯阳善而诺之,遂董其事。"可见在此之前,李思恩一族有清明祭祀的活动,却从来没有族谱。因此,他们根本不知道自己最早定居于此的祖先是谁,只是根据一张旧的契约追述至一名为李十一的人,其生活的年代也不详,只能按30年一代,来推测或许是明初之人。

在李思恩的倡导下,李氏撰修世系碑和世谱的活动陆续展开。崇祯元年族人进士李蕃才在《长门世系碑》的基础上重修李氏长门的世谱。李氏二门的世系碑记创修年代不详③。主持者李养蒙官

① 雍正《泽州府志》卷三六《节行·李可久》,第628页。

② 《白巷李氏长门创修世系碑记》,《白巷李氏族谱》。

③ 《白巷李氏二门创修世系碑记》,《白巷李氏族谱》,落款为崇祯二年,但疑有误,因为《李氏二门重修世系碑记》作于创修后二十五年,落款为崇祯七年,则创修年代应该在万历时期。

至承天府知府。《白巷李氏二门创修世系碑记》说，白巷李氏分为四支，“支各百余人，间有不认识者。求其总支之祖，父老亦茫然莫知，惟所称八公者，则余支之始祖也，则余本支之始祖也”。25 年后，二门重修世系碑，主持人为李春茂，官至顺天府尹，后来被东林党弹劾而罢官。此后还有《李氏三门之二门创修世系谱序》（康熙九年，1670）等支谱的创修。至康熙二十八年出现了第一部四门合族谱《李氏族谱》。

这场在商业繁荣和科举成功双重因素催生下的李氏宗族建设运动，其实存在着很多先天的弱点。例如不仅四支的共祖无从考证，即便是下院四门的共祖都已经不知名讳，其中的一些支派在此之前并没有自己分支的族谱，所以整个合族谱缺环颇多。甚至其中的一些支派是否真的与白巷李氏属于同宗亦或是攀附的结果，都留有很大的疑问。但是最大的问题是，白巷李氏在商业经营上也许受到盐铁贸易衰落的影响，在清代几乎很少有关族人经商的记录，李思孝的后人很快败落，此后，李氏宗族的建设只是作为一种读书人的传统在勉强维持。李氏士绅敬宗收族的努力基本上停留在编写族谱、梳理谱系的文字工作上，祠堂迟迟未能建立，更没有发展实在的宗族组织和设立公共的族产。最后白巷李氏的合族祠迟至道光二十六年（1846），由李春茂的旧居仓促改建而成：“适右都御史公旧第欲售。先俊闻之，因与族伯万庠、族叔孔旭者邀同族人量力捐资，遂将公第置为合族家庙。”①这个祠堂的修建也没有对李氏宗族组织有根本上的推动作用，随着清末废除科举制度和一系列的变化，白巷李氏的宗族组织更加名存实亡。

显然，从目前的材料看，白巷李氏的宗族建设基本上是一种“附庸风雅”之举，与其兴文教的风气相一致，也未对其商业经营产

① 《李氏重修合族世谱记》，《白巷李氏族谱》。

生什么影响。这种随家族中出现大官而开始宗族建设的现象,在华北相当普遍,官衰族亦衰,并未成为一种社会—文化结构。

与白巷李氏相比,沁水西文兴村柳氏的宗族建设更具有为家族商业发展而设计的特点。与白巷李氏处于一个仕宦氛围浓重的多姓村落不同,西文兴村是一个以柳氏家族为主的单姓村落,在明清两代,他们均以经商发家致富。成化十六年柳氏第三代柳琭、嘉靖二十五年第六代柳遇春曾经获得举人的功名①。从此开始建立家族的祠堂、创修族谱,并制定了宗族的规约。隆庆六年(1572)所立的《柳氏祠堂仪式碑》中说:"至隆庆己巳仲冬吉,遂建祠堂于居第之东南。壬申春,始克成之,以处祀事。……乃参酌程朱之议,奉高祖以下神主,次第列龛,躬行祀事。因考诸家礼,列式于后,又以冠婚丧礼,有关于祠堂者附以予意并列焉。"②这个祠堂仪式碑不仅规定了祠堂的管理和祭祖的仪式活动,而且还规定了西文兴柳氏子孙一年和一生当中主要的礼仪规范。其中规定,族人行冠礼、结婚、生子、授官、封赠、丧葬等所有人生大事,都必须到祠堂告祖宗,并且拟定了各项祝文,如"行冠礼前三日,告于祠堂,祝文曰:某之子于某年渐长成人,将以某月某日加冠于首,谨备以果酒,用伸虔告"。每年的节俗如正月初一、十五,五月初五,七月初七、十五,中秋,重阳,冬至,除夕等日,都有在祠堂的祭奠活动,以宣扬族训,凝聚宗族。这种严格的宗族和人生礼仪的规定,其目的无非是要强化宗族组织的凝聚力。而对于柳氏来说,强化宗族功能的目的又主要在于维持家族产业不至于分裂。

万历十七年《河东柳氏训道记》中写道:"田邑广阔,典当驿号,

① 楼庆西:《西文兴村》(石家庄:河北教育出版社,2002年)一书还记:第五代族人柳大武中嘉靖十一年武状元(县志不记)、柳大夏嘉靖十年赐进士出身等,但在县志、府志中均无证,姑且存疑,第10页。

② 《柳氏祠堂仪式碑》,《明清山西碑刻资料选》,第235页。

酌族世产,永勿分割。族人衣食,子孙游庠,贤士归祠祭祀,游刃榷利生意,封赠仪式,律以拨至,须等克勤克俭。吾族贤士、处士,逢授、拜、除、命、简,或起点拔萃、俸满开缺、遣复守制、起复开复者,身复任所及徙邸者,勿宿异姓驿,节俭支银。京归吾府者,勿宿异姓驿,恐骚官衙。”这段话说明,在明代柳氏主要经营典当和旅店业,而且他们的店号已经遍布各地,甚至形成了一个全国性的网络,这样才能保证出外的柳姓人氏可以依靠自家的商栈旅行,而不必投宿其他驿馆。这篇《训道记》中还说:“族业之产,永勿分割,家中财产,以长幼次第,经营生意,管理帐余。□次官理有违者,罚!有长于此而短于彼者,随材也。至幼年子孙,无论智愚贤否,惟以读书为主,欲求上进。朱子格言曰:‘子孙虽愚,经书不可不读。’治家者,所宜奉为金鉴也。如读书十分无望者,或挪管庄田,或佐理账总,勿使游手好闲,然后不至荡检逾闲……生意、房产永不许瓜分也……家道之败,败于分产之由。”①这种用家族的模式来经营商业的理想,的确需要有一个紧密而严格的宗族组织为保证。与白巷李氏停留在纸面上的宗族整合不同,西文兴柳氏宗族的规模较小、支派简单,但是却具有更加切实和严密的目的和规约。但是明代隆万年间的这一次宗族建设并没有维持太长的时间,就被明末的动乱所打断了。

清代西文兴柳氏的商业活动似乎是从一个崭新的起点上开始的:乾隆年间柳春芳在山东、河南一带经营盐业和当铺的生意,并以输饷获封赠“昭武都尉”。道光四年所立的《柳氏家训碑》中说:

> 吾家数年以来,疏于料理,日费益繁,又兼生意赔累,银票赔数,以致浮记长支,家中使用尽属本金,通盘计算,已将阳、沁四典本金耗致十无二三,言念及此,甚为寒心。想吾父兄数

① 《河东柳氏训道碑》,《明清山西碑刻资料选》,第237—238页。

> 十年备尝辛苦,留此基业,若不能保守,不惟生无以对亲友,即死有何颜面见先人于地下乎。且吾父兄言犹在耳:教子孙世世同居,生意财产,永不许瓜分,今吾为尔等指拨,不孝不悌,罪莫大焉。尔等未能勤俭持家,和顺聚初,亦是我无家训,而咎又何辞!无奈将商邱二典本金,每份拨给钱五千串,而兄弟十三人,虽系三支,皆是祖先一脉。黄甲乃长子长孙,定照十四份分拨。每年粮食不拘老幼仍按口均派。所有穿着日用等费、娶嫁衣服首饰,皆各自备办。公中遇娶妇者,只备水礼、聘金;嫁女者,嫁妆全副。尔等量入为出,各自勉力,或更赢余,亦未可定。尔八婶母系孀居,公中每年给钱五十串,令其穿着。可训子孙也。尔等果能义气不衰,自然家道昌隆;若戾气不解,必有殃随。总不要信妻子之言,即结为死怨,将一本之爱,遽视为市井交易之人,是所切诫焉。嗟乎!男子之刚肠,能不为妇人所惑者有几人耶?再尔等有能料理生意者,每年辛金一百两。长使者拨入伊账。不遵家规即为不孝,戒之勉之。能不负先祖一场苦心,乃可为承先启后之人也。①

这通在清代重新树立的家训碑说明,清末柳氏的当铺生意原来也是一种家族的产业,但是因为族人可以随意从铺中支取银钱,最终导致“世世同居”“永不析产”的理想,没有维持到两代人的时间就已经面临分崩离析的态势,所以不得不将其中的一部分产业本金析分至各户。柳茂春将族中兄弟阋墙归罪于妇人的闲言挑拨,却也不能不承认敬宗收族的努力没有能保证家族的和睦,商业经营中的纷争不可避免。“将一本之爱,遽视为市井交易之人”,这尤其说明虽然泽潞商人力图发展宗族以作为商业控产的机构,但却并不是非常成功的。

---

① 《明清山西碑刻资料选编》,第644—645页。

晚明以后,在士绅和商人的双重努力之下,泽潞地区出现了一些宗族组织,这是地方社会以及商业领域中的新生事物,但是它们并没有在这里发展壮大。商人家庭以宗族的模式来经营商业,在以往的晋商研究中也有涉及,有学者认为,这种家族制的商业模式是导致晋商没落的原因之一①。但是情况或者恰恰相反:也许正是因为宗族组织和制度在泽潞地方传统中一向不发达,所以虽然绅商曾经努力建设宗族,却无法有效、持久地以宗族作为商业经营的模式。

与宗族组织的发展状况不同,在泽潞地区拥有久远传统的民间组织——村社却在商人的积极参与之下,不断地扩展其职能和权威,成为乡村最重要的制度。如前所述,村社在清中期以后的发展与里甲制度的演变有关,但同时大量商人资产的注入,也是重要的原因。其中最明显的表现在清代中期以后的祠庙碑刻中商号、商人的捐助以及商人募捐的记载大量出现,而这些祠庙正是村社组织的中心,祠庙的重修往往是整合和强化村社的重要契机和手段。晋城府城村关帝庙的修建就是一例。

府城村关帝庙始建年代不详,在清雍正乾隆年重修以前是一个陋小的庙宇。乾隆中期,由于府城社中各小社意见不一,重修关帝庙遇到阻碍,曾经考虑用摇会的方式来筹集资金。"后西社众□以□伦不合,不愿□□□,复与同事相商,公请立会以襄其事。在彼时亦谓得此会银,先毕神工,继此而徐理。摇会不惮劳苦,而同会诸君则谓礼以建庙请会,诚心可嘉,拮据亦可叹,咸不欲以摇会事复累及礼(续有礼——引者),遂尔众口一辞,情愿以所随会银

① 参见宋丽萍:《明代家族与晋商》,孙丽萍、高春平主编:《晋商研究新论》,太原:山西人民出版社,2005年,第126—140页。

□□修庙布施。”[①]最后，还是府城村社内部达成共识，一起修庙，摇会一事才作罢。“至(乾隆)十三年，后西社未随者，蒙崔庄、背阴、黄头亲友和议，仍然合为一社。七月间，三社公议修理。”[②]在这个村社合并的过程中商人续有礼起到了关键的作用。

续有礼是一位长年在河南经商的商人，正是他回到故乡，倡议重修此庙，并且借此将村社重新团结起来。乾隆十九年的《重修关帝庙前院正殿并创建东西两庑碑记》中说：

> 吾乡东，旧有关圣帝君殿宇一所，规模虽俱，院宇阔落，东西仅有墙壁，未有房屋，远近进香者不免有露处之叹，风雨之悲。礼(续有礼)目击心感，以为无以处人，何以妥神？于是遂有修建两廊之事。但此事非一手一足之烈，而礼又贸易他乡，不克促办其事。因于光州淮凤集募化诸檀越，得银十五两，已身捐银十两，阅两载，又得利银七两八钱。至雍正十三年归而谋诸同乡诸友，诸友欣然乐从，情愿共任其事。复又同心协力，慕化四方。嗣是，而四方善士以及同乡诸友或输资财，或殚力作；或则易柱而雕梁，或则瓦殿而金神。于乾隆元年，廊房十八楹于焉落成，而前殿亦为之革故而鼎新焉。[③]

商人续有礼在经商地光州淮凤集的募捐和商业经营，是关帝庙得以重修的第一笔资金。整个工程直到乾隆二十年前后才结束。此间，续有礼屡次利用经商归里的间隙，主持修建工程。他显然是当

---

① 乾隆二十年《重修关帝庙正殿□间并创建东西廊房二十二间碑记》，碑现存府城关帝庙中。

② 乾隆二十年《重修关帝庙碑记》中府城后西社与其他各社在社事上不和，可能由来已久，在康熙四十一年的《重修高禖祠碑记》中，府城就只有前社、后社、西前半社的社众捐施，而不见后西社的社众。

③ 乾隆十九年《重修关帝庙前院正殿并创建东西两庑碑记》，碑现存晋城府城村关帝庙。

时府城村最有实力的商人，同时在村中拥有相当高的威望。除了关帝庙，在乾隆二十九年同村的《重修玉皇庙碑记》中，他是修建工程的总管，还名列乾隆二十四年邻近水北村社重修永固桥捐金姓氏中。

而且府城村中必定还有很多外出经商的商人在经商所在地积极募化、捐助。府城关帝庙乾隆年间近20块捐金题名碑上刻有大量商号的名字。如乾隆二十年《重修关帝庙碑记》中就有“万亿号”“义和号”“义顺店”“有顺店”“文盛店”“泰兴店”“顺兴店”等等。其中有的商号是本地人在外县外省、开设的，还有的是本地人在经商之地募化的对象。这种情况相当普遍，在清朝中叶，泽潞商人的足迹集中分布在山东、河北、河南等地，他们向当地的商号和百姓募化银两，带回本村社用于修建庙宇。例如道光五年晋城赵庄社重修三教庙的工程几乎全部得自于一个商人的募化：“吾乡村北三教庙历年久远，颓圮殆甚，今有王大理在汝阳寒洞镇募化钱二十千文，庀才鸠工以补之。”①后面开列的全部都是商号，多达30余个。乾嘉年间晋城管理院社重修二仙庙碑的工程最后也是在一个商人的主持下完工的，“乾隆五十七年内创建西上廊殿三楹，嘉庆二年内，廷玉牛公自四川贸易回□□□庙工数十年间未得完竣，毅然动□整之志，昼夜区划，不辞劳□”②。晋城崔庄社道光十三年《重修关帝庙碑记》中，募化所得银两所占的比重也相

晋城府城村玉皇庙

① 道光八年无名碑，存晋城赵庄三教庙。

② 嘉庆七年《重修二仙庙碑记》，碑存晋城管理院村二仙庙内。

当大,如“田如玉慕化颍州府王市集合成正、恭顺宁、全省好、合成和……”“田澍募化朱仙镇公义合、敬顺号……”“田秦兴募化舞邑万典号、田公典、全昌号……”“司宪□募化王冈集、统义店、衡泰店、泰成店……”“田益□募化王冈集……”[①]嘉庆九年,晋城水北西社会真观重修募捐:山东曹州府荷泽县沙土镇三义号、瑞兴号、府泰号、天顺号、中和号等十八家商号施银一千钱至一百钱不等,“巨野县大义镇众字号施银五两,维首晁孝募化”[②]。道光二十六年,黄头社《重修移风寺布施碑记》中,募化的范围也包括山东曹州、大明府、东昌府、长山县周村镇等等[③]。他们所募化的地方相当集中,而且大部分是一些市镇,所以这些主持募化的人很可能是在这些市镇经商的人。他们广泛而热心的募化行为,或者也可以看成是他们在这些市镇中联系、组织同乡商号的一种方式,至少在客观上起到了这样的作用。即便其中有些商号并不全是泽潞商人所有,这些募化的记录也是我们了解有关泽潞商人在这些市镇中的商业关系网络的资料。

本地商业市镇中村社的发展更依赖商人的资助和经营。例如润城镇在明清时期是地方一个重要的工商业市镇,润城社的活动是以镇中心的东岳庙为中心展开的。在康熙四十二年的《补修东岳庙施财姓名碑》中有“盐店银四两”以及“义盛店”“翼兴店”“永盛店”等商号名22个。乾隆二十三年《□修拜殿、舞楼并本年总理社事施财碑》中有“当店捐银三两,盐店捐银一两五钱,缎店捐银一两五钱”的记载,还有“大义店”“增盛号”“新盛号”等大批商号的名称[④]。从整体的趋势上来说,越到后期,商号在社事中的作用越

---

① 道光十三年《重修关帝庙碑记》,碑存晋城崔庄关帝庙。

② 嘉庆九年《布施碑》,碑存晋城水北村会真观内。

③ 道光二十六年《重修移风寺布施碑记》,碑存晋城黄头村移风寺。

④ 两碑均存于润城东岳庙中。

明显。尤其是在盐、当、缎等店铺中出现了同业的联合,这些盐行、当行往往是社事活动中捐款最多的。当然这其中亦包括泽潞以外的地方商人在润城的商号。

与清中期以后商人在村社社庙中的活跃同时出现的变化是,此时村社的公共财产和在乡村事务中的权力都大大扩充,其中相当部分都是商人贡献的。例如阳城上佛社赵书麟(1783—1832)在河南朱仙镇经商,返村后重修大庙。清末社首之一于友直也曾经是一位商人。碑记记载他“初服贾,不染市侩气。既归,务农为业,家道日隆。年逾古稀,义举仍频”。先施地四亩,“意在施茶及鬼节所需”。后数年,又念“今我文里两社,积蓄甚微,每遇公事,动形拮据”,向村社施地22亩(朱家圪坨10亩,内有柏树38株,槐树2株,□地9亩,北沟地3段3亩),制钱100千,永远充公。上佛大社在光绪三十四年立碑记其事①。像这样大规模的捐献土地和财产,在清中期以前是没有出现过的,但是在晚清却变得较为普遍。社产的增加和经营的多样化是村社权威上升、能力增强的表现,反过来也扩充了村社的实力。

商业的普遍化,也使得村社更倾向于通过购置地产、收取租金或者将社产中的流动资金发往商号赚取利息等商业化的方式来经营村社的公共财产。如晋城黄头社道光十七年所立的《重修移风寺增修圆寂塔碑记》中就有“大社三次赊地亩钱二十九千三百四十七文”“卖谷卖绳钱三十二千六百七十四文”的记载②。晋城府城社水官会和崔庄社水官会也都有将所积会银发商生息的记载。水官会是在清中期村社职能多样化以后,村社之中分化出来专门负责祈雨的一个分支组织。崔庄同治十二年的《水官积金会四班公

① 光绪三十四年《乡饮耆宾子正于公施田捐金公德碑》,晋城市地方志丛书编委会编著:《晋城金石志》,北京:海潮出版社,1995年,第848页。

② 碑存晋城黄头村移风寺。

议重行捐备以广积储碑记》就详细记载了崔庄水官会的运作情况：

> 崔庄村旧有府城北大庙神水一道。每逢祀神，派定水官六名，敬谨接办，历年已久。但祀神之举，虽七年一轮，而自受事以迄卸事，几及十载。其间节祀寿祝，及正献时请袍下驾、迎神演戏，一切事宜，所费甚巨。往往有未竟事而家已倾，再轮充而力不能也。以故新旧承接之时，每多周折。后虽六家公办，较前已省，而每班各为积储，不若数班公为积储之尤易也。咸丰元年，头班水官公请商议，着将祀神后所积余资，每班各捐钱三十五千文，至同治四年四班共捐钱一百四十千文，输入会中，作为公本。按年收□，以备祀神时一切费用。但为数无多，犹恐不敷于用，仍不免临事周章。同治十一年，值头班水官祀神毕，首事田柜等复同班商议，每班再捐钱二十五千文，以广积储。头班现已捐过，俟四班捐齐后，随事斟酌，如以足备用，即可不必再捐，倘仍复不足，不妨另为设处，总期有裨于事，无损于人。……维是输财之家，既充公项，即非己有，无论后来充当水官与否，均不得藉端搅扰。所有会中钱文，必择执事之□实者轮流经管，或出放生息，或置田收租。每班收租只将利息备用，不许并本亏损。俟祀神毕，倘有余赀，务将帐簿登清，交下班执事经管。①

这段话说，虽然玉皇庙迎神演戏，是7年一轮，但是7年中每逢神诞和祈雨，村社的上供也是由当值的水官负责的。为了应付轮应水官的开销，村社水官会想办法筹钱，或买地收租，或发商生息以补充费用。这说明随着村社公产的增加，对于这些财产的管理和经营成为村社的一大问题，在村社公产的商业化经营中，村社和商

---

① 同治十二年《水官积金会四班公议重行捐备以广积储碑记》，碑存晋城市崔庄村关帝庙内。

人、商业之间的关系也会日益密切。但是从目前的材料来看，虽然在清末有的村社控制了大量的地产，我们却还没有发现直接以村社作为商业经营机构的迹象。

泽潞商人在清末的确表现出某些衰落的迹象，正如上述崔庄水官会的文献中说的一样，乡村中出现了普遍贫困化的趋势，实力雄厚的大商贾也日益少见。其中的原因是一个很有意义的问题，但是在缺乏地方工商业具体统计材料的情况下，回答这个问题是相当危险的。我们并不认为，泽州商人的衰落是因为他们把大量的资金挥霍在建设村社的祠庙或者奢靡的祭祀演剧中，这样的解释过于间接、简单化而没有说服力。因为在泽潞商人鼎盛的明代和清前期，他们同样将大量的钱财用于寺院的修筑上。而清中期以后商人之所以愿意在村社所属的祠庙中投入大量资金，是与村社在地方社会中的传统和权威有关的，更是清中叶以后村社权力扩张的表现和原因之一。与此相应的是，他们显然并不认为，宗族在地方社会中具有同样的传统和同等的权威，这便决定了宗族与村社在泽、潞地方社会中的不同命运。

四、晋商研究的新突破：一个社会史的视角

晋商研究从20世纪30年代开始到今天，已经积累了丰硕的研究成果。尤其是近20年来，有关的论文、著作层出不穷。但同时也有选题重复、现象描述多于深入分析等等问题。近年来已经有学者开始重新思考晋商研究新的出路和方向，例如山西大学行龙教授就在2005年8月太原举行的晋商学术讨论会上提交了《从社会史角度研究晋商与地方社会》一文。在此我们希望通过对明清泽潞商人的个案研究，提出几点看法。

首先，晋商研究应该考虑区域社会中较长时段的历史传统。

在以往的晋商研究中几乎形成一种共识,即将晋商的起源归结到明代的开中制度上。但是考虑到山西各地区的区域特征,也许我们可以将视野放得更远一些,例如在晋东南、晋南地区,工商业的发展与盐铁业的密切关系。河东盐池生产的食盐和晋东南的铁,从汉、唐以来就在国家财政中占有重要地位。虽然国家对盐铁的控制时间较长,但前者至迟在宋代已经成为商人的利薮,铁器的私铸私贩也历代有之、禁而不绝。考虑到这些,我们应该改变把晋商的兴起与明代简单联系起来的做法,尤其是那种将晋商的兴起一概与明代开中法或者向边塞运粮换引联系起来的思考模式。

其次,应该在研究中充分考虑到“晋商”概念的区域多样性,以及晋商与区域社会内部发展变迁的关系。山西省因为河流和山脉被自然地分为几个地理单位。雁北大同地区,东西两侧的太行、吕梁山区和中部汾河谷地的地理环境、物产都有很大的差异。这种差异直接影响到商业活动中一些重要的因素,比如商品种类、区域间贸易的路线和商业网络等等都会有所不同。本文研究的泽潞地区,不仅因为本地出产铁货和丝绸,使得泽潞商人的商业活动与晋南、晋中以粮食—食盐和票号为主的商人有很大的不同,而且他们各自的贸易路线和主要的经商区域也有所区别。

泽潞地区在太行、太岳、王屋诸山的环绕之中,地势西高东低,沁水和漳水两条主要的河流都发源于西部的太岳山区,向东流入河南省并入黄河,在这两条河流的出口周围形成了数条通往河南的商路。这决定了泽潞商人的主要经商路径是向南到达洛阳,再以洛阳为据点向河南南部、湖北、淮扬扩展,或者向东经彰德府向山东、京师延伸。在这些商路中最重要的是凤台县(晋城)天井关、星轺驿、横望隘一线,处于太行绝顶,俗称羊肠岅,是太原至洛阳的官方驿道。沁水县的五度关、永和隘通往河南的修武、辉县,也是“一夫可守”的险地。据《阳城县志》记载,阳城南部有十八个隘口,

"十八隘皆与豫毗连,系全晋东南门户"①,"南下与中州接壤,往来行人不绝"②。如荆子隘,"县东南百十里,白云隘旁入之径,马迹不通,樵牧负贩捷径"。天尺岭,"县东南九十里,在白云隘西,径虽逼仄,负贩络绎不绝"③。这些有关道路的描述都说明,对于泽潞地区的商人来说,向东、南进入河南的道路是他们商业活动的主要通道,而本地出产的手工业品则是主要的输出商品,输入的商品大多数也是在本地消费的。有可能存在这样一种变化:自晚明以后,原来那种居间贸易基本上为本地产品的贸易所代替,形成与清代以后发展起来的晋中票商生意不同的特点。

也许正因为泽潞地区的商业具有较强的区域性的特点,所以促使我们不仅去关注泽潞商人在全国市场网络中的作用,更注意他们在晋东南—豫西北区域发展中的影响。如前所述,泽、潞地区处于一个较为封闭的地理单元之中,这使得这个地区内部有一些和山西其他地区不同的特点。例如在人口迁移上,这里的移民记忆大都认为自己的祖先来自于区域内的高平赤土坡。相反,处于太行山脉南段两侧的晋东南和豫西北,虽然在行政上属于不同的省,它们在地理上的联系,却比泽、潞地区与山西其他地区的联系还要紧密。清初时,沁水"逃窜外省者,尚有什之二三,而河南为尤甚。卑职访知踪迹,每备文移发各里里长前往关取,奈中州逃户,或为豪强霸占,或竟安土重迁"④,也说明了两边的密切关系。在物资的出产上,两地之间也有较强的互补性。泽潞土地硗确,崇山峻岭之中亦无法展开水利工程,因此粮食的生产无法保证当地的供应,万历《泽州志》中就说:"夫泽幅员虽广,强半为山,耕者至凿山

---

① 同知《阳城县志》卷四《关隘》,第 151 页。

② 康熙六十一年《涧坪桥东坡修路碑记》,《晋城市交通志》编委会编:《晋城市交通志》,北京:人民交通出版社,1999 年,第 403 页。

③ 同治《阳城县志》卷四《关隘》,第 146 页。

④ 光绪《沁水县志》卷一一《艺文上・文告》,叶 12b。

根成田，而周遭之以石，即不幸旱潦之不时而获无几，即幸有岁而获亦无几。”①明末张慎言也曾经说阳城：“吾邑弹丸黑子，处硷巇磥磈之中。境以内无数百亩之田平若案者。”②一方面人地之间的紧张关系是促使泽潞人不能再固守于土地，而向商业上谋求生存之道的原因之一。另一方面也使得泽潞地区需要从邻近的河南怀庆、彰德等府输入粮食，当地的煤铁和河南的米面贸易成为泽潞地区主要的贸易种类。通过这种必需的、长期稳定的交换关系，维持了两地间道路的畅通，也扩展了两地间各方面的交流。在阳城流传着“晋豫筑路结良缘”的故事，说的是明代阳城和济源两家结亲，但苦于娶亲道路艰险，两家用嫁妆和彩礼钱修起了一条两县之间的通道，也便利了商贾的通行③。在泽潞地区类似关于晋豫两地民间修路的记载和传说颇多，这些记载从一个侧面说明了两地间频繁而多方位的互动关系。

山西阳城崦山白龙庙匾额

① 万历《泽州志》卷七《徭役》，叶5a。

② （明）张慎言：《泊水斋文钞》卷二《同阁记》，《四库全书存目丛书》编纂委员会编：《四库全书存目丛书》集部第183册，影印北京图书馆分馆藏清康熙三十九年张茂生刻本，济南：齐鲁书社，1997年，第458页下栏。

③ 《晋城市交通志》编委会编：《晋城市交通志》附录，北京：人民交通出版社，1999年，第436—439页。

两地间在各方面的交流和互动也促进了区域的整合,其中最明显的表现在两地民众信仰的同一性上。这两个地区共同拥有析城山的成汤、王屋山的济渎以及崦山白龙等地区性的信仰。民间信仰沿商路传播的情形在阳城和济源的黄龙信仰中也可以看到。据传说,黄龙的祖籍是河南济源市水运庄,原来是一名水官,由于一心为民,多行善事,受到老百姓的爱戴,后人为纪念他,就修了黄龙庙。随着时间的推移,黄龙就由一名水官,神化为一位“雨神”。在阳城与河南济源接壤的三窑就有一座建于乾隆年间的黄龙庙。对于黄龙的信仰,沿着阳城与济源之间的通衢大道北上,县城南十几公里的抬头乡、城县南5里的黄龙山,一直到阳城南关,都有对黄龙的祭祀。每年夏季天旱,两地方圆几十里的人都会头顶柳条,手捧贡品,敲锣打鼓,成群结队到三窑的黄龙庙祈雨,尤其以河南济源水运庄的祈雨队伍最为隆重。抬头乡和黄龙山每年的庙会活动也是地方物资交流的大会①。

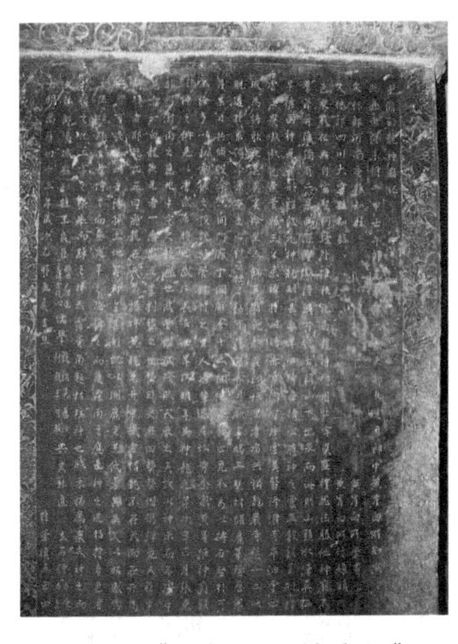
明万历《重修白龙神庙记》

地理环境的相通、物产上的互补、商业贸易的交流以及信仰风俗上的趋同性,这些因素相互作用,使得晋东南—豫西北地区之间交流频繁,这也强化了这一跨行政区划的区域的向心性。晋商内部的区域性特征并不仅仅存在于泽、潞地区,晋南、晋中的商人和

① 张金海:《游黄龙庙》,阳城县政协文史资料研究委员会编印:《濩泽揽胜》,1998年,第83页。

商业同样有他们各自不同的特点。这不仅表现在两地商人兴起的时间、贸易的重点不同,同时我们还要注意在一个区域中商人之间由商业活动、婚姻以及商人家庭向士绅转化以后所产生的各种关系所建立起来的网络。总之,“晋商”和“徽商”一样,不应被视为一个同质的、同源的、无差异的概念,要把他们还原到一个区域历史发展的时间脉络和历史传统中去重新审视,这可能不仅对晋商研究,而且也可能对徽商等研究的进一步突破,带来方法论上的意义。

再次,虽然与泽潞商人在外省大市镇、商埠中的活动舞台相比,泽、潞地方本身的商业发展是相对落后的,我们也应该不仅注意晋商在其他地方的商业活动,而且注意山西本地商业发展的情况、外籍商人在山西的活动等。这种地方商业和远程商业的差异和脱节,在明清时期地区性商帮中是一个常见的现象。但也正是因为这些商人所客居的大市镇的光芒,往往让我们忽视了对他们所来自的地区的商业、社会情形的探讨。以泽潞为例,这里的民生对于工商业的依赖程度颇高,在即使一个小村落中的居民也“强半携中人之产,走数千里外,求子钱供朝夕”的社会①,如果只有商人到外省市镇经商,而没有地方商业的支持,几乎是无法运作的。在明清时期泽潞地区内部除了府县治城以外,亦出现了很多繁荣的工商业市镇,例如凤台的大阳、周村,阳城的郭峪、润城,长治的荫城等等。这些市镇是地方手工业的重镇,聚集了大量从事远程贸易的商人,同时也是本地重要的集市贸易中心。例如郭峪镇在一块康熙中期的碑记题名中,提到当时郭峪的行户有杂货铺、银匠行、荆草行、鸟帕行、花布行、酒行、斗行、苹果行、猪油行、屠行、木

---

① (明)张慎言:《泊水斋文钞》卷二《同阁记》,第459页上栏。

植行、钱行、丝茧行、铁匠行、曲麻行、油漆行等16个行业①。这些行业中的大部分是为附近村庄服务的。

本地商业市镇的发展也在碑刻的题名中反映出来。比如晋城水北村道光年间《重修河边陈州圣母阁碑记》(碑今存水北会真观中)所提及的,除了“草店镇”“曹州府沙土集”等外省商号以外,还包括邻县阳城润城镇的商号,如“阳邑润城镇,司孝儒募巨源盐店施钱六千文,□隆典、永吉典、永成典、永兴典各施钱四千文……”②嘉庆十九年,在府城玉皇庙重修捐助列名中明确表明,凤邑城内的商家就不下百个,如永兴号、大兴号、大生典、恒茂典、恒硕典、顺成号、德太号等等。清代咸丰年间高平县义庄镇的商人还一起创修了关帝庙作为自己会馆的处所。“是庙也,在于义庄镇之北偏,坐东朝西,系卯山酉向,旧非栖神之地。于道光二十三年间,合镇铺户,不谋而合,共申义举,创立会馆一事,聚众而言曰:‘吾侪商人,欲妥神灵而无所凭依,情何以堪?’于是增地基数亩,以为迎神享赛之所。”主持这次修建的是会馆的维首:“四怡号、万裕典、三聚典、泰兴号、新义号、积成号、长生荣、协和盛等。”③这说明清中叶以后,泽潞本地的商业也有很大发展。

本地工商业的发展吸引了相当数量的外地商人来到泽潞地区,尤其是与制铁相关的产业,为泽州地区带来了大量的流动人口和外来人口,如现在北留镇柿园的樊姓居民的祖先就是在隆庆年间因为采煤炼铁从晋城县迁居到此的④。所谓“泽为五方杂聚之区,隶其地者大半非土著,而寄衣寄食者未尽挂于籍也”,其中大量

---

① 《县主衷老爷体恤里民行户永免一应杂派德政碑(阳)》,《古村郭峪碑文集》,第163页。

② 《重修河边陈州圣母阁碑记》,立碑年代不详,碑存晋城水北村会真观内。

③ (清)郭焕文:《关帝庙创修碑文》,《高平金石志》,第321页。

④ 刘伯伦主编:《阳城县志》,北京:海潮出版社,1994年,第414页。

的“寄衣寄食者”可能就是这些手工业工人或者在泽潞地区经商的外地商人。在晚清,阳城的煤铁生意中就有大量的外地商人,主要是附近的陕西和河南商人在经营,“火石:出近城山中,石如漆黑,火芒甚钜,陕豫商人多贩之”①。尤其是铁犁的产销,在晚清几乎全部操控在河南济源人的手中。据说阳城铁犁讲究“三剋”,即用阳城上芹村李家制的铁模,用晋城人做的风箱,由河南济源人经营。清光绪《阳城乡土志》中也载:“犁面则远商驻买于本境,每年二十万有奇。”②大量外籍工商业者不仅在泽潞地区的工商业中发挥作用,也成为地方社会中的一部分。例如在万历年间这些客居工商业者也开始进入润城社的活动中。万历年间润城镇重修社庙东岳庙,其中最慷慨的施主就是“寄居善人张世德”,说明他并非本籍人士。外地商人与本地商人之间的分工、合作、竞争,应该也是我们了解晋商的一个重要方面。如果有足够的材料了解这些外地商人在山西的活动,也许也可以帮助我们更好地分析晋商兴衰的原因。

润城东岳庙

最后,我们应该对于商业化之下的地方社会史有更为深入的认识和理解。商业和晋商对地方社会的影响,在近

① 同治《阳城县志》卷五《物产》,第202页。

② (清)杨念先:《阳城县乡土志·商务》,《中国方志丛书·华北地方》第74号,影印民国铅印本,台北:成文出版社有限公司,1968年,第74页。

年来的晋商研究中已经引起了部分学者的注意,例如关于商人的流动和商业发展改变地方风气、习俗和妇女生活状况等等,已经有相当多的论文进行了描述。但这些决不是一个地方性商帮的崛起带给地方社会的全部影响,甚至也不是其中最重要的影响。比如明中期以后地方风俗的奢靡化是一个几乎具有普遍性的现象,它与商业的发展有关,或者也与文人的认知和写作有关。总之,它并不是晋商和晋商影响下的地方社会的独特情形。

我们以为,要以社会史的角度作为突破口去改进晋商研究,不只是要注意晋商的衣食住行,甚至也不仅仅是要去描述晋商对地方社会的人口流动、职业结构、公共建设和社会赈济上的影响,因为这种影响和被影响的研究思路,本质上还是将晋商放在地方社会的外面去看的。在一个商业化程度较高的社会中,商业活动、商人已经成为其中的主角之一。尤其是从家庭或家族的角度来看,商人的身份和士绅、平民的身份在很多情况下是无法区分的。因此如果我们的确试图在社会史的视野下去了解晋商的话,我们所关注的是在一个个具体的地方社会中的晋商,或者说是一个个晋商生活其中的地方社会。例如在商业化较强的地方,国家行政、财政制度的实施与别的地方有何不同?商人及其家庭如何在地方社会的传统和规则中生活、从事经营活动?又如何维护、改变或创造新的传统和规则?他们在地方的人际关系的网络是如何形成的?商人的经历和活动在地区间的整合上起到了什么作用?对于这些问题的回答将包含有关地方社会的人口流动、职业结构、公共建设和社会赈济等等内容,但是问题的意识和出发点却是不同的。我们的目的并不是对地方性商帮或商人的特征、作用进行归纳总结式的描述,而是去了解、分析一个拥有相当数量的商人、人口流动性较大并以工商业收入为主的乡村社会的生活和运行情况。在明清时期,像晋商、徽商、浙商等等地方性商帮的崛起,使得这种不同于传统以农业为主的乡村数量大大增加，这种乡村社会的新变化既是明清时期全国性商业化发展的结果，也是它的起点之一。对于这些乡村社会的研究可以帮助我们更好地了解在大城市、大市镇之外，在更基层的农村中商业化的情形，同时也可以帮助我们更好地解释明清时期工商业发展所遭遇的困难和不足。

彼时彼地与此时此地*

——关于《剑桥中国史》第7—8卷

由牟复礼(Frederick Mote)和崔瑞德(Denis Twitchett)主编的《剑桥中国史》第7卷、第8卷分别于1988年和1998年由剑桥大学出版社出版,其间相隔10年之久。而从开始规划编纂《剑桥中国史》的1966年算起,到现在已近40年,而且似乎尚未出完。这样的做法或可称之为"半个世纪磨一剑"。虽然由于"剑桥历史"的名牌使出版社可以有足够的、令国内的出版商难以想象的耐心,但这样的周期还是会造成如下结果:早出的卷册与晚出的相比,无疑是两个或两个以上史学时代的产物。

《剑桥中国史》第7卷已有中译本,也有国内学者所写书评①。在这些评论中,中国学者指出该书结构缺乏逻辑联系,内容重复,史实讹误,结论欠妥,大量引用二手资料,在具体问题上也有一些

---

* 本文发表于燕京研究院《燕京学报》编委会编:《燕京学报》新17期,北京:北京大学出版社,2004年。

① 中译本为张书生等译,北京:中国社会科学出版社,1992年。这套书的书名翻译实在颇有可商榷之处,其实或者可依原书名译为《剑桥中国史(明代卷)》,或者干脆译为《剑桥明代史》,现在这样译作《剑桥中国明代史》既有语法问题,又多此一举,因为只有中国有明代,世界上大概别无分号了。另外书评如张德信:《〈剑桥中国明代史〉的得与失》,《中国社会科学》1994年第4期,第147—161页;刘国防:《明初的哈密及其王族——兼评〈剑桥中国明代史〉的相关部分》,《西域研究》1999年第2期,第29—34页等。

说法与事实相悖,应该说对其提出了较严厉的批评。

《剑桥中国史》第 8 卷还没有中译本,如果说第 7 卷是以政治史为线索的编年史的话,那么第 8 卷就是明代的专题史。它共分 15 章:第 1 章为《明政府》,作者贺凯(Charles Hucker);第 2 章为《明代财政管理》,作者黄仁宇(Ray Huang);第 3 章为《明代法律》,作者朗格鲁瓦(John Langlois, Jr.)等;第 4 章为《明与内亚》,作者罗萨比(Morris Rossabi);第 5 章为《明代的中朝朝贡关系》,作者克拉克(Donald Clark);第 6 章为《明代对外关系:东南亚》,作者王赓武(Wang Gungwu);第 7 章为《与来自海上的欧洲人之关系,1514—1662》,作者卫思韩(John Wills, Jr.);第 8 章为《明代中国与形成中的世界经济,1470—1650》,作者阿特维尔(William Atwell);第 9 章为《明代乡村的社会经济发展》,作者黑吉拉(Martin Heijdra);第 10 章为《交通与商业》,作者卜正民(Timothy Brook);第 11 章为《晚明思想中的儒学认知》,作者彼得森(Willard Peterson);第 12 章为《天学:基督教及其他西方思想在明代的传入》,作者彼得森;第 13 章为《明代的官方宗教》,作者泰勒(Romeyn Taylor);第 14 章为《明代佛教》,作者余春芳(Yu Chunfang);第 15 章为《明代文化中的道教》,作者伯灵(Judith Berling)。

从以上 15 章来看,其中包括制度史的 3 章、对外关系史的 4 章、经济史的 3 章、思想文化史的 5 章,虽不能说照顾到了明代历史中的所有重要方面,但在第 7 卷已经涉及的政治事件史以外,以上各章触及的还都是明代中国的主要问题,对第 7 卷也是一个必要的补充。显然,与第 7 卷相比,它主要不是一种叙事史。如果说前者显得是一些人所熟知的流水叙事的话,那么后者就比较专门,对一些问题进行了较为深入的讨论。

究竟应该如何评价这两卷著作?我认为,将其放在一个更为广阔的国际学术史的脉络中去评价,也许会比较公允。尽管这样做会比一一挑硬伤式的做法难度要大,但我觉得这样的讨论会较有学术性,而且较具“理解之同情”。

一、剑桥史传统中的明代史

剑桥史系列是英国历史学家阿克顿勋爵创设的。后人曾经评价说,19 世纪的“科学家以及象阿克顿这样的历史学家都期望着有那么一天,通过积累许多充分证实了的事实,建立一整套全面的知识,这些知识会一劳永逸地解决一切有争论的问题”。他“对于历史事实的客观性和至高无上具有一种近乎神秘的信仰”①。这种对历史事实的高度自信是兰克史学传统的特征,也构成了阿克顿倡导编纂剑桥史的理论前提。

在阿克顿在向剑桥大学出版部门提交的报告中写道:“这是以对于绝大多数人有用的方式,把十九世纪将要遗留给后代的知识详加记载的绝好机会。”按照他对作者的要求,“我们的滑铁卢必须使法国人、英国人、德国人和荷兰人同样都能满意”。与此同时,阿克顿也展现了他的全球史观,倡导一种“跟把所有国家的历史凑在一起的那样的历史有区别”的世界史②。在这样的观念引导下,剑桥史就几乎成为一个资料丰富、试图包罗万象的史学系列。

在 60 年后,当《剑桥近代史》第 2 版问世的时候,阿克顿及同时代人所持有的那种对史学的信念便已遭到质疑。在这一新版的总导论中,克拉克写道:“后世的历史学家并不向往这么一种前景。他们希望自己的工作一再被后人超过。他们认为过去的知识是通

① 〔英〕爱德华·霍列特·卡尔:《历史是什么》,吴柱存译,北京:商务印书馆,1981 年,第 64、81 页。

② 参见《剑桥近代史》中的《本书缘起、作者及其编写经过》,及阿克顿的《近代史讲演集》。转引自〔英〕爱德华·霍列特·卡尔:《历史是什么》,第 1、4、164 页。

过不止一个人的头脑而流传下来的,并且是经由他们'加工处理过'的。"①尽管如此,剑桥史就像冠以其名的词典及其他书籍一样,总体而言还是一种权威性的标志,采用的是一种比较传统的历史编纂风格,政治史依然是该书的基本线索,与法国年鉴学派的作品或美国新史学的作品迥然有别。

为了保证在具体领域中的权威性,该书熟练地运用大量资料,从一开始,就是"各章均由某个专题的专家执笔,而由各卷学术地位较高的编者中的主要编者总其成"。当然也在这个意义上,"剑桥历史丛书自本世纪起已为多卷本的历史著作树立了样板"②。因此,论者对剑桥明史在体裁体例或结构安排上的批评——比例失调或畸轻畸重——应考虑到这样的史观背景。

在第 8 卷的《导论》中,主编向读者简要介绍了这两卷书的编纂过程,这是我们在第 7 卷中未能看到的,自然有助于我们对该书的理解和评判③。据介绍,这两卷的编写工作激活于 1979—1980 年,在这两年的夏天,作者和编者在美国普林斯顿大学开了两次会,起草了章节计划。会议决定仿照隋唐卷的模式,因为那是已经出版的有关近代以前历史的唯一一卷。而隋唐卷也正是以一卷叙述本时期的政治史线索,以另一卷涉及制度、对外关系、社会组织、经济、思想、宗教、艺术等重要主题。

无论如何,该书的编者不可能不对全书体例进行通盘考虑。

---

① 参见《新编剑桥近代史》第 1 卷。转引自〔英〕爱德华·霍列特·卡尔:《历史是什么》,第 2 页。

② 〔英〕崔瑞德编:《剑桥中国隋唐史,589—906 年》,中国社会科学院历史研究所西方汉学研究课题组译,北京:中国社会科学出版社,1990 年。本书中译本的"总编辑序"应译为"总主编序",其中将 editor 译为"编辑"不妥,应译为"编者"。

③ Denis Twitchett and Frederick Mote, *The Cambridge History of China*, *The Ming Dynasty*, *1368-1644*, Part 2, vol. 8, "Introduction", Cambridge University Press, 1998, pp. 1-7.以下凡引自此书者不赘注。

“对于这样一部大部头、多作者的书来说，把各章集合起来仅仅是编写工作中的一步。要使这部书具有一以贯之的整体感和风格上的统一，需要做大量复杂而艰苦的工作。”但是根据体例，主编并不将“关于此时期的某种总体解释强加于各位作者，大家一致同意每位作者只写他自己认为有意思和重要的东西，如果他认为必要的话，也可以不同意其他作者的看法，但他应该了解各个作者的不同看法，并在适当的地方表达出有关不同意见”。这大概是两种学术传统的问题：就通史的编纂而言，中国的传统是最终要定于一尊的，作者的具体看法要服从于整体的观照；而西方的传统是各抒己见，并不强求一致。这样的做法有利有弊：弊病已如张德信在其评论文章中所示；而好处则在于，对于一批高水平的学者来说，在一些重大或局部问题上全持一致意见的情况极为少见，即以“求大同，存小异”为原则，也会损伤学术研究的独立性和自由品格。

显然，根据该书的安排，上卷是对一般历史过程的叙述，下卷才是对具体问题的深入研究，后者的学术性要明显强于前者。但之所以这样分卷，我以为是编写者充分考虑了英语世界读者的情况。与最早出版的《剑桥近代史》及稍后之《剑桥古代史》和《剑桥中世纪史》不同，西方读者对于中国基本上是茫然无知的，甚至研究其他领域的学者也同样如此，你对他们讲隋唐或者明清时期，不如对他们讲某某世纪。我们可以在许多知名学者所写的关于中国历史的学术著作中，看到在我们看来非常一般的常识性介绍，这是为了照应他们所面对的读者所致。所以，如果不先对中国特定时期的历史做一粗线条的勾勒，直接深入重大主题，那么大多数读者都会坠入云里雾里。以欧美学者的研究特点，上卷这样的写法无法体现出他们所擅长的（特别是与我们这些具有两千年“通史家风”的中国学者相比而言），而下卷倒还可以看出他们的功力。但我们的出版者失于明察，恰恰都把各卷的上卷翻译过来，而对下卷

（暂时？）弃而不顾，对于渴望学习西方同行经验的中国学者来说，自然是件憾事。

在我看来，这样的安排也是剑桥史传统的一个缩影。剑桥史本身是19世纪科学主义史学的产物。在自然科学进步的鼓舞下，史学家认为可以通过爬梳史料把握历史发展的规律，同时政治史是当时史学的主流范式。但也正是从这一时期开始，国际史学开始发生重大变化，兰克史学传统遭遇到重大的挑战，社会科学的理论挑战在历史编纂中清晰地体现出来，经济史、社会史、思想史研究成就显著。"1966年最初规划《剑桥中国史》时，目的是为西方的历史读者提供一个扎实的、可以作为基准的对中国史的说明，是以6卷的规模、基于当时的认识水平做出的说明。从那时起，新研究成果的涌现、新方法的应用和学术向新领域的扩展，已经进一步推动了中国史研究。"因此，剑桥史既要保持原有的传统，又要体现新的史学观念的变化，这样的二重性便分别体现在描述某一时期历史的上、下两卷中。

二、中国史研究观念变化中的剑桥明史

20世纪50—60年代是国际历史学术发生巨大变化的时期，这已为多部权威著作详细阐明①。这样的变化体现在西方特别是美国的中国史研究中的主要特点，在相当程度上由柯文在其《在中国发现历史》一书中反映出来②。柯文反思的有关著作虽然多涉及清代以后的历史，但其中反映的主要变化却在一般中国史研究中都

① 参见〔英〕杰佛里·巴勒克拉夫：《当代史学主要趋势》，杨豫译，上海：上海译文出版社，1987年；〔美〕格奥尔格·伊格尔斯：《欧洲史学新方向》，赵世玲、赵世瑜译，北京：华夏出版社，1989年。

② 〔美〕柯文：《在中国发现历史》，林同奇译，北京：中华书局，1989年。

有所体现。书中举出一些论著及其作者,作为新动向的例子,如孔飞力的《中华帝国晚期的叛乱及其敌人》出版于1970年,伊懋可的《中国历史的模式》出版于1973年,施坚雅的《中华帝国晚期的城市》出版于1977年,魏斐德的《大门口的陌生人》出版于1966年,罗友枝的《清代的教育与大众识字率》出版于1979年,欧大年的《民间佛教》出版于1976年,韩书瑞的《中国的千年王国叛乱》也出版于1976年,等等。虽然这一大批有影响的作品大多不属于明史的范围,但其影响绝不限于清史或晚清史学界,它们出版之时,正是剑桥明史卷酝酿编写的那个时期。但到1988年第7卷出版之时,我们还很难在书中看到上述中国史研究变化的痕迹。

这也许是剑桥史的写作体例所决定的——似乎传统的、叙事体的政治史只能这样写,也许是因为当时美国的明史研究还势单力薄,新鲜的空气还没有吹到明史学界,连该卷的主编也说"明史还没有在中国、日本和西方受到广泛的研究"①。但如果我们读一读傅吾康在本卷最后一章中开列的那些明代史籍,我们也可以看到作者在史观或历史视野方面的时代局限性。

中国学者对第7卷中列"明代的历史著述"一章在体例上的问题已有不同意见。的确,在这个以编年为基本线索的卷中,这一专题显得有些不伦不类。也许主编的原意是在书末为读者提供一个可供进一步阅读的书目(further readings),被作者不小心写成一篇史学史。无论如何,主编认为这一章"很出色地"胪列了"一大批灿然可观的历史资料","它们现在正吸引着新一代的学者的注意力"②。这批被视为"灿然可观"的大批史料包括《明实录》等正史、《大明会典》等典章制度书、《国榷》《明史纪事本末》等私修史籍、

① 〔美〕牟复礼,〔英〕崔瑞德编:《剑桥中国明代史,1368—1644》(上卷),张书生等译,北京:中国社会科学出版社,1992年,第11页。

② 同上。

笔记、经世文、边疆史地著作、科技著作和地方志。这些材料虽然的确是研究明史所依据的重要资料,但出于新的关注而涉及的新资料,作者显然并未有所考虑。比如传统史籍《皇明条法事类纂》早已在日本影印出版,20世纪上半叶便已在学者中应用;另一类传统史料个人文集,在政治史研究中广泛使用,在这里都没有多加提及。至于在当时的研究中已经开始使用的档案(尽管明代档案数量不大)、契约文书(如徽州文书)、碑刻(如会馆碑刻)、谱牒等等,则更无点墨涉及,而这些已在70年代以来的日本学者甚至中国学者的论著中使用了。

最大的问题在于第7卷只是一部帝王将相的活动史,如果它旨在为第8卷的读者提供王朝兴衰的背景知识,那么它也没有让我们感受到14—17世纪的中国在整个中国历史长河中的地位和特征,没有表现出明统治时期的阶段性。在相当大的程度上,它只不过是重新整合了的各种传统明史的异同,很多观点和取向与传统史家的观点并无二致,比如对于元朝统治的抨击、对宦官的描写等等。

显然,本书的编者也注意到了这方面的问题。在第8卷中,主编序言里增加了许多段落去描述近年来中国和西方发生的变化。在本卷导言中,牟复礼和崔瑞德谈到了80年代和90年代明史研究领域发生的飞速变化,特别提到了近年来研究取得新进展的若干方面:区域的多样性、科学思想、农业技术、手工业生产以及城市与城市化进程。此外,他们也谈到了本卷存在的薄弱之处,比如少数民族问题,从定居在华北的卫所管理地区的蒙古人到土司制度下的诸多族群,应该超越地方行政管理的思路去加以探索;再比如明代社会中的女性问题,包括儿童的抚养、收养、婚姻、妾、妇女财产、自杀、新膨胀起来的情色倾向、与妇女和儿童有关的医药史等等。即使是明代的军事,也需要对其管理、社会构成、训练和专业化的技术、在战场上如何用兵、维持国内秩序等方面进行广泛的研究。主编们承认，在这个迅速变化的历史领域，他们只是在大量的材料表面做了一些肤浅的工作，在将许多细节资料置于更广阔的背景方面，在对这些材料采用新的方法论解释方面，只不过走了万里长征的第一步。无论如何，这些解释说明编者并非闭目塞听，也就使我们有理由更多地关注第8卷的内容。

如果我们以20世纪80—90年代的史学观念来评价该卷的第1章“明政府”，只能说是乏善可陈，因为我们读到的制度史主要还是考虑规定的层面，而较少实践的层面，没有对典章与实践之间的张力做出特别的分析和说明。张德信批评第7卷的原始资料匮乏，多利用二手材料并且只有少数几种的现象依然存在。比如对从中央到地方政府中的胥吏和幕僚就很少涉及，甚至也没有提及台湾学者缪全吉等人的有关研究成果；在基层社会的管理上，对十分复杂的里甲制度等相关问题一带而过；而对地方上军政管辖系统与民政管辖系统的关系也基本上付诸阙如。作者辩白说，“在中国王朝史上的任何时期，行政效率如何是个难以回答的问题。人们几乎总是在行政规定和其他各种反映统治者兴趣的文件当中发现细节证据，而这些主要是表明政府应该如何运行，而非其实际运行状况”。他指出，倒是小说描绘了政府的腐败、低效。其实，在这两种过于刚性和过于弹性的材料之间，存在着大量档案、文书、判词、信件等等资料，像我们前面提到的《皇明条法事类纂》，还有像《海瑞集》这样的私人文集、祁彪佳《莆阳谳牍》这样的判词资料、徽州文书，更不用说大量的碑刻资料了。而这些资料，已经在80年代以来广泛得到利用，即使在西方世界，也有论述这方面的论著。

第2章“明代财政管理”显然是作者黄仁宇以其《16世纪明代中国之财政与税收》一书为基础的，后者在60年代后期开始写作，

70年代初完成,据作者自己说恰是为了揭示"管理的实务面"。虽然他在此章中超越了16世纪的范围,并且讨论了一般的制度层面上的问题,但基本结论还是与前书相同,即明朝的经济管理体制缺乏"数目字管理"的机制,对工商业发展采取抑制的态度,因此中国不可能向工业资本主义发展。到80年代中期,他发现黄宗智对华北小农经济的研究支持了他的观点①,但这一阶段的社会经济史研究新成果、白银流入问题、海外贸易问题、市镇经济以及张居正改革前后的赋役折银问题,特别是区域性的资料已无法进入他的视野。因此,他还是无法解释国家财政制度的问题与明代区域性经济繁荣之间的巨大反差,对影响国家财政实况的其他社会因素缺乏思考。

在第8卷的其他个别章节中,或多或少也还存在某些类似的问题,与中国史研究的最新发展不甚合拍,观念略嫌滞后。应该指出,中国史研究的新进展在明史研究中得到反映的时间略晚,在一段时间内,明史界(包括西方、日本和中国)也缺乏对自身研究的及时反思。但总的来说,第8卷的多数章节在相当程度上反映了国际明史研究的新趋势,与第7卷形成明显的差异,这是要在后面重点指出的。造成这种情况的原因之一,可能是在第7卷和第8卷的作者队伍中,显然存在着学术意义上的两代人,特别是第7卷与第8卷的编写相隔了较长的时间,使得两卷之间,甚至在第8卷内部出现了史观和方法上的不同。虽然就一部书来说,让人感到美中不足,但其中所体现出的学术史发展历程,也是可以让后代的研究者产生兴趣的。

---

① 参见〔美〕黄仁宇:《黄河青山——黄仁宇回忆录》,张逸安译,北京:生活·读书·新知三联书店,2001年,第279页。

三、《剑桥中国史》第8卷中的新进展

中国学者曾经讨论过第7卷的得失，但主要是指出其“失”的方面。由于第7卷并不能完全代表《剑桥中国史》的明史部分，因此对第8卷有关内容的讨论，或许可以使我们较全面地认识其价值。

制度史研究是传统史学中的重要组成部分，注重条文规章与实践之间的关系，在“自下而上”看历史的观念指导下，将制度史放在具体的社会情境中观察，是使制度史研究得以深化的途径之一。在本卷的“明代法律”一章中，我们在前面批评过的问题得到了较好的解决。在这一章中，作者描述了明代法律的特征、刑罚制度、司法程序，以及法律教育与职业化问题。在司法程序一节中，又专门讨论了关于妇女的法律条款、性罪错、迫人自尽、经济犯罪等方面，认为在这些方面，与前代相比，或体现出新的精神，或是全新的内容，体现出宋代以来若干新的社会变化。而关于法律教育与职业化问题一节是以往我们较为忽视的方面，除了国家对普及法律观念的强调以外，虽然国内学者近年来讨论了民间社会的“健讼”现象，但这些现象必然导致法律教育的展开、法律书籍的普及等等，也应加以重视。特别需要指出的是，作者将《海瑞集》中关于浙江桐庐徐绩命案的个案放在这里讨论，体现了新的研究理念在通史编纂中的实验。

同样的变化体现在“明代乡村的社会经济发展”一章中，这里涉及的问题远远超出了黄仁宇所写的一章，相对前面指出的不足是为必要的弥补，因此我们或可重点评析此章，作为体现该卷学术价值的代表。

首先，作者显然具有较广阔的国际学术史视野，对与其主题相

关的领域颇为注意。在讨论区域划分时，不仅与施坚雅的宏观区域理论进行讨论，而且还注意到中国学者周振鹤、游汝杰的方言区研究(《方言与中国文化》)、金其铭的聚落研究(《中国农村聚落地理》)等地理学方面的论著。在讨论里甲问题，特别是家户与里甲和赋役的关系时，他特别引述了郑振满关于福建，片山刚、刘志伟关于广东，铃木博之关于徽州的新成果。徐泓、牧野巽等在移民问题上的研究，刘翠溶、郝瑞等在人口问题上的研究，以及傅衣凌、李龙潜、韦庆远、张显清、吴承明、刘永成、严中平、谭棣华、李文治、朱鸿林、叶显恩等中国学者和大批日本学者的成果，都在作者的讨论之列。像美国女学者白馥兰(Francesca Bray)这样讨论农业科技与社会的新成果进入其视野，自然也就不足为奇。这种情形与第7卷和第8卷部分章节相较，可以说有天壤之别。这不仅说明社会经济史研究的飞速发展，而且说明这个飞速发展的趋势为作者所迅速捕捉，并在此权威性著作中加以反映。

其次，作者体现了多学科的方法和整体史的观照。他指出，“我们这个时代的史学家试图寻找经济盛衰的终极原因，但社会经济生活的复杂性使得这种寻找单一因素的努力有可能付诸东流。反之，为了构成一个整合的、总体的，包括物价、收成、生产率、工资、利润率、商业回报和货币供应之类因素在内的经济‘情势’，人们需要尽可能多地搜集和勾连各种因素”。这显然是受到了法国年鉴学派的影响。在这样的观念指导下，作者依次讨论了气候、人口、耕地等宏观经济环境，通过重点分析里甲制度讨论了税收和农村社会秩序，以及15—16世纪的赋役改革等管理方面的问题，通过分析市场结构、区域差异、棉丝等主要商品讨论乡村的商业化过程，并且对土地制度与农业发展的区域差异、士绅、国家与水资源控制等问题进行了详细的分析。通过以上讨论，作者特别挑战了目前认为明亡于其政府不能调整“祖宗成法”以适应情况的变化，或亡于它因集权的需要不愿赋予新的地方士绅权威等说法，认为当时做了许多适应变化的调整，而且这些地方性的调整往往得到了官方的批准和支持。显然，这长达160页多角度的分析，对明代农业经济与乡村社会得出了综合性的、具有创见的认识，甚至直接挑战了同一卷中的作者黄仁宇的观点。

再次，作者当然不仅做出了上述挑战，也在许多问题上显示出了自己独特的见识。在一个全球化的和学术互通共享的时代，这是相当一些国内学者所不及的，因为他们难以接触国际同行的大量新成果，对其理论、方法论背景相当陌生。在此章中，作者对施坚雅的宏观区域理论的适用性提出质疑，认为经济网络的发展，其边界、整合程度、在地方渗透的程度，及存在的社会物质基础都非常重要，但关于这些因素的问题并不能靠简单地使用一幅宏观区域地图来解决。人口密度、市场渗透和土地生产率在任何社会经济分析中都是重要的因素，应被视为重要的变量，而不应被当作仅仅是次要的或者附属于诸如"核心"和"边缘"这样的任意构造，在这样的构造中，它们被相对化于宏观区域界线之中。

除了对一些宏观概念加以讨论外，作者还经常对具体问题进行商榷。如小山正明认为，明代土地所有的主要趋势是从一种父权制的、地主支配的制度，向佃农通过密集型和商品化农业日益能够实现温饱的制度变化，而在前者中，如果没有地主的不断扶持，多数耕作者根本无法获得温饱。这些佃农可以逐渐靠自己组织起社区，而地主不得不加强生产，并依赖于比明初的"奴仆"价格低廉、技术更好的雇农。这样的观点被西方学者如伊懋可等人采用，但作者认为里甲制度并不是由大量使用奴仆劳动的地主构成的，而是由耕作小块土地的农民构成的。没有理由设想佃农只能达到温饱的水平，而决不会超越这个界限。而且在某些重要的意义上，佃农是独立的，租佃契约毕竟只是契约，即使在华北极不平等的分成制下也是如此。他还引述鹤见尚弘根据《康熙十五年丈量苏州府长洲县鱼鳞册》所做的研究，认为资料显示自耕农的土地比佃农的土地少而差，显然拥有一部分土地并再租一些，比只耕自己那一小块地要好。大约有53%的佃农从一个以上的地主那里租种土地，这说明主佃关系不会一直是一种严格人身依附的"封建"关系。

这样的讨论在本章中还很多见，对士绅之类概念的讨论可见于各脚注，不赘论。但理论和概念不是西方学者仅有的长处，阿特维尔所写"明代中国与形成中的世界经济，1470—1650"一章也显示了某些资料上的优势，特别是涉及此时期白银流入的问题时就更是如此。除了重点讨论16世纪70年代以后秘鲁的波多西以及新大陆其他地方的白银生产及其外运外，作者还提到15世纪中欧地区如萨克森、波希米亚、匈牙利和蒂洛尔的白银生产激增的情况，认为这里流入西欧的相当一部分白银通过地中海和中东去购买胡椒、丝绸、棉花和瓷器，这使我们更清楚地认识到世界市场范围内的商品流动。而就美洲白银来说，在16世纪末，葡萄牙人每年要运6000—30000公斤白银到澳门；而一艘葡萄牙船曾一次带回1200包生丝和20万件瓷器。当时果阿的葡萄牙医院病人用餐用的是中国的瓷碟；16世纪80年代里斯本的一条街道上至少就有6个卖中国瓷器的店铺。作者认为，尽管还略有争论，但来自新大陆和日本的白银对晚明经济产生了重大影响，却是不用怀疑的。具体的例证是今天的学者已经熟知的。但作者同时指出这种影响甚至在清初的政治发展上体现出来，因为尽管抗清运动并未完全停止，但17世纪40年代后期中国经济已开始恢复，不仅这时和17世纪50年代的农产品及其他商品的价格已恢复到接近平常，而且海外贸易似乎也有重要的反弹，只是被迁海政策所终止。类似的许多内容，在我们通常所能读到的明史著作中讨论不多，故而可以引起我们的重视和兴趣。

四、余论

《剑桥中国史》第7卷，特别是其中译本出版后，引起了部分中国学者的批评，不仅由于其结构缺欠和描述缺乏新意，而且不免出现一些知识上的错误。在我看来，这一方面是由于剑桥史体例限制了这些学者长处的发挥，另一方面，在20世纪80年代上半期该卷写作的时候，美国的明史研究与后来相比还只能说刚刚起步，一些著名的权威学者观念比较传统，运用中文文献的能力也较弱；也有一些作者很晚才访问中国，不可能像后来那样在中国做较长时间的研究工作。显然，在这一卷中，作者还不能像中国和日本学者那样大量使用第一手文献，也不能对许多具体的问题进行考释性的论证，这与剑桥史的编纂理念有着较大的距离。这些，也许可以归结为那个时代的问题。

正是由于这样的不足，使该卷本该完成的任务失去了出色完成的基础：对明代历史在整个中国历史和世界历史进程中的位置及特征缺乏准确的把握，未能详细阐述明前期的制度与元朝遗产的密切关系，对明后期的变化也停留在梳理传统的脉络范围内。如果未能看到第8卷，我们就会对这样一种单一的，未能综合地、多线地描述明代兴衰历程的著作感到失望。

但相隔10年后第8卷的出版在较大程度上弥补了上述缺憾，这说明10年间明史研究的巨大进展。不仅由于史学观念的变化，包括多学科的方法被明史学者体现在了著述之中，而且作者使用第一手材料、更大程度上借鉴中国和日本学者成果的能力有了较大提高。特别是大批专门的著作和论文不断出版，为此卷的编纂提供了良好的基础，这些都在卷末的书目中充分体现出来。在使用原始文献方面，西方学者与中国学者之间的距离正在缩小，但正像研究外国史的中国学者所遇到的困难一样,他们对一些问题的理解和把握还存在隔膜;他们可能在具体的个案研究中达到相当的深度,但总体的把握还有所欠缺;他们也还不可能像中国的某些学者那样从区域入手,搜集大量前人未能发现的地方史料,逐渐由点及面地实现其改写中国史的理想。

不过中国学者也可以从这两卷书,特别是第 8 卷中学到不少东西。我们对国际学术界的相关研究了解不多,重视不够,因此经常会出现闭门造车的尴尬局面,或者是了解了一些皮毛,简单地套用某种理论模式,而未能从大量材料中定位自己的问题。限于物质和语言条件,我们对许多域外材料还缺乏掌握,这直接影响到对已处在世界历史进程中的明清史的许多重大问题的判断。最大的问题是,除了傅衣凌先生等编写的《明史新编》以外,我们至今还没有一部内容比较丰富、反映了目前国内外明史研究最高水平,或者说比《剑桥中国史》第 7—8 卷更好的明代断代史著作。至少从这个角度说,该书还是有较高的学术价值的。

此时与彼时之间的差距是可以理解的,但它出现在关于明代历史的两卷中的确令人遗憾;此地与彼地之间的差距也是可以理解的,这正需要通过双方主动加强学术联系而加以解决。

回顾与反思

政治史·社会史·历史人类学*

——赵世瑜教授访谈录

采访时间：2005年11月22日

采访地点：北京

采访记录及文字整理：梁勇，北京师范大学历史系博士研究生。

问：赵老师，曾有一篇文章用“追求不断创新之路”来概括您的学术历程。您早期的文章及著作，如《清对明议和二三见》《皇父摄政王多尔衮全传》等等，从学术套路上来说都是传统的政治史，这是不是当时史学界研究状况的一个反映？

答：我1982年本科毕业的时候，当时史学界的状况和政治情况一样，处在一个拨乱反正的阶段。过去的很多问题是一个禁区，不能讨论；有一些问题，虽然当时没有遭到意识形态的限制，但也都没有继续讨论下去，如资本主义萌芽问题。思想解放后，也还没有一些新问题出现，只好把一些老问题拿来讨论，当然这个过程比较短。

我的第一本专著是和周远廉老师合作的《皇父摄政王多尔衮全传》，我将它放到清初具体的历史环境中去看，这牵连比较多的一些问题。有些问题直到今天还在争论，比如究竟对清人关怎么

---

* 本文发表于《学术月刊》2005年第12期。

看，它对中国社会的影响是倒退还是逆转？所以不能说它到现在已没有意义。那个时候确实主要是从政治史角度入手，写了些文章，这些文章对我来讲，一个好处是对大历史变得比较熟悉，面上过了一遍。现在想起来当时做的这些工作还是比较有意义的，比如说在社会史与政治史对话方面。

问：记得刚进入大学的时候，有好多文章都在讨论“史学危机”，您是怎么看的，这对您后来的研究有影响吗？

答：这是当代中国学术史上很重要的一个问题。我觉得史学界有对20年前的那场史学危机进行反思的必要。当时刚改革开放，很多人都“下海”了。历史学以前是显学，传统时代和毛泽东时代都很重视，多次政治运动也和它有关系。现在突然发现很失落，学生找不到工作，收入少，研究没条件，历史研究究竟有什么用？当时我也参加了讨论，在《史学理论》上有个笔谈，基本上是从危机的本义来讲的，危机可能也是一种转机。但一定要去做一些事情。怎么做，才能让学术提供一些新鲜的见解给社会？另外一方面，史学和其他文科要互动，史学提出的一些问题要能为其他学科所利用、吸收，进而产生效用。

问：这是促使您翻译和关注国外作品的契机？

答：可以这么说。80年代初出版了卡尔的《历史是什么》，书中讨论的内容在当时不多见，觉得比较新鲜。我从中发觉史学还是有很多问题可以探讨，真觉得天外有天，山外有山。我翻译的第一本书叫《欧洲家庭史》（华夏出版社，1987年），家庭史研究不是中国传统史学所关注的。这本书引入了很多社会学的概念，比如说核心家庭、主干家庭、复合家庭、空巢等等。另外一本就是伊格尔斯的《欧洲史学新方向》（华夏出版社，1989年），当时他来中国访问，我跑去听演讲，觉得他这书不错，跟他联系翻译。在这过程中，对法国年鉴学派、英国的马克思主义史学印象深刻，当时他们的作品都还没翻译,不像现在翻译了很多,如布洛赫的《封建社会》、汤普森《英国工人阶级的形成》,那个时候都没有。只能是根据书的介绍来了解情况,虽然是一知半解,但震动很大。

问: 您后来对西方史学理论感兴趣是不是因为这个原因?

答: 当时何兆武先生在世界史所做了一个有关历史哲学的系列讲座,那个时候真正懂西方历史哲学的人不多,我也跑去旁听,记了详细的笔记。当时一边翻译,一边对新的学术动向很感兴趣,了解了很多东西,写了很多理论性的文章。我始终觉得史学研究既要有实证的底子,也要有理论的提高。通常所说的问题意识,其实是一种理论素养的表现。有的人在写论文结论的时候,往往提起笔来千斤重,不知道该怎么分析,跟什么人讨论。理论这东西,其实是一个平台,只有在理论层面上,大家才有讨论的共同出发点。不然搞西班牙史的人无法跟搞罗马史的人对话,做不同地方的人在一起也没话可谈。在这个层面对话,大家才有提高的可能。这个提高是历史认识层面的提高,不只是说增加一些历史知识。我们现在教中学生都说知识很重要,但知识不是唯一的目的,你在历史的认知上有多大提高,有多大创见,这才是重要的。

问: 您的硕士论文,后来被您扩展成专著(《吏与中国传统社会》,浙江人民出版社,1994年),虽然是一个较为传统的题目,但您引进了很多其他学科的研究方法,如社会学的分层理论,这是您有意识做的吗?

答: 我的硕士论文是关于明代胥吏的研究,严格来讲也是一个政治史、制度史的东西,但我觉得不能只停留在制度上的探讨,需要进入到社会的角色中去。从社会分层角度来讲,胥吏属于什么?按照传统的二分法,他们属于统治阶级,却没有晋升的机会,向上走的阶梯是中断了的。地方赋税主要也依靠他们征收,所以老百姓也讨厌他们,“夜宿石壕村,有吏夜捉人”,这个吏可能就是这类人。这样简单化的两分法对社会复杂性的分析是不够的。后来我拿国家社科基金青年项目的时候,副标题就是关于中国古代胥吏的社会政治史研究,希望把社会学的分层理论和政治学相关理论引入到历史学来进行分析。

问: 为什么后来选择读民俗学的博士?

答: 原因其实很简单,一个是博士学位是大学里做老师的必备要素;另一个是读博士可以减少一半的工作量,有更多的时间可以用来读书。那个时候对日常生活和民间信仰这方面的东西感兴趣,而这又跟民俗的东西有关系,所以选择考民俗学专业的博士。

问: 后来怎么选择了民俗学思想史这个题目来做博士论文呢?这对您后来的研究有什么帮助或启发?

答: 这其实是个命题作文,钟敬文先生一直想做这方面的研究,但他年纪大了,不可能把自己感兴趣的题目全部完成。之所以要我做这个题目,他说有两个原因:第一,我是学"史"的,这个"史"的题目,当然要学史出身的来做;第二,钟先生知道我对理论比较感兴趣。为做这个论文,我看了很多民国时期的作品,真正知道他们当年为什么要做这样的研究。他们的眼光为什么要从精英转向一般民众。他们是怎么做的?他们在多大程度上接受了国外的影响,在多大程度上是自己的努力?最后他们的成功处在哪里,局限性在哪里?其实我们今天做的话题都在继续当年那些前辈提出来的问题,或者他们还没有回答完的问题,不是我们现在另起炉灶想出来的。当年那些前辈做了很多非常有价值的工作,比如社会调查,涉及方方面面,历史、文化、宗教,做得真好,不比现在差。于是真正明白今天我们应该往哪条路上走。

问: 您博士论文的主标题是"眼光向下的革命",为什么选择它来作为书名,有什么含义吗?

答: "眼光向下"并不是我个人的发明,当时从事民俗学研究的人就这么说了。当时的历史学界,如梁启超他们也注意到这个方面,如对“二十四史”的批判。很奇怪的是,改革开放以后,关注日常生活,关注小人物,大家都说这是受年鉴学派的影响,但却没意识到八九十年前我们的前辈就提出来了。这个口号的提出,是那时在民主大潮背景下,深刻反思的结果。从学术史来讲,对后人的影响,是非常大的。从这场运动中,很多人接受了马克思主义,用唯物史观来分析问题。很多人明确地或直接提到马克思主义或用他们的概念,如生产力之类。它是多种力量推动而成,代表了国际学术前沿。

问: 十多年前,中国历史学界爆发了一场关于社会史理论、方法等方面的讨论,您当时也是这场讨论的亲历者。那个时候,中国社会史研究还不是特别深入,那场讨论基本上还停留在一个方法论层面,十多年过去了,国内社会史研究取得了长足的进展,社会史研究几乎成了当代历史学界的一门“显学”,您怎么评价当时的那场讨论?

答: 社会史研究走到现在,比文化史研究好像更引人注目,有几个原因不能忽视。最重要的原因之一是,社会史研究一开始就有很多人写文章讨论理论与方法,如冯尔康教授、常建华教授、蔡少卿教授、张静如教授及陈旭麓教授等。浙江人民出版社出了一套社会史丛书,也引进了国外的论著,如蔡少卿教授选编的《再现过去:社会史的理论视野》,介绍了国外对社会史研究的看法。这方面的讨论为后来社会史的发展提供了基础。

当时大家对何为社会史就有不同的看法,有的人认为是一个领域,有的人认为是通史。后来一批年轻的学者或不同学科的人也加入进来讨论,如王先明、周晓红、常宗虎、孟彦弘等人,提出了一些新的看法,说明大家对社会史研究有新的关注。社会史研究出来了一批新的成果,就使得我们回过头去看看以前对社会史理论或方法的讨论有什么缺陷。总的来说,没有当时那场讨论打下来的基础,现在的社会史研究就不会开展得这么热烈。

问:学界对您所提出的社会史是整体史好像有不同意见,您是怎么看的?

答:这大概是他们对我所说的整体史有误解。他们是怎么理解整体史呢,以为整体史就是要写大通史。其实,我理解的整体史不是大通史,如果你有材料,一个村子也可以写一个整体史。当切入一个问题以后,可以探讨很多方面的问题,如制度、经济等。当然不是说你每篇文章都要写成整体史,但你要有整体史的观照。比如说郑振满老师对莆田的研究,做过宗族的、水利的、神庙系统的,这些东西题目虽然各异,但都在一个区域,每个题目之间都有清晰的相关性。当你再做下去,对这个地方的认识至少不是单方面的,有整体的追求。当然从不同层次来说,整体史对我们是一个长期的理想。

问:学界,特别是近代史学者对社会史的一个批评,就是我们的作品没有体现出许多重大事件及其影响,认为社会史研究的是一个静止不变的社会,您是怎么看这个问题的?

答:这其实是一个误解。当然社会史研究者也要负一些责任,有些社会史研究者不明白社会史研究的主题、意义是什么,就是为了研究这个现象而研究。不是说研究这个问题不可以,关键是研究这个问题是要说明什么。但是对批评者来说,你的批评是要针对这个领域领先的作品,而不能去找那些做得比较差的作品去批评。很多批评者没有跟我们一起去跑,没看到我们在田野看见的材料,所以有这样的批评。如果看了,他可能就没有,至少会减少这样的批评。我从来不否认19世纪,中国也好,世界也好,发生了很大的变化,我也在这方面写了文章,比如关于双林镇的那篇文章(《市镇权力关系与江南社会变迁》,《近代史研究》2003年第2

期)。我选择了两个时间点,1900年和1911年,前者是义和团运动发生的那年,后者是辛亥革命那年。过去人们在市镇研究中,基本上做的是一个商业史、经济史,基本上不涉及政治史,因为市镇不是一级官府的所在地。其实每个地方都有政治,就看你怎么去理解政治,按我的理解,政治就是权力和秩序。但是权力的资源、秩序的瓦解和维系,这个资源有很多方面,可能是文化的、经济的、军事的,形成权力和程序的过程就是政治。我试图在这里面揭示市镇的政治史,这些权力是怎么结成、瓦解、分化的,最后导致了什么样的结果,我是在一个漫长的社会史中去加以分析。

问: 区域社会史研究如何做到以小见大?能不能进行跨区域的研究?怎样与大历史进行对话?何为大历史?

答: 我们现在做个案性研究,通常的解释就两条。第一,当我们在做一个局部或阶段性的研究时就去做一个非常大的东西的话,这是我们力所不能及的。第二,写一个非常大的东西的话往往忽略了复杂的差异性,只能用一个简单的办法,把以前的宏观模式拿来讨论,这就是我们现在做的那种大的、宏观的历史。倒不是说做大的宏观的问题完全没有价值,施坚雅也做宏观区系理论,就是个宏观的东西,很有价值。这种比较宏观的研究,你不能说它不是通过实证的研究得来的,但它的最后结果只能称之为假设。但是我觉得这个问题还是要回到历史层面去解释,历史学家和社会学家,他们的区别在于历史学家面临的东西比较个别,它是不是能够像社会学家那样,构建一个比较大的规律性的框架或结构?我觉得我们的研究,要以小见大,不仅仅区域研究是这样,历史研究中的任何问题都是这样。我所谓的以小见大,这个"大"就是你最后所讨论的问题,是别人通过研究他的那个"小"也讨论的问题。很多人切入的那个"小"是不同的,但他们提出的问题是可以共同讨论的。

比如说前段时间我发了篇有关山西争水的文章，这篇文章我不想把它放在过去生态环境史的脉络里面去讨论，因为学者们通常无非是在讲，这个地方人地关系紧张，生态环境恶劣，人口增多，压力增大，大家都在争夺水资源。你再讲多少例子，反正这个结论都是没有错的。所以我讨论的问题是你究竟去怎么看争水，你说人均占有资源比较丰富的时候，这种纠纷就要少一些，但是人的欲望是无止境的，究竟是什么引起了这样的纠纷？我提出来的问题是水资源属于一个公共资源，其产权归属一直不清楚。中国很多的公共资源都这样，不像土地，它的归属是固定的。资源的归属不清是引起争端的根本原因。这种情况不仅历史上有，现在也有，如黄河沿岸各省对水资源的争夺。我提出的这个问题，不光是历史学家在讨论，研究现实的经济学家都在讨论。土地承包以后，现在那个地方出现了很多纠纷，很多人提出了一些解决办法，我一看，这就和明清时当地人提出的办法一样，明清时候都解决不了，你现在还这样搞，这就是不懂历史。我所说的以小见大，这个“大”不是大到国计民生，但是它有现实意义。

区域只是我们的一种便于操作的分析单位或概念工具，任何历史或人的活动都是发生在一个空间范围之内的。这个空间性的概念工具对于历史学家来讲是不可或缺的，空间的东西越来越成为很多社会学家、人类学家关注的对象。说到大历史，很多人有误会，黄仁宇的大历史，和我们现在讨论的大历史不是一个概念。黄的大历史英文是 macro-history，宏观的历史，像施坚雅的那种。我们所说的大历史，是指传统通史里面提到的那些东西，主要指重要的事件、制度。这个大历史又涉及另外一个词——宏大叙事，又是另外一套东西。现在所说的宏大叙事，带有一种贬义的意思，也就是很概括性、很泛的一种讨论。比如说我们讨论社会形态，封建社会、资本主义社会等等。追求普遍性，把特殊性涵盖在了普遍性之下,这个与我们讲的大历史不一样。在这种宏大叙事的框架里面去理解大历史,会出问题。但在区域历史的脉络里面去理解大历史,就要对这些问题进行反省,哪些问题值得我们去思考,在哪个脉络里面去思考大历史会得出完全不同的结论。

问: 近年来,您对华北区域社会史研究倾注了很大的心血,相对于华南社会来讲,“国家的在场”是您一直强调的一个基本观点,在这里能不能做更多的阐释?华南研究经过两三代人的耕耘,已经有一套较为成熟的方法论体系和核心概念,比如说对宗族的分析。您能不能说说您对华北区域社会研究的一些看法,它的问题点在哪里?

答: 当然这些年来,华北区域社会史相对于华南来讲,一些实证性的、基础性的研究做得还不够。没有这些积累,对某些问题要提出站得住脚的看法,我想是不可能的。它的问题点,我的初步感觉是能够提出来,我以前在《史学月刊》的笔谈已经提到过三点,第一个是像你所说的国家的在场的问题,第二个是长时段的问题,第三个是族群的问题。不是说族群问题在其他地方没有,我只是说在这个地方的特殊性。也就是说当你去思考族群问题的时候,有一正一反两个方向值得你去注意。一个方向是在漫长的几百上千年的历史里,基本上是一个北方民族南下牧马的过程,这个过程从广义上讲一直延续至清,至少可以讲到明中期。但是到了清代中叶发生了一个变化,一个反向的过程,汉人开始往北方、往关外走,以前往关外走也有,流放、贬官啊,在人们的心态中是一种很惨的事情。后来,这个过程是大量的汉人移民涌向蒙古、新疆、青海等地,包括甘肃、宁夏。这一正一反都引发了很复杂的族群关系的变化,这个变化构成了这个地区历史很重要的内容,很多问题和这个有关系,这是和南方族群问题不太相同的。这个问题不仅仅是基层民间社会的历史,也是大历史,二者之间结合得非常好,可以深化出一个比较好的东西。如我前段时间所提到的回族在中国的定居形态,也就是大分散、小聚居,这个格局是怎么来的,很少有人探讨。我基本的看法是与元、明两代的军事制度,也就是元朝的军户制度和明朝的卫所制度直接关联,这反过来就是族群关系引发了对制度史的思考。

所谓长时段也是这样,我们到乡下去看碑刻,如我们这次去山西,有很多炎帝神农氏的东西,一讲这些东西都是从唐朝以前讲起的。这些地方也是后来我们所谓华夏为中心的大历史发源的地方,材料的系统性远远超过其他地区。这些地方的材料动不动就是金元甚至更早时代的。所以考虑时段的问题,看你做什么问题,做什么地方,包括你说的宗族的问题,你必须在这整体思考的基础上去理解。这些地方宗族发展的道路表现得和华南不同究竟是为什么,因为任何一个制度的形成发展都是出于非常现实的考虑,是出于现实的生存困境的考虑,当时的生存情况究竟是什么?当时在南方做宗族的那套系统,很多最初是在北方先做出来的。南方的宗族在追述自己的祖先的时候,动不动就说自己是唐代的大族,那个时候的大族基本上都在北方,如关陇世族等等。到宋代以后,北方那些庶民化的宗族不彰显可能就和这些大世族有关系。而南方呢,以前它没有这套东西,要靠拿北方的这套东西来做文章。当然背后有区域性社会发展的基础,所以北方到明以后,人口大换血,一些地方也在做宗族。就其作用来说,依我目前所看的资料来看,基本上没有发挥太大的作用。

问: 这些年来,您也一直关注华北的移民传说与社会变迁,如对山西洪洞大槐树的研究,发表了几篇很有分量的文章,这是否体现了您试图将民俗学研究与区域社会史研究打通的一种努力?您如何评价自己的这项工作?

答: 我做大槐树移民的研究,有两方面的意思。一方面这对理解华北社会有帮助,因为对传说本身的分析,需要对若干种材料,比如说族谱、碑刻、口头传说及其他的地方文献,分别做研究。这个过程不仅仅针对这些材料本身,要厘清不同文本材料之间的关系,更重要的是要通过这些材料了解那个时期整个华北社会的情况。另外,我也有一个想法,以前学的是民俗学,怎么把我学到的东西与对历史的研究,很好地结合起来,也不枉我学了这一招,体现出它的作用。我觉得,倒不见得一定是对区域社会史有什么意义,重要的是对民俗学和史学,或者是口头传统和文献传统的关系有没有新的看法,怎么样把口述传统和文献传统结合起来,也就是如何来理解历史记忆,无论文献传统还是口头传统都是对历史的记忆。但它们的特点、传承方式不一样。口述的方式因为相对不固定,不像文献传统那样是白纸黑字,它传到第三个人可能就不一样了,何况一代一代地这样传,所以显得体现出的历史信息的不确定因素就要多一些。但是它毕竟代表了一部分人对历史的看法,它也告诉你很多新的东西。不像文字文本,一写上去就确定了。所以对口传文本这东西,如果你想真正去了解这个故事,就需要像考古学家一样,一层一层地分析它的知识体系。它不仅是个时间体系,还反映了当时人的态度问题,有可能是口述者自己的想法,也有可能是别人的想法,甚至反映的是上层教化的看法。这工作太难太难,能做到什么样的程度,我也不知道。我试图这样去做,这样的话,一个传说的文本就活起来,它不仅是我们了解另外一个历史真相的材料,同时它本身就是一个历史,也就是一个思想史的过程。我觉得反过头来,民俗学当中对传说这样的东西,你要想给它定时(timing),是很困难的。我们到蔚县去看王振的老家,薄家庄(也作卜家庄、卜家堡),当地人给我们讲这个地方为什么叫薄家庄,是因为当年刘邦给匈奴围住了,然后薄太后想办法通过送礼品贿赂匈奴的单于,才给刘邦解了围。这个故事倒是真的,《史记》里面有记载，但是，我听起来基本上是讲明英宗“土木之变”的一个版本而已。

问：在这里能不能简单回应一下，业内人士对“进村找庙、进庙找碑”的批评？

答：关于进村找庙、进庙找碑，郑振满老师对此有个说法，我也很赞同。他说有人认为我们到乡下去就是为了找新的材料，当然有这方面的因素，但不仅仅是为了这个，其实是为了更好地理解这些传世文献、传统的史料，这才是第一位的，寻找新材料是第二位的，或者说是一个手段。我在这再做点引申，我们为什么往农村跑？为什么进庙找碑？因为我们在那里看到了很多历史。同时我们也跑了其他很多地方，那些地方没有庙也没有多少碑，如湖南、湖北、四川几乎找不到庙，难道就不能研究，研究不了吗？很多地方保留了很多族谱，但见不到祠堂，没有祠堂难道就是一个残缺的宗族或宗族不发达吗？你没研究，不知道。不能这样非常简单地说我们只会找庙，只会找碑。你看一些区域社会史的论文，真正只用碑来做的很少，它们也会结合其他地方文献、文集、档案、契约文书，甚至正史，你不能说我们就关注某一项材料。现在史学界基本上用档案这种单一的材料来做的研究还是很多，我们基本上还不会这样。我们对档案的关注度一点也不亚于那些用档案来做研究的学者，只不过我们做的地方档案会多些。当然这些年来我们这块研究中一些比较具有代表性的成果体现在研究碑刻、庙方面。像我研究东岳庙、庙会，这只是我个人的兴趣所在，不能就此推而广之。我们就是研究碑刻、研究庙，也要看这个地方的材料是什么，问题是什么。对很多地方来讲，不是我们找庙，是庙找我们。庙在这个地方就是该地的中心，在华北很多地方，庙是该地的公共场所。地方做的很多事情，往往要通过立碑来体现它的合法性、权威性。如水利的问题，纠纷的最终处理结果一定是通过立碑来表示出来的。

问： 据我所知，您是中山大学历史人类学研究中心的兼职教授，您是如何理解历史人类学的？它和您一直倡导的作为方法论的社会史有何联系与区别？您和中山大学、厦门大学等国内倡导历史人类学研究的倡导者和践行者，在不同场合都强调历史人类学研究要坚持历史学本位，在这里您能不能做些简单的说明？

答： 其实这两年来关于历史人类学的讨论，也可以看作当年社会史讨论的一个延伸。至于二者间的关系，我在一些文章里讲到，我觉得历史人类学和作为方法论的社会史一样，都是为了对历史提出新看法可以共享的一个讨论平台。对于我个人来讲，我认为没有太大区别，如果历史人类学这个概念是从我们历史学的角度来出发的那个历史人类学，二者是没有区别的。只不过从名词来讲，二者之间有它们的差异性，历史人类学相对较多地去注意人类学的方法和理论，给我们历史学有什么启示，比如民族志的做法对我们做历史来讲，怎么来借鉴？民族志的写作可不可以变成我所说的历史民族志？民族志不是一个简单的体裁，是一个完整的有理论体系的方法，你有没有可能有历史的维度？苏格兰做历史人类学的那个论文集里面（西佛曼、格里福编：《走进历史田野》，台北：麦田出版股份有限公司，1999年）已经提出来讨论，当你面对档案的时候，你有没有可能像人类学家面对访谈对象的时候，去提出问题，提出假设，然后进行描述。对于文献，怎么样对文献做人类学的解读，比如说一个人类学家看到地方志，看到《四库全书》，他会怎么考虑，和我们历史学家有什么区别？反过来对社会史来讲，它不见得非得思考民族志的问题。社会史有很多做法，二者之间在某种意义上是同义的，在某种情况下是有差别的。

我的观点和张小军（《历史的人类学化和人类学的历史化》，《历史人类学学刊》第1卷1期）的观点是不一样的，他认为只有当研究的问题既是历史学的也是人类学的,才有历史人类学。我认为历史学有自己的历史人类学,人类学有自己的历史人类学。我个人认为人类学家如萨林斯去重视历史,他的出发点是去改造人类学家的一些不足,而历史学家认同历史人类学是思考人类学的哪些方法能为历史学家所用。田野调查是人类学家的基本功,做民族志是他们的基本方法。他们不做田野调查就不是人类学家,我们不做田野调查照样可以是历史学家,而且还可能是一流的历史学家,如陈寅恪。历史学家的田野和人类学家的田野有什么差别?你能不能自称是做田野?你只是一种观察,还是深度的观察?你做的东西是不是民族志?假设是民族志,你能不能做到格尔茨所称的深描或厚描述?因为他是针对民族志来讲的,所以这些东西都是值得讨论的。我们培养的学生,到农村去,他能感受到和在图书馆不同的历史感觉。如果最终他觉得最重要的是找到一些图书馆看不到的资料,那就不够了;如果他能因此明白他在图书馆读材料时不明白的东西,那就比较好了。历史学家的田野和人类学家的田野是两回事,后者通过参与观察日常生活的一个过程,发现观察者自身和他者之间的差距、张力;历史学家是怎么思考这个问题的?历史学家到那里是看不到历史的,历史是不可重复的、个别的,历史学家面对的“他者”是“过去的他者”。

关于历史学本位的问题。有的学者坚持历史人类学不用坚持历史学本位。如果没有历史学,也没有人类学,还可不可能存在历史人类学?两个学科都不存在了,历史人类学是怎么来的?历史学确实有自己的独特性,它是了解过去的。为了了解过去,它只能依靠残缺不全的材料。从研究的对象和手法来讲,和其他学科也有差别。你要考虑到发展脉络、社会变迁的问题,这不是一个短时段的问题,是很长时段的。从方法上来讲,你要面对的是文献,你要学会怎么解读文献,历史的文献已经不能揭示全貌,如何接近客观的真实,这还是需要专门的办法。所以我们去和其他学科对话,是帮助我们在理解过去的材料方面多一点手段,就这个目的。在这个基础上,我们能不能通过对过去问题的梳理,对其他学科及本学科问题的回答提供一点贡献?一个现实事物的发展,都是从历史发展过来的,探讨过去对现在有帮助。

问: 近几年来,您和香港大学、中山大学等单位合作,利用每年的暑假,已经成功地举办了三届历史人类学高级研讨班,同时,您和您的学生一起也在包括华北在内的国内很多地方进行田野调查和碑刻资料的搜集与整理,对此,您有什么体会?

答: 我们希望通过这个班对年轻的同学在学习或理念上有所帮助。我们通常的大学历史教育是缺乏这块的,我们的文献学教学基本上是集中在经典文献资料上。新发现新接触的东西,包括我们老师在内都很难处理。我们到农村去,和当地人接触,和民间文献接触,使我们对通史课上学到的大问题有新的理解,哪怕是印证也好。我觉得这三届的效果总体上是好的,你不能指望通过办三期班,就能学多少东西。但是我觉得有一些方面是值得欣喜的,一个是同学们通过参加这个班,知道了一些他们以前不知道的东西,学到了以前没学到的方法,他们可以在和老师的近距离接触中,加深他们的体会。过去做研究,老师只是简单讲讲,现在好多也是这样。现在老师和同学真正经历一个同样的过程,这个收获可能对老师和同学来讲,都是很重要的。大家白天跑,晚上讨论,日程很紧,但这些想法都是很新鲜的,白天的想法可能不对,晚上提出来,大家一起讨论,不同的人相互碰撞。西方之所以推崇 seminar,是因为大家在一起相互讨论可以提高。我们这个 seminar 不仅仅是纸上的东西,还包括我们相同的生活体验。尤其对同学们来讲,是很珍贵的。第二,除了这些感官上的刺激外,让同学们觉得其实研究历史还是很有趣的,这是很难的。如果你对你研究的东西没兴趣,只是为了工作或饭碗,那是很难做好的,凡事先得有兴趣才行。这两点,我的感觉对学生还是有作用的。

同时,在和学生一起跑下去的过程当中,他会引发很多你以前想不到的思考,实际上学生们提问题的时候也在考老师。老师们也得认真想想怎么回答学生,让他们信服。在这个过程中,老师们就可能生出来一些想法,我有很多想法是得益于与学生的这些碰撞。我觉得在大学里,包括在中学里,都会有这样的收获。你在研究院所,虽然也有争论,但是那是各讨论各的问题,是另外一个层面上的讨论、收获。在大学有这个好处,师生之间是处在互惠、双赢的位置,关键是看我们是不是有目的地来做这个事情。近些年来,和学生们一起跑,我觉得学生研究的地方你一点都不清楚,你要给他很到位的指导,我想是很困难的,最多是宏观上把握一些,逻辑结构上把握一些。对地方的理解,稍微贴点边都不容易,每个区域间的差异特别大。当然学生在这个过程中也很有收获,学生下去摸索材料,然后去整理,碰到问题和你讨论,锻炼了一些方法,有些东西,没经过锻炼是不知道。所以,有些学生对一些问题很长一段时间理解得都不是很清楚,不到位,但往往在答辩以后,他们都会说开始明白一点了。这说明他们对材料进行认真的分析,会逐渐发现问题。所以我觉得这个班在另外一方面,不仅仅是对某一学科领域有新的贡献,更重要的是,提供了一种方式,就是说怎么进行教育、怎么来学习。让学生在短短的几年中,偶尔有一两次机会,让他体会得比较深刻,知道今后的路该怎么走,具体的研究该怎么研究,通过去找材料,然后进行解读,最后通过文字表达出来,没有这个实践过程是做不好的。当然,你要是说混那就无从谈起。如果你要做好,你就要经历这样一个过程,有这样形式的一种过程,无疑会有比较积极的好的效果。

问: 能不能简单介绍一下您对今后研究的打算?

答:从区域社会研究来说,和华南相比,华北的历史有自己的特点,材料非常丰富。以后经过老师同学、国内外学术界的互相支持,我希望能够在这个地方做出一点东西,让国际学术界认为做华北的研究成果是值得注意的,有一批成果有一些人,能够给国际学术界理解中国历史提供有帮助的成果,这当然是比较虚的。就我个人来说,我首先是要把我的大槐树移民传说与历史的工作做完,经过两年时间,大体上做一个成果出来。然后,我也有一些想法,主要是做山西的研究,可能也会有个五到八年的计划。当然还有其他重要项目要做。但是我想,真正我想做的,不是靠我个人,而是通过有志于此的学生,不管是不是做北方的,由点到面,关注的历史时期从金元到明清甚至民国,能得出些新的看法。这样才能回答区域社会史是不是一个方法论的问题。实现重写中国史,需要一代一代人的努力。我希望能够通过自己的努力,培养若干个学生,为这个大楼增砖添瓦,做一点贡献,个人做的东西也无非是这个大楼里的一块砖、一块瓦而已。

后　记

本书可以被视为拙著《狂欢与日常》一书的姊妹篇，究其原因，一是它们大体都是按某种形式和逻辑编排起来的论文集；二是本书所包含的主题和内容基本上是前书的继续和深化；三是它们都由三联书店出版。为了使它们更像姊妹篇，我便为此书命名《小历史与大历史：区域社会史的理念、方法与实践》。假如本书出版之日，前书还有压仓的存货，那么书店不妨把它们放在一起卖，也许新书会带着旧书一起再卖一卖——当然也许会有另一种可能，那就是连累着新书也卖不动了。

无论如何，应该感谢三联书店，除了潘振平先生的一贯支持（惭愧！我一打出“先生”这两个字就感到别扭无比，因为多年来我总是用别的字眼来称呼他）和孙晓林女士、杜非女士等的认真负责之外，主要是感谢他们的魄力。《狂欢与日常》居然印了7000册！我真是不敢想象。有一次，中山大学的刘志伟教授以他一贯的风格对我说，要对我讲一个既好又不好的消息：不好的是，我的书在他居住的社区的小书店里打五折卖了；好的是，大概是因为打折，第二天我的书就在那里脱销了！他似乎觉得我仍然不爽——必须要打对折才卖得动如何爽得起来，便进一步安慰我说：“你看，像我们那种市民居住的普通商业化小区，有书店卖你的书而且能卖掉，已经很不错啦！”

为了印证刘教授的说法，我不打算引述内地和港台等地学者对拙著的评论，那是以好话居多的。而网上的说法似乎更符合实际，因为那是隐去真名的，不怕说出真实想法——“买2（指《狂欢与日常》——引者）的原因是这两天翻书总见赵世瑜，一个是在《黄石民俗学论集》的序，一个是舍友借了他的那本《狂欢与日常》，我翻了翻，觉得还可以看看，他好像是当过《历史研究》的主编者的（这肯定是误会——引者），我还对舍友说，如果便宜，这本‘狂欢’是可以买的。去到文庙竟然就碰到了，这书还蛮新，是2002年出的，再加上以上的经验，对舍友的说法，于是就买了”（歪酷博客）。这位朋友花了15元买这书，我真是感激得很。

还有个网名叫“OK先生”的朋友以“上午买车，下午买书”为题，在网上发表感慨，说他上午买车之后，下午逛书城时见到拙著，“我对小时候故乡的‘庙会’印象深刻，见目录中有研究华北庙会的篇什，犹豫再三，买下。作者似乎有意追寻新的社会史研究方法，提倡关注百姓日常生活，学术视野自下而上，这一点我喜欢”。此前，我一直很难把打算买车的一族与买这本书的读者联系在一起，现在轮到我发感慨了——是否也能“上午开车，下午写书”？

尽管人们大多是在不太情愿的情况下——比如是否比较便宜，当然也还凑合能看——买书的，但做我们这一行的早就应该满足了，因此以上多少还有卖广告之嫌。以下的网上评论就让我不太轻松了：

> **crossroad**：最近两天随身带着《逝去的繁荣》和《狂欢与日常》呢。
>
> 看了引论部分，觉得说理论赵世瑜远不如王铭铭精彩。
>
> “作为历史学研究的新范式社会学（应为社会史之误——引者）”与“历史人类学的考察”，两个人的学术背景不同导致建构自己理论的出发点不同，但是二人各自在学科上的偏向

让他们研究在方法与内容上有可比之处,不过他们原先学术背景的烙印还是很明显的。这可能也是王在理论上胜了一筹的原因。

Leonardo: 理论部分,作为历史学研究新范式的社会史,从论点上来说我还是赞同的,这比不停地界定学科界限要更具启发性一些;实例部分,可以看出在历史研究中试图引进社会学或者人类学的各种理论框架的努力,但是实际的效果只是用大量排列的史料为既有的概念增添了注解而已。相比之下,杨念群主编的《空间、记忆和社会转型》中选择的几篇文章比赵世瑜的东岳庙有深度。

Koo: 最近读了一点外国人的文章,对这个话题略有认识,觉得历史研究同社会科学的结合是必然的趋势,新范式将会是主流吧,学科界限可能成为陈旧的话题。不过以前的历史研究仍然会发挥作用,新旧范式会有互补的作用。

赵世瑜的书一直在书架上还没看,不知道所做的"历史研究中试图引进社会学或者人类学的各种理论框架的努力"是怎样的情况。不过按新范式的理论所讲,某一领域的历史研究对其他社会科学理论的应用,不应当成为那种社科理论拓展运用领域的工作,而是要根据问题有选择地运用,因为一种社会科学的理论运用到新领域中可能会有局限性的。

讲得太空,实在一点的等我看了书再说。

Leoardo: Koo说得很对,一篇研究文章或者应该有助于相关领域的知识的积累,或者应该有助于理论的拓展。以前张光直先生在谈到运用国外的(或者别的学科的?)理论来做研究时,就说过研究的内容一定要可以对既有的理论有所补充或修正才有价值。不过原话已经不记得了。

关于赵世瑜的书，改天贴点具体内容上来。对他的不满也是在和别的文章的比较之后才有的。

以上是2003年7月27日到8月5日间几位网友的一番对话（如果上述征引因未征得同意而引起他们的不快的话，我要在此表示歉意）。非常感谢现代化的信息手段，能让我看到不认识的朋友对我的研究的讨论，感谢他们几位买了我的书，更感谢他们直言不讳的批评，这些批评是很难在其他场合听到的，而且是非常内行的批评。他们应该是比我年轻的一代，有这样的见识，我想我们就不必产生"九斤老太"之叹，相反，会让我产生"每日三省吾身"的怵惕之心。在这些讨论中，有的是对我的理解，有的观点也是我赞同并在文章中表明了的，也有的批评的确曾令我感到如芒刺在背，希望能在我智力枯竭（包括盲目自大）之前有所改进，甚至我曾通过匿名的方式将这些对话放到我的学生的讨论区去，希望他们能对自己的老师有所反思，而不要盲从。

但我不知道本书是否有所进步。我真的是带着这些批评在思考问题、撰写文章的，我自己也觉得比以前有所得，但读者的评价是唯一的标准。我特别希望上面那几位朋友能对本书再来点讨论和批评，使我时常能保持着敬畏之心。

如果说到历史学与人类学等社会科学对话的问题上，请读者幸勿以拙著为唯一审视的对象，在本书所在的这个系列中，更多的是中山大学等单位的学者多年来从事华南研究的成果，这些成果都是通过具体的区域性个案研究，来表现我们的学术追求的。尽管近年来随着我与他们的密切交往，从他们那里学到许多东西，但与他们的研究相比，我更多地只是在喊口号而已。

我曾对朋友和学生说过，《狂欢与日常》中的文章体现了我的某种朦胧状态，本书中的文章则表明，我开始对我要做的事"明白"了一点。但仅此而已。本书附录的采访记录切勿被看作某种"总结”甚至夸耀,而是向读者老实交代这点“明白”所经历的艰难过程。希望下一本书是一个以华北某地的历史所做的具体的个案研究,就好像是一本博士论文。

回到博士论文,那将是我的学术历程的终点。

2005 年岁末作者谨识

再版后记

本书再版之际,我将出版后自己和读者朋友发现的错谬之处进行了修改。硕士生杨园章对全书的引文进行了核对,并补充了相关注释信息,特此致谢。

2016 年 8 月作者补识